혁명을
표절하라
DO IT YOURSELF

Do It Yourself: A Handbook for Changing Our World
by The Trapese Collective

혁명을 표절하라
DO IT YOURSELF

세상을 바꾸는 18가지 즐거운 상상

트래피즈 컬렉티브 | 황성원 옮김

이후

〈트래피즈 컬렉티브The Trapese Collective〉는 앨리스 커틀러Alice Cutler, 킴 브라이언
Kim Bryan, 폴 채터톤Paul Chatterton이 함께하는 조직이다.

앨리스는 사회인류학을 공부하고 나서 바르셀로나에 있는 〈캔 마스듀Can Masdeu 공동체〉에 살았
고, 런던 〈라이징 타이드Rising Tide〉와 함께 활동했다. 최근에는 다시 영국 브라이튼에 정착하여
〈콜리 클럽Cowley Club 사회센터〉에서 워크샵을 진행하고, 망명자들에게 영어를 가르치며, 공동
경작을 하고, 글을 쓰고, 요리를 하면서, 자신의 생각을 실천에 옮기고 있다.

킴은 어디에도 구애받지 않고 살고 싶어 하지만 동시에 정착을 원하기도 하면서, 에스칸다(스페인),
더블린과 트래피즈(영국) 사이를 돌아다니고 있다. 사랑과 삶, 일과 정치를 잘 조절하면서, 꾸준히
이어지고 있는 기후 혼란에 대해 걱정하고, 야채를 키우고 있다.

폴은 평상시에는 리즈 대학Leeds University에서 자율성과 국제정치에 대한 강의와 연구를 한다. 다
른 한편으로는 〈커먼 플레이스Common Place〉 같은 사회센터와 리즈에 있는 주택 협동조합을 설립
하는 것을 돕고, 사빠띠스따와 연대한 〈킵틱Kiptik〉에서 자원 활동을 하며, 채소밭에서 시간을 보
내면서 살고 있다. 「도시의 야경: 기쁨의 공간과 기업 권력Urban Nightscapes: Pleasure Spaces and
Corporate Power」(2003), 「통제력 되찾기: 아르헨티나의 대중 봉기 속으로 떠나는 여행Taking Back
Control; A Journey through Argentina's popular upspring」(2004)을 썼다.

이 책은 작은 일부터 스스로 해 냄으로써 자신의 세상을 바꾸고 있는,
일상적인 혁명을 창조하는 모든 이들을 위한 것이다.
좀 더 정의롭고 생태적으로 건전한 세상을 위해,
연대하고 저항하고 도전하면서, 사랑하고,
웃고, 살아가는 모든 사람들을 위하여.

차례

감사의 말

우리는 이 책에서 우리가 우연히 접하게 된 다양한 고무적인 사례들과 생각들을 좀 더 접근 가능하고 실현 가능한 방식으로 한 곳에 담으려고 노력했다. 우리는 이 책이 이러한 분석과 제안을 최대한 많은 사람들과 소통하기 위해 우리가 진행하고 있는 작업의 일부라고 생각한다. 당연한 이야기지만, 이 책은 이러한 기획, 캠페인, 네트워크를 위해서 열심히 일해 왔던 수천 명의 사람들이 없었다면 나오지 못했을 것이다. 또한 우리가 워크샵을 조직할 수 있게 도와주고 여러 해 동안 우리 워크샵에 참가해서 질문하고 이러한 논쟁들에 참여하며 이 책의 동기를 제공한 모든 사람들이 없었다면 이 책은 나오지 못했을 것이다.

우리는 좀 더 지속 가능하고 공정한 세상을 만들기 위해 활동하고 있는 사람들과 그들의 다양한 운동들에서 영감을 얻는다. 우리는 특히 다음 일에 간여하고 있는 모든 사람들에게 감사의 뜻을 전하고 싶다. 〈커먼 플레이스〉, 〈콜리 클럽Cowley Club〉, 〈수맥 센터Sumac Centre〉, 〈에스칸다Escanda〉, 〈캔 마스듀Can Masdeu〉, 〈세오마 스프라이Seoma Sprai〉를 비롯한 여러 급진적인 사회센터들,

〈라이징 타이드Riding Tide〉, 〈슈뉴스Schnews〉, 〈인디미디어Indymedia〉, 〈킵틱〉, 〈사빠띠스따Zapatistas〉, 〈노 보더 네트워크 No Border Network〉, 〈클리어러 채널 Clearer Channel〉, 〈움리즈the Wombles〉, 〈변화를 위한 씨앗Seeds for Change〉, 〈반 대자 네트워크the Dissent! Network〉, 〈쉘을 바다로Shell to Sea〉와 〈로스포드 연대 캠프Rossport Solidarity Camp〉, 〈삐께떼로the Piqueteros〉, 〈기후 행동 캠프the Camp for Climate Action〉, 〈씨르카CIRCA〉, 〈스매쉬 에도Smash EDO〉, 〈기업 감시 Corporate Watch〉, 〈카페 레벨데Cafe Rebelde〉, 〈퍼머컬쳐 연합the Permaculture Association〉, 〈민중의 지구적 행동(PGA, People' s Global Action)〉, 〈활동가 트라우 마 네트워크Activist Trauma Network〉, 〈비아 깜뻬시나Via Campesina〉, 〈행동과 발 전을 위한 스코틀랜드 교육Scottish Education for Action and Development〉, 〈크레8 정상회담Cre8 Summit〉, 〈브리스틀Bristle〉, 〈어본 브리지 캠페인the Aubonne Bridge Campaign〉, 〈기후 거래 감시Carbon Trade Watch〉, 〈국제연대운동 International Solidarity Movement〉, 〈장벽에 반대하는 아나키스트들Anarchists Against the Wall〉, 〈지구 먼저Earth First!〉, 〈폭탄이 아닌 식량을Food not Bombs〉, 〈 몰스콤 산림정원Moulsecoomb Forest Garden〉, 리즈에 있는 〈싸나두와 코너스톤 Xanadu and Cornerstone 주택 협동조합〉, 〈에이파EYFA〉, 〈맘마 캐쉬Mama Cash〉, 〈카버스터스Carbusters〉, 〈래디컬 루트Radical Routes〉, 〈빈집 점유자를 위한 자 문 서비스the Advisory Service for Squatters〉, 〈바이시콜로지Bicycology〉, 그 밖에 영 국과 다른 곳에서 사유화에 반대하는 많은 투쟁들.

그리고 많은 사람들의 각별한 기여와 조언 덕에 이 책을 만들 수 있었다. 그 분들 모두에게 감사를 표한다. 특히 시간과 인내심, 우리에 대한 자신감을 가 지고 이 책의 출판에 기여해 준 각 장의 저자들에게 감사의 뜻을 전한다. 앤 디 골드링Andy Goldring, 브라이스 길로리 스콧Bryce Gilroy-Scott, 〈변화를 위한 씨앗〉, 타쉬 고든Tash Gordon과 벡스 그리피스Becs Griffiths, 제니퍼 버숀Jennifer

Verson, 〈진공청소기Vacuum Cleaner〉, 스튜어트 호킨슨Stuart Hodkinson, 체홉 피니 Chekov Feeney, 믹 퍼즈Mick Fuzz가 그들이다. 또한 자신의 경험과 이야기를 더해서 이 책의 내용을 구성하도록 해 준 많은 사람들과 집단에게도 감사의 뜻을 전한다. 여기에는 스타호크Starhawk, 조지 마샬George Marshall, 어스 헤이븐 Earth Haven, 말라모 코르베티스Malamo Korbetis, 조 브라이언Jo bryan과 토니 브라이언Tony Bryan, 워렌 카터Warren Carter, 도나 암스트롱Donna Armstrong, 루스 오브라이언Ruth O' Brien, 그레이엄 버넷Graham Burnett, 〈인사이트 비디오Insight Video〉, 〈포크볼터the Porkbolter〉, 마크 비Mark B, 지기Ziggy, 데이브 모리스Dave Morris, 퍼즈Fuzz, 프레야Freya, 〈아나키스트 606Anarchist 606〉, 이시Isy, 클레어 퍼셋Claire Fauset, 존 조단John Jordan, 〈전 지구적 협력을 위한 앨버타 의회the Alberta Council for Global Co-operation〉, 그리고 니콜라 몬탠가Nicola Montanga가 있다.

책의 외양이 이렇게 훌륭하게 나오는 데 도움을 준 많은 사람에게도 대단히 큰 감사의 뜻을 전한다. 〈유에이치시 디자인 공동체UHC Design Collective〉는 종이 표지판 표지를 맡아 주었고 앤드류 액스Andrew X는 페이지 디자인에 대한 제안과 그 밖의 여러 가지 도움을 주었으며, 에이드 러브조이Ade Lovejoy와 알렉스 맥Alex Mac은 각 장의 아이콘을, 리즈 대학의 사이먼 리쿼라이스피쉬 Simon Liquoricefish, 가이 픽포드Guy Pickford, 알리슨Alison은 일러스트레이션을, 가이 스몰맨Guy Smallman과 〈액티브 스틸스Active Stills〉는 사진을 맡아 주었다. 웹사이트를 맡아 준 세스 웰스Seth Wells, 벡터 픽셀Vector Pixel과 리플릿을 맡아 준 브라이언Brian에게도 감사의 뜻을 전한다.

이 모든 일들이 결실을 맺게 해 준 데 대해 플루토 출판사의 멜라니 패트릭 Melanie Patrick과 로버트 웹Robert Webb에게 감사의 뜻을 전하며, 플루토 출판사의 외주 편집자로 많은 지원을 해 주고 특히 〈크리에이티브 커먼즈Creative Commons〉의 출판을 지원해 준 데 대해 데이비드 캐슬David Castle에게 감사의 뜻을 전한다.

마지막으로 우리에게 엄청난 힘과 도움이 되어 준 우리 모두의 가족들, 동반자들, 동료와 친구들에게도 감사의 뜻을 전한다. 우리가 깜박하고 언급하지 못한 사람들이 있다면 그분들 모두에게도 감사의 뜻을 전한다.

이 책을 엮어 내는 작업은 우리에게 대단히 교육적이면서도 영감을 주는 경험이었다. 우리는 책을 만드는 내내 함께 작업했는데, 이것은 누군가 무엇을 바꾸려고 할 때 훨씬 더 많은 시간이 걸린다는 것을 의미한다. 하지만 우리는 이 책이 우리의 정치학과 변화에 대한 열망을 반영하는 것이어야 한다고 간절히 원했다. 우리는 정말 어쩔 수 없이 몇 가지 실수를 하기도 했는데, 이것은 주로 이 책을 만드는 작업과 비슷한 일을 전혀 해 본 적이 없었기 때문이다. 하지만 우리는 최종 결과물이 이 책에 제시된 생각과 해법에 대한 우리의 흥분을 그대로 전달하고 있기를 바란다. 이 책 같은 책에는 분명 뭔가 빠진 것이 있게 마련이다. 부디 아래 나와 있는 주소로 우리에게 이메일을 보내서 이 책의 웹사이트에 대한 논평과 최근 상황, 수정해야 할 것, 추가 자료들을 자유롭게 보내 주기 바란다.

앨리스, 킴, 그리고 폴
trapese@riseup.net
www.handbookforchange.org

이 책에 쓰인 용어들

공유재Commons: 전통적인 공유재는 가축 방목지 같은 것에 대한 전통적인 권리를 일컫는 말이었다. 최근 들어서 공유재는 물, 석유, 약용 식물, 지적 지식 같은 여러 자원과 공적 상품에 대한 공동체의 공통된 권리를 의미하는 말이 되었다. 많은 사회운동들은 이러한 자원들이 공공 소유 상태로 남아 있도록 하기 위해 투쟁하고 있다.

광고 전복 Subvertising: 기업 광고와 정치 광고를 패러디하거나 가짜 광고를 만드는 것을 말한다. 새로운 이미지를 만들 수도 있고 기존의 것을 바꿀 수도 있다. 밈 핵meme hack, 사회적 해킹, 문화 방해라고 불릴 수도 있다.

대중 교육 Popular education: 참가자들이 개인의 경험이 어떻게 더 큰 사회 문제들과 연결되어 있는지를 더 많이 인식할 수 있도록 하며, 참가자들의 의식을 고양하기 위해 계획된 교육 과정이다. 참가자들은 자신에게 영향을 미치는 문제를 바꾸기 위한 행동을 할 수 있는 능력을 기르게 된다.

빈 공간 점유 Squatting: 자신이 소유하거나 임대하지 않은, 버려지거나 점유되지 않은 공간을 허가받지 않은 상태에서 이용하며 점거하는 행위다. 빈 토지, 판자촌, 집, 사회센터, 정원이나 저항 현장 같은 것들이 포함된다.

사회센터Social centres: 수감자나 난민을 위한 지원 네트워크, 카페, 무료 상점, 공공 컴퓨터실, 회의와 모임, 예술 기획, 자선 자문 같은 여러 가지 비영리 활동을 위해 사용되는 공동체 공간이다. 참가자들이 공동으로 운영하며, 임대하거나 구입하거나 빈 공간을 무단으로 점거하여 마련할 수 있다.

상호부조Mutual aid: 자유주의적 사회주의나 아나키즘에 핵심적인 원칙을 표현하는 말로, 서로의 이익을 위해 자원과 서비스를 자발적으로 서로 교환하는 행위를 일컫는 경제적 개념이다. 무정부적 공산주의, 협동조합, 노조운동에서 핵심적인 개념이다.

석유 정점 Peak oil: 허버트 정점Hubbert's peak으로 알려져 있기도 하며, 전 지구의 석유 생산이 정점에 이르는 것을 의미한다. 이미 시작되었다는 주장과 2025년일 것이라는 예언이 엇갈리는 석유 정점 이후에는 지구상에서 이용할 수 있는 석유의 비율이 매년 손쓸 수 없는 수준으로 줄어들게 될 것이다. 이것은 석유에 의존하고 있는 우리 사회가 엄청난 변화를 맞게 된다는 것을 의미한다.

수레바퀴 의회 Spokescouncil: 공동의 목적으로 함께 모일 수 있는 친화 단체affinity group의 집합이다. 자전거 바퀴의 "살spokes"을 따서 만든 표현이다. 각 대변인들은 합의를 통해 의사 결정을 하는 수레바퀴 의회에서 자신이 속한 친화 집단을 대표한다.

아나키즘Anarchism: 아나키즘은 정치철학이자 사회조직 방식이다. 그리스어로 "지도자가 없는"이라는 말에서 유래하였다. 사람들이 자신의 삶을 스스로 운영할 수 있으며, 따라서 지도자를 두는 것은 바람직하지 않고 폐지해야 한다는 신념이다. 많은 아나키스트들은 국가와 자본주의 같은 권위 제도들에 대해서도 똑같이 생각한다.

연대Solidarity: 공통된 목적, 이해 관계, 공감에 근거한 일치의 감정을 말한다. 많은 사회운동들이 정의와 평등에 근거한 사회적 관계를 만드는 데 일조할 수 있는 용어로 연대를 앞세우고 있다.

운동의 운동들Movements of movements: 종종 전 지구적 정의 운동이나 대안 반세계화 운동이라고 불리는 느슨한 무리들을 일컫는 데 사용되는 말이다. "세계 사회 포럼" 같은 대규모 행사와 1999년 시애틀에서 있었던 시위 이후로 세계적인 정상회담이 있을 때면 대규모로 모여드는 현상을 일컫는다. 참가자들의 목적과 전략의 다양성을 강조하며, 사회변화의 단일한 프로그램을 주장하는 맑스 레닌주의 조직에 도전한다.

위계Hierarchy: 사람이나 사물을 조직하고 순위를 매기는 제도로, 이 속에서 각 요소들은 종속 관계에 있다. 우리 사회의 많은 불평등은 기업, 교회, 작업장, 군대, 정치적 운동 같은 대부분의 사회 조직들이 위계적이라는 사실에서 기인한다.

인디미디어Indymedia: 독립적인 미디어Independent Media를 의미하며, 사람들에게 기업 언론을 무시할 수 있는 힘을 줄 수 있는 개방 자료 공개 모델open sourse publishing model을 사용하는 독립적인 언론인들과 대안적인 미디어의 전 지구적 네트워크를 일컫는 말이기도 하다. 1999년에 시작되어 이제는 전 세계에 190개가 넘는 인디미디어 지부들이 있다.

인클로저Enclosure: 개인이 소유하기 위해 공동으로 보유한 토지를 세분하는 과정으로, 주로 12세기에서 19세기까지의 잉글랜드 상황과 관련된 것이다. 토지 사유화와 공공 상품 판매에 저항하는 오늘날의 운동들은 새로운 인클로저에 반대하는 투쟁으로 볼 수 있다.

인포샵Info shop: 아나키스트의 정보를 배포하는 배급처 기능을 하는 사회센터나 판매점 같은 것을 말한다. 주로 책, 잡지, 스티커와 포스터 형태의 정보를 제공한다. 지역 활동가 집단의 회의공간이나 자료원 역할을 하기도 한다.

자급자족 문화 Do it yourself culture: 상호부조 경제, 협동, 상품화되지 않은 예술, 디지털과 소통 기술의 점유, 바이오디젤 같은 대안 기술에 몰두하는 광범위한 풀뿌리 정치 행동주의를 일컫는 폭넓은 용어다. 영국에서는 1990년대에 운동으로 인식되었고 직접행동과 자유로운 파티 문화로 유명해졌다.

자율성Autonomy: "자가 입법self-legislation"을 의미하는 그리스 어에서 유래한 것으로 외적 권위에서 독립된 자유의 가치를 높이 평가하는 신념 체계다. 개인적인 수준과 집단적인 수준에서 모두 일어날 수 있다. 자율성은 자신의 삶과 공동체를 스스로 관리하려고 노력하는 오늘날의 수많은 사회운동에 폭넓게 사용된다.

적정기술Appropriate technology: 과도한 기술 사용과 산업주의의 문제를 의문시하는 입장에서 주로 개발도상국이나 저개발된 농촌 지역에서 사용되어 온 기술이다. 가장 간단하고 부드러운 기술을 사용하며, 국가나 개인의 이익보다는 공동체의 필요에 부응한다.

지속 가능 발전 Sustainable development: 지속 가능 발전은 미래 세대가 자신의 필요를 충족시킬 수 있는 능력을 침해하지 않고 오늘날의 필요를 충족시키는 것을 목적으로 한다. 경제적 발전, 사회적 평등과 정의라는 필요를 폐기하지 않고 환경 문제를 극복하고자 한다.

직접행동Direct Action: 대표자 선출 같은 개혁적 성격의 정치학이 변화를 일으키기에는 비효율적이라는 이유로 거부하는 정치적 행동주의의 한 형태다. 파업, 점거, 봉쇄를 비롯한 여러 형태의 공적 저항을 통해 요구 사항을 이루어 내고 문제를 해결하고자 한다.

친화 단체 Affinity group: 직접행동을 함께 실천하는 활동가들(3~20명)로 구성된 소집단을 말한다. 비위계와 합의 원칙을 가지고 조직된다. 이들은 주로 친구나 비슷한 성향의 사람들로 구성되며, 반응적이고 유연하며 탈집중화된 조직 방식을 제공한다.

퇴비화Compost: 퇴비는 재활용된 유기 물질로, 특히 음식 쓰레기와 정원 부산물들로 만든다. 이런 유기 물질은 퇴비 통에서 빠르게 분해된다. 퇴비화는 가정에서 나온 쓰레기를 가지고 정원과 식품 재배에 사용할 수 있는 퇴비를 만들어 내는 대중적인 방법이다. 퇴비를 만들어 사용하면 쓰레기 매립지(온실가스의 주요 발생지인) 면적도 줄어든다.

퍼머컬쳐Permaculture: 호주인 빌 모리슨Bill Mollison과 데이비드 홀름그렌David Holmgren이 1970년대에 만든 표현으로 영구적인 농업permanent agriculture을 축약한 것이다. 식품 생산, 토지 이용, 공동체 건설에 적용할 수 있고 지속 가능한, 윤리적으로 계획된 체계다.

합의Consensus: 모든 사람을 의사 결정 과정에 포함시키고 반대 입장은 어떤 것이든 해소하는 것을 목적으로 한 의사 결정 방식이다. 풀뿌리 민주주의 혹은 직접민주주의의 한 형태로 소수의 의견을 무시할 수 있는 투표와 위계질서와 관련된 대의 민주주의 형태에 반대한다.

핵랩Hacklab: 핵랩 혹은 미디어 핵랩은 무료 소프트웨어와 대안적인 미디어 같은 해방 기술의 증진과 사용, 발달을 위해 사용하는 자율적인 기술 구역이다. 적극적인 참여와 기술의 창의적인 사용을 촉진한다.

혁명Revolution: 일반적으로 사회나 정치 제도의 급격하고 본원적인 변화나, 한 사회의 문화나 경제의 큰 변화를 의미한다. 종종 폭력과 국가권력 접수와 연결되기도 하지만, 일상생활 수준에서 점진적으로 급진적인 변화를 만들어 가는 것을 의미할 수도 있다.

■ 용어 정리는 모두가 함께 만들고 누구나 자유롭게 쓸 수 있는 무료 백과사전 위키피디아(www.wikipedia.org)에서 발췌하여 수정했다.

여는글 　　우리 손으로 세상 바꾸기

매일같이, 어디서든, 사람들은 힘을 모아 자발적인 행동과 계획된 행동을 통해 세계를 바꾸고 있다. 이런 일상적인 행동들은 우리 힘으로 해 내고자 하는 열망이 점점 더 커지면서 일어나게 되었다. 야채를 재배하고, 공동체의 날을 조직해서 사람들이 우리가 살고 있는 곳을 개선하는 일에 참여하게 하고, 착취하는 기업들을 폭로하며, 우리의 건강에 대해 책임을 지고, 사회센터에서 차茶를 만들고, 태양발전으로 작동되는 샤워 시설을 설치하는 방법을 생각해 내고, 현수막을 만들고, 파업 참가자들을 지지하고, 사람들이 웃을 수 있게 장난을 치고, 또 생각을 하는 것이다.

우리는 지속 가능하고 공정한 삶의 방식을 창조하기 위한 성찰과 실천적인 행동에 참여하자고 요청하기 위해 이 책을 썼다. 반은 안내서이고 반은 비평서인 이 책은 사람들에게 정보를 제공하고 영감을 주며, 사회 변화를 위해 점점 성장하고 있는 운동에 참여할 수 있도록 하기 위해 기획되었다. 바로 당신과, 지하철에서 당신 옆에 앉아 있는 사람, 당신의 이웃, 당신의 어머니, 당신의 아이들 같은 이들을 위한 것이다. 세상을 바꿀 수 있고 또 바꿔야 할 사람은 바로 우리이기 때문이다.

우리는 이런 사회 변화가 추상적인 생각이 아니라 경험과 실제 사람들의 이야기들을 통해서 가장 잘 이해할 수 있다고 믿는다. 이 책에서는 아홉 가지 다양한 주제들을 다루고 있는데, 이 속에서 사람들은 통제권을 되찾아오기 위해 투쟁하고, 좀 더 공정하고 정의로운 사회를 건설하기 위해 노력하고 있다. 이 아홉 가지 주제는 "지속 가능한 삶", "의사 결정", "건강", "교육", "먹을거리", "문화행동주의", "자율 공간", "언론", 그리고 "직접행동"이다.

이 책은 사회 변화에 대한 새로운 이론이나 정치 정당 혹은 운동 집단("우리에게 10파운드를 주시면 우리가 당신을 위해 세상을 지켜 줄께요"라는 식의)에 회원으로 가입하는 방법에 대해 거창한 이야기를 풀어내지 않는다. 세상의 잘못된 점에 대해(많은 훌륭한 책들이 이미 이런 일을 하고 있다), 정부를 전복할, 혹은 정치적 권력을 잡아야 할 필요성에 대해 한 번 더 이야기를 늘어놓지도 않는다. 이 책은 우리 모두가 세상에서 직면하는 도전들에 대항해서 할 수 있는 일에 대한, 그리고 정부나 기업들과 관계없이 살 수 있는 방법에 대한 이야기다.

우리가 말하려고 하는 내용은 긴급한 사안이다. 하지만 사람들이 집단적으로 통제력을 행사할 수 있는 힘을 갖는 것을 방해하는 거대한 도전들이 존재한다. 사람들이 권력을 행사할 수 있게 만드는 일은 반드시 쉬운 것이 아니며, 편집자들이나 이 책에 기여한 여러 사람들이 보기에도 아주 어려운 일일 수 있다. 이렇게 어려운 일을 미화하기 위해 이 책을 기획한 것이 아니다. 이 책은 긴급한 변화의 필요성에 대해 말하고 있지만, 이런 생각들이 사람들에게 좀 더 접근 가능하고 위협적이지 않을 수 있게 만들기 위해서는 해결해야 할 수많은 긴장들이 존재한다. 또한 더 나은 세상을 위한 투쟁 속에는 많은 목소리들과 전망들이 다툼을 벌이고 있다. 사람들이 자신의 세계를 집단적으로 관리하고 있는 사례를 서술하는 것은, 그런 일을 하면서 월급을 받는 정치인들도 하지 않는 일인데 왜 우리가 그런 일에 관심을 가져야 하느냐고 많은 사람들이 물어 올 때만큼이나 어려운 일이다. 사람들은 지도자와 지배자들에게 책임을 전가해 왔을 뿐 아니라, 소비주의와 유명인사들에 대한 가십거리, 일상생활의 지루함 때문에, 다른 한편으로는 생활을 지속시키는 데 몰두하느라 미혹에 빠지고 말았다.

이 책은 이에 대처할 수 있는 손쉬운 답을 갖고 있지는 않지만, 변화가 필요하다는 자각이 점점 늘어나고, 이것이 의미 있게 되기 위해서는 저항과 창조성을 뒤섞어 일상생활의 일부로 강력한 운동을 펼치는 일이 필요하다는 전제에서 출발하고자 한다. 오늘날의 경제 제도에 저항하는 대중 운동이 시애틀에서 멕시코 칸쿤Cancun에 이르기까지 탄환처럼 날카롭게 날아서, 현수막과 최루가스, 폭동의 현장을 넘나들었지만, 거리가 다시 조용해졌을 때 일상의 사람들은 또 다른 가능한 세상의 벽돌을 상상하고, 만들고, 실천을 통해 학습하면서 비범한 일들을 행하고 있다. 우리는 우리가 살아가고 있는 세상에 저항하면서 동시에 우리가 원하는 세상을 창조해 낼 수 있다. 이런 작은 행동들이 실제적인 사회 변형의 주춧돌이 된다. 마치 "당신 스스로 당신이 원하는 그 변화가 되세요"라는 문구처럼 말이다. 이것이 바로 우리들이 자본주의의 논리 밖에서 우리의 삶을 구축할 수 있도록 우리를 한데 엮어 주는 출발 지점이다.

당신은 왜 화가 나는가?

이 세상이 뭔가 아주 잘못되어 있다는 느낌을 가져 본 적이 있는가? 중동에서 고조되고 있는 전쟁이나 테러에 대한 전쟁war on terror 때문일 수도 있고(많은 사람들은 이것을 "잘못된 전쟁war of error"이라고 부른다), 서로에 대한 공포와 불신 때문에 갈라진 공동체와 사람들 때문일 수도 있다. 전 세계 인구의 20퍼센트가 자원의 80퍼센트를 사용하는 현실과, 재난을 불러오는 기후변화의 잠재력 때문일 수도 있고, 다국적기업들이 이윤을 위해 사람들과 땅을 꾸준히 착취하는 상황이나, 약자를 괴롭히는 지배자들과 저임금에 장시간 노동을 해야 하는 현실 때문일 수도 있다. 공공 서비스가 사유화되고, 정치인들이 대중의 목소리에 귀를 기울이지 않으며, 초고층 고급 주택들이 공공의 공간을 차지하고, 집값이 치솟아서 많은 사람들이 부채의 수렁에서 빠져나오지 못하고 있는 상황 때문일 수도 있다. 또는 암, 질병과 연관된 스트레스, 정신병과 우울증 사례가 지속적으로 증가하기 때문일 수도 있다. 우리는 어떻게 이러한 상황을 맞게 된 것일까?

21세기 민주주의 사회에서 우리가 무언가를 바꾸거나 "무엇이든" 하려고 할 때 해야 할 일로 기정사실화된 것에는 투표라는 방식이 있다. 우리가 일생 동안 민주주의를 위해 기여하는 것은 투표용지에 있는 후보자나 정당에 도장을 찍는 일뿐이다. 논평가들은 우리의 정치적 대표자들이 우리가 원하는 변화를 이루어 줄 것이므로 우리는 선출된 대표자에게 편지를 써서 청원하기만 하면 된다며 걱정하지 말라고 한다. 하지만 정치인들은 문제를 해결할 수 없다. 왜냐하면 이들은 경력을 쌓아 다국적기업의 책임자 지위에 오를 기회를 노리며 대기업의 눈치를 보고 있으므로, 오히려 문제의 본질적인 부분이며 전체적으로 신자유주의의 자유시장 정책을 위해 일하는 부패한 정치제도의 핵심부에 있기 때문이다.

따라서 정치인들이 사람들의 일상적인 필요와 욕구에서 점점 멀어져 감에 따라 투표율이 꾸준히 감소하고 냉소주의와 무관심이 증가하고 있는 것은 당연한 일이다. 정치인들은 우리의 통제를 벗어나 세계무역기구, 국제통화기금,

세계은행 같은 기구들과 다국적기업에 발맞추고 있는 것처럼 보인다. 그러는 동안 불공정 무역과 빈곤, 오염은 줄어들 기미를 보이지 않고 있다.

불평등, 기후변화, 환경의 질적 하락에 대한 근원적인 이유가 바로 경제 제도라고 당당히 말하는 목소리들은 종종 극단주의자들이라는 이유로 멸시당한다. 로비 활동을 벌이는 거대한 비정부기구NGO들과 자선단체들은 우리에게 문제들을 말해 줄 수 있지만, 이런 문제들의 근본 원인에 도전할 능력이나 의사가 없다. 회원을 잃고, 결과적으로 자금 지원이 끊기는 것이 두렵기 때문이다. 로버트 뉴먼Robert Newman이 『가디언』(2006년 2월 2일)에서 자신 있게 이야기했다. "직업적인 많은 환경 운동가들은 반자본주의적인 입장 때문에 사회 주류가 그들의 불가항력적인 주장들(반자본주의적인 주장들)에서 멀어지게 될까 두려워하고 있다. 하지만 위기를 통해 드러나는 현실이 매우 극한적인데도, 그 해법들이 너무 밋밋하다는 이상한 간극 때문에 사람들이 충격을 받아 활동을 중단하게 될 가능성이 더 크지 않은가?"

우리가 직면하고 있는 최대의 위기 가운데 하나는 공동의 공간을 잃는 것이다. 우리는 수세기 동안 투쟁해서 구축한 공동의 자산을 잃고 있다. 우리 모두의 공동체와 삶이 폐쇄되고 사유화되고 있으며, 삶에 필수적인 품목들인 깨끗한 물과 최소한의 교육을 받을 기회, 경제적으로 감당할 만한 주거 혹은 먹을거리를 위한 충분한 땅을 박탈당한 "새로운 인클로저"에 직면해 있다. 화석연료로 유지되는 무한 성장에 기반한 전 세계 경제의 문제점들은 저항할 수 없는 것처럼 보인다. 하지만 세계 경제의 지속 불가능성을 인정하면 세상을 바라보고 사회를 조직하는 새로운 방식들을 창조해 낼 에너지를 얻을 수 있다. 이 책을 만드는 데 기여한 사람들이 제기하는 질문과 생각, 가능한 해법들은 이런 가능성들을 탐구하고 있다.

그리고 우리는 부자연스러운 시대에 살고 있습니다.

그리고 우리는 만들어야 합니다.

다시 자연스럽게

우리의 노래로

그리고 우리의 이성적인 분노로.

(「켄 사로-위와Ken Saro-Wiwa■를 위하여」, 노벨상 수상자 벤 오크리Ben Okri■■, 1995)

이 책의 출발점을 묘사하는 데는 많은 다양한 단어와 전통들을 사용할 수 있다. 우리의 초점은 "우리 스스로 해내는 것"이다. 우리가 바라는 미래는 소수의 앞서 나간 사람들이 거대한 사건을 일으키는 것이 아니라 모든 사람들이 일상에서 혁명을 일으키는 것이다. 지배자, 정치인, 전문가들이 주도권을 쥐는 것을 지켜보는 것이 아니라 대중을 기반으로 구축하는 것, 우리 스스로에게 권력을 부여하고 우리 자신의 현실을 개선시키는 것, 개인 사업가나 자유시장 상인이 되는 것이 아니라 함께 힘을 모아 개방적이고 지속 가능하며 평등한 사회를 만드는 것이다.

이 책의 원리는 대체로 아나키스트 사상과 자율주의 사상을 따른다. 아나키즘은 그리스 어 "정부가 없는"이라는 말에서 유래한 것으로, 사람들이 공식화된 정부가 없이도 스스로를 위해 사회를 조직할 수 있다는 신념을 말한다.

■나이지리아의 저명한 작가이자 환경 운동가. 나이지리아의 군사정부와 석유회사 〈쉘Shell〉의 결탁 관계를 파헤치다 폭동 선동죄를 뒤집어쓰고 1995년 교수형에 처해졌다. 옮긴이
■■나이지리아의 시인이자 소설가. 옮긴이

아나키즘은 사회를 조직할 수 있는 가장 좋은 방법은 사람들이 더 잘 협동할 수 있는 자발적인 조정을 통하는 것이라고 주장한다. 자율이라는 말은 그리스어 "자가 입법self-legislate"에서 유래한 것이다. 이것은 강한 유럽적 전통, 특히 이탈리아와 독일, 좀 더 최근에는 아르헨티나의 전통에서 유래하는 것으로, 스스로의 삶을 조직하는 방식에 대한 실험들이 이곳들에서 폭넓게 확산되고 있다.

"운동의 운동"은 이 책에 영향을 미친 또 다른 요소다. 이것은 세계적인 사회정의와 환경 정의 운동의 일부를 구성하는 수천 명의 사람들과 수백 개의 사회운동 단체와 집단들의 느슨한 네트워크에 적용되는 말이다. 이 책은 이런 운동들을 구성하고 있는 전 세계 집단들 사이의 연계, 기획, 영향력, 그리고 관계들에 근거하고 있다. 이런 관계들은 예측 불가능하며 빠르게 변화하고 있지만, 이를 통해 엄청난 양의 생각과 경험들이 지구상에서 교류되고 있다. 이런 운동들은 다양하며, 전 세계적인 동맹이나 지도부를 만들 생각은 하지 않고 있다. 동맹이나 지도부를 만들지 않는 것은 어쩌면 과거와 현재의 실수를 되풀이하는 일인지도 모르겠다. 하지만 대부분은 동의할 몇 가지 공통된 원칙들이 있다. 전쟁, 착취, 부정의에 대한 반대, 국경과 국민국가에 대한 거부, 세계의 자원을 분배하는 데 있어서 불균형을 줄이고 과잉 소비를 억제하는 것, 모든 사람들의 존엄성을 지지하고 모든 사람들을 포괄하는 사회를 향해 움직이는 것, 그리고 일상생활에서 통제권을 되찾기 위한 행동과 평등을 촉진하는 것이 바로 그런 원칙들이다.

사람들은 왜 그런 생각에 휘말리게 되는가? 종종 우리를 자극하는 것은 감정적인 반응들, 즉 분노, 공포, 절망, 희망 같은 것들이다. 우리 모두는 정의롭지 못한 것에 대해, 억압에 대해 분노할 권리가 있다. 변화를 일으킬 운동과 집단들을 만드는 것은 이런 분노를 건설적으로 이용하는 것이다. 증오, 무기력, 비난, 절망 같은 감정들의 함정에 빠지지 않고 이런 감정들을 도전과 저항력, 희망과 영감으로, 지적인 분노로 전환시키는 것이다.

이 책은 근원적인 변화를 주장한다. 권력을 잡기 위한 것이 아니라, 권력이 작동하는 방식과 권력이 우리 사회에서 부와 사적인 권력에 연결되어 있는 방식에 도전하기 위한 것이다. 과거의 사례를 통해 우리는 권력을 잡는 것은 종종 혁명적인 운동들이 전복하기 위해 투쟁해 왔던 바로 그 억압 체제를 반복하는 것과 다르지 않다는 것을 확인했다. 근원적인 변화를 일구고자 할 때 폭넓은 방법과 전략들을 사용할 필요가 있는데, 여기서 우리의 상상력은 우리의 유일한 한계이기도 하다. 내가 이것을 하면 저런 일이 발생할 것이라는 식의, 단순한 인과관계는 존재하지 않는다. 많은 사람들은 "위대한 날" 혹은 "혁명"이 일어나기를 기다리면서 그날 이후에 모든 것이 좋아질 것이라는, 무거운 기대의 짐을 지고 산다. 하지만 현실은 훨씬 더 느리고 예측 불가능하며, 우리가 가고자 하는 곳으로 향하는 길은 곧은 직선이 아니다. 변화는 지속적인 진화와 질문, 탐험을 의미한다.

일상생활의 수준에서 항상 모순과 타협이 존재할 것이다. 우리는 소비주의와 노동 때문에 삶에서 소외되었다고 느낄 수도 있지만, 아직은 그 일부로 살아가는 것 말고는 선택의 여지가 없어 보인다. 우리의 삶은 종종 우리가 살면서 일하고 있는 실제 세계와 우리가 가끔씩 엿보며 지내는, 꿈꾸는 세계들 사이에서 양다리를 걸치고 있기도 하다. 물론 때로는 형식상의 직업을 갖고, 비행기를 타고, 기업의 제품을 구매하며, 이상을 절충하는 것이 필요하기도 하다. 또 어떤 때는 좀 더 독립적인 생활을 하고 대립적이며 반항적인 태도를 가질 만한 여지가 생기기도 한다. 사람들에게 이런 입장들 사이에서 선택을 요구하는 것은 불화만 조장할 뿐 도움이 되지 않는다. 무언가를 하는 것은 아무 것도 하지 않는 것보다 바람직하다. 집단적인 조직 방식은 하룻밤에 불평등을 없애거나 이 세계에 있는 가장 파괴적인 것들을 변화시키지는 못하겠지만, 우리의 희망과 미래상을 향해 움직이기 위해 우리 삶에 대한 통제력을 요구할 수 있는 경로 위에서 모두가 취할 수 있는 구체적인 단계들이 있다. 이 책에 실은 경험들은 사람들이 현재의 삶을 조금씩 허물면서 안팎에서 새로운 세계를 건설하고 있다는 것을 보여 준다. 이 책에서 접하게 될, 우리 삶을 조직하는 방식들을 통해 우리는 잠재력을 실현하고 새로운 연계를 마련하며, 새로운 답을 제시하는 데 도움을 얻게 될 것이다. 바로 그곳에 가능성이 있다.

변화를 지향하는 다른 목소리들

> 브라이언: 실례합니다. 당신들이 "유대 민족 전선Judean People's Front"입니까?
>
> 레그: 어리석기는! 우리는 "유대 민중 전선People's Front of Judea"이라구요.
>
> (몬티 파이톤Monty Python의 『브라이언의 삶Life of Brian』, 1979)

사회 변화를 위한 투쟁의 장은 서로 경합을 벌이는 집단들로 꽉 들어차 있다. 각각의 집단들은 모두 세계가 어떤 모습이어야 하는지, 그리고 우리가 어떻게 그곳에 이를 수 있는지에 대해 다른 의견들을 가지고 있다. 몬티 파이톤의 『브라이언의 삶』에 실린 풍자 글과 비슷하게, 좌파들 안에서도 차이와 의심, 불신이 존재한다. 이들은 "G8 회의"나 반전운동 같은 공동의 적이 있는 경우가 아니고서는 함께 뭉쳐 단일하게 행동하는 일이 거의 없다. 사회주의자, 공산주의자, 트로츠키주의자, 아나키스트, 생태주의자 혹은 자유주의자들은 권력이 어디에 있으며, 누구의 책임이고, 무엇을 해야 하는지, 그리고 거대한 대응과, 집단을 이끌어 내는 것은 어떻게 가능한지에 대한 전략과 생각이 모두 다르다. 한쪽에서는 사회 포럼Social Forum 회의와 자율적이고 탈집중화된 일들을 벌이고, "민중의 지구적 행동People's Global Action" 회의와 정기적으로 진행되는 다른 여러 세계적인 모임과 세미나들은 다종다양한 목소리와 대응들이 만나서 의견을 나눌 수 있는 장소의 역할을 해 왔다.

가장 큰 차이 중 하나는 "수직적인 성향"과 "수평적인 성향"이라고 부르는 것 사이에 있다. 일반적으로 수직적인 성향은 거대하고 집중화된 사회주의 정당정치를 일컫는 것으로, 이들은 대중들의 해방을 쟁취하는 수단으로 정부를 모방하고 궁극적으로는 지향하는 것을 목적으로 삼는 명백한 지도부나 전위를 가지고 있다. 이들은 모든 "좌파"의 저항운동을 자신들의 정당정치 모델이나 행동으로 통합하여 "유일무이하고 한정되어 있는" 저항의 목소리로 삼고자 한다. 수직적 성향들은 수평적 성향들이 순진하고 제대로 조직되지 않았다고 생각하며, 종종 이들의 캠페인을 넘겨받아 그 성공의 영예만 취하려고 해 왔다.

수평적 성향들은 지도자와 위계, 권위, 중앙 집중화, 선언문 같은 것들을 거부하고 일상에 뿌리를 둔 변화를 제안한다. 수평적인 정치학 내에서는 국가권력을 차지하려는 진정한 욕망 같은 것은 없다. 이들은 국가권력의 실수를 반복하고 그 폭력적 경향을 닮게 될까 봐 두려워하기 때문이다. 하지만 지도자와 명백한 조직적 구조를 거부하는 것은 집단이 흩어지거나 일반 대중들에게서 사실상 숨어 버리는 것을 뜻할 수도 있다. 수평적 성향들을 겨냥한 손쉬운 비판중 하나는, 지도자와 상당한 조직적 구조가 없으면 권력 불균형과 실제로 싸우는 데 얻을 수 있는 것이 거의 없다는 것이다. 대중과 언론은 종종 지도자와 조직적 구조를 찾으려 하며, 이것이 없다는 걸 알게 되면 수평적인 운동들이 조직되어 있지 않고 권력이 없다고 주장한다. 하지만 많은 집단들은 이런 종류의 결합력을 추구하지 않는다. 이들은 결과보다는 진정한 민주주의, 혹은 직접민주주의라 할 수 있는 과정을 우선시한다. 과정은 항상 만들어지는 중이기 마련이다. 그 과정은 산만하고 완결되지 않은 것처럼 보이고 또 그렇게 보여야만 한다. 수평성의 정치학에서 핵심이 되는 부분은 바로 이런 서투름과 능동적 참여 자세다. 이것은 그 누구도 당신을 대신할 수 없다는 선택이다. 이런 간략한 설명의 이면에는 양 극단 사이의 다양한 채도의 회색들이 많이 존재하는데, 이런 집단들은 대개 캠페인, 출판, 회의 등의 일에서 실용적으로 공동 작업을 해 온 역사를 가지고 있다.

또한 자율 조직self-organising에 헌신하고 있는 이들은 가시적인 성과를 내고 있는 좌파 지도부 모델에 대해서도 대응해야 한다. 라틴아메리카는 쿠바, 니카라과, 베네수엘라, 칠레, 그리고 이제는 볼리비아에서도 대중적인 지도자들을 세운 역사를 가지고 있다. 이곳에서는 전통적인 민중 권력과 좌파 운동, 그리고 군대가 평범한 사람들에게 의미 있는 개선을 불러일으켰다고 볼 수도 있다. 이 나라들은 해답을 찾고 있는 사람들에게 흥미 있는 연구거리다. 왜냐하면 이들은 신자유주의 정책과 미국의 지정학적 야망에 대해 반대하고 있기 때문이다. 우리는 흥분한 상태에서 이들의 사례를 무비판적으로 수용해서는 안되며, 우리의 삶을 영위하는 데 이들이 어떤 교훈을 주는지 살펴봐야 한다. 군인들이 실제 권력을 평범한 사람들에게 넘겨줄 준비가 되어 있지 않다면 우리는 우리의 자유를 군인들에게 의존할 수 없다.

덧붙여 말하면, 기존 좌파 집단과 좀 더 수평적인 자유주의적 집단의 메시지는, 약간의 통제력을 되찾으려는 시도 속에 자주 관리self-management를 주장하고 있는 좀 더 우익적이고 대중주의적인 집단들과의 격심한 경쟁에 직면해 있다. 〈영국 민족당(Britich National Party, BNP)〉 같은 민족주의 집단들과 근본주의적인 종교 집단들(이슬람교와 기독교 모두)이 이런 부류에 속한다고 할 수 있다. 이 책은 이런 집단에 대해서는 찬성하지 않는다. 사람들이 자유롭고 개방된 사회에서 스스로를 통치할 수 있도록 내버려두지 않고, 내부자와 외부자, 선과 악에 대한 고정된 관념과 교조, 폭력을 통해 사람들과 토지, 자원들을 통제하려고 하고, 내부만 들여다보는 이런 조직들에게서 자주 관리와 자율성이라는 어휘를 되찾아와야 한다.

영감과 투쟁들

이런 생각들은 허공에서 떨어진 것이 아니라 활기 있고 상호연결되어 있으며, 종종 모순적이기도 한 운동들의 일부로 맑스주의, 아나키즘, 생디칼리즘, 사회주의, 사파타운동, 생태주의, 반자본주의 같은 것들을 포함하는 풍부한 사고의 특징들에 기반하고 있다. 우리는 역사 속에서 많은 영감을 얻는다. 영국 시민전쟁 당시 토지 기반 공동체를 건설한 디거스Diggers▪, 1871년 프랑스 전쟁 당시 파리 코뮌, 과도한 산업주의에 대한 대응으로 형성된 국제적인 토지 기반 공동체들, 스페인 시민전쟁 당시에 자율적으로 조직된 민병대, 1968년 5월 투쟁의 장에 있었던 학생들 모두가 이런 영감의 원천이다. 라틴아메리카는 억압에 투쟁하는 사람들에게, 칠레의 아옌데Salvador Allende와 니카라과의 산디니스타스Sandinistas처럼 미국의 지정학에 대항하는 시도들 속에 항상 영감의 원천으로 우뚝 서 있었다. 아르헨티나의 삐께떼로piquetero▪▪와 실업자 운동, 멕시코 치아파스 주의 자율적인 사빠띠스따Zapatista 조직들은 라틴아메리카에서 저항과 창의성이 어떻게 발전하고 있는가에 대해 가장 많은 영감

▪ "땅 파는 사람들"이란 뜻으로, 1649년에서 1650년까지, 잉글랜드의 성 조지라 불리는 작은 언덕에 농사를 지으러 모인 사람들을 가리키는 말이다. 옮긴이
▪▪ 기업의 해외 유출로 아르헨티나에 수십만 명의 실업자들이 발생하자, 일을 하고 싶다면 기업의 빚을 갚으라는 법원의 판결에 대항해 기업의 빚을 떠안는 것을 거부하고 직접민주주의 조직을 만든 이들. 아르헨티나 실업자 운동의 대표 주자로 불린다. 옮긴이

을 안겨 주고 있다.

최근 유럽에서 진행되고 있는 다른 예를 보면, 불법 점거 운동, 주거 공동체, 도시와 농촌의 지속 가능한 삶 프로젝트, 급진 예술, 사회센터, 인포샵info shops과 서점들, 여행자와 무료 파티 현장들이 있다. 또한 우리는 "반자본주의자", "반세계화주의자", "전 세계적 사회정의 운동" 흐름이 성장해 왔고, 이제는 주류 언론도 이런 용어들을 사용하고 있는 것을 볼 수 있다. 이런 서투른 표현들은, 최소한 사람들이 긴 역사를 가지고 있는 폭넓은 불평등 체제에 저항하고 있다는 점에 대한 자각이 증가하고 있음을 보여 준다. 〈민중의 지구적 행동〉, 〈도로를 되찾자Reclaim the Streets〉, 〈지구 먼저〉, 〈퍼머컬쳐 네트워크 Permaculture networks〉, 〈자유 학교Free Schools〉, 〈노 보더즈〉 집단들 같은 수평적인 네트워크들은 전 세계에 퍼져, 자유와 협동, 정의와 연대에 근거한 급진적인 사회 변화를 추구하는 한편, 환경 파괴와 신자유주의적 착취, 인종주의, 동성애 혐오, 가부장제에 반대하는 행동을 벌이고 캠페인을 벌여 왔다. 이런 투쟁들은 새로운 형태의 언론과 인터넷을 통해 전 지구적으로 확산되었고, 인디미디어라는 개념이 전 세계에 퍼지게 되었다. 이런 저항들은 프란시스 후쿠야마Francis Fukuyama가 공산주의 블록이 해체된 뒤 시장자본주의의 승리를 선언하며 "역사의 종말"이라고 외쳤던 것에 대한 도전이었다.

〈트래피즈 컬렉티브〉는 2005년 "G8 정상회담"에 반대하는 운동을 준비하던 시기에 〈반대자 네트워크Dissent! network〉의 일부로 구성되었다. 우리는 G8로 인해 부각된 문제들과, 좀 더 중요하게는 보이지 않게 가려져 있지만 실행 가능하다고 느끼는 대안들에 사람들이 폭넓게 참여하게 하기 위해 대중적인 교육 워크샵을 진행했다. 우리는 그 이전부터 자율 관리적인 사회센터들, 지속 가능성을 지향하는 국제적 공동체들, 사파티스타 같은 집단들과의 연대, 도로에 반대하는 직접행동, 반전운동, 기후변화 캠페인, 사회포럼, 독립 언론 기획과 공동체 텃밭 등의 일에 참여해 왔다. 우리의 활동 목표는 우리 모두가 전제해 놓은 가정들을 문제의식을 지닌 채 바라보고, 삶을 어떻게 조직하고 대응할 수 있는지를 중심으로 벌이는 논쟁에 사람들이 참여할 수 있도록 하는 것이다. 우리는 이 책이 자율적이고 수평적인 정치학의 집단적인 성과물들과 역사, 영감을 표현하는 일부이자, 어떻게 앞으로 나아갈 것인가에 대한 성찰 이라고 생각한다.

이 책에는 어떤 것이 담겨 있나?

이어지는 18개의 장들은 변화를 일구기 위한 다양한 일상적인 운동들에 대한 분석과 개인적인 이야기, 사례들을 담고 있다. 어떻게 일해야 하는가를 명령하는 것이 아니라, 독자들이 직접 시도해 볼 수 있는 발명품들과 조직 방식, 생각과 장소들의 예를 제공한다. 이 책은 종합 안내서는 아니다. 예를 들어 수송, 대안 경제, 주택 같은 문제들은 지면의 제약 때문에 담기지 못했다. 인종, 성, 계급, 여성, 종교 혹은 섹슈얼리티 같은 주제들이 우리가 정한 주제들과 상호작용하는 복잡한 방식들에 대해 제대로 다룰 만한 공간 또한 없었다. 개인인 우리들은 많은 장소와 사람들에게 영향을 받지만, 염치없게도 우리가 살아 왔던 세계의 일부에서 발견한 것들에 초점을 맞추고 있다. 남반구, 특히 아프리카와 아시아를 분석하는 일은 어마어마한 일이며, 우리의 능력과 경험을 넘어서는 것이었다. 대신 우리는 가장 잘 연결되어 있고 잘 알고 있는 것에 초점을 맞추고, 우리가 못한 일에 대해서는 다른 사람들이 다른 곳에서 비슷한 종류의 일을 하기를 기대한다. 우리는 모든 이들의 집 근처에 영감을 얻을 만한 예들이 있기 때문에 이것을 찾으려고 세계를 돌아다닐 필요가 없다는 점을 보여 주고 싶었다.

이 책의 각 주제들은 두 장으로 구성되어 있다. 한 장은 주제와 그 역사, 개념, 문제와 허점을 소개하는 장이고, 다른 한 장은 이런 개념들을 현실화하는 방식들로 구성된 좀 더 실용적인 "요령" 안내다. 이 안내는 그 주제에 대한 최종적인 지침이 아니라, 자신들이 살면서 실현한 방식대로 이야기해 준 사람들의 기여를 드러내는 것이다. 독자들의 개인적인 경험에 근거하면 어떤 것들은 좀 더 분명해질 수도 있고, 다른 것들은 그렇지 않을 수도 있다. 우리는 여러분들이 이것을 집단적으로 시도해 보고 여러분 식의 미래가 실현될 수 있도록 이것을 사용하며, 비슷한 일을 행하고 있는 다른 사람들과 연결하고 혹은 각색하거나 좀 더 향상된 방식을 추구하기를 바란다. 주제마다 끝 부분에는 심도 있는 독서, 연구 자료들을 제시해 놓았다. 이 자료들의 사상이 얼마나 스며들고 퍼져 나갈지는 알 수 없다. 어떤 사람들에게는 이런 자료들이 불꽃을 튀기게 할 만한 것이지만, 어떤 사람들은 이것이 쓸모없다고 여길 수도 있다. 어쨌든 이 책은 행동과 성찰을 불러일으키기 위한 것이다. 이 책은 불안하게 다가오고 있는 위기에 대응하여 일상적으로 점점 더 긴급해지고 있는 조정안들의 개요를 잡아 본 것이다. 안내서가 있다고 해서 통제권을 되찾아 오는 것이 쉬워지지는 않겠지만, 저항의 운동과 네트워크, 사람들과 관계 맺으며 창의력을 자극하고 세상을 바꾸는 출발점이 될 수는 있을 것이다.

Carter, J. and D. Morland(2004). *Anti-capitalist Britain*. London: New Clarion.

Harvie, D., B. Trott and K. Milburn(2005). *Shut them Down!* Leeds: Autonomedia.

Holloway, J.(2002). *Change the World Without Taking Power*. London: Pluto Press.

Kingsnorth, P.(2003). *One No, Many Yeses: A Journey to the Heart of the Global Resistance Movement*. London: Free Press.

Marshal, P.(1991). *Demanding the Impossible. A History of Anarchism*. London: Harper Collins.

Mertes, T.(2004). *A Movement of Movements. A Reader*. London: Verso.

Monbiot, George et al.(2001). *Anti-capitalism: A Guide to the Movement*. London: Bookmarks.

Notes from Nowhere(eds)(2003). *We Are Everywhere: The Irresistible Rise of Global Anti-capitalism*. London: Verso.

Polet, Francois and CETRI(2004). *Globalising Resistance. The State of Struggle*. London: Pluto Press.

Saad-Filho, Alfredo(2002). *Anti capitalism. A Marxist Introduction*. London and Sterling, VA: Pluto Press.

Schalit, J.(ed.)(2002). *The Anti-capitalism Reader: Anti-market Politics in Theory and Practice, Past, Present and Future*. New York: Akashic Press.

Sen, J., A. Escobar and P. Waterman(2004). *World Social Forum: Challenging Empires*. New Delhi: Viveka Foundation.

Sheehan, S.(2003). *Anarchism*. London: Reaktion Books.

Solnit, D.(2004). *Globalise Liberation. How to Uproot the System and Build a Better World*. San Francisco: City Lights Books.

Solnit, R.(2002). *Hope in the Dark*. London: Verso.

Starr, A.(2004). *Global Revolt*. New York: Zed Books.

Tormey, S.(2004). *Anti-capitalism: A Beginners Guide*. Oxford: One World.

Wall, D.(2005). *Babylon and Beyond*. London: Pluto Press.

Walter, N.(2002). *About Anarchism*. London: Freedom Press.

Yuen, E. et al.(2005). *Confronting Capitalisms*. Brooklyn, NY: Soft Skull Press.

01 위기의 세상을 위한 전체론적 해법

 이 글을 쓴 앤디 골드링Andy Goldring은 〈리즈 퍼머컬처 네트워크Leeds Perma-culture Network〉의 회원으로 퍼머컬처 교사이자 디자이너다. 또한 영국 퍼머컬처 협회의 조정자이기도 하다. 미국을 거점으로 하는 작가이자 활동가이며 생태주의자인 스타호크Starhawk와 〈기후변화 극복 정보 네트워크Climate Outreach Information Network〉와 미국의 어스 헤이븐 생태마을에 있는 조지 마샬George Marshall이 추가 자료를 제공해 주었다.

우리가 사는 세상은 엄청난 생태적 위기, 그리고 여기서 유래한 잠재적으로 재난에 가까운 사회·경제적 문제들에 직면해 있다. 우리가 어떻게 세상을 바꿀지 이해하려면, 우리에게 닥친 막대한 문제 가운데 일부와 세상에 깃들어 사는 모든 종을 개괄해 볼 필요가 있다. 이 장의 핵심은 어마어마한 문제들에 압도되는 것이 아니라, 환경과 우리가 영위하는 삶 모두를 개선하는 데 사용할 수 있는, 이행하기 쉽고, 영감을 주며, 이미 존재하고 있는 방법들을 검토하는 것이다. 여기서 특히 변화를 일으키는 기제로서 퍼머컬처permaculture▪의 전체론적 접근법에 주목한다. 지속 가능한 삶이라는 것이 단순히 그것을 시

▪17쪽 용어 설명 참조. 옮긴이

도하는 사람들이 지내기 좋은 삶만을 의미하는 것이 아니다. 지속 가능한 삶은 더 나은 세상에 대한 미래상을 제시하고, 세상을 황폐하게 만든 문화와 기업, 국가 구조들에 저항하는 일상적이고, 실천적인 저항을 창조해 내는 것이기도 하다.

우리는 어떻게 생태적 위기에 이르게 되었나?

우리가 엄청나게 고조되고 있는 생태적 · 사회적 · 정치 경제적 위기 속에 살고 있다는 것은 의심의 여지가 없다. 이 문제에 대해서는 지난 수십 년 동안 『성장의 한계*The Limits to Growth*』(1972)■, 『우리 공동의 미래*Our Common Future*』 (브룬트랜드 보고서로 더 잘 알려져 있는)(1987)■■ 같은 보고서나 프리츠 슈마허Fritz Schumacher의 『작은 것이 아름답다*Small is Beautiful*』(1973)■■■ 같은 기념비적 책들, 월드워치 연구소가 매년 발행하는 『지구환경보고서*State of the World*』 (www.worldwatch.org)■■■■에서 의욕적으로 개괄해 왔다. 우리가 어떻게 해서 이 지경이 되었는가는 좀 불분명한 점이 있다. 퍼머컬처 연합과 15년간 일해 온 경험으로 보자면 내 견해는 다음과 같다. 인류는 태곳적부터 자연과 상대적인 조화를 이루며 살았다. 자연의 법칙에 지배를 받았고, 계절에 순응했으며, 전반적인 생태계에 최소한의 혼란만을 주었다. 마지막 빙하기가 끝날 무렵, 기후 조건이 변화했고, 생산성이 증가했으며, 중동과 동아프리카, 중국에

■ 한국어판은 나와 있지 않으나 그 해설서인 『지구를 치료하는 법—환경 분야의 최고 명저 〈성장의 한계〉 해설서』 (데니스 L. 메도즈 외, 북스토리, 2006)가 나와 있다. 옮긴이
■■ 『우리 공동의 미래』(홍성태 옮김, 새물결, 2005) 옮긴이
■■■ 『작은 것이 아름답다』(이상호 옮김, 문예출판사, 2002) 옮긴이
■■■■ 1990년부터 1998년까지 따님에서, 2000년부터 2008년까지 도요새에서 출간되었다. 옮긴이

살던 사람들은 작은 집단을 이루어 채집과 수렵을 하다가 정착 농업을 하기 시작했다. 정착 농업의 영향은 엄청났는데, 머레이 북친Murray Bookchin, 존 저잔John Zerzan, 마이클 살린스Michael Sahlins 같은 많은 사회, 인문 생태학 저자들은 이것을 현대 문명의 기원이자 위계, 노동 분업, 억압, 교역, 전문화, 좀 더 복잡한 사회조직, 그리고 최초의 도시들 같은 문명의 부속물들이 유래한 순간이라고 본다. 궁극적으로 이 문명들은 그 자원 기반을 감당할 수 없었고, 결국 실패했다. 이렇게 된 데는 토양과 삼림의 유실, 농업의 붕괴, 경합하는 문명들과의 전쟁 혹은 부적절한 사회 · 환경적 관행들을 바꾸지 못한 무능력 같은 것들이 작용했다. 제레드 다이아몬드Jared Diamond는 『총, 균, 쇠Guns, Germs and Steel』(1997)■, 『문명의 붕괴Collapse』(2005)■■를 비롯한 수많은 저작에서 이런 생각들을 웅변적으로 그리고 있다. 10세기와 14세기 사이에 흉부 마구馬具 같은 중국의 새로운 발명품들이 유입되고, "중세 온난기Medieval Warm Period"가 닥치자 유럽의 농업 산출물들이 증가했고 더 많은 사람들의 정착이 급격하게 확산되었다. 화약, 종이, 인쇄술, 나침반 같은 또 다른 중국 발명품들 또한 중세 사회를 변형시키는 결과를 가져왔다. 농업 산출물이 증가하고 새로운 발명품들이 도입되면서 작은 유럽 왕국들은 최초의 국민국가 형태를 띠게 되었다. 이 국민국가들은 환경적이고 사회적인 제약들을 새로운 식민지를 얻는 것으로 극복했다. 17세기의 기업들은 주로 아프리카의 노예 수백만 명을 이용하여 새로운 토지를 착취하고 거대한 무역 제국들을 건설했다. 18세기와 19세기에는 발명 과학자들이 새로운 방식으로 물의 동력을 이용하기 시작했고, 석탄의 동력이 증기 엔진을 만드는 과정에 이용되면서 산업 역량이 크게 도약했

■ 『총, 균, 쇠』(김진준 옮김, 문학사상사, 2005) 옮긴이
■■ 『문명의 붕괴』(강주헌 옮김, 김영사, 2005) 옮긴이

다. 산업혁명이 시작되었고, 이것은 환경과 사회의 변화가 새로운 규모로 일어날 것을 예고했다. 기업들은 번창했고 어마어마한 사업체가 되었다. "계몽" 운동이나 다른 철학적 운동들은 인간이 자연 위에 있으며, 따라서 인간이 적합하다고 여기는 대로 착취한 모든 것은 인간의 것이라고 결론 내렸다. 19세기에 우리는 무제한적으로 공급될 것처럼 보이는, 운반하기 쉽고 폭발력이 있는 석유 에너지를 발견했다. 인간의 인구 수위는 점점 올라가고, 상당한 규모의 중간계급이 안락함에 대한 열망과 소비재에 대한 엄청난 욕구를 가지고 부상했다(톰슨E.P. Thompson의 『영국 노동계급의 형성*The Making of the English Working Class*』(1968)▪ 같은 고전을 보라). 세계대전, 석유화학 제품에 근거한 "녹색혁명"을 통해 가능해진 농경의 전 세계적 산업화, 세계은행과 국제통화기금 같은 새로운 형태의 국제적 금융기관들이 지원하는 전 세계적인 "자본주의의 승리", 대중 매체에 근거한 선동 같은 것들이 우리를 자연에서 완전히 분리시켰으며, 이로 인해 대부분의 사람들은 과잉 소비 혹은 빈곤의 삶으로 인한 영향들 때문에 동요하게 되었다. 이런 변화들에 대해 개괄하는 훌륭한 논평들이 많이 있으며, 2장 자료 목록에 제시해 놓았다.

21세기 초반에 우리는 상호 연관되어 있는 엄청난 도전들에 직면해 있다. 이 가운데 일부만 열거해 보면 다음과 같다.

■ **기후변화**—석탄, 석유, 가스를 태우고 농업을 위해 삼림을 벌채한 결과, "온실효과"를 통해 기후가 변하고 있고, 이제 곧 인간이 영향력을 미칠 수 없는 "극적인 순간tipping point"▪▪에 이르게 될 것이다. 기후변화는 지구가 감당해야 할 가장 긴

▪ 『영국노동 계급의 형성』(전2권, 김경옥 외 옮김, 창비, 2000) 옮긴이
▪▪ 어떤 것이 균형을 깨고 한순간에 전파되는 극적인 순간. 옮긴이

급한 도전이라는 점에 대해 이제는 폭넓은 합의가 이루어져 있다. 세계은행의 수석 경제학자였던 니콜라스 스턴Nicholas Stern이 쓴 「2006년 스턴 보고서」에 따르면, 기온이 섭씨 5도 상승할 확률이 50퍼센트인데, 이렇게 되면 지구상에 있는 모든 종들에게 재난에 가까운 결과가 초래된다고 한다.

■ **석유정점**Peak oil—이 용어는 과학자 킹 허버트M. King Hubbert가 대중화시킨 것으로, 허버트는 〈미국 지질조사소US Geological Survey〉에서 일하면서 전 세계에서 이용 가능한 석유의 공급은 1990년과 2000년 사이에 정점에 달할 것이라고 주장했다. 허버트는 시기를 약간 어긋나게 제시하기는 했지만 "허버트 정점"이 몇 년 남지 않았으며 그 뒤로 15년에서 20년이면 가스 정점이 올 것(Heinberg, 2005)이라는 점에 대해 오늘날 폭넓은 합의가 존재한다. 이 정점 이론 때문에 산업사회의 에너지 기금들은 점점 축소되고 있다. "어차피 바이오 연료, 에탄올, 바이오매스 같은 대안 에너지들은 주변적이고 보조 역할밖에 할 수 없지만, 현재로서는 필요한 수준에 전혀 미치지 못하고 있다. 석유가 바닥나면 경제적·사회적인 혼란은 그 전례가 없을 것이다."

(영국의 전 환경부 장관, 마이클 미처Micheal Meacher, www.peakoil.net에서 인용).

■ **물**—물 부족과 가뭄은 점점 더 확산되고 있으며, 다시 복원되려면 수천 년의 시간이 걸리는 많은 오래된 대수층들이 거의 고갈될 지경에 처해 있다. "20세기 후반부 동안 지구상의 담수 사용은 세 배로 늘었다. 이 시기 인구는 두 배 이상 증가했고, 기술의 진보를 통해 농부들과 다른 물 이용자들은 더 깊은 곳에서 지하수를 퍼 올렸고, 더 많고 더 큰 댐으로 강물을 이용할 수 있었다. 세계적인 물 수요가 치솟으면서 생긴 세계의 수자원에 대한 압력 때문에 전 세계적으로 수자원 체계에 무리가 가고 있다. 강은 말라가고 호수는 사라지고 있으며, 지하수면은 내려

가고 있다."(엘리자베스 마이갓Elizabeth Mygatt, 2006년 7월 26일, "세계의 수자원은 점증하는 압력에 직면해 있다", 〈지구 정책 연구소Earth Policy Institute〉웹사이트). 몇 년 안에 물이 전쟁과 갈등을 일으키는 핵심적인 자원이자 원천이 되리라는 점은 분명하다.

■ **산업적인 농업**—산업농은 생태계 전반이 파괴되는 원인을 제공했고, 많은 종들이 멸종에 이르게 했으며, 한때는 생산성이 매우 높았던 농경지를 황폐하게 만들었다. 한 가지 최근의 예는 새롭게 요구되고 있는 바이오 연료 때문에 인도네시아의 열대우림과 토탄 지대가 완전히 파괴된 것이다. 기름야자나무를 대규모로 단작하기 위한 땅을 만들기 위해서였는데, 이 모든 것은 "생태적 해법"이라는 미명하에 진행되었다.

■ **해양 생태계**—화학 농업, 처리되지 않은 하수 오물과 산업적인 어획 때문에 바다에는 수백만 제곱 킬로미터에 달하는 "죽음의 지역"이 생겨났다. 비축된 어류의 대부분이 그 양이 줄어들고 있다. 현재의 추세가 지속된다면 세계적인 어류 비축고는 50년 이내에 거의 사라질 수도 있다.

■ **토양**—토양에서 무기질이 빠져나가면서 식품의 질이 나빠지고 질병이 증가하며 화재에 취약해졌다. 토양의 질이 안 좋은데다 물의 공급이 줄어들면서 많은 지역을 초토화시키는 기근이 발생하게 되었고, 기후변화와 함께 이 기근이 더욱 악화되는 상황에 놓였다.

■ **환경 난민들**—사람들이 더 이상 기본적인 인간의 욕구를 만족시킬 수 없는 지역에서 필사적으로 벗어나려 하면서 환경 난민의 수가 급격히 증가하고 있다. 〈신경제학재단New Economics Foundation〉은 예방 조치가 취해지지 않으면 2050년에는

환경 난민의 수가 1억 5천만 명을 넘어설 것이라고 추정하고 있다. 이러한 난민 위기가 닥친 데에는 여러 가지 근본 원인들이 있는데, 이것은 단기적인 가뭄 때문만이 아니다. 사람들은 예전에 식민지 지배자였던 서구에서 주로 자금을 지원하고 동력을 공급하는 전쟁 때문에 자신들의 땅에서 강제로 쫓겨나고 있으며, 환금작물들이 확장 재배되면서 꾸준히 토지를 빼앗기고 이동을 강요당한다. 또한 장기적인 가뭄, 홍수, 그밖에 극한적인 날씨 사건들 같은 기후변화의 영향들 때문에 사람들의 대량 이동이 자꾸 증가하고 있다.

■ **소유권**—종자와 물 같은 핵심적인 자원과 공공 산업부문들을 기업이 통제하게 되면서 독립적인 생활양식을 이루기 위한 지역적인 노력이 침해되고, 국가적인 수준과 세계적인 수준에서 동시에 빈부 간의 격차가 점점 더 벌어지게 되었다. 〈로열 더치 쉘Royal Dutch Shell〉의 수익은 이제 이집트의 국민총생산과 똑같다(2006년 11월 7일, 가디언지). 조지 몬비오George Monbiot의 『사로잡힌 국가Captive State』(2000)와 존 필저John Pilger의 『세계의 새로운 지배자들The New Rulers of the World』(2002),* 나오미 클라인Naomi Klein의 『노 로고No Logo』**는 우리의 삶을 결정하는 데 있어서 기업이 행하는 막강한 역할에 대해 개괄하고 있다.

■ **문화와 사회**—우리 사회는 부작용이 많은 문화 모델에 근거하고 있는데, 이 모델은 너무나도 많은 것을 포괄하고 있기 때문에 쉽게 이해하기가 어렵다. 이 모델의 전제 중 몇 가지만 열거하면 다음과 같다. 끝없는 경제성장을 추구하고, 이윤과 성장을 우선시하며, 생산을 필요로 하고 그 결과 소비 또한 필요하며, 개인주

■ 『제국의 지배자들』(문현아 옮김, 책벌레, 2003) 옮긴이
■■ 『No Logo』(김효명 외 옮김, 랜덤하우스코리아, 2002) 옮긴이

의와 경쟁을 자극하는 임금 경제와 세계 무역을 근거로 하고, 핵가족과 교외나 발전된 도심에서 떨어진 곳에 이 핵가족의 삶에 필요한 모든 부속 시설들이 들어서고, 대체로 협소한 업무에만 참여할 수 있는 훈련을 시키는 교육제도를 운영하는 것이다. 이 때문에 우리는 대부분 자연으로부터 동떨어지고 서로에게서 멀어지게 되었으며, 기업과 태만한 국가, 세계기구들의 변덕에 놀아나게 되었다. 또한 아둔하지만 위력적인 기업들의 손에 들어간 언론 체제는 세상사를 밝게 비추기보다는 오히려 덮어 버리고 있다.

지속 가능성을 위한 투쟁

우리가 직면하고 있는 문제들이 터무니없을 만큼 지독하고 거대하다 보니 많은 사람들이 "희망이 있기는 한가?"라는 질문을 할 수도 있다. 과연 경제·산업·군사 제도를 근본적으로 바꾸는 것이 가능한가? 권력과 이윤, 소비를 지향하는 사회에서 사회의 안녕과 환경을 그 중심에 놓는 사회로 전환할 수 있을까? 이것이 전 세계적인 수준에서 이루어질 수 있을까? 세계의 다른 지역들, 특히 아프리카와 아시아 같은 곳에서 서구 식의 "발전"을 억제하도록 하는 것이 정당한 일인가? 이것은 답하기 매우 곤란한 질문들이지만, 나는 희망은 있다고 믿는다. 세상을 바꾸고 환경을 좀 더 나은 형태로 돌보는 데 필요한 모든 사상과 기법, 기술들은 이미 존재한다. 이 모든 것들은 인류의 역사를 통해서 발전해 왔으며 몇 가지 경향으로 확인해 볼 수 있다.

첫째, 인간적인 규모의 사회에서 벌어지는 지속 가능한 실천들이 있다. 이런 집단들은 대개 300명 이하의 사람들이 모여 자기 지역 내에서 필요한 것 대부분을 충족한다. 인간적인 규모의 사회들(유목 부족과 정착 마을 모두)은 전 산업사회에서 좀 더 보편적이었고, 몇 백 년 전만 해도 인간 군집의 대다수를 차지했다. 이들은 오늘날 우리가 일하는 것보다 더 적은 일을 했고, 환경을 파괴하지 않고도 욕구를 충족시켰으며 군대나 경찰력을 동원할 필요가 없었다. 이들의 생활양식 전반은 지역 환경에 맞게 조절되어 있었고, 아이들부터 노인들까지 각 세대에게는 해야 할 역할이 있어서 모든 사람들이 집단 전체의 안위에 기여했다. 강한 집단 정체성, 엄격한 금기사항, "생명의 그물"에 대한 경외심 덕분에 이들의 생활양식은 수백 세대를 지나오면서 유지될 수 있었다. 하지만 우리는 다른 한편으로 이런 인간적 규모의 사회를 이상적인 모형으로 지나치게 낭만화하지 않도록 주의해야 한다. 분명 이들도 다른 형태의 문제들, 이를테면 식량 부족이나 간헐적인 유혈 충돌의 발생, 수공업적 노동에 의존해야 하는 데서 오는 어려움을 겪었을 것이다. 그리고 소비사회를 특징짓는 안락함이나 지금과 같은 빠른 이동성을 누리지 못하면서 발생하는 문제들을 겪었기 때문이다.

그렇지만 속속들이 산업화된 우리 사회는, 자연의 한계를 인정하고 자율성과 자립적인 생활을 해 나가는 데 대한 문화적 접근과 사회적 통합, 단순함이라는 감각을 다시 회복함으로써 많은 것을 얻을 수 있다. 헬레나 노르베리-호지Helena Norberg-Hodge는 『오래된 미래Ancient Future』(1992)■에서 1970년대 이후 군사적 확장과 관광, 자원 이용을 기반으로 하여 계획된 개발의 과정이 인도 북부 지역 라다크에 있는 인간적인 규모의 공동체들을 어떻게 잠식해 왔는지를 묘사하고 있다. 여기서 이른바 "반反개발"을 목적으로 하는 "라다크 프로젝트"가 기획된 것이었다. 이 프로젝트의 목적은 자연의 리듬과 지역 내에서의 교역, 농업과 연계된 인간적 규모의 공동체가 가진 가능성을 복원하는 것이다. 이런 형태의 소규모 공동체들을 강하게 지향하는 경향들은 오늘날에도

■『오래된 미래―라다크로부터 배우다』(양희승 옮김, 중앙북스, 2007) 옮긴이

여전히 존재하며, 생태 마을과 공동 주택 단지, 계획 공동체들을 지향하는 움직임과 실례를 통해 확인할 수 있다. 이 장을 비롯한 다른 장에서도 밝히겠지만, 여기서 떠오르는 흥미로운 질문은 폭넓은 수준에서 이런 공동체들이 실행가능해질 수 있도록 하는 조건을 어떻게 만들 수 있을까 하는 것이다.

둘째로, 당대의 사상과 권력 구조에 맞서 저항해 왔고 또는 새로운 사상을 전개하여 사회 일반에서 채택하도록 만든 집단들이 있다. 수천 년 전에도 소크라테스는 환경 파괴를 목격하고 그리스 전역에 조림 사업을 펼칠 것을 주장했다. 17세기에 디거스는 좀 더 민주적이고 정의로운 사회를 만들기 위해 투쟁했고, 지구가 "모두를 위한 공동의 보물"이 된다면 빈곤과 굶주림, 억압에서 해방될 수 있다는 것을 보여 주었다. 19세기에는 러다이트들이 산업혁명의 새로운 기계들에 반대하는 반란을 일으켰지만, 곧 국가와 "진보의 행진"에 의해 진압되었다(크리스토퍼 힐Christopher Hill의 『세상이 뒤집혔다The World Turned Upside Down』(1972)나 커크페트릭 세일KirkPatrick Sale의 『미래에 반대하는 저항들Rebels Against the Future』(1995)을 보라). 20세기에 이르러서는 문제가 더 커졌고, 이와 함께 더 나은 방안을 모색하는 운동들도 더욱 거대해졌다. 생태학이라는 학문을 통해 자연에 대한 새로운 접근이 이루어졌고, 유기 농법이 다시 등장했으며, 마사노부 후쿠오카Masanobu Fukuoka[*]와 웨스 잭슨Wes Jackson 같은 사람들은 자연 경작을 개척했고 존 세이머John Seymour를 비롯한 여러 사람들은 자급자족, 귀농 운동을 주창했다. 레이첼 카슨Rachel Carson이 쓴 독창적인 책 『침묵의 봄Silent Spring』(1963)[**]은 지구를 돌보는 문제에 대한 새로운 관심을 촉발했고, 이어서 〈시에라 클럽Sierra Club〉과 〈그린피스Greenpeace〉, 〈지구의 벗Friends of the

---

[*] 『짚 한오라기의 혁명』(최성현 옮김, 한살림, 2005)을 썼다. 옮긴이
[**] 『침묵의 봄』(김은령 옮김, 에코리브르, 2002) 옮긴이

Earth〉 같은 회원 단체를 중심으로 한 생태 운동과 〈지구 먼저!〉 같은 직접행동 집단들이 등장하게 되었다. *

전체론적 해법으로서의 퍼머컬쳐

퍼머컬쳐는 유기농 경작으로 위장한 혁명이다.

(마이크 페인골드Mike Feingold, 공동체 활동가이자 공동체 디자이너)

우리에게 닥친 다방면의 문제들 중 특정 부분을 해결하는 기법과 기술들이 많이 존재하지만, 이런 문제들을 전체로서 다루는 것을 목적으로 하는 통합된, 혹은 "전체론적인" 접근법들은 그리 많지 않다. 이런 통합된 접근법 가운데 하나가 퍼머컬쳐다. 퍼머컬쳐는 빌 모리슨과 데이비드 홀름그렌이라는 두 명의 호주인들이 만든 용어로, 지속 가능성에 대해 생태적으로 기획된 접근법을 표현하는 것이며 1970년대 후반 이후로 전 세계에 퍼졌다.

퍼머컬쳐는 자연 생태계의 다양성과 안정성, 복원력, 높은 농업 생산성을 의식적으로 기획하고 유지하는 것이다. 이를 통해 사람들은 지속 가능한 방식으로 먹을거리와 에너지, 쉴 곳, 그 밖에 유무형의 욕구들을 충족시키며 경관과 조화롭게 통합된다. (빌 모리슨, 1997, ix)

퍼머컬쳐는 다음과 같은 세 가지 중요한 요소들로 구성되어 있다.

■ 각 단체에 대한 좀 더 자세한 해설은 『또 다른 세상, 또 다른 비전』(함께하는시민행동 엮음, 역사넷, 2002) 참조. 옮긴이

1. 윤리학

■ **인간을 돌봄**—인간을 돌본다는 것은 자기 자신과 자신들 둘러싼 사람들을 돌보고, 나의 행동이 내가 알지 못하는 다른 사람들에게 해를 미치지 않도록 한다는 의미다. 예를 들어, 유해한 화학물질들을 사용하면서 저임금 노동자들을 고용해 생산한 먹을거리를 구입한다면 내가 알지 못하는 다른 사람들에게 해가 될 수 있다. 또한 인간을 돌본다는 것은 우리의 유산을 주의 깊게 다루고 미래 세대를 위해 더 좋은 세상을 만들기 위해 일하는 것을 의미하기도 한다.

■ **지구를 돌봄**—생태계 파괴를 심화시키는 것에 대해 반대하고 손상된 토지를 복원하며, 최대한 적은 면적의 땅에서 우리의 욕구를 충족시키기 위해 노력하는 것을 말한다. 이를 통해 우리는 다른 모든 종들을 위한 공간을 남겨둘 수 있다.

■ **공정한 분배**—여기서는 지구와 사람을 더 잘 돌볼 수 있게 하기 위하여 기술과 자원, 돈을 재분배하는 것을 강조한다. 지구가 버틸 수 있는 정도로 우리의 소비를 제한하는 것을 의미하기도 한다.

2. 생태적 원칙과 개인적 태도에 대한 원칙들

핵심 원칙에는 다음과 같은 것들이 있다. 자연계를 직접 관찰하고 이것이 어떻게 작동되는지를 더 많이 이해할 것, 하나의 체계 안에 있는 다양한 요소들 간에 우호적인 기능적 관계를 형성하는 것이 중요하므로 상대적인 위치를 강조할 것, 다양성과 복원력을 보장하기 위해 다양한 요소들로 중요한 기능들을 지원할 것, 각 요소들로 많은 기능들을 지원할 것(예를 들어, 창고를 이용해 빗물을 모으는 경사면을 만들 수 있다).

3. 디자인

퍼머컬쳐는 사람들에게 힘을 북돋워 주는 경험과 행동을 위한 새로운 디자인 언어를 제공한다. 퍼머컬쳐를 통해 사람들은 진정으로 풍요로운 먹을거리, 에너지, 주거, 물, 수입으로 충만한 공동체와 근린, 가정을 함께 디자인할 수 있게 되며 (…) 함께 나눌 수 있는 충분한 몫을 산출할 수 있다.

(키스 존슨Keith Johnson, 『퍼머컬쳐 액티비스트Permerculture Activist』 편집자이자 기고가)

아래 있는 퍼머컬쳐 꽃은 이런 특징들을 잘 보여 주고 있다.

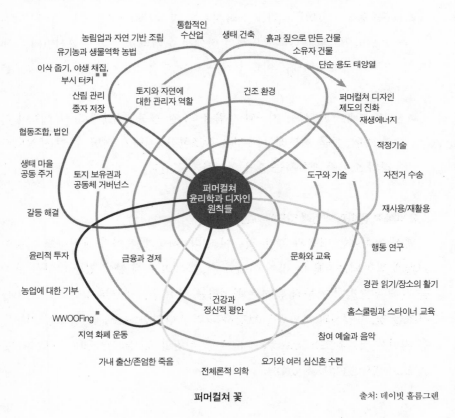

퍼머컬쳐 꽃

출처: 데이빗 홈름그렌

우리는 디자인을 통해 우리의 윤리학과 지침이 되는 원칙들을 실천에 옮길 수 있다. 디자인은 좀 더 개선된 배치와 새로운 관계를 통해 기존 자원을 더 잘 사용할 수 있게 하며, 욕구를 충족시킬 수 있는 새로운 방법을 개발하는 것을 돕는 "유형"이자 "행동 계획"이다. 퍼머컬쳐의 놀라운 점은 상황이 어떠하든 어디에 있든지 시작해 볼 수 있다는 것이다. 고층 건물 지역이든 1천 헥타르 규모의 농장이든 주변의 환경을 디자인해서 좀 더 지속 가능하고 생산성이 높으며, 오염을 적게 유발하게 만들 수 있다. 손쉽게 창턱에다 먹을 수 있는 것을 키우는 일부터 시작할 수도 있다.

퍼머컬쳐 체제의 특징

모든 퍼머컬쳐 디자인은 각각 유일무이한 것이지만, 특정한 토지 형태, 기후, 현장과 그 지역 주민들의 요구사항에 맞게 정해지므로 몇 가지 공통된 특징들을 공유하고 있다.

■ **지역화**—석유와 가스가 점점 희소해지고 더 비싸지면서 우리는 우리의 욕구를 지역적으로 충족시킬 필요가 생기게 되었다. 뉴질랜드에서 영국으로 비행기를 통해 수입된 사과는 영국에서 재배된 사과보다 120배 더 많은 오염을 일으킨다. 따라서 기후변화를 중단시키기 위해서든, 석유 정점에 대비하기 위해서든, 또는

■ World Wide Opportunities on Organic Farms의 줄임말로 전 세계 유기농 농장 체험을 위한 네트워크를 통해, 농장 일을 거드는 대신 의식주와 유기농에 대한 학습 기회를 제공받는 프로그램을 말한다. 1971년 영국에서 처음 시작되었고, 전 세계 수십 개의 나라들이 참여하고 있다. 자세한 정보는 www.wwoof.org 참조. 옮긴이

■■ 부시 터커Bush Tucker는 호주 원주민인 아보리진들이 먹던 음식으로, 호주에서 자생하는 약초 · 과일 · 버섯 · 꽃 · 야채 · 동물 · 조류 · 파충류 · 곤충 등으로 다양한 음식을 만든다. 최근에는 이를 관광 상품으로 이용하기도 한다. 옮긴이

지역적인 생계 수단을 만들기 위해서든, 그저 생산성이 높은 건강한 경관의 결실을 만끽하기 위해서든, 우리는 우리의 욕구를 충족시켜 주는 체제를 지역화할 필요가 있다.

■ **자립**self-reliance—퍼머컬처는 자급self-sufficiency을 하자는 것이 아니다. 나는 스웨터를 뜰 줄 모른다. 하지만 내가 자신 있는 것들을 다른 사람들과 교환하는 일이 즐겁다. 당신이 할 수 있는 일을 하고, 다른 사람들과 협동하라. 그리고 폭넓게 자급할 수 있는 지역을 목표로 삼으면 된다.

■ **에너지와 자원의 외부 투입 줄이기**—우리는 퍼머컬처 디자인을 적용하고 지역적인 자립을 증진함으로써 기본 욕구를 충족시키기 위해 수입해야 할 것들의 양을 줄일 수 있다. 화학물질을 사용하지 않고 농사를 짓고, 지역 내에서 자원을 재순환시키며, 우리의 식습관을 바꾸고, 지역의 창의력을 축복하고 지원하여 일방적으로 의존하는 삶에서 상호 의존하는 삶으로 전환해 가게 된다.

■ **재생 가능한 에너지 체계의 사용**—우리의 첫 번째 목적은 우리의 기본 욕구를 충족시키는 데 필요한 에너지의 양을 줄이는 것이다. 이것이 이루어지고 나면 그런 검소한 욕구를 충족시키기 위한 지역 에너지 체계를 개발하는 것으로 전환할 수 있다. 장기적인 조림, 자연형 태양열[*] 건물, 태양열 온수 장치 같은 것들을 우선으로 하고 최적 전기 발생 장치optimum electricity generation는 지역 환경에 따라 결정한다.

■자연형 태양열 장치passive solar는 동력을 이용한 팬, 펌프, 또는 다른 복합 제어 장치 등을 사용하지 않고 태양에너지를 모으고, 저장하고, 재분배하는 장치를 말한다. 옮긴이

■ **활동적이고 지속적인 참여 과정으로서의 디자인**─지속 가능한 인간 사회를 창조하는 데는 긴 시간이 걸릴 것이며, 우리들의 거주지에 질서가 잡히는 데도 상당히 오랜 시간이 걸릴 것이다. 우리가 하고 있는 일들을 좀 더 개선할 수 있고, 다른 사람들을 지원할 수 있는 기회는 항상 있다. 모든 일이 완벽하게 이루어져 완전히 지속 가능한 곳은 아직 존재하지 않는다.

지속 가능성에 대한 실험들

그렇다면 이런 생각들은 어떤 식으로 현실에서 작동하게 될까? 아주 작은 규모에서부터 마을 규모에 이르기까지, 실천에 옮겨진 퍼머컬쳐의 예는 수없이 많다. 장기적으로 수립된 "에너지 급감 행동 계획Energy Descent Action Plans"은 석유가 정점에 이른 뒤 에너지의 급속한 하락을 관리해야 하는 위기에 대한 대응으로 부상하고 있다. 아일랜드의 킨세일Kinsale에서 개발된 모델에 근거한 이 행동 계획은 현재 영국의 데본Devon 지역 토트네스Totnes와 서식스Sussex 지역의 루이스Lewes에서 실행되고 있다(www.transitionculture.org를 보라). 이제 일상적인 것에서부터 긴급한 상황에 대한 것까지 네 가지 사례를 소개하겠다. 여기서는 에너지, 물, 식품, 쓰레기 같은 핵심적인 문제들을 다뤄야 하는 여러 가지 설정 속에서 어떻게 지속 가능성을 간편하고 효과적으로 실행에 옮길 수 있을지 보여 줄 것이다.

영국의 옐로 하우스, 살고 있는 집을 저에너지 생태 주거로 전환시키기

〈기후변화 극복 정보 네트워크Climate Outreach Information Network〉의 회원이자 환경 운동가인 조지 마샬은 영국 옥스퍼드에 있는 자신의 검소한 집을 생태 주거지로 전환하기 위해 고민하고 있다.

1930년대에 공공주택이었던 계단식 주택인 옥스퍼드의 우리 새집에 애니와 내가 이사해 왔을 때 우린 많은 일을 해야 했다. 우리의 꿈은 집을 개조해서 에너지 효율을 높이고 환경을 존중하면서도, 청결하고 건강에 좋으며 자연 채광으로 가득한 집을 만드는 것이었다. 우리는 일반적인 조언을 따랐다. 집 전체에 새롭게 단열 처리를 하고 온수 파이프를 깔고, 외풍을 막고 새로운 응축형 보일러를 설치했다. 우리는 사람들이 추천하는 것보다 훨씬 더 높은 수준으로 단열 처리를 하는 데도 비용이 아주 적게 든다는 것을 알았다. 신축 건물을 만들고 다락방을 개조하면서 건축 관리에서 요구하는 것보다 두 배 높은 단열 처리를 했는데, 재료값이 몇백 파운드 수준이었다.

우리는 대들보, 마룻바닥, 하수구, 계단, 그 밖의 간단한 부속 기구들에 대해서는 곳곳에 있는 폐자재를 이용해서 비용을 아낄 수 있었다. 우리는 오래된 가구를 활용해서 맞춤형 부엌을 만들었는데, 싸구려 합판을 이용해서 만드는 것보다 더 적은 비용으로 견고한 참나무로 된 아름다운 부엌이 탄생했다. 우리는 생태적인 장치들을 많이 설치했다. 고급 태양열 온수 패널도 있고, 신축 건물에는 잔디 지붕을 만들었으며, 집 안으로 들어오는 공기를 예열해 주는, 유리로 된 베란다도 있다. 욕조의 물은 구리 탱크(낡은 온수 탱크를 재활용한 것이다)에 저장되었다가 아래층 화장실로 흘러 들어간다. 위층의 침실은 햇볕을 가둬 두는 기능을 해서, 공기를 덥혔다가 자동 온도 조절이 되는 회전 날개를 통해 아래층으로 공급해 준다. 또한 모든 페인트와 바닥재, 목재는 최고의 환경 기준에 맞추었다.

그래서 우리는 이제 이 집에 새로운 방을 두 개 추가하고도 가스와 전기, 물 소비를 거의 60퍼센트까지 줄일 수 있게 되었다. 이것은 영국 정부의 2050년 목표인데, 우리는 이것을 1년 만에 달성한 것이다! 조금 있으면 모든 집들이 분명 우리가 했던 것과 같은 일을 해야 할 것이다. 하지만 주거지는 사람이 내뿜는 총 배출량 중 일부를 차지할 뿐이다. 우리는 다른 여러 측면에서도 저탄소 생활양식을 실행하기 위해 노력하고 있다. 우리는 지역에서 방목하는 고기와 유기농 채소만을 먹고, 새로운 것은 거의 구입하지 않는다. 집에서 자전거를 타고 갈 수 있는 거리 안에서 활동하고 자동차는 어쩔 수 없는 경우에만 드물게 사용한다. 비행기를 타지 않는다면 탄소 사용을 엄청나게 줄일 수 있어 우리는 일인당 이산화탄소 배출량을 연간 2톤 이하로 유지할 수 있게 되는데, 이것은 지속가능한 수준보다도 훨씬 낮은 것이다. 여러분들도 www.coinet.org.uk/motivation/challenge/measure에서 저탄소 생활양식에 대해 더 많이 배우고 계산기로 자신의 탄소 배출량을 계산해볼 수 있다.

이 과정을 통해 우리가 배우게 된 가장 중요한 점은 우리 집이 다른 사람들을 고무시키는 데 모델이 될 수 있다는 점이었다. 우리는 열의에 차서 웹사이트에 글을 써서, 사람들이 우리 집을 가상으로 여행하면서 우리의 경험을 학습하고 연락을 취할 수 있도록 해 놓았다. 이 사이트는 조회 수가 1만이 넘었고 매주 방문자들이 찾아오며 편지도 온다. 또한 우리는 이 사이트(www.theyellowhouse.org.uk)를 통해 주문할 수 있는 시디롬도 제작했다.

2005년 G8 정상회담의 호리존, 똥과 사회 변화

작가이자 활동가, 교육자이자 퍼머컬쳐 디자이너인 스타호크Starhawk는 2005년 스코틀랜드에서 있었던 "G8 정상회담"에 항의하기 위해 3천 명의 사람들이 모였을 때 "호리존 저항 캠프"에서 일했던 경험을 글로 적고 있다. 스타호크는 그곳에서 재래식 화장실과 중수도 시설을 가지고 재생식 디자인을 개발했다.

최근 거대한 야영지에서 프로젝트를 진행하면서 두 명의 젊은 여성들에게 재래식 화장실 관리와 관련된 사항을 설명하고 있을 때였다. 이 특별한 화장실은 기본적으로 이동식 쓰레기 상자 위에 설치된 구조물이었다. 쓰레기가 상자 속에 들어가면 그 위에 톱밥을 얹고, 이것이 꽉 차면 쓰레기 상자는 수레로 운반되어 봉해지고 2년 동안 저장한다. 그러면 퇴비는 화초와 나무의 퇴비로 쓰기에 알맞은 상태가 된다. 이것은 인간이 만든 쓰레기를 처리하는 여러 가지 가능한 방식들 중 하나다.

"종종 '퇴적물'이 가운데를 중심으로 높이 솟아오르기도 해요. 하지만 막대기를 가지고 가운데로 솟은 퇴적물들을 주위에 넓게 퍼뜨리면 좀 더 고르게 쌓아 올릴 수가 있죠"라고 내가 말했다.

그러자 첫 번째 젊은 여성이 공포가 실린 눈으로 나를 바라봤다. "우린 남자들에게 설거지를 하라고 시키지도 못해요. 그런데 어떻게 똥을 휘저으라고 할 수가 있겠어요?"

나는 똥을 휘젓는 일은 사회가 바뀌기를 바라는 사람이라면 누구라도 해야 하는 기본적인 일이라고 말할 수도 있었지만, 그렇게 말하지는 않았다.

"하지만 이 일은 우리를 고민하게 만드는 것 같아요. 우리가 일상적인 삶 속에서 얼마나 특권을 누리고 있는지에 대해서 말이에요. (…) 우리는 우리가 만든 쓰레기가 어디로 가는지나 우리가 버린 물이 어디로 가는지에 대해서 한번도 생각할 필요가 없었잖아요."라고 두 번째 여성이 말했다.

어떤 깨달음이 그녀의 눈 속에 깃드는 것을 바라보면서 나는 캠프를 꾸리기 위해 해야 했던 모든 일들이 그만한 가치가 있었음을 알게 되었다.

호리존 생태 마을은 우리가 진짜 똥을 처리할 수 있다는 사실을, 일단 우리에게 먼저 증명하기 위한 시도였다. 즉, 인간의 기본적 욕구를 환경을 존중하고 재생시킬 수 있는 방식으로 충족시키는 것이다. 또한 캠프에서 사용된 우리의 직접

민주주의적인 구조는 지도자나 위계 구조 없이도 진정한 작업들을 조직할 수 있다는 것을 보여 주기 위한 방법이었다. 모든 사람들이 행사와 관련된 모든 일에 참여하고 있다. 나는 나뭇짐을 나르고 재래식 화장실에 나사못 몇 개를 박았다. 커다란 캠프를 구성하면서 공동 작업을 수행한 것은 일에 대한 많은 사회적 미신에 맞서는 것이기도 했다. 일반적으로 고된 일은 품위를 떨어뜨리고, 사람들은 보수 없이는 일을 하려 하지 않으며, 일은 피해야 할 어떤 것으로 인식된다. 또한 사람들을 엄격하게 통제하지 않으면 게으름을 부린다고 생각한다. 하지만 일은 다른 사람들과 연결되고 어떤 것의 일부가 되었다고 느끼며 존엄성을 획득하고 인정을 받아가는 하나의 방식이다. 가장 중요한 점은, 일은 우리가 우리의 삶을 스스로 꾸릴 수 있는 능력이 있고 바로 지금, 여기서 지속가능한 삶을 이행할 수 있다는 점을 보여 준다는 것이다.

미국의 어스 헤이븐 생태 마을

아래 글은 미국 남동부에 근거지를 두고 운영되고 있는 가장 고무적인 생태 마을 기획 중 하나인 〈어스 헤이븐〉의 홈페이지(www.earthaven.org)에서 가져온 것이다.

생태 마을은 인간적인 규모에 모든 것을 갖추고 있는 거주 공간으로 이 속에서 인간의 활동은 건강한 인간 발전을 지원하는 방식으로 아무런 해가 없이 자연계에 통합된다. 그리고 이런 방식의 거주 공간은 무한한 미래에도 성공적으로 지속될 수 있다.(로버트와 다이앤 길먼Robert and Diane Gilman, 『생태 마을과 지속 가능 공동체들Ecovillages and Sustainable Communities』, 1991)

미국의 남부 애팔래치아 지역의 우거진 사면에 보금자리를 틀고 있는 야심 찬

생태 마을 어스 헤이븐에 여름이 왔다고 상상해 보자. 당신은 졸졸 흐르는 계곡 물과 새소리를 배경으로, 사람들이 일하는 소리, 공동의 미래를 함께 만들어 내는 소리, 아이들이 노는 소리를 듣는다. (…) 가끔씩 목재가 나무에서 땅으로 떨어지는 가운데, 동력기 소리와 집 짓는 소리가 들린다. 이것은 해방의 소리다. 집을 짓기 위해 직접 잘라 낸 목재를 사용하고 서로의 도움을 받게 되면 우리는 은행과 목재 산업에서 자유로워지며, 자원과 돈을 우리 마을 경제 안에 머물게 할 수가 있다. 이것은 급진적인 행동이다. 우리는 생태적으로 책임성이 있는 임업과 농업을 실천하는 방법을 배우고 있는 것이다. 즉, 숲의 건강을 지키고 일자리를 창출하며 훌륭한 설계를 통해 재생 가능한 에너지를 만들어 내는 자연적인 건설 체계를 발전시키는 것이다. 우리는 능력과 책임성이 있고 생태적으로 양식이 있는 시민이 되고자 한다. 동시에 생물 지역적으로 우리의 시대와 장소에 걸맞는 문화 모델을 만들고자 한다.

1994년에 만든 어스 헤이븐은 애쉬빌에서 남동쪽으로 40분 정도 떨어진, 문화적으로 풍부하고 생태적으로 다양한 노스캐롤라이나 서부에 320에이커*의 땅을 차지하고 있다. 우리는 전체론적이고 지속가능한 문화를 학습하고 시연하면서 인간과 지구를 돌보는 데 전념하고 있다. 우리가 있는 곳은 우거진 산지로 고도 6백 미터와 8백 미터 사이에 위치하고 있으며, 유량이 풍부한 시내와 샘, 범람지, 저지, 가파른 사면 등이 있는 세 계곡이 하나로 모아지는 구조로 되어 있다. 우리는 56개의 택지에 최소 150명의 사람들이 사는 하나의 마을을 꾸리려고 한다. 2004년의 경우 어스 헤이븐에는 60명의 구성원들이 있었는데, 아이가 있는 몇몇 젊은 가족들을 포함해서 50명은 현지에서 살고 있다. 우리의 퍼머컬쳐 현장 계획에는 근린 주거지와 소형 사업 부지, 과수 시장용 정원에 적합한 지역과

■ 1에이커는 4047㎡ 혹은 1,224평이므로 39,680평의 면적이다. 옮긴이

습지가 포함되어 있다.

어스 헤이븐의 많은 곳들이 아직 건설 중이다. 지금까지 만들어진 물리적인 하부 구조에는 도로, 산책로, 다리, 야영지, 연못, 인공 습지, 초기 단계의 급수 체계, 기존 전력망에서 벗어난 전력 체계, 정원, 의회 건물, 주방 시설, 많은 소형 거주지, 몇 채의 집들이 있다. 우리는 합의를 통한 의사 결정 과정과 의회와 위원회 구조로 스스로를 통치한다. 우리는 우리의 토지에 대한 소유권이 있으며, 이에 대한 재정은 구성원 개인의 융자로 마련했다. 회원들은 택지를 공동체에서 임대하여 토지 비용 중 자신의 몫을 지불한다. 우리는 지속 가능한 생태적 체계, 퍼머컬쳐 디자인, 품위 있는 단순성, 올바른 생계 수단, 건강한 사회적 관계에 가치를 둔다. 우리는 정신적으로 다양하다. 우리 중에는 채식주의자와 잡식가가 공존한다. 어떤 회원들은 가축을 기르기도 한다.

우리는 생태적으로 건전한 작은 사업도 벌이는데, 이런 것에는 〈레드문허브Red Moon Herbs〉■, 『퍼머컬쳐 활동가와 공동체들Permaculture Activist and Communities』이라는 잡지, 일반 가게이자 인터넷 카페인 〈트레이딩 포스트Trading Post〉■■, 목공과 가옥 건축, 장비 대여, 태양열 시설 설치, 배관과 전기 설비, 웹사이트 디자인, 초로 된 랜턴과 여러 목제 상품들이 있으며, 퍼머컬쳐 디자인과 자연 건축, 새로운 생태 마을 건설과 약초 치료, 여성의 건강과 여성의 신비에 대한 컨설턴트와 수업들도 있다.

■ 허브 판매 사업. 홈페이지 www.redmoonherbs.com 참조. 옮긴이
■■ 한국의 벼룩시장처럼 중고 물건들을 사고판다. 옮긴이

미래를 위한 모델: 위급 상황에 대처하기

작가이자 활동가인 스타호크는 2005년 허리케인 카트리나 사건 같은 위급 상황에 대처하는 기술을 발달시키는 것이 중요하다고 이야기한다. 이런 위급 상황은 기후변화로 인해 점점 더 자주 일어날 것이기 때문이다.

2005년 중반, 허리케인 카트리나는 뉴올리언스 주를 강타했고, 뒤이어 허리케인 리타는 루이지애나 해안을 덮쳤다. 이 재난들에 대처하는 미국 정부의 태도는 적절치 못했을 뿐만 아니라 범죄에 가까울 정도로 태만했다. 예를 들어, 시 당국들은 뉴올리언스 주의 소개疏開를 명령했지만 자가용을 소유하지 않은 사람들이 이용할 수 있는 이동 수단은 전혀 마련하지 않았다. 사람들에게 슈퍼돔을 마지막 피난처로 삼아 머무르라고 명령했지만, 의료진도, 필수품도, 심지어 먹을 것과 물도 제대로 제공하지 않았다. 하지만 정부가 실패한 그곳에 운동의 손길이 뻗쳐들었다. 〈커먼 그라운드Common Ground〉라는 집단이 허리케인이 지나가고 얼마 지나지 않아 등장했다. 〈커먼 그라운드〉를 이끈 사람은 예전에 〈블랙팬서 Black Panther〉■에 참여했던 말릭 라힘Malik Rahim으로, 홍수를 면한 뉴올리언스의 알지어즈Algiers에 살고 있었다. 이들은 먼저 거리를 배회하고 있는 개인 폭력 집단의 공격을 막기 위해 이웃 단위의 보호를 조직한 뒤, 조직적으로 쓰레기를 줍고, 구호물자들을 보급하고, 무료 진료소를 세웠다. 이 진료소는 재난이 발생한 뒤에 처음으로 운영된 진료소로 지금까지 수천 명의 지역민들을 위해 일했다. 치료받은 이들 중 많은 사람들이 태풍 피해를 입기 전까지는 돈이 없어서 수십 년간 의학적인 치료를 받지 못하던 이들이었다. 진료소는 따뜻하고 친근하며 공

■ 1965년에 미국에서 결성된 급진적 흑인 결사. 옮긴이

손한 분위기에서 운영되었는데, 이것은 나중에 군대와 연방긴급사태관리국(Federal Emergency Management Agency, FEMA)에서 설립한 진료소들이 철조망과 무장군인들에 둘러싸여 있었던 것과 사뭇 대조된다. 우리 가운데 〈커먼 그라운드〉에서 일하던 어떤 이들은 지금은 뉴올리언스 주에 있는 생물적 환경 정화 프로젝트와 관련된 일을 하고 있다. 우리는 독성 토양을 정화할 수 있는 생물학적으로 활성화된 발효 차compost teas를 배양하는 시범 프로젝트를 시작했고, 지역 공동체 정원과 연계된 좀 더 큰 시험적 프로젝트와 훈련 프로그램에 착수했다. 우리는 벌레들을 키우고 생물적 환경 정화 차를 배양하며, 나무토막에 이로운 곰팡이를 심고 중금속을 흡수할 수 있는 식물을 번식시키고 있다.

우리가 세계를 바꾸고자 한다면, 잘못된 측면들에 대한 비평뿐만 아니라 세계를 어떻게 바꿀지에 대한 견고한 모델이 필요하다. 사람들의 욕구를 늘 충족시켜왔던 기존 시스템에서 사람들이 멀어지게 되기를 원한다면, 새로운 시스템이 사람들의 생존과 안전에 필요한 것들을 제공할 수 있다는 것을 확신하게 해야 한다. 뉴올리언스에서 공적 시스템은 엄청나게 실패했지만, 우리는 사회운동 속에서 우리가 학습했던 기술들과 조직의 방식을 통해 사람들의 욕구를 즐겁고 평등하며 직접민주주의적인 방식으로 충족시킬 수 있다는 점을 입증했다. 자연재해는 지구 온난화와 함께 증가할 것이다. 저항에 대한 요구와 이를 실행하기 위한 진지 구축은 부정의가 지속되는 한 이어질 것이다. 하지만 우리가 새로운 창조를 위한 이런 혼란의 상황 속에서 기회를 잡을 수 있다면, 또한 우리 자신의 각 부분들에 대해 진정으로 가치를 부여할 수 있고, 심지어 쓰레기까지 자원으로 볼 수 있게 된다면, 우리는 변화와 전환의 막강한 힘들을 뽑아낼 수 있을 것이다. 그리고 이것을 가지고 우리는 인간 공동체와 토양을 함께 복원할 수 있을 것이며, 이 세상에 치유의 힘과 균형을 회복시킬 수 있게 된다.

그러면 우리를 방해하는 것은 무엇인가? 이론적 토대와 생태 기술들, 활동가 네트워크가 모두 마련되어 있다면, 왜 우리는 세상을 바꾸지 못했는가? 어떤 시기든 다양한 요소들 때문에 앞으로 나아가는 것이 어려워지며, 따라서 여러 방해 요소들을 뚫고 나갈 길을 찾아내기 위해서는 창의력이 필요하다.

지역적인 수준에서 올바른 일을 하고자 할 때, 당신은 다음과 같은 일들에 부딪칠 수 있다.

- 지역 의회가 계획에 대한 제약, 지역 정책 혹은 숨은 의제 같은 것으로 훼방을 놓을 수 있다.
- 고립되어 있다거나 변화를 일굴 수 없다고 느낄 수도 있다.
- 직장 일에 발목 잡히거나 은행 담보에 매여 있거나, 밤에는 너무 지쳐서 다른 문제에 대해 생각할 여유가 없을 수도 있다.
- 새로운 프로젝트를 진행시킬 수 있는 땅이나 건물을 찾지 못할 수도 있다.

가장 지역적이고 가장 심각한 문제는 당신이 더 이상 변화를 일굴 수 없다고 생각하고 포기해 버리는 순간 발생한다. 하지만 이 모든 제약들은 끈기와 명료한 사고, 다른 사람들과의 토론을 통해, 혹은 컴퓨터를 껐다가 다시 켜고 생각을 가다듬는 것으로 극복할 수 있다.

지구적 수준에서는 잠재력도 많지만 더 곤란한 제약들도 있다.

- 시장의 힘 때문에 식품이나 다른 많은 기본적인 생필품들을 지역적으로 생산하는 것이 "비경제적"이게 된다. 하지만 석유 부족이 정말 심각해지고 이로 인해

상품의 지구화된 이동이 "비경제적"이게 되면 이런 상황은 바뀔 것이다.

■양질의 농업 용지가 척박한 주변 토지로 전환되고 사막화가 일어나고 있다. 하지만 토질에 맞는 파종 작업을 하고 자생력이 있는 튼튼한 식물과 나무의 씨를 다시 뿌려서 토양이 물을 머금는 능력을 증강시킴으로써 이런 한계를 극복할 수 있다는 희망을 얻을 수 있다.

■생태 기술들의 비용이 많이 든다는 문제가 있다. 하지만 일반적으로 좀 더 값싼 자립적인 접근법이나 아니면 완전히 다르지만 좀 더 기술적이지 않은 해법들도 있다.

■지구상에 거주하는 십억가량의 중산층들이 무기력에 빠져 있고 대중적인 최면에 걸려 있다. 이 집단은 자신의 풍족함을 위해 지구를 파괴하고 있지만, 지구를 변하게 할 수 있는 재정적 자원 또한 가지고 있다. 당신들이 입고 있는 티셔츠가 다른 사람들로 하여금 사고하는 기회를 줄 수 있다. 모든 "행동"과 기획이 다른 사람들을 참여하게 만드는 기회가 될 수도 있다. 텔레비전을 꺼라. 그리고 다른 사람들 또한 그렇게 하도록 자극하라.

■새로운 차, 더 큰 잔디깎이, 헤로인, 대마초, 텔레비전, 더 큰 이런저런 것들, 매일 밤 몇 잔의 맥주 등에 중독된 현실 또한 장애물이다. 이런 중독을 거부할 때마다 우리는 새로운 것을 발견할 수 있다. 중독을 거부하는 것은 바람직하다. 왜냐하면 이것은 우리가 좀 더 나은 사람이 되어 간다는 것을 의미하기 때문이다. 하지만 우리 사회의 중독에 대해 이야기하고 우리의 집단적 광기에 대해 증언하기 위해서는 용기와 집단적인 행동이 필요하다.

■생활수준이 눈에 띄게 낮아지고 있다. 미국인들의 수입은 1950년대 이후로 지속적으로 증가해 왔지만 행복은 감소했다. "삶의 질"이라는 주문呪文을 명심하라. 모든 사람들은 높은 질의 삶을 바라고, 우리 모두가 응당 이것을 누려야 하며, 자연과 좀 더 깊은 관계를 맺는 과정에서 이것을 얻을 수 있다.

■입법 문제가 있다. 선거를 포기하고 우리의 일을 스스로 알아서 할 것인가, 아니면 다른 사람들과 함께 모든 사람들이 관련되어 있는 구조를 바꿔야 할 것인가? 이것은 아주 골치 아픈 문제다.

■적정 기술과 교육이 부족하다. 우리 아이들은 지금도 중력, 즉 왜 사과가 나무에서 떨어지는지에 대해 배우고 있다. 좀 더 사려 깊고 지적 자극이 되는 교육 제도라면 사과가 어떻게 나무에서 처음 열리게 되는지에 대해 질문할 것이다. 우리는 국가가 책임지고 있는 교육 체계를 바꿀 필요가 있다. 우리 아이들은 진정 우리의 미래다. 따라서 우리는 아이들이 지속가능한 미래를 창조하는 데 필요한 기술들을 학습할 수 있도록 보장해 주어야 한다.

■실천에 대한 거부라는 장벽도 있다. 우리는 여러 가지 이유로 행동하지 않는다. 모든 것이 통제되고 있다고 주장하는, 기업의 자금을 받는 회의론적 과학sceptic-science의 메시지들 때문일 수도 있고, 좀 더 환경친화적인 형태의 자본주의가 핵심에서 살짝 벗어나 있기 때문일 수도 있으며, 생태 위기가 갖는 함의를 수용하기 위해서는 심리적 설득력이 더 필요하기 때문일 수도 있다. 우리 중 그 누구도 우리가 모든 해답을 갖고 있다고 생각할 정도로 오만하지 않다. 하지만 사람들의 관심의 힘이 집중되면 사물이 빠르게 완성되고 움직일 수 있다는 점을 자각하는 순간 사람들은 동기를 가질 수 있을 것이다.

이 모든 한계들은 끈기와 명료한 사고, 지구적 협동에 대한 새로운 감각을 통해 극복될 수 있다.

우리는 지금 당장 시작할 수 있다

현재의 체제는 붕괴하고 있다. 하지만 이러한 혼돈의 한가운데 새로운 싹이 자라나고 새로운 가능성이 진동하며 기회가 손짓하고 있다. 우리는 우리 집에서부터 좀 더 큰 마을, 캠프, 위급 상황까지 이런 가능성이 존재할 수 있는 다양한 환경들을 살펴보았다. 나는 다양한 방식으로 이 모든 실천들을 행하고자 굳은 결심을 한 수백 개의 집단과 계획들을 접하고 있다. 이들은 지역 환경을 개선하고, 기본적인 욕구 가운데 많은 부분을 충족시키고 있으며, 삶의 질을 향상시키고 있다. 또한 새로운 길을 개척하기 위해 협조하고 새로운 사람들이 좀 더 쉽게 참여할 수 있는 방안을 모색하고 있다.

퍼머컬처와 자연적인 회복, 자율적인 조직, 그리고 한계를 인정하는 속에 살아가는 삶의 기술은 쉽게 배울 수 있고 간단히 시작해서 실행에 옮길 수 있다. 이런 삶의 기술들을 이행하기 위해서는 낡은 습관을 버리겠다는 결심과 끈기가 필요하다. 모든 것이 우리가 원하는 대로 잘 되지 않기도 할 것이다. 하지만 적극적인 행동을 통해 우리는, 지구의 이익을 대변하고 지구상에 살고 있는 아름다운 사람들의 이익을 심장으로 대변하려는 새로운 지구 가족들과 연결될 수 있다. 당신이 사람들을 고무하고 지구를 손질하는 훌륭한 하루를 마감하고 잠자리에 들면, 다른 사람들이 막 일어나서 또 다른 노력하는 하루를 시작할 준비를 할 것이다. 최근에 헤이즐 헨더슨Hazel Henderson이 이야기한 것처럼, 인터넷으로 연결되어 지구와 사회를 바꾸기 위해 노력하는 사람들의 네트워크와, 공동으로 이루어진 수백만 개의 작은 합의들이 등장하여 세상에서 가장 위대하고 가장 중요한, 새로운 지구적 초권력superpower을 형성하고 있다.

여기에 참여하는 것은 손쉬운 일이다. 에너지 보존 방안들을 통해 에너지 사용을 줄이고 스스로 사용할 전기의 공급원까지 개발하게 되면, 요금 고지서에 찍히는 액수도 줄어들 뿐만 아니라 집단적인 권력을 갖고 있는 회사의 이윤도 줄어들게 된다. 자가용을 함께 타거나 혹은 좀 더 바람직하게는 아예

자가용을 이용하지 않으면 비용은 더욱 줄어들게 되며, 동시에 자전거를 타거나 걷게 되므로 더 많은 운동을 하게 된다. 이를 통해 건강이 좋아지고 국지적 오염이 줄어들며, 좀 더 친근한 근린 환경을 만들 수 있다. 이렇게 되면 〈제너럴 모터스〉 같은 자동차 회사가 이윤을 내는 것이 더 어려워지게 된다. 유기 농작물을 직접 기르게 되면 텃밭에 나가 흙과 접할 기회가 많아지고, 석유를 기반으로 한 농업이 설 자리를 잃게 되었을 때를 대비하여 유용한 기술을 배울 수 있다. 직접 작물을 기를 수가 없다면 지역 경작자들을 지원하라. 〈카길Cargill〉과 〈네슬레Nestle〉는 창틀 화분에 씨 뿌려 키운 상추나 최종 생산물에서 모아 놓은 씨앗에서 이윤을 뽑아낼 수 없다. 전기와 식품, 섬유, 바이오매스, 그리고 그 밖의 여러 가지 일상적인 생활용품들을 지역에서 만들어내는 것은 곧 건전한 공동체를 발전시키고, 앞으로 있을 변화 속에 살아남을 수 있는, 제대로 자리 잡은 지역 경제를 향상시키는 길이다. 또한 이것은 기본적인 욕구를 충족시키는 데 대한 통제력과 책임을 되찾는 것이며, 이를 통해 사람들은 인근에 있는 여러 사람들과 강력하게 연결된다. 자립적이면서도 연계가 잘 이루어진 공동체들은 정부의 일방적인 정책에 저항할 수 있다. 또한 이것은 오염을 더 적게 발생시키고 기후를 망치는 가스를 더 적게 배출하게 하는 것이다.

어디에서 시작하는지는 전혀 중요하지 않다. 그저 당신의 호기심과 열정을 따르라. 그리고 실천적인 행동과 지속적인 학습, 그 호기심과 열정을 삶의 일부로 삼아라. 당신이 이룬 성과를 주위에 알려서 다른 사람들이 그 가능성을 전해 받도록 하라. 당신이 지금 당장 실천할 수 있는 많은 단계들에 대해 알고 있는 조직과 집단이 수천 개나 된다. 낭비할 시간이 없다. 텔레비전보다 더 재미있고, 현 상태를 유지하면서 참는 것보다 훨씬 더 바람직한 일들이 널려 있다.

전기를 자급하는 방법 **02**

이 글을 쓴 브라이스 길로리 스콧Bryce Gilroy-Scott은 웨일즈에 있는 〈대안기술센터(Centre for Alternative Technology, CAT)〉에서 활동하고 연구해 왔다. 요즘은 다양한 재생 가능한 에너지와 지속 가능성 공동체 계획에 참여하고, 잉글랜드의 이스트미들랜드에 있는 숲 속에 생태 마을을 만드는 한편, 이런 일과 관련 없는 젊은이들과 함께 일하는 사회사업을 벌이고 있다. 중수도 여과 장치에 대한 추가 자료는 작가이자 활동가이며, 교육 담당자이자 퍼머컬쳐 디자이너인 스타호크와 CAT의 학생이자 자원 활동가인 말라모 코르베티스Malamo Korbetis가 제공해 주었다.

전환 기술

　기술은 잘 드는 칼과도 같아서 사람을 죽이는 데도 사용할 수 있지만 씨를 뿌리기 위해 쟁기질을 함으로써 생명을 꽃피우는 데 사용할 수도 있다. 칼은 그것을 휘두르는 사람의 욕망과 가치에 따라 달라진다. 적정기술은 그것을 사용하는 사람들의 생활 조건을 향상시키기 위한 기술의 한 형태를 말한다. 공동체의 구성원들이 그 기술을 사용하고 변경, 재창조하는 방법을 이해할 수 있다는 점에서 적정 기술은 공동체에 적합하다. 또한 적정기술은 그것에 의존하는 사람들이 경제적으로 감당할 수 있다는 점에서 경제적으로 적절하다. 적정기술은 우리의 삶과 가족을 부양하는 데 필요한 기술에 대한 통제력을 회복할 것을 주장하는 적극적인 저항의 형태이기도 하다. 적정기술은 먹을 것과 쉴 곳을 제공해 주며, 물을 덥히고 집에 난방을 하는 것도 가능하게 한다. 생존에 필수적인 기술인 것이다.

하지만 1장에서 개괄했던 엄청난 변화에 직면해서 기본적인 먹을거리, 쉼터, 난방에 대한 욕구를 어떻게 충족시킬 수 있을까 생각해 보라. 값싼 석유는 갈수록 희소해지고, 이주가 증가하며, 기후 혼란은 악화되고, 오염이 폭증하고 있다. 생존은 점점 더 격한 투쟁이 될 것이다. 1장에서 우리가 맞닥뜨린 위기의 일부와 우리가 대응할 수 있는 방법 이면에 있는 사상들에 대해 살펴보았다. 이 장에서는 지속 가능한 사회를 만드는 중요한 단계인 적정기술과, 우리의 삶, 그리고 집에서 취할 수 있는 조처들에 대해 살펴볼 것이다. 이런 조처들을 통해 우리는 중앙집중화된 전력망에서 벗어나 우리 자신과 공동체에 우리가 필요한 것들을 제공하는 길로 나아가게 된다. 이 장은 세 부분으로 나뉘는데 각각은 에너지, 쓰레기, 물에 대해 다루고 있다. 먹을거리 같은 주제는 이 책의 다른 부분에서 다룰 것이다. 에너지나 물을 덜 쓰는 것이 반드시 생활 수준을 낮추는 것을 의미하는 것은 아니다. 그보다는 우리의 상식을 활용하고 책임 있게 소비하며, 우리의 행동에 대해 돌아보고 우리가 지구에서 얻어 다 쓴 것들을 다시 지구에 되돌려 주는 일에 가깝다. 모든 것이 하룻밤에 이루어지지는 않는다. 텃밭이나 토지를 접할 수 없는, 인구밀도가 높은 도시에서 살고 있는 사람들이라면 할 일을 찾는 것이 어려울 수 있다. 하지만 생각보다 많은 것이 가능할지도 모른다. 이런 이유에서 우리는 당신이 지금 당장 할 수 있는 일들을 "오늘 당장 할 수 있는 실천들"이라는 제목으로 실어 놓았다. 이 책을 읽고 몇 주가 지난 뒤에도 아직 어떤 실천을 하지 못한다면, 우리는 좀 더 야심차고 창의적이며 재미있는 기획에 대해 이야기해야 겠다. 공간과 자원, 시간만 있으면 착수할 수 있는 기획들에 대해서 말이다. 우리가 지금 취할

수 있는 조치들만 가지고는 우리가 직면하고 있는 생태 위기를 제대로 해결할
수 없겠지만, 이것은 지속 가능한 삶을 향한, 그리고 다가오는 에너지 위기에
적응하기 위한 중요한 조치들이다.

아래 있는 그림은 단열 장치에서 마당에 설치하는 태양열 샤워기에 이르기
까지 단순하면서도 도발적인 변용 몇 가지들이 어떤 식으로 일반적인 집의 한
부분을 차지할 수 있는가를 보여 준다.

생태 가옥

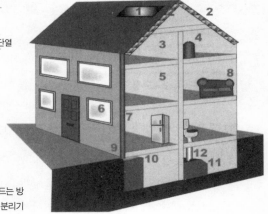

1. 물을 데우기 위한 평판식 태양열 집열기
2. 신문을 찢어서 만든 30센티미터 두께의 지붕 단열
3. 점토와 석회로 만든 천연 회반죽
4. 특수 단열을 한 온수 탱크
5. 환경친화적인 페인트
6. 천연 살균제와 염료로 2, 3중 덧칠한 나무 창
7. 에너지 효율이 높은 가전제품들
8. 중고 가구, 천연 재활용 가구
9. 빗물받이 시설
10. 화장실, 기기 세척, 야외용 수도에서
    사용하기 위한 빗물 저장소
11. 화장실에서 나온 고체 부산물들을 퇴비로 만드는 방
12. 액체는 배수되고 고체를 퇴비 방으로 보내는 분리기

출처: 〈리쿼라이스피쉬 디자인Liquoricefish Design〉

에너지

우리 대부분은 엄청나게 에너지 집약적인 삶을 살고 있다. 이를 극복하기
위해서는 많은 일들을 해야 하지만, 일단 개인적인 수준에서 에너지 감사를

하여 에너지 사용량을 때로는 극적으로 줄일 수 있는 방안을 찾아낼 수 있다. 온실가스의 거의 3분의 1이 운송 부분에서 배출된다는 점에서 볼 때 에너지 절약을 가장 많이 할 수 있는 곳은 이 부분이다. 이를 실행하기 위해서는 의지와 상상력, 독창성이 필요하다. 바로 이것이 우리의 생태적 지속 가능성을 깨닫기 위한 필수적인 첫 단계다.

오늘 당장 할 수 있는 실천들

사용하고 있는 에너지의 양을 줄이도록 한다.

휴가는 집 근처로, 되도록 비행기 대신 기차를 타고 간다. 직접 차를 몰지 말고 자전거를 타거나 대중교통을 이용한다. 장보러 갈 때를 위해 자전거에 매달 수 있는 짐칸을 마련한다. 카풀 제도를 이용한다. "통학 보행 버스 제도School Walking Bus"■를 시행한다. 자동차 엔진을 바이오디젤로 전환한다.

사용하지 않는 방의 전등과 가전제품의 전원을 끈다. 대기 중 상태에 있는 전기제품의 전원을 끈다. 꼭대기 층을 30센티미터 정도 두께로 단열 처리한다. 이중창을 설치하고 열 손실을 50퍼센트 줄인다. 아니면 질 좋은 두꺼운 커튼을 단다. 녹색 에너지 공급자로 전환한다. 효율이 높은 저에너지 전구로 교체한다. 추울 때는 웃옷을 덧입고 자동 온도 조절 장치는 쾌적할 정도로 낮게, 꾸준한 온도로 유지한다. 창문과 문틈에 바람이 샐 만한 곳이 있는지를 확인하고 밀봉한다.

■초등학생들의 등하교시 안전성을 확보하고 지역사회에서 건전한 보행 문화를 정착시키기 위해 시행된 제도. 1~2명의 자원 활동가가 인근의 8~10명의 학생들을 책임지고 인솔하는 방식으로 운영된다. 옮긴이

태양열 온수 장치를 설치한다. 보일러에 특수 단열 처리를 한다. 아니면 고효율 컨덴싱 보일러를 설치한다. 실내 공간과 물을 덥히는 용도로 나무를 때는 스토브를 설치한다. 냄비에 꼭 들어맞는 뚜껑을 사용한다. 주전자에는 필요한 만큼의 물만 끓인다. 물탱크는 최소한 75밀리미터 두께가 되도록 하고 여기에 덮개를 씌운다. 벽에 단열 처리를 하고 에너지 손실을 33퍼센트까지 줄인다. 빨래는 30도의 물로 하고 회전식 건조기 사용은 피한다. 벽의 아랫부분은 외풍 방지 처리를 한다. 꼭 필요한 경우가 아니면 에너지 집약적인 물건은 구입하지 않는다.

자연을 이용한 극소형 발전 시설

극소형 발전 시설은 국가 에너지 망에 대한 의존을 줄이는 방식이다. 많은 사람들이 바람과 태양의 힘을 이용하는, 소규모 독립형 장치를 가지고 실험을 진행하고 있다. 물론 이 정도 발전 시설로 다리미나 전기 주전자 같은 에너지 집약형 전열 기구들을 오랫동안 사용하지는 못할 것이다. 하지만 우리에게 꼭 필요한 것이 무엇인가에 대한 창의적인 사고를 할 수 있고 아주 적은 전력만으로도 집 안에서 필요한 에너지의 대부분을 충당할 수 있다는 것을 알게 된다. 세세하게 들여다보기에는 지면이 충분하지 않으므로 여기서는 소형 풍력 터빈을 예로 삼아 몇 가지 유의미한 지점들을 살펴보도록 하겠다.

먼저 풍력 에너지 시설은 한 번 설치해서 운영하기 시작하면 추가 비용이 들지 않고 약간의 자문과 연구만 있으면 된다는 점에서 풍력을 에너지원으로 삼는 것은 매력적인 일이다. 풍력 터빈과 배터리를 구입하고 설치하는 데는 발전의 필요조건에 따라 3천 달러에서 3만 달러의 비용이 든다. 소수력 발전 장치(소형 수력터빈) 또한 점점 인기를 얻고 있다. 소수력 발전 장치는 물의 흐름이나 수변 생태계의 다양성을 침해하지 않는 방식으로 설계하는 것이 가능하며, 상당한 양의 에너지를 만들어 낼 수 있다. 차근차근 단계적으로 일러 주는 세세한 지침서들이 시중에 많이 나와 있으며(이 장의 마지막에 있는 자료 목록을 보라) 터빈 제작과 설비에 대한 강좌들도 많은 곳에서 진행되고 있다. 〈런던 기후변화국London Climate Change Agency Palestra〉 신축 건물처럼 지붕에 풍력 터빈을 설치한 높은 건물들과, 운동장이나 주차장에 터빈을 설치한 많은 학교와 병원에 대해 계획 허가가 승인되기 시작했지만, 일반적으로 도시 지역에서 풍력·수력터빈을 설치하는 것은 적당하지 않을 때가 종종 있다. 극소형 발전 시설이 가능하지 않은 경우에는 다른 가능성을 찾아볼 수 있는데, 〈베이윈드 에너지 협동조합Baywind Energy Co-operative〉처럼 에너지 협동조합을 만드는 것도 가능하다.

〈베이윈드 에너지 협동조합〉

1996년, 영국 컴브리아 주에 설립된 〈베이윈드 에너지 협동조합〉은 스칸디나비아 지역에서 성공적으로 개척한 협동조합 모델의 연장선상에서 공동체형 풍력 터빈을 만들고자 했다. 집단적인 결정은 〈산업과 검약 협회Industrial and Provident Society〉에서 이루어지고 투표권은 회원 전체가 동등하게 갖는다. 처음 시행한 두 가지 베이윈드 프로젝트를 통해 컴브리아 주에 있는 한 공동체가 지역형 풍력 터빈을 구입할 수 있게 되었다. 베이윈드의 목적은 재생 가능 에너지의 생산과 에너지 보존을 증진하는 것이다. 여기서는 지역 투자자를 선호하는데, 그렇게 하면 공동체는 지역형 풍력 설비에서 나오는 경제적 이익의 일부를 나눌 수 있게 되기 때문이다.

풍력은 "공짜" 에너지의 무제한 공급을 상징한다. 그 누구도 바람을 실제적으로 소유할 수 없기 때문이다. 풍력 터빈을 소유한 사람은 누구든지 생산된 전력의 판매에서 발생하는 이익을 누릴 수 있다. www.baywind.co.uk를 보라. 공동체 소유형 재생 가능 프로젝트를 시행하는 일에 대해 더 많은 정보를 얻고 싶다면 www.energy4all.co.uk를 보라.

건초 보온 상자

물과 식품을 데우기 위해서는 에너지가 아주 많이 든다. 따라서 가열을 위해 에너지를 한 번 사용했으면 되도록 오래 그 열을 유지해야 한다. 보온병과 똑같은 원리를 이용해 건초 보온 상자를 만들면 만들기 쉽고 간편하게 온도를 유지할 수 있으며, 조리할 때 발생하는 에너지 소비를 상당히 줄일 수 있다.

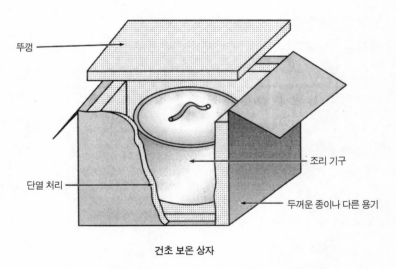

뚜껑

조리 기구

단열 처리

두꺼운 종이나 다른 용기

건초 보온 상자

출처: 〈선시드 데저트 테크놀로지Sunseed Desert Technology〉(www.sunseed.org.uk)

상자는 두꺼운 종이나 나무 같은 여러 가지 재료로 만들 수 있다. 튼튼하고 내구력이 있는 재료를 사용할수록 더 좋은 상자를 만들 수 있다. 태양열 조리기 같은 다른 간단한 기술들에서처럼 상자에는 두껍게 단열 처리를 해야 한다. 두껍게 단열 처리를 하면 식품이 조리된 온도 상태로 상자 속에 놓였을 때(예를 들어 냄비 속의 쌀이 끓는점에 도달했을 때) 조리 온도가 그대로 유지되며 식품을 계속 조리할 수 있다. 단열은 온도를 그대로 유지하는 것이므로 차가운 상태의 내용물을 상자 속에 넣어 두면 그것을 차게 유지하는 데도 사용할수 있다는 점을 기억하라.

태양열 온수 샤워기

지금과 같은 방식으로 훌륭한 온수 샤워를 기대해서는 "문명"이 유지되지 못하고 몰락할 수 있다. 이런 점에서 태양열 온수 샤워기는 적정한 태양열 기술을 가장 효율적으로 적용한 한 가지 사례가 될 수 있다. 태양열 온수 샤워기는 놀라울 정도로 효율적이며, 흐린 온대 지역이나 북쪽에 위치한 곳에도 이용 가능한 태양에너지는 기대 이상으로 많다. 태양열 온수 샤워기는 태양 아래 놓인 양동이의 물이 데워지는 것과 같은 방식으로 가열되는, 간단한 단열 처리가 된 쟁반 모양의 그릇을 이용한다. 단열의 정도, 그릇 안에 담기는 물의 깊이, 반사경의 사용, 투명 덮개의 봉합 정도를 조절하여 온기의 저장 정도를 최적화할 수 있다.

1. 나무로 직사각형의 틀을 만든다.

   (금속, 시멘트, 벽토 판을 사용하거나 땅에 구덩이를 팔 수도 있다.)

   용적은 길이 2미터, 넓이 1미터, 높이 30센티미터 정도로 한다.(이 정도 크

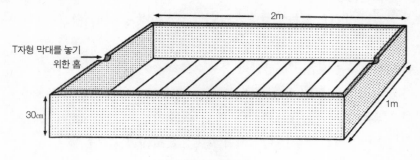

태양열 샤워기 1

출처: 〈과테말라 평화 유지단Peace Corps Guatemala〉의 『적정기술 안내서』

기에서는 172리터를 담을 수 있다. 높이를 좀 더 낮추면 가열 속도는 빨라지지만 지속 시간은 짧아질 것이다.)

땅을 파서 가열기를 만드는 경우에는 밑바닥이 필요하지 않다. 그렇지 않은 경우에는 바닥재로 두껍거나 얇은 합판을 사용한다.

2. 반사경은 필수는 아니지만 권장한다. 반사경이 있으면 태양열을 모으는 데 도움이 된다. 금속판이나 합판에 흰색 페인트칠을 해서 가열기 뒤에 세워 두면 좀 더 많은 열이 물에 반사될 것이다.

3. 가열 그릇에 15센티미터 깊이로 단열 처리를 한다. 마른 나뭇잎, 나무 부스러기, 톱밥, 섬유유리, 폴리스틸렌 등을 사용하면 된다.

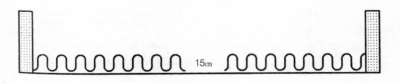

태양열 샤워기 2

출처: 〈과테말라 평화 유지단〉의 『적정기술 안내서』

4. 물을 담는 용기는 검은색 금속판으로 만드는 것이 이상적이다. 검은색을 사용하는 것은 태양이 복사하는 모든 스펙트럼을 흡수하기 위해서고, 금속을 이용하는 것은 직사광선의 경우 온도가 높기 때문이다. 플라스틱을 사용하면 녹을 수도 있다. 사용할 만한 금속판이 없어서 플라스틱이나 이와 유사한 물질을 사용할 때는 물이 닿지 않는 부분에는 흰색 플라스틱이나 알루미늄 호일로 날개처럼 감싸서 녹아내리는 것을 방지하고 그만큼의 태양 복사열이 반사되도록 한다.

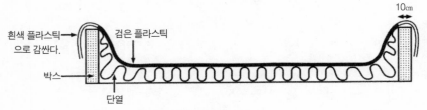

태양열 샤워기 3

출처: 〈과테말라 평화 유지단〉의 『적정기술 안내서』

5. 상자에 물을 10~12센티미터 깊이로 채운다. 그리고 수면에 투명 플라스틱을 올려놓고 증발을 방지한다. 수위가 변할 때 넉넉하게 오르내릴 수 있도록 플라스틱이 꽉 끼지 않도록 하는 것이 중요하다.

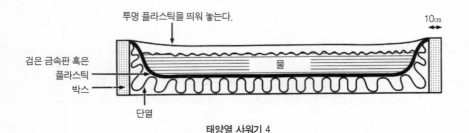

태양열 샤워기 4

출처: 〈과테말라 평화 유지단〉의 『적정기술 안내서』

6. 마지막 단계로 투명 뚜껑을 상자에 맞게 덮는다. 유리 뚜껑일 때는 유리에 충격을 적게 줄 수 있도록 틀의 상단 모서리를 따라 흡수력이 없는 재질로 된 조각들을 접착제로 붙인다. 이 조각들이 유리인 경우 너무 무거울 수 있지만 플라스틱이라면 너무 가벼울 수 있다.

유리인 경우 유리판을 지탱하는 T형 막대가 놓일 상단 가장자리 중간에 두 개의 홈 자리를 나란히 정한다. 5센티미터 두께 금속으로 된 가로막대를 지탱한 홈을 나무틀 상단 가장자리에 판다. 이 5센티미터짜리 금속 막대는 상자 위에 가로 놓여서 유리판을 지탱할 것이다. 8개의 유리판을 T형으로 된 가로 막대 지지틀 위에 놓는다. 흰색 플라스틱 테이프로 유리판을 고정시킨다.

만일 유리를 사용할 수 없거나 좀 더 간단한 방식을 선호한다면, T형 막대 대신에 실로 지탱할 수 있게 엮어 놓고 그 위에 투명 플라스틱이나 비닐을 팽팽하게 펼쳐 놓을 수도 있다. 물 위에 떠 있는 플라스틱과 투명 뚜껑 사이에는 최소한 2센티미터의 공기층을 남겨 놓도록 한다. 이 공기층은 단열을 위한 것이다.

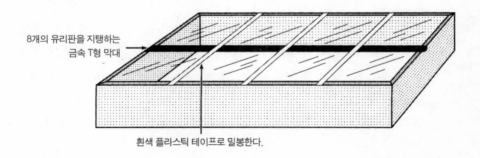

8개의 유리판을 지탱하는
금속 T형 막대

흰색 플라스틱 테이프로 밀봉한다.

태양열 샤워기 5

출처: 〈과테말라 평화유지단〉의 『적정기술 안내서』

7. 완성된 상자는 태양이 잘 드는 곳에 태양을 향해 살짝 기울여서 설치한다. 그렇게 하면 빗물이 흘러내리게 되고 데워진 물은 가장 낮은 지점부터 모아서 쓰면 되기 때문이다.

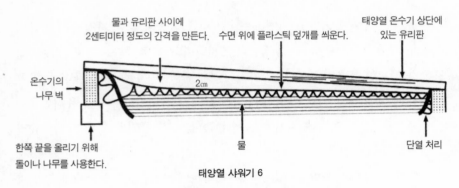

물과 유리판 사이에 2센티미터 정도의 간격을 만든다. 수면 위에 플라스틱 덮개를 씌운다. 태양열 온수기 상단에 있는 유리판

온수기의 나무 벽

2cm

한쪽 끝을 올리기 위해 돌이나 나무를 사용한다.

물

단열 처리

태양열 샤워기 6

출처: 〈과테말라 평화 유지단〉의 『적정기술 안내서』

8. 더운 물을 모아 쓰는 방법으로 할 수 있는 것은 작은 양동이 같은 것으로 온수를 퍼낸다. 아니면 온수기를 구조물의 꼭대기나 지붕 위에 올려 놓고 관을 연결해서 빼낸다. 온수기의 아래쪽 끝에 금속관(틈을 메우는 패킹과 함께)을 끼워 넣을 수도 있고(원하면 물의 흐름을 중단시킬 수 있는 밸브 같은 장치가 필요할 수도 있다) 플라스틱 관을 이용할 수도 있다. 이 경우 나무틀 상단에 관이 놓일 수 있는 홈을 만들어야 한다. 플라스틱을 사용하면 물탱크의 하단 끝에서 물을 뽑아내는 것이 더 쉬울 것이다.
금속관이나 플라스틱 관은 용기에 물을 다시 채울 때도 사용할 수 있다.

9. 완성된 장치
■ 태양열 온수기는 샤워 시설 위에 설치한 거치대나 지붕 위에 놓을 수도 있다. 이

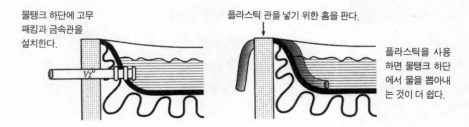

물탱크 하단에 고무
패킹과 금속관을
설치한다.

플라스틱 관을 넣기 위한 홈을 판다.

½"

플라스틱을 사용
하면 물탱크 하단
에서 물을 뽑아내
는 것이 더 쉽다.

태양열 샤워기 7

출처: 〈과테말라 평화 유지단〉의 『적정기술 안내서』

렇게 되면 중력으로 인해 물이 샤워기로 공급된다.

■ 뜨거운 물을 온수기에서 샤워 시설로 보내는 관에는 샤워꼭지를 달 수도 있고,
  아니면 그냥 관에 구멍 몇 개를 뚫어서 "샤워" 효과를 낼 수도 있다.

■ 안전성과 관리적인 측면에서 관 속의 물의 흐름을 멈출 수 있게 해 주는 밸브(개

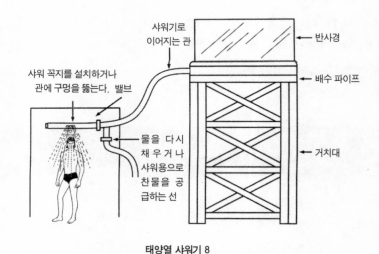

샤워기로
이어지는 관

반사경

샤워 꼭지를 설치하거나
관에 구멍을 뚫는다. 밸브

배수 파이프

물을 다시
채 우 거 나
샤워용으로
찬물을 공
급하는 선

거치대

태양열 샤워기 8

출처: 〈과테말라 평화 유지단〉의 『적정기술 안내서』

폐에 필요한 작은 레버나 나사형 손잡이가 달린 장치)를 설치하는 것이 이상적이다.

■ 더운 물을 온수기에서 샤워기로 흐르게 할 때는 밸브를 설치하는 것이 바람직하며, 찬물을 공급하고자 한다면 중앙의 정원 호스를 샤워 선에 연결시킨다.

■ 찬물 급수 장치는 더운물을 다 사용하고 났을 때 온수기를 다시 채우기 위해 사용할 수도 있다.

쓰레기

항상 바쁘게 돌아가는 생활은 그 결과로 엄청난 상품 소비를 낳는다. 우리가 일상적으로 사용하는 많은 상품들은 내다버린다는 전제로 생산되며, 이 상품들이 버려질 때는 이것들을 만드는 데 투입되었던 에너지와 자원들까지 버려진다. 쓰레기 매립지는 점점 빠르게 포화되고 있고 일부 지역에서는 소각하는 것이 유일한 처리 방법이다. 하지만 소각은 에너지 집약적이며 많은 온실가스를 배출한다. 영국인들은 1초마다 거의 4톤에 이르는 쓰레기를 배출하고 있으며, 매년 쓰레기 배출량이 3퍼센트씩 증가하고 있다는 사실이 최근 지적된 바 있다. (2006년 7월, 『가디언』)

오늘 당장 할 수 있는 실천들

줄이고, 재사용하고, 재활용하고, 퇴비로 만든다(9장과 10장을 보라). 포장된 상품보다 적게 포장되어 있거나 아예 포장이 없는 상품만 사도록 한다. 중고 상품을 구입하고 옷이나 살림살이들은 친구나 이웃, 중고품 가게에 기증한다. 지역의 "프리

사이클" 네트워크▪에 가입한다. 낡은 옷은 다른 옷들을 말릴 때 사용한다. 종이는
이면지로 재활용한다. 프린터 카트리지는 리필해서 사용한다. 광고 메일은 수신
거부한다. 건축 자재는 재활용한다. 재사용할 수 있는 천 귀저기를 사용한다. 문
컵Mooncup▪▪처럼 재사용할 수 있는 생리용품을 사용한다. 보온병과 도시락을 싸
가지고 다닌다. 테이크아웃점에는 컵이나 그릇을 가져가서 내용물을 받아 온다.
친구나 이웃들과 자가용이나 프린터를 공동으로 사용한다. 음식 쓰레기 처리용으
로 지렁이 화분을 키운다. 자연 염색약과 페인트를 사용한다. 학교, 직장, 지역 카
페, 가게 등의 장소에서 분리수거를 하도록 종용한다.

퇴비형 화장실

　사람의 배설물을 퇴비로 만드는 것은 숲에서 구덩이를 파고 대변을 보던 역
사만큼이나 오래된 일이다. 많은 문화에서는 오늘날까지도 꾸준히 배설물을
퇴비로 만들고 있다. 배설물 속에 들어 있는 에너지는 지속 가능한 농업 생산
에 중요한 자원이기 때문이다. 중국에서는 오늘날까지도 많은 도시 주변에는
고리 모양으로 된 반도시적인 농업 지역이 있어서, "밤의 토양(배설물)"이 매일
아침 도시 밖으로 배출되어 이곳에서 식품 순환에 다시 투입된다(하지만 이 역
시 중국이 지난 10년간 엄청난 발전 호황을 엮으면서 급격하게 변하고 있다).
　퇴비형 화장실을 만드는 것은 지속 가능성을 위해 필수적인 전략이다. 헌

▪ www.freecycle.org 참조. 옮긴이
▪▪ 인체와 환경 모두에 유해하다는 구설수에 올라 있는 생리대나 탐폰과 다르게 문컵은 인체에 크게 해롭지 않은
　　물질로 만들어져 있으며 반영구적으로 사용할 수 있어 환경에도, 인체에도 바람직하다고 알려져 있다. 공식 홈
　　페이지는 www.mooncup.co.uk이며 한국에서도 구입할 수 있다. 옮긴이

대의 서구형 가옥에서는 매년 단지 화장실 물을 내리기 위해서 마실 수 있는 깨끗한 물 10만 리터가 버려지고 있다. 퇴비형 화장실이야말로 그런 식으로 물을 낭비하지 않는 해법이며, 하수 오물을 양산하거나 지하수를 오염시키지 않고, "영양물질이 많이 남아 있는 인간의 배설물을 바다로 흘려 보내지" 않고 저장할 수 있게끔 해 준다. 다음 그림에 나타난 설계는 자급 모델이며, 이 밖에도 훨씬 더 현대적이면서 도시적인 설계들도 있다. 자기로 만들어진 용기 같은 것들은 도시의 큰 건물에서도 계획해 볼 수 있다.

퇴비형 화장실은 아주 위생적일 수 있고, 적절하게 관리되기만 하면 냄새도 나지 않는다. 퇴비형 화장실의 가장 일반적인 모델은 두 개의 지하 저장 시설을 가진 방식이다. 일반적으로 나무나 콘크리트로 만들어진 저장 시설들이 대안적으로 사용될 수도 있다. 방 한 개가 거의 차면 봉쇄되고(구멍 위에 판자를 얹어 막는다) 다른 방이 개방된다. 이 다른 방을 사용하는 동안 첫 번째 저장소에서 퇴비화가 진행되는 것이다. 온대기후에서는 적절한 퇴비화가 진행되는

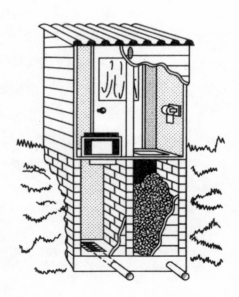

두 개의 방으로 이루어진 퇴비형 화장실

출처: 〈적정기술 집단Intermediate Technology Group〉
http://practicalaction.org/?id=technical_briefs_water

데 보통 1년 정도면 충분하다. 저장 시설에는 뒤로 접근할 수 있는 문이 있는데, 이곳을 통해 만들어진 퇴비를 밖으로 끄집어낸다. 퇴비는 정말로 영양분이 풍부한 흙처럼 보이며, 냄새가 나지 않고 원래 그것이 어떤 물질이었는가에 대한 흔적이 전혀 없다. 만들어진 퇴비를 다 끄집어내고 난 뒤에 그 방은 다시 새로운 순환을 맞게 되며 적절한 때가 되면 지하 저장 시설의 용도가 바뀔 수도 있다.

위생적이고 냄새가 없는 퇴비형 화장실의 핵심이 되는 것은 "흡수" 물질을 투입해서 통풍이 잘 되도록 하는 것이다. 퇴비화 작업을 진행하는 미세 유기물들이 활동하기 위해서는 탄소와 질소가 환경 속에서 적절한 균형을 이루어, 미세 유기물들이 번창할 수 있는 요소들을 제공해 주어야 한다. 대변과 특히 (어쩔 수 없이 저장 시설에 포함될 수밖에 없는) 소변의 경우 질소를 많이 포함하고 있기 때문에 매번 사용하고 난 다음에 화장실에 탄소를 추가해야 한다. 흡수 물질들의 종류는 다양하다. 톱밥, 잎사귀, 조리하고 난 뒤 생긴 건조한 재, 신문, 지푸라기 같은 것들은 모두 탄소가 풍부하면 사용할 수 있다. 보통 한 줌 정도면 충분하다. 흡수 물질들은 대변을 덮어 주므로 파리가 날아와 앉는 것을 막고 말 그대로 잔여 액체(소변에서 나온)를 빨아들이기도 한다. 완성된 퇴비에는 인간 병원체가 없겠지만, 농산물에 직접 퇴비를 사용하는 것보다는 과실수나 장과가 달리는 관목 같은 것에 사용하는 것이 더 바람직하다. 또한 소변은 따로 분리 배출해서 퇴비를 활성화시키는 용도로 사용할 수도 있다.

퇴비형 화장실을 계획할 때 여러 가지 것들을 고려해야 한다.

통풍과 파리

퇴비를 만드는 데는 산소가 필요하며 따라서 일정하게 통풍이 되는 것이 필수적이다. 이것은 파리 문제와 함께 고려해야 하는데 공기가 유입될 수 있는 곳이면 어디든 파리도 함께 들어올 수 있기 때문이다. 훌륭한 퇴비형 화장실을 만들기 위해서는 통풍을 위해 철망으로 저장 시설을 밀봉하고 화장실의 앉는 자리 아래도 밀봉하여 공기는 들어가지만 파리는 들어가지 못하도록 해야 한다. 이상적으로는 화장실의 앉는 자리는 (접착성이 있는 발포제 같은 것으로) 완전하게 밀봉해서 빛이나 공기가 안으로 들어가지 못하게 하고 벽 뒤편으로 통풍구를 내어 촘촘한 망을 씌워야 한다.

소변

염도가 높고 질소가 포함된 액체가 지하 저장 시설에 너무 많이 포함되면 큰 문제가 될 수 있다. 따라서 소변은 다른 곳에 보는 것이 좋다. 하지만 어떤 식으로든 소변이 지하 저장 시설로 들어오게 되기 때문에, 흡수 물질을 사용하는 데 더해서 배수관(앞의 그림처럼)을 설치하고 지하 저장 시설의 바닥을 약간 경사지게 만들어서 액체가 밖으로 흘러나가게 만드는 것이 이상적이다.

소변 문제를 해결하는 또 다른 방법은 짚단 소변기를 만드는 것이다. 이 소변기는 아주 간단한 형태로, 사용하기에 따라 3개월에서 4개월 정도 두면 훌륭한 정원용 퇴비가 된다. 짚단을 묶어 놓고 그 위에 소변을 보게 한다. 남성들은 그냥 서서 소변을 보면 되고, 여성들의 경우 짚단 위에 두꺼운 나무판자 두 개(아니면 벽돌 몇 장)를 놓고 용변을 볼 수 있는 자리를 만들면 된다. 그러면 액체가 스며들어 짚단의 가운데 부분이 퇴비로 만들어지게 된다. 빗물이 스미는 곳에 짚단을 놓아 보라.

퇴비형 화장실을 설치하고, 거기서 소변도 함께 보고 싶다면 방법이 있다. 크기가 작은 저장 시설을 따로 만들면 배수 때문에 골치 썩을 일이 적고, 처음부터 고체 상태의 배설물과 소변을 분리할 수 있다. 소변을 볼 때 발을 딛는 부분에 알루미늄 판을 휘어서 덧대어 간단한 소변용 화장실을 만들어 볼 수도 있다. 자기로 된 화장실을 좋아하는 사람들이라면 집 안에다가 수세식 화장실을 설치해서 동시에 그 배설물을 퇴비로 만드는 식의 설계도 가능하다. 집 뒤에 퇴비 방을 만들어 놓고 대변과 소변을 분리해서 퇴비로 만들게 된다. 이런 설계에 대한 정보는 이 장의 마지막에 있는 "물과 쓰레기"에 대한 자료 부분에 좀 더 자세히 제시해 놓았다.

물

전 세계적인 물 사용량은 1960년 이후로 두 배가 되었다. 또한 기후변화의 양상이 지구의 물 순환에 파괴적인 영향을 미치고, 동시에 지구 더 더워지고 건조해지면서 가장 중요한 자원인 물을 보존하는 것이 훨씬 더 중요한 일이 되었다. 깨끗한 물이 부족해지면 또한 결국 어쩔 수 없이 수자원에 대한 접근을 둘러싸고 갈등이 늘어나게 될 것이다. 이 모든 문제들은 서로 연결되어 있다. 물은 극소전자칩 생산에서부터 종이 인쇄, 하수 정화에 이르는 모든 산업 과정에서 사용되며, 따라서 에너지 사용과 쓰레기 양을 줄이는 것은 물 사용에도 영향을 미치게 될 것이다.

오늘 당장 할 수 있는 실천들

매일 150개의 캔 음료와 맞먹는 깨끗한 물 4~5리터를 화장실의 물을 내릴 때마다 낭비하지 말고, 플라스틱 병에 물을 담아서 변기의 수조 속에 넣어 둔다. 그러면 플라스틱 병이 차지하는 만큼의 물(1.5~2리터)을 절약하여 변기의 물을 내릴 때마다 2~3리터 정도만 사용하게 된다. 샤워를 할 때 사용한 물을 모아 두었다가 화장실 물을 내릴 때 사용한다. 목욕을 하거나 샤워할 때 사용했던 물로 정원에 물을 준다. 빗물을 모아 둔다. 수도꼭지를 잠근 상태로 이빨을 닦고 면도를 한다. 목욕 대신 샤워를 한다(그리고 한 번 할 때는 빨리 한다). 수도꼭지를 꼭 잠근다. 주방 싱크대에 물을 반만 채우고 이 물로 그릇을 헹구거나 과일과 야채를 씻는다. 빗물받이 물탱크를 설치하여 정원에 물을 주거나 화장실 물을 내릴 때 사용한다. 천연 세척제와 친환경 페인트를 사용한다. 날짜 지난 우유나 주스, 음식을 하수구에 부어 버리지 말고 음식물 처리기에 넣어, 그 음식물들에 저장된 에너지를 모아 두어 이것들을 분해하는 데 드는 생물학적 산소 요구량(BOD)을 줄인다.

중수도 시설

화장실 물을 제외하고, 집에서 사용된 모든 물을 중수grey water라고 부른다. 설거지, 샤워, 세면대, 세탁할 때 사용하는 물은 주거지에서 발생하는 "버려지는" 물의 50~80퍼센트를 차지한다. 이 중수는 정원에 물을 주는 것과 같은 다른 목적으로 재사용할 수도 있다. 상업적으로 구입할 수 있는 중수도 시설도 많이 있지만, 직접 만들 수도 있다. 기본적인 개념은 중수가 일련의 탱크를 통과하도록 해서 물을 여과하고 정화하여 정원에서 다시 사용되거나 아니면 강으로 되돌려 보내는 것이다. 중수도 시설을 운영할 때는 생태적이고 생물학적으로 분해 가능한 비누와 세척제를 사용하는 것이 중요하다. 더 많은 정보를 얻고자 한다면 자료 부분을 참조하라.

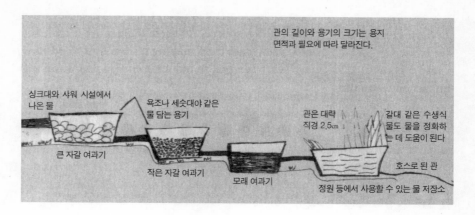

관의 길이와 용기의 크기는 용지 면적과 필요에 따라 달라진다.

싱크대와 샤워 시설에서 나온 물

욕조나 세숫대야 같은 물 담는 용기

관은 대략 직경 2.5cm

갈대 같은 수생식물도 물을 정화하는 데 도움이 된다

큰 자갈 여과기

작은 자갈 여과기

모래 여과기

호스로 된 관

정원 등에서 사용할 수 있는 물 저장소

중수도 시설

출처 : 킴 브라이언Kim Bryan

집에서 물 여과하기

깨끗한 물을 확보하는 것도 아주 중요하지만(깨끗한 물을 마시고 오수 처리가 잘 되면 많은 질병을 예방할 수 있다) 물을 정화할 수 있는 기술을 확보하는 것은 훨씬 더 중요하다. 가족이나 공동체 규모에서 이러한 기술을 사용하는 것은 상대적으로 값 싸고 아주 간단하다. 비상시에나 임시로 사용하는 때에도 유용하다. 하지만 주의할 것이 있다. 여과 시설을 잘못 만들거나 관리하면 심각한 질병이 발생할 수도 있다. 먼저 연구를 제대로 할 것!

물을 모래 사이로 통과시키면 물속에 있는 대부분의, 경우에 따라서는 사실상 모든 고체성 유기 불순물들이 제거된다. 여기서 묘사된 모래 여과 장치는 고체 덩어리와 생물학적 유기물들을 제거하는 데 적당하지만 화학적인 불순물이나 산성도가 지나치게 높거나 낮은 물을 정화하지는 못한다.

물이 맨 위에 있는 수조부터 맨 아래에 있는 수조로 흘러내려오면서 부유 입자들이 모래를 통해 걸러진다. 모래층의 초반 몇 센티미터 위에 미생물로 구성된 얇은 생물 막이 자연스럽게 형성되어 물을 정화하는 데 큰 역할을 한다. 모래 여과 장치는 이 생물 막이 없으면 제구실을 못한다. 따라서 이 막이 형성될 수 있도록 여과 장치를 사용하기 전에 적어도 이틀 정도 기다리는 것이 좋다.

수조의 수위는 물의 흐름을 차단하는 공ball cock으로 자동적으로 통제할 수 있다. 이 공이 없으면 매번 수조를 채워 주어야 한다. 일반적으로 20~40센티미터를 물로 채우고, 그 아래는 50~150센티미터의 모래를 넣는데, 이때 모래 입자는 직경이 0.15~0.3밀리미터 사이가 적당하다. 모래 다음에는 콩알 정도 크기의 자갈 10~30센티미터 정도를 수조 바닥에 깐다. 가능하다면 나일론 천 같은 투과력이 있는 토목 섬유*를 사용해서 모래와 자갈층을 분리시킨다. 이렇게 하면 모래 때문에 배수관이나 관 아래 있는 다른 장치 구성물들이 막히는 것을 예방할 수 있다. 가늘고 길게 홈을 내거나 아니면 드릴로 구멍을 뚫은 관을 설치하여 수조에서 여과된 물을 공급 장치로 이동시킨다. 모래와 자갈 둘 다 모래 여과기를 설치하기 전에 깨끗하게 씻어서 점토성 물질들이 남지 않도록 해야 한다.

여과 처리가 제대로 이루어지기 위해서는 이 장치에 1시간당 1제곱미터의 모래 여과층에 100리터의 물 정도만 있어야 한다(100 l/㎡/hr). 물이 밖으로 흘러 나가는 속도는 배수관에 있는 밸브로 통제할 수 있다. 가정용 장치를 설계할 때는 여과된 양질의 물이 매일 몇 리터 필요한지를 기록하고 이에 맞게 규모를 정해야 한다.

모래 여과 장치는 폴리에틸렌이나 콘크리트, 아니면 버려진 벽돌 같은 다양

---

* 인공적으로 만드는 토양 구조물의 구성요소. 이 중에서도 투수성의 재료로 기초, 자연 상태의 토양, 바위, 토질재료와 함께 사용된다. 토목 섬유geo-textile에는 편물 · 직물 · 부직포의 세 종류가 있다. 옮긴이

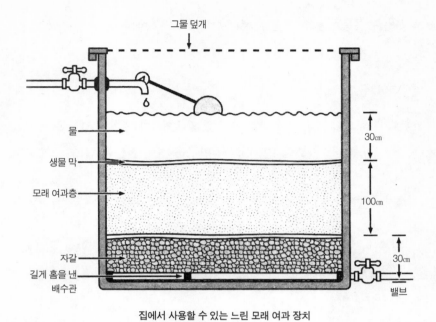

그물 덮개

30cm

물

생물 막

모래 여과층

100cm

자갈

30cm

길게 홈을 낸
배수관

밸브

집에서 사용할 수 있는 느린 모래 여과 장치

출처: 쏜톤Thornton, "느린 모래 여과 장치 예상도Slow Sand Filters Tipsheet", 『워터북The Water Book』(2005).

한 재료를 이용해서 만들 수 있다. 하지만 수조의 안쪽 면은 아주 거칠어야 하며, 그렇지 않은 경우 물이 매끄러운 면을 타고 흘러 버려서 모래를 통한 여과가 잘 일어나지 않을 수 있다. 또한 수조에 새똥이나 나뭇잎 같은 것들이 들어가지 않도록 덮개를 씌워야 한다. 온대기후에서는 자외선이 수조 속에 투과하게 하면 살균 과정에 도움이 된다. 열대기후에서는 빛이 전혀 들어오지 않도록 해야 한다. 빛이 들어오면 좋지 않은 조류藻類가 자라나기 때문이다.

다른 장치들처럼 느린 모래 여과 장치도 관리가 필요하다. 3~4개월에 한 번씩 물을 완전히 빼고 위에 있는 5센티미터 정도의 모래를 완전히 제거하거나 물로 헹군 다음 다시 여과 장치에 넣어 주는 것이 좋다. 서리가 낄 위험이 있을 때는 물이 항상 흐르도록 수도꼭지를 열어 둬야 관 속에서 물이 얼지 않는다.

"발전된" 세계의 소비 계층들은 최신형 엠피쓰리와 애완용 로봇을 갖고 놀지만, 전 인류의 대략 4분의 1인 13억의 인구는 집에 전등을 켤 수 있는 기본적인 전기 서비스도 공급받지 못하고 있다. 엄청나게 많은 사람들이 절대빈곤 상태에 살면서 매일매일 먹을 것과 마실 것을 구하기 위해 전투를 벌이고 있다.

사람들이 빈곤에서 헤어 나올 수 있게 하고 모든 사람들에게 기본적인 의료 서비스를 제공하는 비용은, 더 많은 군사 무기를 제조하고 석유 생산에 보조금을 지급하는 것에 비하면 아주 적은 액수다. "아래로부터의 성장"에 참여하고 있는 자조·연대 기구들 사이에서 대중운동이 성장하고 있다. 적정기술은 오늘날의 세계 질서가 붕괴한 뒤 자력으로 생존할 수 있게 하는 중요한 기술이자 공동체의 자율과 자치에 아주 중요한 요소다. 2장에서는 우리가 이 운동의 일부가 되어 시작할 수 있는 몇 가지 방법들과 오늘 당장 할 수 있는 간단한 일들, 그리고 친구나 가족들과 함께 시작할 수 있는 좀 더 야심차고 창의적인 계획을 소개했다. 이런 종류의 간단하고 별 수고가 필요 없는 일들을 우리 생활에 적용하다 보면 좀 더 거대하고 도전적인 일들에 대한 고민으로 이어질 수 있을 것이다.

책, 안내서, 보고서

산업사회, 인간 문명과 생태 위기

Bookchin, Murray(2004). *Post-scarcity Anarchism.* Edinburgh: AK Press.

Bronowski, J.(1972). *The Ascent of Man.* BBC series.

Carson, Rachel(1964). *Silent Spring.* London: H. Hamilton. (『침묵의 봄』, 김은령 옮김, 에코리브르, 2002)

Diamond, Jared(1997). *Guns, Germs and Steel: A Short History of Everybody for the Last 13,000 Years.* New York: Jonathan Cape. (『총, 균, 쇠』, 김진준 옮김, 문학사상사, 2005)

Diamond, Jared(2005). *Collapse: How Societies Choose to Fail or Survive.* New York: John Allen. (『문명의 붕괴』, 강주헌 옮김, 김영사, 2005)

Harris, Marvin(1977). *Cannibals and Kings: The Origins of Cultures.* New York: Random House. (『식인과 제왕』, 정도영 옮김, 한길사, 2000)

Heinberg, Richard(2005). *The Party's Over.* Forest Row, Sussex: *Clairview Publishers.* (『파티는 끝났다』, 신현승 옮김, 시공사, 2006)

Hill, Christopher(1972). *The World Turned Upside Down: Radical Ideas during the English Revolution.* London: Maurice Temple Smith.

Jensen, Derek(2004). *A Language Older and Words.* New York: Context.

Kovel, Joel(2002). *The Enemy of Nature. The End of Capitalism or the End of the World.* London and New York: Zed Books.

Meadows, Donella et al.(1972). *The Limits to Growth: A Report for the Club of Rome's Project on the Predicament of Mankind.* London: Earth Island Publishing. (『지구의 위기』, 황건 옮김, 한국경제신문사, 1992, 절판)

Monbiot, George(2000). *Captive State: The Corporate Takeover of Britain.* Basingstoke: Macmillan.

Mumford, Lewis(1966). *The Myth of the Machine.* New York: Harcourt Brace Jovanovich.

Norberg-Lodge, Helena(1992). *Ancient Futures: Learning from Ladakh.* London: Rider. (『오래된 미래』, 양희승 옮김, 중앙북스, 2007)

Pilger, John(2002). *The New Rulers of the World.* London: Verso. (『제국의 지배자들』, 문현아 옮김, 책벌레, 2003)

Sahlins, M.(1974). *Stone Age Economics.* London: Tavistock.

Sale, Kirkpatrick(1995). *Rebels Against the Future.* The Luddites and Their War on the Industrial Revolution: Lessons for the Computer Age. Reading, Mass.: Addison Wesley.

Schumacher, E.F.(1973). *Small is Beautiful. A Study of Economics as if People Mattered.* London: Blond and Briggs. (『작은 것이 아름답다』, 이상호 옮김, 문예출판사, 2002. 『작은 것이 아름답다』, 김종욱 옮김, 범우사, 1986)

Stern, Nicholas(2007). *The Economics of Climate Change: The Stern Review.* Cambridge: Cambridge University Press.

Tainter, Joseph(1988). *The Collapse of Complex Societies.* Cambridge and New York: Cambridge University Press.

Thompson, E.P.(1968). *The Making of the English Working Class*. Harmondsworth: Penguin.(『영국 노동계급의 형성』, 나종일 외 옮김, 창작과 비평사, 2000)

World Commission on Environment and Development(1987). *Our Common Future*. Oxford: Oxford University Press.(『우리 공동의 미래』, 조형준 옮김, 새물결, 2005)

Zerzan, J.(1996). *Future Primitive and Other Essays*. Brooklyn, NY: Semiotext Books.

지속 가능 공동체

Heinberg, Richard(2004). *Power Down: Options and Actions for a Post Carbon World*. Gabriola Island, BC: Clairview Books.

Nozick, Marcia(1992). *No Place Like Home: Building Sustainable Communities*. Ottawa: Canadian Council on Social Development.

Seymour, John(1976). *The Complete Book of Self-Sufficiency*. London: Corgi Publishing.

Weisman, Alan(1998). *Gaviotas: A Village to Reinvent the World*. White River Junction, VT: Chelsea Green Publishers.(『가비오따쓰』, 황대권 옮김, 월간말, 2002)

지속 가능 경제학

Dounthwaite, Richard(1999). *The Growth Illusion: How Economic Growth has Enriched the Few, Impoverished the Many and Endangered the Planet*. Gabriola Island, BC: New Society.

Schumacher, E.F.(1973). *Small is Beautiful. A Study of Economics as if People Mattered. London: Blond and Briggs*.(『작은 것이 아름답다』, 이상호 옮김, 문예출판사, 2002. 『작은 것이 아름답다』, 김종욱 옮김, 범우사,1986)

Sirolli, Ernest(1999). *Ripples from the Zambezi. Passion, Entrepreneurship, and the Rebirth of Local Economies*. Gabriola Island, BC: New Society Publishing.

지속 가능 건축

Borer, Pat and Cindy Harris(2005). *The Whole House Book*. Machynlleth: Centre for Alternative Technology Publications.

Kahn, Loyg(2004). *Home Work: Handbuilt*. Bolinas, CA: Shelter Publications.

Stulz, Roland and Kiran Mukerji(1998). *Appropriate Building Materials: A Catalogue of Potential Solutions*. London: ITDG Publishing.

지속 가능한 오물과 깨끗한 물

Del Porto, David and Carol Steinfeld(2000). *The Composting Toilet System Book: A Practical Guide*. Center for Ecological Pollution Prevention. White River Junction, VT: Chelsea Green Publishers.

Grant, Nick, Mark Moodie and Chris Weedon(2005). *Sewage Solutions: Answering the Call of Nature*, Machynlleth: Center for Alternative Technology Publications.

Harper, Peter and Louise Halestrap(2001). *Lifting the Lid: An Ecological Approach to Toilet Systems*. Machynlleth: Centre for Alternative Technology Publications.

Slow Sand Filters. Tipsheet. Machynlleth: Centre for Alternative Technology Publications.

Thornton, Judith(2005). *The Water Book: Find it, Move it, Store it, Clean it... Use it*. Machynlleth: Centre for Alternative Technology Publications.

소형 풍력 발전

Piggott, Hugh(1997). *Windpower workshop. Building Your Own Wind Turbine*. Machynlleth: Centre for Alternative Technology Publications.

Piggott, Hugh(2004). *It's a Breeze. A Guide to Choosing Windpower*. Machynlleth: Centre for Alternative Technology Publications.

퍼머컬쳐와 지속 가능성

Burnett, Graham(2001). *Permaculture Beginners Guide, Spiralseeds*. East Meon, Hampshire: Permanent Publications.(작고 멋진 책이다. 전 세계의 훌륭한 펑크 퍼머컬쳐주의자들이 예쁜 삽화를 그려 넣었다.)

Gilman, Rovbert and Diane(1991). *Ecovillages and Sustainable Communities*. Bainbridge: Gaia Trust.

Hemenway, Toby(2001). *Gaia's Garden. A Guide to Home-Scale Permaculture*. WhiteRiver Junction, VT: Chelsea Green Publishing.

Holmgren, David(2002). *Permaculture: Principles and Pathways Beyond Sustainability*. Melbourne, Australia: Holmgren Design Services.(퍼머컬쳐의 철학과 원칙들.)

Jenkins, Joseph(1999). *The Humanure Handbook*. White River Junction, VT: Chelsea Green Publishing.

Lyle, J.(1997). *Regenerative Design for Sustainable Development*. London: John Wiley.

Mollison, Bill(1997). *Permaculture: A Designer's Manual*. Tyalgum, Australia, Tagari.(이 주제와 관련된 고전적이며 포괄적인 책이다.)

Starhawk(2002). *Webs of Power*. Gabriola Island, BC: New Society Publishers.(전 세계적 정의운동에 대한 글과 보고서들).

Starhawk(2004). *The Earth Path*. San Francisco:HarperSanFrancisco.(영성을 기초로 하는 지구와 퍼머컬쳐에 대한 내용. 실용적이며 영적인 실천에 대한 훌륭한 개설서.)

Whitefield, Patrick(2004). *The Earthcare Manual*. Hampshire: Permanent Publications.(영국과 다른 한대기후 지역을 위한 훌륭한 자료들이 많다.)

Woodrow, Linda(1996). *The Permaculture Home Garden*. Ringwood, Victoria, Australian: Viking Penguin.(초보자와 집안 규모의 퍼머컬쳐에 대한 좋은 자료가 많다.)

웹사이트

일반적인 내용

기후행동캠프The Camp for Climate Action www.climatecamp.org.uk/links.htm

기후변화 뉴스와 행동Climate Change news and action www.climateimc.org와 www.risingtide.org.uk

기후변화 극복 정보 네트워크 Climate Outreach and Information Network www.coinet.org.uk

지구 정책 연구소Earth Policy Institute www.earth-policy.org/

에너지, 물, 쓰레기, 수송에 대한 보고서 www.lowimpact.org

오테샤 프로젝트 자원 안내서Otesha Project Resource Guide www.otesha.ca/files/the_otesha_book.pdf

석유 정점 www.peakoil.net

퍼머컬쳐

지구 활동가 양성Earth activist training www.earthactivisttraining.org

퍼머컬쳐 협회Permaculture Association(영국) www.permaculture.org.uk
퍼머컬쳐 잡지Permaculture Magazine www.permaculture.co.uk
재생 디자인 연구소Regenerative Design Institute www.regenerativedesign.org
스타호크의 글www.starhawk.org

생태적 삶과 적정기술
대안 기술 협회Alternative Technology Association http://ata.org.au
건강을 위한 적정기술을 연구하는 자율적인 조정 집단Autonomous Coordinating Group of Appropriate
    Technology for Heath www.catas1.org
자연 건축 기술을 지지하는 국경 없는 건축가들Builders without Borders
    http://builderswithoutborders.org/
대안 기술 센터Centre for Alternative Technology www.cat.org.uk
페스타 : 지속 가능성 경제학 기금Feasta: Foundation for the Economics Sustainability www.feasta.org
전 세계 생태 마을 네트워크Global Ecovillage Network http://gen.ecovillage.org/
실천적 행동Practical Action(예전 중간기술개발집단 Intermediate Technology Development Group)
    www.practicalaction.org
생태적 개조에 대한 옐로 하우스 지침서 www.theyellowhouse.org.uk

에너지
베이윈드 에너지 협동조합Baywind Energy Co-operative www.baywind.co.uk
지속 가능 에너지 센터Centre for Sustainable Energy www.cse.org.uk
에너지 저감Energy descent www.transitionculture.org
모두를 위한 에너지Energy4all www.energy4all.co.uk
태양의 힘과 열을 사용하는 방법에 대한 안내서 www.builditsolar.com
저에너지 세상에서 사는 법 배우기 www.postcarbon.org
스페인의 재생 가능 에너지 과정 www.escanda.org
영국의 재생 가능 에너지 과정 www.greendragonenergy.co.uk
선시드데저트 기술Sunseed Desert Technology www.sunseed.org.uk
에너지 탈중심화를 위한 세계연합World Alliance for Decentralized Energy(WADE)
    www.localpower.org

물과 쓰레기
3R(저감, 재사용, 재활용) 행동 www.wastewatch.org.uk
기초적인 해법들 퇴비형 화장실 www.elementalsolutions.co.uk
퇴비형 화장실에 대해 알아야 하는 모든 것 www.compositingtoilet.org
중수도 시설과 관련 강의 www.oasisdesign.net
중간기술 개발 집단Intermediate Technology Development Group: 퇴비형 화장실. 기술적 설명
    http://tracticalaction.org/docs/technical_information_service/compost_toilets.pdf
낫솔 퇴비형 화장실Natsol Compost Toilets www.natsol.co.uk/

수송
자전거 여행, 교육과 오락 www.bicycology.org.uk

지속 가능한 바이오연료를 위한 캠페인 www.biofuelwatch.org.uk
도로 건설 반대 캠페인 www.roadblock.org.uk
공항 확장과 단거리 비행에 반대하는 직접행동 www.planestupid.com
비행기를 타지 않고 여행을 하는 방법과 그 이유 www.noflying.info
지속 가능한 수송과 자전거 촉진 www.sustrans.org.uk

03 수평적 삶을 꿈꾸는 이유

 이 글을 쓴 〈변화를 위한 씨앗〉은 영국에 본부를 두고 풀뿌리 운동 집단들을 위해 교육 프로그램을 제공하는 활동가 교육 모임이다. 또한 이들은 합의 과정과 촉진, 실천 프로 그램에 대한 자료들을 만들고 있으며 이 모든 자료들은 www.seedsforchange.org.uk에 서 이용할 수 있다.

자명종 시계가 울린다. 샤워를 하고 옷을 입으며 뉴스를 듣는다. 화가 난 다. 이라크 전쟁. 누구도 내게 물어본 적이 없었다! 이런, 세금 인상이라니. 또 의료 서비스에는 사유화에 가까운 조치가 취해진다. 지방선거가 다가오면서 정치인들은 경이로운 새로운 약속을 한다. 무엇 때문에 꾸물거리고 있나? 직 장으로 달려가 사무실에서 또 하루를 멍청하게 보낸다. 상사에게 전화가 걸 려 온다. 본부에서 새로운 목표를 잡았단다. 이번 주에도 야근이다. 하루가 다 갔다. 집에 가서 음식 몇 가지를 전자레인지에 데운다. 집주인에게 편지가 왔 다. 집세를 더 내거나, 아니면 이사를 가란다. 너무 피곤해서 외출을 할 수 없 을 지경이다. 가벼운 휴식을 위해 그냥 텔레비전을 켠다. 이만하면 훌륭한 하 루 아닌가?

이 장은 우리들이 어떤 식으로 서로 관계를 맺고 있으며 우리가 사회를 어떻게 조직하는가에 관한 내용으로 구성되어 있다. 우리 모두는 우리의 욕구와 필요를 이해하지 못하거나 이에 관심 없는 타인들(관리인, 집주인, 시의회, 채권자, 경찰, 법원, 정치인 등)에 의해 어느 정도 통제를 받고 있다. 또한 우리 모두는 집에서, 직장에서, 학교에서 다양한 정도로 다른 사람들에게 권력을 행사한다. 어떻게 하면 기꺼이 혹은 억지로 다른 사람들에게 권력을 행사하면서 자신은 하고 싶지 않은 행동을 강요하는 이 통제 시스템에서 벗어날 수 있을까?

한 가지 해법은 우리의 일상적인 삶을 전반적으로 규정하고 우리 사회가 기능하는 방식을 정해 버리는 규율과 지도자, 위계 구조에 도전하고 대안을 제시하는 것이다. 우리는 권력에 대해 다양한 방식으로 이해할 필요가 있다. 사람들은 권력 구조 속에서 통제하고 명령하려 하기보다는 함께 공동 활동을 한다. 또한 우리는 위계 구조와 지도자 없이 서로 관계 맺는 방법을 찾아야 한다. 이러한 생각들은 새로운 것이 아니지만, 3장에서는 사람들이 자신의 삶에 대한 통제력을 얻기 위해 항상 노력하고 자결을 위해 투쟁하며 통치자와 지도자를 없애려고 애쓰는 새로운 세계로 여행을 떠나 보려고 한다. 자유를 위한 이런 투쟁의 핵심에는 충족된 삶을 살고, 자신의 이해관계를 따르며, 자신의 욕구를 충족시키고자 하는 모든 인류의 욕망이 있다. 이런 욕망은 이것이 몇몇 사람들뿐만 아니라 모두에게 가능한 사회를 창조하는 것으로 확장된다. 이제 집단적인 의사 결정이 가능한 방법과 지도자 없이 사회를 조직하는 것이 왜 중요한지 살펴보자.

무엇이 문제인가?

우리 모두는 행복이 다른 사람들의 삶을 통제하는 데서 오는 것이 아니라 우리

자신의 삶을 스스로 통제하는 데서 온다는 것을 알고 있다.(《CrimethInc》 2000, 42)

우리 대부분은 일인 일투표제와 지도자 선거로 구성된 서구식 민주주의가 최고 형태의 민주주의라고 믿는 문화 속에 성장해 왔다. 하지만 민주주의의 장점을 가장 소리 높여 외치는 그런 나라들에 사는 많은 사람들이 이제 투표하는 것을 귀찮게 여긴다. 이들은 투표하는 것이 자신의 삶을 별로 변화시키지 못한다고 느낀다.

사람들이 정부 구성을 위해 투표를 하면 의사 결정권과 변화를 일구는 힘을 모두 대표자들에게 넘기게 된다. 대의 민주주의는 일종의 위계 시스템을 만들어 내는데, 여기서 대부분의 권력은 상위에 있는 소규모 의사 결정자 집단에게 주어지고, 바닥에 있는 폭넓은 기층 민중들의 결정은 이들의 이해관계에 따라 내려진다. 이러한 제도 속에서 사람들은 종종 무기력하다고 느낀다. 자신들에게 권력이 없고 자신들의 목소리에는 아무도 귀 기울이려 하지 않는다고 느끼기 때문이다. 불쌍하게도 우리는 스스로 의사 결정을 하는 대신 일생 동안 15차례 정도 국회의원 투표를 하는 것이다.

정부는 이것을 민주적이라고 부를지도 모르겠지만, 우리 사회에는 민주적 원칙들이 거의 영향력을 행사하지 못하는 지역들이 많이 있다. 대부분의 기관들과 작업장들은 위계적이다. 학생과 노동자들은 사무실 내 상급자를 투표로 결정할 기회가 없으며, 대부분의 시간을 보내는 장소에서 의사 결정권을 갖지 못한다. 지역 주민들의 의사에 반하여 어떻게 해서든 도시에 입지하려는 슈퍼마켓 체인을 생각해 보라. 대부분의 사회를 지배하는 것은 민주주의가 아니라 권력과 지위, 돈이다.

뭔가 다른 것을 희망하는 것은 새로운 일이 아니다. 사람들은 "신에 의해 주어진" 세계 질서를 받아들이기를 거부해 왔고, 자신의 운명에 대한 통제력을 획득하기 위한 투쟁을 해 왔다. 그 투쟁은 인류 출현 이후 모든 사회에 존재했다.

통제권의 회복

> 우리 삶에는 지속적으로 자본주의적이지 않고 억압적이지 않으며 위계적이지 않은 순간들이 존재하는데, 우리 대부분은 이럴 때 다른 사람들과의 공존을 즐겁게 받아들이고 타인들에게 많은 것을 얻게 된다. 하지만 우리 사회가 이런 식으로 작동해야 한다는 요구가 항상 있는 것은 아니다. (《CrimethInc》 2005)

오늘날의 체제에 대한 대안은 이미 여기에 존재하며, 정부 당국과 협동적인 통제 방식의 포석 사이의 틈 속에서 이 대안은 계속 성장하고 있다. 우리는 이러한 대안들이 다양한 종류의 사회에 묘목 같은 역할을 한다는 것을 인식하기만 하면 된다. 빈집을 점거해서 집단 주거지로 만드는 집 없는 사람들, 자신이 일하고 있는 사업체를 공동으로 매입해서 평등한 조건으로 운영하는 노동자들, 캠핑 여행을 조직하는 친구들, 작은 토지에서 함께 야채를 키우는 텃밭 집단들처럼 우리 주위를 잘 살펴보면 일상적으로 접할 수 있는 협업적 조직의 사례들은 아주 많다. 이들 대부분은 다양한 형태의 직접민주주의를 통해 조직된다. 직접민주주의의 문제의식은 사람들이 스스로의 삶을 통제할 수 있어야 하며, 권력이 소수의 손에 집중되지 않고 모두가 나눠야 한다는 것이다. 이것은 자신의 인생 경로를 스스로 결정할 자유와 공동의 운명을 결정하는 데 있어서 동등한 역할을 할 수 있는 권리 같은 폭넓은 자유를 의미한다.

직접민주주의의 이상은 두 가지 개념에 근거하고 있다. 첫 번째 개념은 모든 사람들은 자결권, 즉 자신의 운명을 통제할 수 있는 권리가 있으며 그 누구도 다른 사람에게 무언가를 강요할 권리를 가질 수 없다는 것이다. 두 번째 개념은 인간으로서 우리 대부분은 사회 속에 살고자 하며, 다른 사람들과 교류하고자 한다는 것이다. 직접민주주의 제도의 목표는 개인의 필요와 욕구가 협동의 필요와 균형을 맞출 수 있는 방법을 찾는 것이다. 이러한 제도의 두 가지 형태로 직접 투표Direct Voting와 합의에 의한 의사 결정Consensus decision making이 있다.

직접 투표

일부 사람들이 다른 사람들의 권력을 자신의 목적에 맞게 소유할 수 있는 것은 사람들이 자신의 권력을 제대로 인식하지 못하고 그냥 내버리고 있기 때문이다.

직접 투표 방식을 따르면 지도자와 통제 구조가 필요 없게 된다. 어떤 사안을 결정하기 위해서는 이 결정에 영향 받는 사람들이 직접 투표를 해야 한다. 이렇게 되면 집단 구성원들에게 절대적인 거부권을 주지 않고도 의사 결정권이 동등하게 배분된다. 집단 구성원들이 동의하지 않으면 다수결의 원칙에 따라 결정이 내려진다.

직접 투표의 한 가지 문제점은 다수의 의사가 전체 집단의 의사로 비춰지게 되며, 소수에 대해서는 그들의 필요와 신념, 욕망에 배치된다 하더라도 결정을 수용하고 이행할 것이라고 기대한다는 점이다. 또 다른 문제는 한 집단이 이해관계에 따라 여러 분파로 나뉠 수 있다는 점이다. 이런 경우 의사 결정은 대단히 경쟁적인 행위가 되며, 이때 한 집단의 승리는 다른 집단의 패배를 의미할 수 있다.

가끔 모든 사람들이 받아들일 만하다고 느낄 때도 있겠지만, 소수자의 입장이 되면 자신의 삶에 대한 통제력을 상실하게 된다. 이는 내려진 결정과 집단에 대한 열정을 침해하는 일이다. 따라서 이것은 종종 소극적인 소속감이나 심지어 집단의 분열로 이어지기도 한다. 직접 투표 제도를 시행하는 많은 집단들은 이러한 문제들을 인식하고 있으며, 따라서 사람들의 필요와 욕구를 존중함과 동시에 투표제를 시행하려고 한다. 또한 모든 사람들이 소수의 이익을 위해 혹은 미리 소수의 이익을 보호하는 방식으로 투표할 수 있는 해법을 찾는 데 많은 시간을 할애하고 있다.

합의에 의한 의사 결정

미래의 삶의 모습을 결정할 수 있는 자격은 그 누구도 아닌 당사자 자신에게 있다. 직접민주주의의 또 다른 형태는 합의를 통해 결정하는 것이다. 개별 항목에 대해 투표하는 대신 합의를 얻는 것은 모든 사람들의 필요를 고려하는 창의적인 행위일 수 있다. 합의는 동등한 인격자들끼리 대화를 해서 공통점에 도달하는 방법을 찾는 것이다. 이 동등한 인격자들은 서로에 대해 진지하게 생각하고 서로의 동등한 권리를 인식하고 있는 사람들이다. 한 개인이나 소수가 명백한 의사를 표명했다면 이에 반하는 결정을 내리지는 않는 것이다. 그 대신 집단에서는 지속적으로 모든 구성원들의 필요에 맞추려고 한다.

합의 과정 속에서 모든 사람들은 제도의 변화를 일으키고, 용인할 수 없다고 인식한 변화를 막을 수 있는 힘을 가지고 있다. 결정 사항에 대해 거부권을 행사할 수 있다는 것은 소수 집단을 그냥 무시할 수는 없으며, 이들의 관심사를 충족시킬 수 있는 창의적인 해법을 찾아야 한다는 것을 의미한다.

합의는 참여와 동등한 권력에 대한 것이다. 또한 이것은 공동체를 건설하고 개인에게 권력을 부여하는 아주 위력적인 과정이 될 수도 있다. 합의의 또 다른 장점은 모든 구성원들이 최종 결정에 동의할 수 있으며, 따라서 이 결정을 현실로 바꾸는 데 훨씬 더 열성적으로 참여하게 될 것이라는 점이다.

작은 규모의 자발적인 집단, 지역 공동체, 회사, 심지어는 국가 전체, 영토 등 어떤 형태의 환경에서든 합의가 작동될 수 있다.

- 수백 년 동안 북미에서는 위계적이지 않은 사회들이 존재해 왔다. 그중 한 가지 사례가 무스코기(Muscogee, 개울이라는 뜻) 민족이다. 이 민족 안에서는 합의에 도달할 수 없는 경우 사람들은 자유롭게 마을을 떠나 자기가 떠나온 마을의 지원(적개심이 아니라)을 받으며 자신들만의 공동체를 세웠다.
- 많은 주거 협동조합과 사회사업들이 성공적으로 합의를 활용하고 있다. 가장 눈에 띄는 예는 영국의 주거 협동조합과 노동자 협동조합의 네트워크인 〈래디컬 루트〉로, 이들 모두는 합의에 따른 의사 결정 방식을 사용하고 있다.
- 퀘이커 교도들의 〈종교 친우회Religious Society of Friends〉의 사업 회의도 각 개인의 통찰력을 모으기 위해 합의 방식을 사용하고 있으며, 이를 통해 진리에 가장 가까운 것에 이르고자 한다.
- 평화, 환경, 사회정의를 위해 일하는 많은 활동가들은 합의가 자신들의 활동에 필수적이라고 생각한다. 이들은 변화를 완수하는 방법이 자유롭고 비폭력적이며 평등한 사회에 대한 이들의 미래상과 목적에 부합해야 한다고 믿고 있다. 전 세계에서 벌어지고 있는 저항운동 중에서 수천 명의 사람들이 참여하고 있는 많은 대중행동들이 합의 방식을 통해 계획되고 실행되었다.

집단의 규모가 작건 크건 간에 다양한 방식들이 개발되었다. 토론을 위해 좀 더 작은 단위로 나누고 서로 다른 단위들 간의 의견을 교류함으로써 결정에 이르는 것도 가능할 것이다. 하지만 다른 의사 결정 방법들과 마찬가지로 합의 방식 또한 살펴봐야 할 문제들이 많이 있다.

■ 일반적인 토론에서처럼 경험 많은 사람 때문에 결과물이 조작될 가능성이 있다.
■ 현 상태를 유지하는 것으로 치우치는 경향 또한 있을 수 있다. 즉, 대부분의 구성
    원들이 변화를 받아들일 준비가 되어 있다 하더라도 결론에 도달하지 못하면 기
    존의 정책들이 그대로 유지될 수 있는 것이다.
■ 모든 반대 여론들이 해결되고 각자의 생각을 살펴보는 데 오랜 시간이 걸릴 수
    있다. 이로 인해 집단에 대한 열의가 약해지고 혼란스러워질 수 있다.
■ 해당 문제에 대해 더 많이 알고 있거나 더 많은 일을 한 사람들은 자신이 원하든
    원하지 않든 간에 집단 내에서 더 많은 권력을 가지게 될 것이다. 물론 이것은 이
    중적인 과정이기 때문에 다른 사람들이 허용하는 경우에만 이 집단을 지배할 수
    있게 된다.
■ 사람들이 공동의 목적으로 뭉치지 않은 곳에서는 합의에 필요한 존중과 깊이 있
    는 이해에 도달하는 것이 어렵다.

이런 문제들 중 대부분은 합의 과정에 내재한 것이라기보다는 합의 과정에
대한 경험 부족 때문에 생긴다. 우리가 성장하면서 규범으로 받아들였던 행
동양식에서 벗어나는 데는 시간이 걸린다. 위계 구조 없이 살아가는 것은 실
행에 옮기다 보면 쉬워진다!

합의는 거부권과 다르다

"거부권"이라는 결정 법칙과 다르게 합의는 공통점을 찾고자 하는 희망에 근거한다. 유엔 안전보장이사회와 유럽연합 일부에서 사용하는 거부권은 서로를 신뢰하지 않고 타협하고 싶지도 않을 때 작동되는 것이다. 거부권을 행사하면서 협상하는 이면에는 목표를 공유하고 서로에 대한 존중심을 만들어 내는 것이 아니라 단순히 교착 상태를 막아 보자는 뜻이 담겨 있다.

지도자 없는 사회 만들기

권위자 없이 스스로를 조직하는 사회는 항상 존재한다. 이것은 마치 쌓인 눈 아래 홀씨 하나가 봄바람이 불면 아름답게 피어날 것을 기다리는 것과 같다. 우리 사회에서 시행하고 있는 오늘날의 의사 결정 시스템에 대한 대안은 존재한다. 우리는 이러한 자유로운 행동과 상호부조의 영역을 우리 사회 전반으로 확장시켜야 한다. 사회 변화를 위해 조직된 수많은 작은 집단들이 서로 연결되었을 때 우리 사회를 바꿀 수 있다. 우리 힘으로 환경과 사회의 모습을 결정 할 수 있다는 것을 한번 깨닫게 되면 우리는 개인적으로나 집합적으로나 스스로 새로운 운명을 주장할 수 있게 된다. 이 과정에서 유일하게 우리를 제약하는 것은, 무엇이 가능한지 상상할 수 있는 우리의 상상력과 용기, 공존과 협동의 방법을 배우고자 하는 의지다. 상호부조와 자율 조직의 원리에 근거한 사회는 가능하다. 이런 사회는 과거에도 있었고 오늘날에도 존재한다. 우리가 도전하고자 하는 것은, 자치의 정신에 부합하는 의사 결정 제도를 개발하면서 동시에 20명, 50명, 200명의 사람들에게 영향을 미칠 뿐만 아니라, 잠재적으로 수만명 혹은 수십만명의 사람들에게 영향을 미치는 의사 결정이 가능한 방식을 찾는 것이다.

자치

> 모든 종류의 인간 행위는 지역의 것, 당면한 것부터 출발해야 한다. 또한 중심이나 지도부가 없는 네트워크 속에 연결되어야 하며, 원래의 조직이 성장하면서 새로운 세포들을 증식시켜야 한다. (워드 C. Ward, 1988, 10)

자치는 사람들이 자신의 운명에 대한 통제력을 행사할 수 있어야 한다는 이상에 근거한 것이다. 이 이상을 실현하기 위해서는 사람들의 개성과 다양한 필요와 욕망을 존중함과 동시에 서로 공존할 수 있는 사회를 조직하는 방법을 찾아야 한다. 소집단 내에서의 직접민주주의는 집단 구성원들이 공동의 목적을 공유하고 신뢰와 존중심을 가지며, 왕성한 참여와 분명한 과정들을 형성해 나가는 것에 달려 있다. 좀 더 규모가 큰 경우에도 분명 이러한 동일한 조건들이 의사 결정에 적용되어야 한다. 하지만 큰 집단(근린, 도시, 지역, 심지어는 대륙 단위 같은)을 조직하게 되었을 때는 다음과 같은 지점들이 특히 중요하다.

(a) 탈중심화

의사 결정은 그 사안의 영향을 받는 사람들이 해야 한다. 이 사안에 대해 정당한 관심을 가진 사람들만 정보를 가지고 있어야 한다. 지역적인 규모에서는 좀 더 탈중심화된 방식으로 의사 결정을 할 수 있으며, 우리 삶에 대한 통제력을 더 많이 획득할 수 있다.

(b) 다양성

우리 모두는 다양한 필요와 욕망을 가지고 있다. 이것들을 서로 조절하기 위해서는, 다양성으로 충만하여 각각 자기의 영역을 개척하는 것을 허용하는 유동적인 사회를 만들어야 한다. 똑같은 상표의 제복을 강요하는 것이 아니라 조각보를 만들듯 작은 천을 이어 붙여 아름다운 사회를 만드는 것이다. 복잡한 사회일수록 더 안정적인 법이다.

(c) 분명하고 이해 가능한 구조

우리 사회의 밑바탕은 복잡하더라도 조직이나 의사 결정 구조는 단순하고도 쉽게 이해할 수 있는 것이어야 한다. 사람들이 의사 결정 과정에 쉽게 참여할 수 있어야 한다.

(d) 책임성

책임성을 가진다는 말은 자신의 행동에 책임을 진다는 것을 의미한다. 일반적으로 규모에 관계없이 조직은 공통적으로 부패라는 함정에 빠지게 되는데, 책임성을 강조하면 권력을 집중시키는 것이 더 어려워져 부패를 방지할 수 있다.

사실상 이것은 탈중심적인 사회를 만들어 의사 결정이 지역적인 수준에서 해당 결정의 영향을 받는 사람들을 통해 직접 이루어지도록 하는 것을 의미한다. 이러한 집단은 지속적으로 변화할 것이고, 여기에 관련된 사람들의 필요에 맞추기 위해 적응해 나갈 것이다. 좀 더 큰 규모에서 협동이 필요할 때는 네트워크와 연방주의적 단체들 내에서 자발적인 합의를 도출할 수 있다. 이러한 과정들이 쉽게 이해되고 투명하고 개방적이라면 책임성은 과정 전반에서 강조될 수밖에 없다.

그렇다면 이러한 사회는 어떤 모습을 띠게 될까? 서비스는 어떻게 조직하고, 제한된 이익은 어떻게 분배하며, 갈증은 어떤 식으로 해결할까? 보건, 대중교통, 우편 서비스는 어떤 식으로 조직할 수 있을까?

이웃과 노동자 공동체—연방주의적 모델

사회를 구성하는 한 가지 모델은 의사 결정의 기본적인 두 단위로서 이웃 공동체와 노동자 집단을 상정하는 것이다. 가까운 곳에 사는 사람들은 음식을 배분하고 쓰레기를 처리하는 것과 같은 서비스를 스스로 제공하기 위해 협동하게 된다. 노동자 공동체는 버스 서비스와 공장, 가게, 병원을 운영하는 등의 사업을 함께 할 수 있다. 모든 집단 내에서 의사 결정은 직접민주주의적인 방식으로 내려지며, 모든 구성원들은 자신의 삶에 영향을 미치는 결정에 직접 참여하게 된다. 이 집단 중 일부는 투표를 하고, 다른 일부는 합의 방식에 따라 움직일 수도 있지만, 공통의 특징은 개인을 존중하며 모두가 동의할 수 있는 해법을 찾고자 하는 희망을 가지고 있다는 것이다. 이것은 마치 우리가 각종 위원회와 모임에 모든 시간을 할애해야 한다는 것처럼 들릴 수도 있겠지만, 실제로 대부분의 일은 그때그때 비공식적으로 이루어지는 토론과 협업 속에서 이루어진다. 국지적 수준에서 어떤 일을 조직하는 것은 일상적인 개별 접촉을 통해 훨씬 더 쉽게 이루어진다.

이 모든 공동체와 이웃 간에는 많은 협동이 필요하다. 작업 집단과 수레바퀴 의회*는 다양한 이해 집단에서 대표자들을 불러 모아 국지적, 지역적, 심지어는 대륙의 수준에서 협동하는 방법에 대해 협상하고 동의하도록 한다. 모든 사람들이 모든 회의에 참석해야 하는 것은 아니다. 모든 집단과 공동체들 사이에 효율적이고 민감한 소통 네트워크가 형성되어 있다는 말이다. 이

---

*13쪽 용어 설명 참조. 옮긴이.

과정에서 소환 가능하고 직접 책임을 지는 대표자들을 다른 집단들과의 회의 석상에 보낼 필요가 생긴다. 이 대표자들은 자신의 집단을 위해 의사결정을 할 수 있는 권한을 부여받을 수도 있고, 아니면 결정을 내리기 전에 자신의 집단으로 돌아가 동의 여부를 확인해야 할 수도 있다. 의사 결정은 국지적 수준에 집중되는데, 지역이 넓어지면 점점 협동할 여지가 적어지기 때문이다. 세부 문제들은 국지적인 수준에서 해결하고, 지역적 혹은 지역간 수준에서는 좀 더 크고 폭넓은 논의들만 진행하면 된다.

참여 예산

참여 예산은 평범한 도시민들이 공공 예산의 일부를 할당하는 방식에 대해 결정할 수 있는 민주적 심의와 의사 결정 과정이다. 최초의 참여 예산 과정은 브라질의 포르투알레그레Porto Alegre 시에서 시작되었다. 일련의 회의를 마을, 지역, 도시 단위로 진행하면서 주민들과 선출된 예산 담당관들은 우선 지출해야 할 것을 정하고 어떤 우선순위를 따를 것인가 투표한다. 참여 예산제는 일반적으로 몇 가지 기본적인 설계상의 특징들을 갖는다. 공동체 구성원들이 지출 우선순위를 결정하는 것, 다양한 공동체들을 대표하는 예산 담당관들을 선출하는 것, 공무원들이 기술적으로 지원하고 장려해 주는 것, 지출 우선순위에 대해 지역이나 좀 더 높은 수준의 회의에서 심의하고 투표하는 것, 국지적 수준에서 직접 영향을 받는 공동체 프로젝트를 이행하는 것 등이다. 참여 예산이라는 개념은 포르투알레그레에서 처음 시작된 이후로 전 세계에 있는 많은 다른 지방 자치 기구로 퍼져 나갔다.

출처: 위키피디아와 참여 예산제Participatory Budgeting

지도자 없는 사회가 가능할까?

몇 개의 공동체를 거쳐 가는 기차 여행이나 버스 서비스 같은 집단적인 서비스가 중앙의 관계 기관 없이 어떻게 조직될 수 있을지 상상하는 것이 어렵다고 생각할 사람도 있을 것이다. 특히 각각의 공동체들이 독립적이고, 중앙 정부에 대해서보다는 지역 주민들에게 더 많은 배려를 해 주고 있다면 더욱 그렇게 생각할 수도 있다. 하지만 오늘날의 국제 우편 서비스나 국경을 넘어가는 기차 여행에 대해 생각해 보라. 이것들은 중앙 관계 당국이 없지만 국가를 넘나들면서 조직되어 있다. 이것은 자발적인 동의에 근거한 것이다. 협동이 모든 사람의 이해관계에 부합하는 일이기 때문이다.

유사 이래로 사회를 스스로 조직한 사람들은 많다. 이런 일들은 대중 봉기가 일어나 국가에 대한 지지를 철회하는(따라서 국가의 권위를 인정하지 않는) 드문 경우에 일어나곤 한다. 이렇게 되면 권력에 공백이 생기게 되는데, 갑자기 평범한 사람들이 대규모로 자치와 상호부조의 이상을 실천에 옮기는 것이 가능해진다.

2001년 12월, 아르헨티나에서는 경제위기 때문에 대중 봉기가 일어났고, 이것은 지금도 이어지고 있다. 정부가 혼란에 빠지고 지역 통화가 붕괴한 뒤, 그 빈자리는 서로 지원해 주면서 서로를 알아 가는 지역민들로 채워졌다. 공장은 불법 점거되고 공장주들이 쫓겨났기 때문에 공동체에서 자신의 노동력에 대한 정당한 대가를 받을 수 있게 되었다. 토지는 공동체에서 먹을 수 있는 식량을 재배할 수 있도록 공동체에서 몰수했다. 하지만 가장 흥미 있는 진전은, 사람들이 여러 가지 방식으로 스스로를, 그리고 작업장과 공동체를 조직하기 위한 실험을 시작했다는 점이다. 사람들은 자신들의 기술에 대해 더 자부심을 갖게 되고 정부와 지도자를 거부하게 되었기 때문에 전통적인 위계 구조는 폐기되었다.

1936년 스페인 혁명에서 가장 괄목할 만한 사건은 수십 년의 대중 교육과 선동이 결실을 낳은 것이었다. 시민전이 벌어지는 동안 스페인의 많은 지역들은 탈중심화되고 집단적인 방식으로 조직되었다. 가장 유명한 예는 〈바르셀로나 제너럴 트램웨이 회사Barcelona General Tramway Co〉로, 이 회사의 관리자들은 회사를 버렸지만 7천 명의 노동자들은 전철 운영권을 인수했고, 이들은 다양한 집단으로 나뉘어 도시 여러 곳에서 전차를 운행했다. 시 단위의 서비스는 연방주의적인 방식의 협동을 통해 유지되었다. 집단의 효율성이 증가하면서 더 많은 전차를 운행하고 요금은 내리고 임금은 올리고 새로운 시설을 갖추었는데도 경영상의 수익이 발생했다! 이 과정 전반에는 낙관주의와 자유의 정신이 깃들어 있었다.

자발적 네트워크와 상호부조에 기초한 공동체 만들기

다음 두 가지는 오늘날의 자율적인 조직방식과 자발적인 연합에 대한 사례 연구들이다.

호리존 생태 마을

협업에 기초한 사회를 만든 사람들에 대해서라면(2005년 7월) 스코틀랜드 스털링Stirling에서 있었던 생태 마을을 예로 들 수 있다. 이 생태 마을에 거주하던 사람들은 "G8 정상회담"과 이것이 상징하는 지구적인 권력 구조에 저항하기 위해 모였으며, 다른 한편으로는 자유로운 사회를 실험하고 경험할 목적도 가지고 있었다. 열흘 동안 세계 각지에서 온 5천 명의 사람들이 텐트로 된 임시 마을에서 함께 살았고, 자신의 생각을 실천에 옮겼다. 이 생태 마을은 대규모 합의를 통해 의사 결정을 하는 보기 드문 기회를 제공하기도 했다. 합의 방식이 꾸준히 비판받았던 것은 그것이 20명 정도의 규모에는 적합할 수 있지만 공동체 전체 혹은 국가 단위를 조직하는 데는 불가능하다는 점 때문이었는데, 바로 그 점에서 이 실험은 특히 흥미로웠다.

마을 중심에는 50~200명으로 구성된 작은 공동체들이 형성되어 있었고, 사람들은 이곳에서 함께 살고, 먹고, 토론하고 휴식을 취했다. 대부분의 공동체들은 지리적 출신지에 근거해서 형성되었고(맨체스터 공동체 같은) 일부는 공통의 관심사를 근거로 형성되기도 했다(퀴어 공동체 같은). 사람들은 도착할 때부터 이미 한 공동체의 일원이기도 했고, 취향에 따라 공동체를 선택해서 들어가기도 했다. 공동체 속에서의 삶은 집합적으로 조직되었는데, 회의 공간을 공유하고, 먹을거리와 물, 화장실을 공동으로 사용했다. 일은 모든 사람들에게 동등하게 배분되는 것이 좋다는 이상 아래, 원하는 사람들이 했다.

관련 기술과 관심을 가진 다양한 공동체에서 모인 작업 집단이 꾸려져서 여러 가지 활동을 공동으로 진행했다. 여기에는 음식의 구입과 배분, 물과 중수도 시설 관리, 응급치료와 의료 관리, 캠프 전반의 보건과 안전, 쓰레기 수집, 캠프 안팎으로의 이동 같은 것들이 포함된다. 모든 작업 집단과 공동체의 대표자들은 수레바퀴 의회 형식으로 현장 회의를 통해 만났다. 이 회의를 통해 작업이 조정되고 정책에 대한 동의가 이루어지며, 할 일을 확인하고 할당했다. 대표자들은 보통 매일매일 바뀌었고 자신의 집단에 대해 책임감을 가지고 있었으며, 제한적인 의사 결정권을 가지고 있었다. 일반적으로 이 방식은 잘 돌아갔다. 모든 사람들이 충분히 먹고 마셨으며, 씻을 물과 잠잘 수 있는 장소는 풍족했다.

"대부분의 사람들에게 어떤 사회 전체가 자유로운 연합과 협동에 기초해 있는 것을 상상하기는 어려운 일입니다. 우리 대부분은 위계와 경쟁에 기초한 사회만 경험해 봤기 때문이죠. 스털링의 생태 마을이 아주 놀라운 것은 바로 이 때문입니다. 자유로운 사회의 모습이 어떨지 살짝 엿보는 게 가능했거든요. 협동할 수 있는 기회들이 많았고, 역경을 극복하기 위해 서로 도울 기회도 많았어요."

(스털링 호리즌 참가자)

중대한 도전 과제들도 많이 있었다. 첫째, 매일매일 수천 명의 사람들이 자기 공동체 안에 있는 회의와 현장 수준에서 필요한 회의 모두에 참여했지만, '대다수'의 사람들이 아니라 '모든' 사람들이 참여하도록 하는 것은 정말로 어려웠다. 어떤 사람들은 캠프가 어떻게 돌아가는지 전혀 알지 못한 반면, 어떤 사람들은 행동을 조직하거나 필수적인 하부구조를 유지하느라 바쁘기도 했다. 촉진 집단*이 구성되어 일이 투명하게 진행되고 모든 사람들이 의사 결정 구조에 참여하도록 노력하기도 했다. 우리가 직면한 두 번째 도전 과제는 자신의 희망 사항과 이웃들의 필요 간에 균형을 맞추는 것이었다. 특히 침묵 시간과 음악의 크기 같은 문제에 대해 합의 규정을 정하는 일이 문제였다.

사빠띠스따의 자율적인 지방정부

멕시코의 치아파스Chiapas 주에서 1994년 1월 봉기가 일어난 뒤로, 사빠띠스따 운동은 지역의 자율성에 기초하여 정부에 대항하는 제도를 조용하게 만들어 오고 있다. 원주민 공동체가 삶을 조직하는 전통적인 방식들과 오늘날의 정치학을 연결하는 것이다. 사빠띠스따의 "좋은 정부" 제도는 이들이 "나쁜 정부"라고 부르는, 멕시코시티에 있는 공식적인 대의제 정치학과 날카롭게 대

■촉진에 대해서는 119쪽의 내용을 참고하라.

립한다. 사빠띠스따의 마을들은 자율적인 지방정부들을 중심으로 군집을 형성하고 있다. 이들은 자율적인 의회consejo autonoma를 통해 운영되며 모든 사람들은 자신의 마을을 운영하는 데 참여해야 한다. 또한 약 6개의 지방정부가 모여 특정 지역에 좋은 정부 의회(Good Government Juntas, 소형 의회의 역할을 한다.)를 만든다. 이 의회들은 (소형 시청의 역할을 하는) "나선계단Caracoles"이라고 불리는 물리적 공간을 근거지로 삼아 외부 세계와 접촉하는 초입으로 삼는다.

의회의 주요한 기능은 균형 잡히지 않은 개발을 저지하고 자율적인 공동체들 간의 갈등을 중재하는 것이다. 각 의회는 또한 자신들의 지역 안에서 벌어지는 모든 외부 사업들의 총 비용 중 10퍼센트를 "형제세brother tax"로 징수하여 의회의 활동 비용에 보탠다. 의회는 또한 구역 내 병원과 학교, 작업장을 운영하기 위해 자원 활동가 인턴들을 당번제로 운영한다. 이런 식의 정부 제도가 특별한 것은 대표자 순번제 운영을 기초로 삼고 있기 때문이다. 즉, 특정한 사람들 혹은 개인들이 감내하는 방식으로 운영하는 것이 아니라, 이들이 완성하여 다른 이들에게 전수하는 기능들을 중심으로 운영하는 것이다. 대표자들은 집단의 기술과 정보를 다른 팀에게 전수하고 통제하는 방법을 배워야 하는데, 이렇게 되면 공동체 전체에 더 많은 지식과 기술들이 퍼져 나가게 된다. 의회의 핵심에는 "순종함으로써 지배함"라는 사파티스타의 이념이 자리하고 있다. 이것은 지배가 명령하는 것이 아니라 경청하고 반응하는 것이며, 잘못된 지배는 즉각적인 소환으로 이어진다는 생각을 말한다. 이 모든 것이 복잡하게 들릴 수도 있다. 때때로 이것은 실제로 복잡하다. 모든 사람들이 참여한다는 사실은 종종 일을 더디고 혼란스럽게 만들며, 일관성이 떨어지게 만들기도 한다. 하지만 이것은 모든 사람들이 행동에 참여하는 진정한 민주주의다.

이상의 사례연구들은 우리가 앞으로 전개해야 할 지점들을 부각시켜 준다.

우리의 욕망과 다른 사람들의 필요 사이에 균형을 맞추는, 좀 더 포괄적인 문제를 고려해야 한다. 만일 우리가 자유롭게 어떤 선택들을 하고자 한다면, 이것은 때에 따라 다른 사람들이 할 수 있는 일과 할 수 없는 일에 영향을 미치게 될 것이다. 이런 상황에서는 선택의 밑바탕이 되는 수많은 이웃들과 작업 공동체들이 있다는 생각이 도움이 된다. 이웃 공동체에 따라 사회적으로 수용 가능한 것이 달라질 것이기 때문이다. 사람들은 이 점을 염두에 두고 살아갈 장소를 택할 것이다. 하지만 당신이 이웃들과 맞춰서 살 수 없을 때 항상 쉽게 이사를 갈 수 있는 것이 아니다. 또한 우리는 소통할 수 없는 작은 게토들이 많이 만들어지는 것을 원하지 않는다. 따라서 우리는 다양한 사회 속에서 "좀 더 높은 권위"에 의존하지 않고 그런 갈등을 해결할 수 있는 효과적인 방법을 찾아야만 한다. 합의에 의한 의사 결정 방식과 관련된 다음 장에서 이 문제를 해결할 수 있는 몇 가지 실용적인 방식들을 개괄하고자 한다.

다양한 여러 집단들이 관련되어 있는 의사 결정을 하는 방식에 대한 고려도 해야 한다. 모든 사람들이 동시에 모든 회의에 참여할 수는 없다(혹은 그러기를 원하지도 않는다!). 우리는 큰 규모에서 의사 결정을 하고 대표를 파견하는 효율적이고도 간소한 방법들을 찾아야 한다. 이에 대한 한 가지 선택지가 될 수 있는 수레바퀴 의회에 대해 다음 장에서 좀 더 자세히 설명하도록 하겠다. 하지만 사파티스타들이 그랬던 것처럼 개방성과 책임성을 확보하기 위해 열심히 노력해야 한다. 수레바퀴 의회가 여러 계층의 수천 명의 사람들로 구성된다는 점에 서 특히 이 부분이 강조된다. 대표자를 파견하고, 서로 신뢰할 수 있는 방법에 대해 학습하고, 의사 결정을 할 때 자리에 없는 사람들의 필요와 관점을 고려하는 방법들을 개발할 필요가 있다는 것을 우리는 경험을 통해 알고 있다. 대규모로 이루어지는 합의에 기초한 의사 결정에 대해 제기되는 비판에 대한 해법을 제시하는 차원에서 수레바퀴 의회와 온라인상의 의사 결정을 결합시켜 볼 수도 있을 것이다.

꿈의 실현

주인도 노예도 없는 이러한 이상을, 가능한 모든 방법을 동원해서 어떻게든 일상에서 실현해 보자. 저 멀리 이상주의의 시대를 꿈꾸지 말고 여기서, 지금 해방된 사회의 모습을 만들자.

3장에서 우리는 사회가 어떤 식으로 좀 더 평등하게 조직될 수 있을 것인가에 대해 살펴보았다. 하지만 이런 생각들을 마술로 실현시킬 수는 없는 노릇이다. 여러 가지 사례연구와 예시들은 전 세계 많은 지역에서 지도자 없이도 이러한 일을 해 왔다는 사실을 보여 준다. 이러한 경험 속에서 교훈을 얻고 이것을 우리의 일상생활과 이웃 공동체, 작업 공간을 조직하는 데 적용하는 것은 우리 모두의 몫이다. 우리는 지도자 없이 지내는 것에 대해 덧씌워진 비판들에 대한 창조적인 해법들을 꾸준히 다뤄야 한다. 무엇보다 지도자 없이 살아가는 삶과 새로운 형태의 위계와 통제가 발생되는 것을 예방할 수 있는 방식에 대한 우리의 경험들을 나누고 서로 축적해 갈 필요가 있다.

지도자 없이 결정을 내리는 방식에 대해 기술을 공유하고 연구할 필요성 때문에 미국의 〈랜트RANT〉와 영국의 〈변화를 위한 씨앗〉 같은 훈련 공동체들이 태동하게 되었다. 이런 공동체들은 그 자체가 자조와 상호부조의 예로, 이 공동체 안에서는 구성원들이 각자의 경험에 근거하여 무료 작업장과 자료, 조언들을 공동체와 행동 집단에 제공하고 있다. 모든 사람들은 서로 공유할 만한 가치가 있는 기술을 가지고 있다. 다음에 제시된 여덟 가지 단계는 우리가 우리의 삶에 대한 통제력을 획득하기 위해 실천할 수 있는 것이다.

■ 나의 필요와 욕망을 제대로 알고 표현하는 방법을 배운다.

■ 다른 사람들의 필요와 욕망을 이해하고 존중하는 법을 배운다.

■ 다른 사람들에게 권력을 행사하지 않는다. 가족과 친구, 동료들과의 관계를 잘 살핀다.

■ 공동체 집단, 노조, 직장 등에서 위계적이지 않고 집합적인 이해에 기초한 조직을 꾸린다.

■ 상급자가 불합리한 요구를 할 때 분명히 거절한다. 다른 사람들에게도 무리한 요구를 하지 않는다.

■ 권력과 민주주의의 진정한 의미에 대해 학습한다. 합의에 의한 의사 결정 방식에 대해 속속들이 파악한다.

■ 지식과 기술을 주위 사람들과 공유한다.

■ 상황이 어려워진다고 해서 포기하지 않는다. 꼬인 일은 풀어내고 변화를 유도하며, 실험한다.

합의를 통한 의사 결정 방식 **04**

이 글을 쓴 〈변화를 위한 씨앗〉은 영국에 본부를 두고 풀뿌리 운동 집단들을 위해 교육 프로그램을 제공하는 활동가 교육 모임이다. 또한 이들은 합의 과정과 촉진, 실천 프로 그램에 대한 자료들을 만들고 있으며 이 모든 자료들은 www.seedsforchange.org.uk에서 이용할 수 있다.

3장에서는 의사 결정을 하는 다양한 방식들과, 직접민주주의에 기초한 사회가 어떤 모습일지를 살펴보았다. 이 장에서는 우리가 속한 집단 안에서 합의하려 할 때 도움이 될 세부 지침을 소개하려고 한다. 앞으로 설명에 등장하는 여러 가지 수단들은 주택이나 노동자 협동조합 같은 집단에서 수십 년 동안 쌓은 경험을 바탕으로 한 것이다. 현실 참여 과정에서 이런 수단들은 정말 효과가 있었으며, 따라서 합의를 통한 의사 결정은 우리가 서로 맺고 있는 관계와 세상을 바꿀 수 있는 근본 원리가 될 수도 있다.

합의란 무엇인가?

합의는 창조적으로 작동되는 의사 결정 과정으로서, 의사 결정 과정에 모든 사람을 포괄하고자 한다. 그냥 한 가지 주제에 대해 투표해서 집단의 다수가 방향을 정하게 하는 것이 아니라 집단 차원에서 모든 사람들이 함께 할 수 있는 해법을 찾기 위해 노력하는 것이다. 이것은 모든 사람들의 의견과 생각, 의혹들을 확실하게 고려하기 위한 것이다. 하지만 합의는 단순한 타협 이상이며 놀랍고도 창조적인 해법이 등장할 수 있는 과정이다. 실제로 종종 처음에 제안되었던 것들보다 더 훌륭한 해법들이 제시된다. 합의의 중심에는 동등한 인격들 사이에서 이루어지는 예의바른 대화가 있는데, 이를 통해 집단은 개인의 필요와 집단의 필요를 모두 충족시키기 위해 협동할 수 있다. 서로에게 "적대적인 상태에서"가 아니라 서로를 "위해" 혹은 서로 "공존하는" 가운데 살아가는 방법에 대한 것이라는 의미다.

합의에 근거한 의사 결정은 신뢰와 솔직함을 바탕으로 한다. 이것은 우리의 욕망(우리가 일어나기를 원하는 어떤 것)과 우리의 필요(결정 사항을 지지할 수 있기 위해서 일어나는 것을 확인해야만 하는 어떤 것) 모두를 솔직히 표현하는 방법을 배우는 것을 의미한다. 만일 모든 사람들이 서로를 신뢰할 수 있고 솔직하게 이야기할 수 있다면 그 집단은 모든 사람들의 입장을 고려하는 데, 그리고 모든 사람들이 지지할 수 있는 해법에 접근하는 데 필요한 모든 정보를 얻게 될 것이다.

욕망과 필요를 구분하는 법을 배우는 데 시간이 걸릴 수도 있다. 우리들 대부분은 한쪽이 이기고 다른 쪽이 패배하는 의사 결정 방식에 좀 더 익숙하기 때문이다. 이런 적대적인 의사 결정 과정에서 우리는 종종 우리의 욕망을 필요로 표현하는 전략적 입장을 강제로 취하기도 한다.

합의 형성을 위한 지침

■ 서로 존중하고 신뢰한다. 내 생각과 의견을 표현하는 것을 두려워하지 않는다.

■ 누군가는 이겨야 하고 누군가는 져야 한다고 가정하지 않는다. 모든 사람들이 수용할 만한 해법을 찾는다.

■ 말하기 전에 생각하고, 이의를 제기하기 전에 경청한다. 다른 사람들의 반응을 살피고, 내 입장을 강요하기 전에 이들의 반응을 유심히 고려한다.

■ 합의 이면에 있는 이상은, 힘으로 제압하는 것이 아니라 권력을 부여하는 것이며, 다수와 소수를 나누는 것이 아니라 동의를 구하는 것이다.

훌륭한 합의의 조건

훌륭한 합의 형성이 가능하기 위해서는 몇 가지 조건들이 충족되어야 한다.

모든 결정 사항들에 대해 합의에 이르기 위한 헌신적 노력: 합의에 이르기 위해서는 헌신적인 노력과 인내심, 관용, 기꺼이 집단을 먼저 생각하는 마음이 필요하다. "내가 별 효과가 없을 거라고 말했잖아"라고 말할 기회를 마냥 기다리면서, 각각이 다수결에 의한 투표 방식으로 회귀하기를 은근히 바라는 것은 해가 될 수 있다.	**왕성한 참여:** 모두가 동의할 수 있는 결정을 원한다면, 모두가 의사 결정 과정에서 왕성한 역할을 해야 한다. **훌륭한 촉진:** 촉진자를 선정해서 집단의 큰 회의에서 좀 더 부드럽게 운영하는 데 도움을 얻도록 한다. 촉진자를 정하는 것은 집단이 조화롭고 창의적이며 민주적으로 활동하는 것을 보장하기 위해서다. **공동의 목표:** 회의에 참여한 모든 사람들은 분명한 공동의 목표로 단결해야 한다. 특정한 사안에 대한 행동을 하기 위한 것이든 아니면 단순히 정서를 공유하기 위한 것이든 말이다. 공유된 목적이 분명하면 회의에 초점이 더 분명해지고 단결력을 높이는 데 도움이 된다.	**분명한 과정:** 어떤 식으로 합의가 사용되고 있는지에 대해 모든 사람들이 같은 이해를 해야 한다. 합의 과정에는 수많은 변형들이 있으며, 따라서 사람들이 합의 방식을 경험했다고 해도 나오는 다른 방식으로 합의 방식을 사용할 수도 있는 것이다! 그러므로 모임을 시작할 때 전체 과정에 대한 설명을 하도록 한다. **신뢰와 존중:** 우리 모두는 모든 사람들이 우리의 헌신적인 노력을 공유하고, 우리의 의견과 동등한 권리를 존중한다고 믿어야 한다.

훌륭한 합의를 위한 조건들

합의 과정

공통점을 찾고 서로의 차이를 존중하는 데 도움이 되는 대화는 여러 가지 형태를 띨 수 있다. 어떤 집단들은 세세한 과정들을 개발한 반면, 어떤 집단에서는 이 과정이 좀 더 유기적일 수도 있다. 여기서 어떤 과정을 사용할 것인가는 집단의 규모와 사람들이 서로를 얼마나 잘 아는지에 따라 결정된다. 아래에는 15~20명 정도의 집단을 위한 과정을 약술해 놓았다. 뒤에서 수백, 심지어 수천 명의 사람들로 구성된 집단들에게 작동될 수 있는 수레바퀴 의회의 진행 과정에 대해서도 논할 것이다.

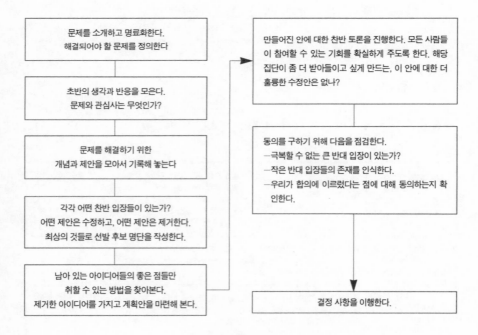

소집단 합의 모델

출처: 〈변화를 위한 씨앗〉

합의 과정에서 반대를 처리하는 방식

합의라는 것은 모든 사람들이 공존하며 살아갈 수 있는 결정 사항에 도달하는 것을 목적으로 한다. 그렇다면 동의를 구해야 하는 사람들인데도 서로 다른 입장에 있는 것처럼 보일 때는 무엇을 해야 하는가? 모든 사람들에게 통용될 수 있는 해법을 찾으려면 다른 견해에 이르게 된 밑바탕이 되는 문제를 이해해야 하며, 그러고 난 뒤 이것을 해결할 수 있는 방법들에 접근해야 한다. 때에 따라 특수한 문제들 때문에 동의에 이르지 못하는 경우도 발생한다. 이런 문제는 촉진 과정을 통해 해결할 수 있는데, 이에 대해서는 4장의 뒷부분에서 다루도록 하겠다.

결정을 내려야 하는 상황에서 계속 합의에 이르지 못하고 있는 경우에는 다음과 같은 선택 사항들을 고려해 보도록 하라.

■ 적극적으로 반대하기(방해 혹은 거부): 거부권을 행사하면 제안 사항이 진전되지 못하고 가로막힌다. 그러므로 거부권을 행사하기 전에 신중히 생각하라. 하지만 적절하다고 생각된다면 거부권 사용을 주저하지 말라. 거부권이 의미하는 것은 "이 결정 사항이 그대로 진행되면 나는 이 계획에 참여하지 않을 수도 있다"는 것이다. 일부 사람들이 크게 반대한다면, 집단에서는 그 제안을 버리고 새로운 것을 구성하면 된다. 사람들은 가끔 집단의 다른 사람들이 거부권을 존중하지 않는다면 어떻게 되는가 물어보곤 한다. 이것은 어려운 상황이다. 이런 경우 집단에서는 이 제안이 그들에게 매우 중요하므로 이에 반대하는 사람들이 집단을 떠나는 것을 감수할 것인가를 판단해야 할 필요가 있다. 가장 이상적인 것은 처음부터 큰 반대가 제기되지 않는 것이다. 합의 형성에 있어서의 핵심은 합의 과정의 초반에 사람들이 주요하게 고민하는 지점들을 찾아내는 것이며, 그 결과 사

람들이 어떤 제안을 하든 이미 그 내용들을 담고 있도록 하는 것이다.

■ 소극적으로 반대하기(비켜서기): 거부하는 것은 아니지만 반대하고 싶을 때도 있다. 이런 경우 당신은 "옆에 비켜서 있을" 수 있다. 비켜서 있다는 것은 동의하지 않는다는 의미이며, 그 제안 사항이 실행될 수 있도록 협조하지 않을 것이라는 점을 분명히 표현하는 것이다. 또한 "나는 개인적으로 이걸 할 수는 없지만, 다른 사람들이 그렇게 하는 것을 막지는 않겠다"는 의미도 된다. 따라서 비켜서 있는 사람은 결과에 대한 책임을 지지 않으며 동시에 그 집단이 결정 사항대로 진행하는 것을 막지도 않는다.

■ 합의하지 못했다는 점에 대해 합의하기: 이 문제에 대해서는 집단 차원에서 동의에 이를 수 없다고 판단하는 것이다. 이를 인정하지 않는다면 6개월, 1년 혹은 5년 뒤에 무슨 일이 있을지 상상해 보라. 그 결정 사항이 그때도 여전히 중요할까?

■ 냉장고 사용하기: 결정 사항을 냉동실에 넣어 놓고 한 시간, 하루 혹은 한 주 뒤에 다시 꺼낸다. 사람들이 열기를 식히고 시간을 두고 해당 문제에 대한 생각을 할 기회를 갖게 되면 생각보다 종종 아주 다른 방식으로 문제를 볼 수 있게 된다.

■ 보충 선택지들: 합의에 도달하지 못한 경우를 대비해 일부 집단은 보완적인 선택지들을 가지고 있다.

 (a) 가장 많이 관련되어 있는 사람이 결정하도록 한다.

 (b) 모든 가능한 것들을 적어 모자 속에 넣고 하나를 꺼낸다. 먼저 이런 식의 해법에 대한 동의를 구해야 한다.

 (c) 일부 집단들은 보완책으로 다수결을 택하는데, 합의에 이르려는 두세 번의 시도를 해 보고 나서 택하게 되며, 또한 80퍼센트나 90퍼센트 정도의 압도적인 다수가 택하는 안이어야 한다는 조건을 붙인다.

■ 집단을 떠나기: 한 사람이 지속적으로 집단의 나머지 사람들과 어긋난다고 느껴지면 이 이유에 대해 생각해 봐야 할 수도 있다. 진정으로 안에 속해 있을 만한

집단인가? 혹은 집단이 해당 구성원에게 떠나 달라고 요청할 수도 있다.

합의 과정 촉진하기

한 집단은 촉진 과정의 도움을 얻으면 효율적이고 포괄적인 회의를 진행할수 있게 된다. 촉진자는 본질적으로 조력자다. 촉진자는 모든 사람들이 참여할 기회를 가질 수 있고 결론에 도달할 수 있도록 회의 구조를 다듬는다.

촉진 과정은 모든 회의에서 필요한 중요한 부분이다. 작은 집단에서 이러한 기능은 모든 사람들이 나누어 가지거나 비공식적인 방식으로 돌아가면서 맡을 수도 있다. 까다로운 회의나 참여자들의 수가 많은 회의(8명이나 10명 이상)에는 항상 명시적으로 지목된 촉진자들이 있어야 한다. 하지만 회의에 참여한 모든 구성원들 역시 항상 회의 진행 과정에 책임감을 느껴야 하며, 필요한 경우 촉진자를 도와야 한다.

촉진자의 기술과 자질

- 토론 주제에 대해 감정을 투여하지 않도록 한다. 이것이 어렵다면 역할을 맡지 말고 다른 사람이 촉진자가 되도록 한다.
- 주어진 일에 에너지와 주의를 집중시킨다.
- 모든 사람들의 관점을 제대로 이해할 수 있기 위한 방법으로 전략적 질문하기를 포함한 훌륭한 청취 기술을 기른다.
- 좋은 해법을 찾게 될 것이며 합의 과정이 완성될 수 있다는 자신감을 갖는다.

- 강압적이지 않은 자기 주장을 갖도록 한다. 단호하게 개입할 때가 언제인지, 회의에 지침을 내릴 때가 언제인지를 파악한다.
- 모든 참가자들을 존중하고 각 개인들이 제공해야 하는 것에 대해 관심을 가진다.
- 분명하게 사고한다. 이를 위해 집단 전체를 관찰한다.
- 토론의 내용과 과정 모두에 관심을 기울인다. 사람들이 어떻게 느끼고 있을까?

집단에 따라 촉진자는 다음의 역할을 할 수도 있다.

- 집단이 회의 구조와 과정에 대해 결정하고 이것을 지키는 데 도움을 준다.
- 결론에 이를 때까지는 한 번에 한 문제에 초점을 맞춰 회의를 진행하도록 한다.
- 토론의 흐름을 통제한다. 듣고만 있는 사람들의 발언을 유도하고 지나치게 말이 많은 사람을 저지한다.
- 논점을 분명히 하고 요약한다. 합의에 도달했는지 점검하고, 결론을 정식화한다.
- 집단 내에서의 갈등을 처리하는 데 도움을 준다.

촉진 역할

촉진자 한 명이 회의 하나를 감당하는 데 충분하지 않다. 집단의 규모와 회의의 길이에 따라 다음의 역할 중 일부 혹은 전부가 사용될 수 있다.

- 촉진자는 집단에서 회의 구조와 과정을 결정하고 유지하는 데 도움을 준다. 이것은 의제를 다룰 때 논점을 한 가지씩 진행시키고 한번에 한 가지 항목에 대한

토론에 집중하도록 하며, 토론의 흐름을 통제하고, 모든 사람들이 참여할 수 있게 만드는 것을 의미한다. 촉진자는 또한 논점을 명확하게 하고 요약하며, 합의에 도달했는지 점검한다.

■ 공동 촉진자는 모든 사람들이 볼 수 있도록 플립차트*에 사람들의 아이디어와 제안 사항들을 적거나, 긴장이 발생하거나 논점에서 벗어나는지, 사람들의 진이 빠지고 있는 것은 아닌지를 살피는 등의 지원을 한다. 또한 공동 촉진자는 원래의 촉진자가 진이 빠지거나 해당 문제에 대한 입장을 취할 필요가 있다고 느낄 때 개입하여 활성화시킬 수 있다.

■ 발언자들의 목록을 가지고 있으면서 이들이 차례로 발언 요청을 받을 수 있게 하는 일은 공동 촉진자가 맡을 수도 있고, 아주 분리된 역할로 정할 수도 있다.

■ 나중에 참고할 수 있도록 서기가 제안 사항과 결정 사항, 행동 지침을 기록한다. 이들은 또한 불완전한 결정 사항들에 대해 주의를 기울인다. 예를 들어 누가 그러그러하게 연락할 것인지, 언제 할 것인지 등 구체적인 사항들에 대해 사람들이 관심을 가지도록 만든다.

■ 시간을 재는 사람은 각 의제 항목들이 충분한 시간 동안 토론되는지, 회의가 합의된 시간에 끝나는지를 확인한다.

■ 안내자는 회의 장소 입구에서 사람들이 오면 인사하고, 모든 사람들이 이 회의가 무엇에 대한 내용인지를 알고 있는지 확인한다. 또한 다음 회의 일정 같은 것이 적힌 의사록 같은 문서들을 나누어 준다. 이렇게 하면 새로운 사람들이 환영받는다는 느낌을 줄 수 있고, 늦게 온 사람들이 회의를 방해하지 않고도 내용을 뒤쫓아 갈 수 있게 된다.

---

*강연용으로 사용하는 한 장씩 넘기는 도해용 카드. 옮긴이

공통된 문제점과 극복 방법

다음 두 가지 예는 회의에서 상황이 꼬였을 때 근원적인 문제의 밑바닥에 이르는 것이 얼마나 중요한지를 보여 준다. 문제점과, 이러한 문제가 발생하는 근본적인 이유, 그리고 이것을 처리하는 방법을 짚어 낼 수 있는 능력을 개발하도록 하자. 한 집단 내에 신뢰와 이해가 풍부할수록 문제를 극복하는 것이 더 쉬워진다. 촉진 과정이 있으면 애초부터 문제를 피하는 수단들을 제공하는 데 도움이 되며, 문제가 발생했을 때 창의적으로 처리하는 데도 도움이 된다.

문제 상황 1

경험과 자신감이 많고 목소리가 큰 톰은 발언권을 독점하면서 회의를 지배하고 있다. 이 때문에 다른 사람들은 발언할 기회가 거의 없다.

근본 이유: 톰이 합의 과정에 대한 이해가 부족하고 나머지 사람들은 그의 행동에 도전할 의지가 별로 없는 것이 복합적으로 작용한 것이다.

가능한 해법들: 촉진자는 다음과 같은 수단들을 사용해서 발언 시간을 동일하게 제한할 수 있다.

―정해진 시간 동안 모든 사람들이 돌아가면서 이야기하도록 한다.

―회의를 시작할 때 한 사람이 발언할 수 있는 횟수를 제한한다.

― "좋은 의견 내 줘서 고마워요, 톰. 다른 분들은 어떻게 생각하나요?"라는 식으로 사람들에게 먼저 각자의 의견을 말해 달라고 요청한다.

사람들이 많은 의견을 제출하고 있지만, 논의가 진척되지 않고 있다. 사람들이 자꾸만 논점에서 벗어난다.

근본 이유: 토론의 구조와 초점의 부재, 촉진이 약함

가능한 해법들: 창의적인 아이디어를 내는 국면에서 결론을 도출하는 단계로 토론을 옮겨 갈 수 있다.

— 모든 사람들이 볼 수 있도록 플립차트에 모든 의견들을 적는다.

— 한 번에 하나의 의견에 대해 토론하고 각각에 대한 찬반 의견을 기록한다.

— 사람들이 논점에서 벗어난 의견을 제출하면 이후에 논의하기 위해 따로 적어 둔다. 그리고 옆길로 새지 않도록 한다.

— 휴식이나 지원이 필요한지 확인한다.

회의에 사용할 수 있는 수단들

여기에는 회의가 모두에게 즐겁고 효율적으로 진행될 수 있게끔 회의의 여러 단계에 사용할 수 있는 수단들을 모아 놓았다. 지금 어떤 수단을, 어떤 이유로 사용하고 있는지를 사람들에게 설명해 주는 것이 바람직하다.

(a) 회의를 시작할 때

■ **합의 훈련**—회의 전에 "합의 과정에 대한 소개" 시간을 먼저 갖게 되면 회의가 모

든 사람들을 더 많이 포괄할 수 있으며, 과정에 대한 오해에서 발생하는 갈등을 피할 수 있다.

- **회의 장소 마련**—공간과 그 공간을 사용하는 방식 때문에 어떤 사람도 고립되거나 소외되지 않도록 하는 것이 중요하다. 모든 사람들이 분명하게 듣고 볼 수 있는가?

- **집단 동의와 기초 규칙**—회의 초반에 회의 진행 방식에 대해 동의를 구한다. 이렇게 하면 초반에 여러 문제가 발생하는 것을 막을 수 있다. 또한 촉진 과정으로 "우리 모두가 합의했던 것"에 대해 다시 언급하는 등의 분열적인 행동을 저지하는 것이 더 쉬워진다. 가능한 수준에서 기초 규칙을 마련하는 것도 가능하다. 합의 과정, 수신호, 서로 제지하지 않기, 활발한 참여, 억압적인 행동 저지, 의견 존중, 정해진 시간 제한 지키기, 핸드폰 끄기 같은 기초 규칙을 정할 수 있다.

- **분명한 의제**—의제가 분명하면 회의가 좀 더 쉽게 진행되는 데 도움이 된다. 회의 초반에, 아니면 그 전에라도 사람들이 참여한 가운데 의제를 골라낸다. 정해진 시간에 합의할 수 있는 것에 대해 현실적으로 고려하라. 그리고 이후 회의에서 어떤 내용에 대해 처리할 수 있을지 결정한다. 각 의제 내용에 대해 시간 제한을 둔다. 그렇게 하면 정해진 시간에 회의를 끝내는 데 도움이 된다. 모든 사람들이 최신 의제 복사본을 가지고 있을 수 있게 하고, 그렇지 않을 때는 모든 사람들이 볼 수 있도록 플립차트에 그 내용을 적어 둔다.

- **수신호 사용**—수신호를 사용하면 회의를 좀 더 부드럽게 진행할 수 있고 촉진자들이 동의가 이루어지고 있다는 사실을 파악하는 데 도움이 된다. 혼란을 피하기 위해서 회의를 시작할 때 어떤 수신호를 사용할 것인가를 설명하는 것이 중요하다.

(b) 결론을 도출할 때

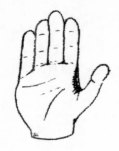

나는 토론에 기여하고 싶습
니다
토론에 기여하고 싶으면 한
손을 들거나 집게손가락을
든다.

"동의해요" 혹은 "좋군요"
침묵의 박수. 동의를 표현하고자 할 때
는 손가락을 위로 향한 상태에서 손을
흔든다. 이것은 사람들이 생각하는 바
를 시각적으로 확인할 수 있는 아주 유
용한 수단이다. 또한 모든 사람이 "동
의한다고 덧붙이고 싶군요"라고 말할
필요가 없으므로 시간이 절약된다.

기술적인 의견 제시
"휴식을 갖자"는 등 토론
과정에 대한 제안을 하고
싶을 때는 손을 T자 모양으
로 만든다.

합의 수신호

출처: 〈변화를 위한 씨앗〉

모든 수단이 합의 과정의 모든 단계에 적합한 것은 아니다. 어떤 수단을 어떤 이유로, 언제 사용할 것인지 신중히 생각하라.

- **돌아가면서 말하기**—모든 사람들이 저지당하거나 다른 사람들의 평가가 개입되지 않은 상태에서 말할 수 있는 기회를 갖는 것을 말한다. 이것은 의견과 감정, 생각을 모으는 데 도움이 되며 토론의 속도를 늦추고 서로의 의견을 잘 듣는 분위기를 만드는 데 좋다. 모든 사람들이 분명하게 발언 기회를 가질 수 있도록 하라.
- **아이디어 교환**: 사람들에게 가능한 빠르게 모든 아이디어를 제출해 달라고 요구한다. 이 생각에 대해서는 어떤 검열도 없다. 모든 아이디어는 환영받는다. 생각

이 기발할수록 좋다. 서로의 생각을 고무하는 데 도움이 되기 때문이다. 한두 명의 서기가 모든 사람들이 볼 수 있는 곳에 모든 생각을 적도록 한다. 이 단계에는 다른 사람들의 생각에 대한 토론이나 의견을 말하지 않도록 한다. 논리적인 생각이나 조직은 나중에 하면 된다.

■ **거수 혹은 여론조사용 투표**─항목의 우선순위를 정하거나 집단의 의견을 가늠하는 분명하고도 효과적인 방법이다. 이것은 투표와 다르며 단순히 촉진자들이 동의가 이루어지고 있는가를 파악하는 데 도움을 주기 위한 것이라는 점을 사람들이 이해할 수 있도록 해야 한다.

■ **분명한 과정**─다양한 제안 사항들을 처리할 때 사용한다. 예를 들어 여러 의견들을 차례로 검토하고자 할 때 모든 의견에 대해 같은 시간 동안 검토할 것이라는 점을 사람들에게 알린다. 그렇지 않으면 일부는 잘 협조하지 않을 수도 있다. 자신의 의견에 대해 이야기할 시간이 따로 있다는 점을 분명히 알지 못하면 무시당한다고 느낄 수도 있기 때문이다. 예를 들어 우선순위를 정하는 과정에서 어떤 생각들이 일단 뒤로 미뤄진 경우 원래 이 생각을 제출했던 사람들이 합의했는가, 그리고 그 이유를 이해하고 있는가를 확인하는 것이 좋을 것이다.

■ **찬반 의견들**─몇 가지 의견들이 제출되었는데 어느 것을 지지해야 할지 판단할 수 없다면? 각 의견들의 장단점 목록을 만들고 결과를 비교해 본다. 이 일은 집단 전체에서 진행할 수도 있고, 두 명씩 짝을 이루거나 소집단으로 나누어 진행하면서 한 선택지에 대한 찬반 사항들을 다른 소집단들에게 알려 줄 수도 있다.

■ **"플러스-마이너스-혼란"**─"찬반 의견" 기법의 단순화된 변형이다. 여러 가지 선택 사항들을 한 개씩 검토함으로써 판단에 도움을 줄 것이다. 테이블 하나에 플러스, 마이너스, 복잡이라고 이름 붙인 세 개의 기둥을 세운다. 그리고 각각에 "긍정적", "부정적", "혼란"이라고 쓴다.

■ **휴식**─휴식을 취하면 회의의 생기가 살아나고 긴장을 줄이며, 사람들이 제안 사

항과 결정 사항에 대해 돌아볼 수 있는 시간이 주어진다. 회의를 두 시간 하고 나면 최소한 15분씩 휴식을 가질 수 있게 계획을 짜도록 한다. 회의가 과열되거나 집중력이 떨어지면 예고에 없던 휴식을 가질 수도 있다.

(c) 회의가 끝날 때

■ 평가와 건설적인 피드백: 평가를 하면 경험에 대해 학습할 수 있다. 평가는 회의와 워크샵에서 항상 진행해야 하는 부분이다. 이 과정을 통해 우리는 회의 과정과 생산물에 대해 정직하게 피드백할 수 있는 기회를 얻게 되며, 미래에 좀 더 개선될 여지가 주어지기 때문이다. 회의에 참석한 모든 사람들이 평가에 참여할 수 있도록 고무한다.

큰 집단에서의 합의─수레바퀴 의회

큰 집단에서 결론을 도출 할 때는 수백 명의 사람들이 모인 큰 회의를 한 번 하게 된다. 이런 형태의 회의에서 발생하는 문제점 가운데 하나는 대다수의 사람들이 시간 제약 때문에 말할 기회를 얻지 못한다는 점이다. 그 대신 소수의 자신만만한 사람들이 대개 회의를 지배한다. 이것은 합의에 도달하기 위한 훌륭한 출발점으로 보기 어렵다. 합의는 상호 이해와 신뢰에 달려 있기 때문이다. 훌륭한 합의는 모든 사람들이 토론에 기여할 수 있는 소집단 활동을 바탕으로 한다.

수레바퀴 의회는 이런 문제를 풀기 위해 개발되었다. 많은 수의 사람들이 수레바퀴 의회를 통해 최대한 민주적인 방식으로 공동 작업을 할 수 있고, 효과적인 방식으로 최고치의 양에 해당하는 의견과 생각을 나눌 수 있다. 전 세계에 있는 평화, 반핵, 환경 운동 집단들과 사회센터나 대규모 노동자 협동조합 같은 많은 집단들이 이런 과정을 성공적으로 사용하고 있다.

수레바퀴 의회의 작동 방식

수레바퀴 의회에서 회의는 모든 사람들이 각자의 의견을 밝히고 토론에 참여할 수 있도록 작은 소집단으로 나뉘어서 이루어진다. 소집단은 작업 집단을 근거로 구성하거나 공유하고 있는 정치적 분석 틀에 근거하여 지역적으로 만들 수도 있으며, 아니면 완전히 임의대로 진행할 수도 있다. 개별 소집단에 속한 사람들은 해당 문제에 대해 토론하고 제안 사항과 관심사에 대한 의견을 조율한다.

각 집단들은 수레바퀴 의회의 회의에 대표자(혹은 대변인)를 파견하는데, 여기서 모든 대변인들은 각 집단의 제안 사항과 관심사를 제출한다. 그러고 나서 대변인들은 그들이 생각하기에 모든 사람들이 수용할 수 있는 제안 사항들에 대해 조율하고 결론을 도출하기 전에 집단으로 돌아가 확인 작업을 한다.

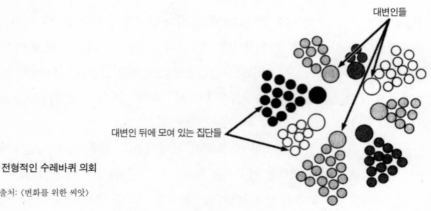

전형적인 수레바퀴 의회

출처: 〈변화를 위한 씨앗〉

수레바퀴 의회가 효과적으로 운영되려면 대변인의 역할이 분명하게 정해질 필요가 있다. 한 집단은 하나의 목소리(전달자)로 대변인을 활용하고자 한다. 대변인은 동의가 이루어진 생각들을 해당 집단에 전달해 주는 역할만 하는 것이다. 아니면 소집단이 대변인에게 권한을 부여해서 소집단에 대해 알고 있는 것을 근거로 어떤 결정을 내리도록 허용할 수도 있다. 대변인이 되는 것은 쉬운 일이 아니다. 대변인에게는 막중한 책임이 따르기 때문이다. 따라서 회의마다 돌아가면서 맡을 수도 있고, 의제 내용마다 사람을 바꿀 수도 있다. 또는 두 명의 대변인을 두고 한 명은 소집단의 입장과 제안 사항들을 제시하고 다른 한 사람은 다른 집단들이 말하는 것을 기록할 수도 있다. 이렇게 되면 소집단과 수레바퀴 의회 사이에 의견을 전달하는 과정에서 한두 가지를 빼먹거나 다른 집단이 그 내용을 오해하는 것을 막는 데 도움이 된다. 수레바퀴 의회가 잘 운영되기 위해서는 최소한 세 명의 촉진자들로 구성된 한 팀이 훌륭한 촉진 작용을 벌일 필요가 있다. 이들은 협동을 잘하고 제안 사항들을 종합하는 데 익숙한 사람들이 좋다.

이러한 과정은 관련된 모든 사람들이 같은 지역에 있건 지리적으로 분산되어 있건 관계없이 진행될 수 있다. 소집단들이 다양한 장소에 근거지를 두고 있는 경우에는 수레바퀴 의회의 대변자들이 많이 이동하거나, 대변자들이 전화 회의나 인터넷 채팅 방 같은 것을 이용해서 소통할 수 있기 때문이다.

의사 결정에 관련된 모든 사람들이 모두 동일한 장소에 있는 경우, 수레바퀴 의회가 진행되는 동안 각 소집단들이 대변인 뒤에 군집을 이루고 앉아 있으면 상황이 원활하게 흘러갈 수 있다. 소집단들은 논의되는 것들을 잘 들을 수 있고, 대변인에게 즉각적인 피드백을 할 수 있기 때문이다. 이를 통해 수레바퀴 의회에 대한 신뢰도가 높아지며 정보를 되풀이해서 말할 필요가 줄어든다.

변형된 형태들

해당 문제가 관련된 사람들의 필요에 강하게 영향을 미친다면, 의견을 취합하기 전에 소집단에서 수레바퀴 의회를 통해 자신들의 특수한 필요에 대한 정보를 제출하는 추가적인 단계를 마련할 수 있다. 수레바퀴 의회 구조 안에서 풀 수 없을 것처럼 보이는, 강한 반대 의견을 가진 사람들이 소수인 경우에는 "헛간 회기" 기법을 성공적으로 사용할 수 있다. 즉, 강한 (반대) 의견을 가진 사람들이 모두 동의할 수 있는 제안을 마련하기 위해 별도의 회의를 갖는 것을 말한다. 이 과정에서는 사람들이 다른 사람들의 관심사와 필요에 귀를 기울이고 이를 표명할 수 있도록 돕는 경험 많은 촉진자가 있으면 큰 도움이 된다.

수천 명의 사람들 사이에서 합의 방식 진행하기

수레바퀴 의회 그 자체는 그 안에서 의미 있는 정보 교환과 토론을 진행할 수 있는 대변인의 수에 의해 제약을 받는다. 경험에 비추어 보았을 때 20개 이상의 소집단을 대표하는 대변인들이 모이게 되면 수레바퀴 의회 진행은 훨씬 어려워진다. 또한 각 소집단의 최대 규모를 20명으로 정하면 회의가 작동될 수 있는 규모는 자연스럽게 4백 명 정도로 정해진다.

"평화운동과 반핵운동"을 진행할 때 수천 명의 사람들 속에서 합의에 의한 의사결정을 가능하게 하기 위해서 3단계 시스템을 개발했다. 여기서 소집단은 군집의 형태로 관계 맺고 있다가 전체를 총괄하는 수레바퀴 의회에 대변인을 보내게 된다.

이것을 성사시키는 데 있어서의 핵심은 최대한 국지적인 수준에서 결론을 도출하는 것이다. 모든 사람들이 모든 결정에 참여할 필요는 없다. 수레바퀴

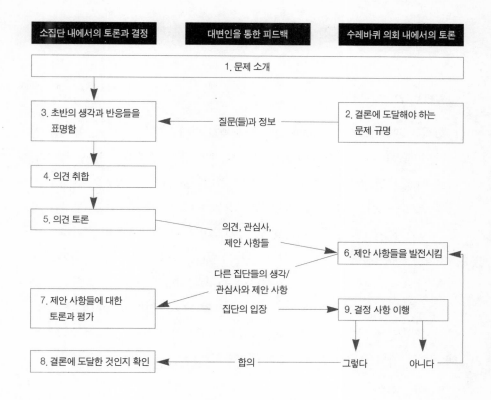

| 소집단 내에서의 토론과 결정 | 대변인을 통한 피드백 | 수레바퀴 의회 내에서의 토론 |

1. 문제 소개

3. 초반의 생각과 반응들을 표명함 ◀── 질문(들)과 정보 ── 2. 결론에 도달해야 하는 문제 규명

4. 의견 취합

5. 의견 토론 ── 의견, 관심사, 제안 사항들 ──▶ 6. 제안 사항들을 발전시킴

다른 집단들의 생각/
관심사와 제안 사항

7. 제안 사항들에 대한 토론과 평가 ◀── 집단의 입장 ──▶ 9. 결정 사항 이행

8. 결론에 도달한 것인지 확인 ◀── 합의 ── 그렇다   아니다

수레바퀴 의회 합의 과정 모델

출처: 〈변화를 위한 씨앗〉

의회는 가장 중대한 결정을, 일반적으로 정책 수준에서 해야 하는 경우에 국한되어야 한다. 굳이 집단 전체 차원에서 결정해야 할 필요가 없는 제안 사항들을 골라내는 일은 종종 촉진자들이 한다. 예를 들어, 언론 보도문에 대한 교열 작업은 실제로 그것을 쓴 소규모 작업 집단 내에서 토론해야 한다. 이 집단은 아이디어를 구하고 선택해야 하는 문제가 있을 때 다른 사람들에게 조언을 얻을 수는 있지만, 이것은 모두 함께 어떤 결론에 이르고자 하는 것과는 다른

문제다. 합의는 신뢰와 선의에 기초한 것이며, 큰 집단일 때는 더욱 그렇다.

합의 방식의 잠재력

합의는 참여, 그리고 동등한 권력을 전제로 한다. 또한 합의는 공동체를 건설하고 개인들에게 권한을 부여하기 위한 매우 강력한 과정이 될 수도 있다. 때로 이것을 달성하려면 더 많은 시간이 걸리기도 하지만, 합의는 실제로 시간과 스트레스를 줄일 수도 있다. 집단 전체가 이전의 결정 사항들로 되돌아갈 필요가 없기 때문이다. 또한 일단 합의가 이루어지면 사람들은 이것을 전적으로 지지한다. 일이 꼬인다고 낙심하지 말라. 우리 대부분에게 합의는, 협상을 하고 결론을 도출하는 완전히 새로운 방식이다. 우리가 규범으로 받아들이고 익혀 왔던 행동 양식에서 벗어나기 위해서는 시간이 필요하다. 합의는 실천 속에 더 용이해지고, 모든 사람들이 만족하는 방식으로 어려운 결론에 이르게 되면 합의 방식의 진정한 잠재력을 인식할 수 있다.

도서

일단 지역 도서관을 이용하라. 지역 도서관은 일반적으로 여러분들을 위해 책을 주문하거나 수입하는 것은 상당히 행복해 한다. 만일 책을 구입하기로 결정했다면 급진적이고 독립적인 서점을 이용하라. 이런 서점들은 모두 메일로 주문을 받는다! 영국에 있다면 리버풀에 있는 〈뉴스 프롬 노웨어News from Nowhere〉(전화 0151-708-7270)나 런던에 있는 〈하우스맨스 북샵Housmans Bookshop〉(전화 202-7278-4474)을 이용해 보라.

Albert, Michael(2006). *Realizing Hope. Life Beyond Capitalism*. London: Zed Books.

Beer, J. and E. Stief(1997). *The Mediator's Handbook*, 3rd edn. Gabriola Island, BC: New Society Publishers.(Friends Conflict Resolution Programs에서 개발함.)

Coover, V., E. Deacon, C. Esser and C. Moore(1981). *Resource Manual for a Living Revolution*. Gabriola Island, BC.: NewSociety.(당신이 속한 집단을 발전시키는 데 완벽한 지침서다. 슬프게도 이제 절판되었다. 하지만 손에 넣기 위해 노력할 만한 가치가 있는 책이다!)

CrimethInc.(2000). *Days of War Nights of Love - CrimethInc for Beginners; Demon Box Collective*.(생각이 풍부하고 영감을 주며 자료가 많은 책이다. 이 장에서 제기된 문제들에 대해 더 생각해 보고 싶다면 이 책을 읽어 보라.)

CrimethInc.(2005). *Recipes for Disaster. An Anarchist Cookbook*. Montreal.

Fisher, S. et al.(2000). *Working with Conflict*. London: Zed Books.

Freeman, J.(1972). *The Tyranny of Structurelessness*, www.struggle.ws/anarchism/pdf/booklets/structurelessness.html(소집단 내에서의 비정형적 위계에 대한 팸플릿이다.)

Gastil, J.(1993). *Democracy in Small Groups - Participation, Decision Making and Communications*. Philadelphia: New Society.(다양한 형태의 의사결정 과정들에 대해 볼 수 있다.)

Gorden, N. and P. Chatterton(2004). *Taking Back Control - A Journey through Argentina's Popular Upspring*. Leeds: School of Geography, University of Leeds.(직접 목격한 사람들이 아르헨티나에서 성장하고 있는 대안적인 기관들에 대해 설명해 준다.)

Kaner, S., L. Lind, C. Toldi, S. Fisk and D. Gerger(1996). *Facillitator's Guide to Participatory Decision-Making*. Gabriola Island, BC: New Society Publishers.

Potter, B.(1996). *From Conflict to Cooperation-How to Mediate a Dispute*. Berkely, CA: Ronin Publishing.

Starhawk(2002). *Webs of Power: Notes from the Global Uprising*. Gabriola Island, BC: New Society Publishing.

Ward, C.(1988). *Anarchy in Action*. London: Freedom Press.(이 책의 몇 장에 걸친 많은 생각들은 아나키스트들이 발전시키고 폭넓게 사용해 왔던 것이다. 이 책은 이에 대한 소개를 담고 있는 많은 책들 중 하나다.)

Werkstatt für Gewaltfreie Aktion Baden(2004). *Konses-Handbuch zur Gewaltfreien Entscheidungsfindung*. Gewaltfrei: Leben Leben(합의에 의한 의사 결정 과정에 대한 가장 최신의, 포괄적인 책일 것이다. 세세한 설명과 실행 과제들을 담고 있으며 독일어로 되어 있다. buero.karlsruhe@wfga.de.)

웹사이트
시끌벅적 자극 주기 프로젝트Blatant Incitement Project www.eco-action.org/blinc
그라운즈웰Groundswell www.groundswell.org.uk
참여 예산Participatory Budgeting www.participatorybudgeting.org.uk
랜트 공동체Rant Collective www.rantcollective.net
변화를 위한 씨앗들Seeds for Change www.seedsforchange.org.uk
기술 공유Skillsharing www.skillsharing.org.uk

우리를 병들게 하는 사회 **05**

이 글을 쓴 타쉬 고든Tash Gordon은 영국 리즈에 살면서 도심에서 일반 개업의로 일하고 있다. 집 없는 사람들과 망명자 공동체에서 자원 활동을 하고 있으며, 침술 소를 운영하고, 자율적인 사회센터인 〈커먼플레이스〉에도 참여하고 있다. 벡스 그리피스Becs Griffiths는 영국 브라이톤에서 지난 5년간 여성주의 보건 공동체에 일원으로 참여했다. 그리피스는 이 공동체의 현명한 조언과 지원에 대해 대단히 감사하게 생각하고 있다. 그리피스는 브라이톤에 있는 사회센터인 〈콜리 클럽Cowley Club〉에도 참여하고 있다. 그리피스는 2004년과 2007년에 있었던 "전국 여성주의 의료 회의"에 참여했으며, 고든은 2007년에 참여했다. 이 장은 많은 사람들의 경험과 생각에 도움을 얻은 것이다. 그중에서도 특히 〈브라이톤 여성 보건 공동체 Brighton Women's Health Collective〉에 특별히 감사의 말을 전한다.

건강, 누구의 책임인가?

자신의 건강이 당연한 것이라고 생각하는가? 아니면 개선시킬 가망이 없다고 느끼는가? 아니면 제대로 이해하고 책임지고 있다고 느끼는가? 우리의 건강은 여러 가지 요소들을 통해 결정되는데, 이 장에서 건강에 영향을 끼치는 요소들을 검토해 보고 어떻게 이 요소들에 영향을 미칠 수 있는가에 대해 이야기해 보고자 한다. 여기서 핵심은 우리 사회가 기능하고 있는 방식이다. 산업화된 자본주의 사회가 도래하면서 보건 부문의 수준이 일부 엄청나게 향상했다는 점에 우리는 동의한다. 하지만 다른 한편으로 이러한 산업사회가 건강을 어떻게 제약하고 있는지, 그리고 기업의 영향을 받는 중앙화된 의료진들 때문에 우리 스스로 건강을 관리할 수 있는 능력이 어떻게 위축되어 왔는지 검토해 볼 필요가 있다. 5장에서는 우리의 건강을 증진시키기 위해서는 우리가 다른 사람들과 맺고 있는 관계를 어떻게 바꿔야 하며 사회를 어떤 식으로 변화시켜야 하는지에 대해 이야기할 것이다. 건강한 사회는 부유한 사회가 아니라 평등한 사회다. 우리 자신의 건강과 다른 사람들의 건강을 위해 스스로 활동을 벌일 수 있으며, 이 장과 다음 장에서는 이와 관련된 몇 가지 참고 사항들을 제시할 것이다.

무엇이 우리의 건강을 보장해 주는지를 규정하는 것은 어렵고도 복잡한 문제다. 우리는 우리의 육체적 · 정신적 · 사회적 안녕을 포괄하는 건강에 대한 광범위한 관점을 채택했다. 육체적 · 정신적 · 사회적으로 건강을 유지하는 것은 우리 삶의 기초이며 가장 중요한 것이다. 질병은 우리가 원하는 대로 살 수 없게 한다. 그리고 우리를 병들게 하는 조건들에 도전할 능력을 좀먹는다. 간단히 말해서 유전적인 구성은 희귀병에 걸릴 수 있는 많은 조건들과 좀 더 일반적인 질병에 걸릴 수 있는 체질을 규정하지만, 우리 주위를 둘러싸고 있는 세상은 훨씬 더 큰 역할을 한다. 건강은 어디에 살고 있는지, 무엇을 먹는지 등을 포함한 물리적 조건들의 영향을 받는다. 하지만 우리가 얼마나 취약한 위치에 있는지 혹은 억압받고 있는지, 우리를 부양해 줄 사람이 있는지, 얼마나 많은 갈등을 겪어야 하는지, 어떤 공포 속에 살아가야 하는지, 우리가 얼마나 무기력한지, 아니면 권한을 부여받았다고 느끼고 있는지, 얼마나 많은 통제력을 갖고 있는지, 폭력에서 얼마나 자유로운지 등과 같은 사회적인 조건들은 대체로 무시된다. 우리가 우리 삶에 대한 통제력을 더 많이 가질수록, 건강을 증진시킬 수 있는 기회는 더 많아진다.

우리가 이 장을 맡아 쓰게 된 동기와 관심은 우리의 개인적이면서도 직업적인 경험에서 시작되었다. 이 글을 함께 쓴 타쉬 고든은 도심에 살고 있는 일반 개업의다. 타쉬 고든은 사회가 우리 건강에 미치는 영향을 매일 마주하고 있으며, 환자의 개인적인 사정 때문에 건강을 증진시키기 위해 취할 수 있는 조치가 어떻게 제한되는지 너무나도 정확하게 알고 있다. 일반 개업의(가정의) 저널인 『영국 일반 진료 저널*British Journal of General Practice*』에 최근 실린 한 논문은, 일반 개업의들이 아동학대나 집 없는 사람들의 문제, 빈곤 같은 사회적 영역의 문제에 참여하는 것을 중단하고 질병을 치료하는 일에만 몰두해야 한다고 주장했다. 이러한 태도는 건강이 나쁘다는 것에 대한 정의를 협소하게 내리는 결과로 이어진다. 우울증 환자에게 자신을 억압하고 있는 인종차별에 저항하라고 힘을 돋워 주기도 하는 저자의 현실이나 저자가 직접 적절한 주거지에 대한 환자의 요구를 지지하는 편지를 쓰기도 하는 현실과는 동떨어진 입장인 것이다. 치아파스와 아르헨티나에서 자율적인 보건 조직들과 함께 일해 본 경험을 통해, 저자는 사람들이 자신의 건강 문제에 더 많이 개입할수록 더 많은 책임을 지고 더 많은 조치를 취하게 된다는 것을 배웠다.

또다른 저자 벡스 그리피스는 여성주의 보건 공동체의 일원이며 약초 의학을 공부하고 있다. 그리고 여성의 건강과 관련된 많은 워크샵에 참여하면서 우리의 생식기와 생리 주기, 임신과 낙태, 유방의 건강에 대한 지식을 가질 것을 주장해 왔다. 또한 대학에서 약초 의학을 공부하면서 연구의 일환으로 약초 병원*에서 일하고 있다. 그리피스는 사람들이 의사에게 어떤 치료를 받는지, 의사들이 환자들의 말을 얼마나 흘려듣는지, 의사들은 환자들의 삶에 대한 정보를 수집하는 데 얼마나 관심이 없는지, 이들이 얼마나 많은 의약품을 처방하는지, 또한 환자들은 이 많은 약들을 이유도 모른 채 얼마나 많이 먹게

＊우리 식의 한의원. 옮긴이

되는지, 그리고 사람들이 얼마나 자신의 몸에 대해 모르는지 등에 대해 꾸준히 충격을 받아 왔다. 이런 경험을 통해 그리피스는 정치적 의식을 갖게 되었고, 자신의 몸과 스스로 치료하는 방식에 대해 배우고 서로 교육시키면서 원인이 아닌 증세를 치유하는 "서구적인" 의학에 대한 의존에서 멀어지는 것이 얼마나 중요한지를 깨닫게 되었다.

병든 사회

좀 더 건강한 사회를 만들고자 한다면 질병의 근원적인 원인에 도전해야 한다. 그러기 위해서는 우리가 살아가는 사회의 형태가 어떤지, 그리고 이 사회가 우리의 삶에 어떤 식으로 영향을 미치는지를 확인하는 것이 중요한 출발점이다. 우리는 대체로 산업화되고, 도시화되어 있으며, 경향적으로 위계질서와 자본주의, 즉 소수가 부를 축적할 목적으로 노동력과 자연 자원을 착취하는 경제 구조에 기초한 사회에 살고 있다. 이는 이윤을 우선시하고 권력을 소수의 손에만 쥐어 주며, 삶의 질에 대해서는 거의 고려하지 않는 사회로 귀결된다. 이러한 형태의 사회는 다양한 방식으로 우리의 삶에 영향을 미치고 있다. 일해야 한다는 압력, 해야 하는 일의 형태와 양, 시간에 대한 가치가 매겨지는 방식, 가족 구조, 교육 제도, 우리가 먹는 음식의 질, 오염, 소외, 빈약한 주거 시설, 그리고 당연하게도 우리가 이용하는 보건 제도 등이 그 영향을 받게 된다.

국가에 따라 이러한 영향은 다른 양상을 나타내지만, 궁극적으로 대부분의 사람들은 생존에 필요한 돈을 벌기 위해 자신의 (노동)시간을 팔 수밖에 없다. 건강에 미치는 부정적인 영향은 세계의 어느 지역에 살고 있는지에 따라 다르게 나타난다. 북반구에서는 사회적인 소외가 정신 건강에 해로운 한편(이것은 젊은이들의 자살 기도 횟수와 우울함과 불안감 때문에 고통스러워하는 사람들의 수가 늘고 있는 점에서 확인할 수 있다), 활동량이 줄어들고 건강 식품은 비싼 반면 열량이 높은 식품을 접하기가 쉽기 때문에 비만이 유행처럼 번지고 있다. 남반구는 북반구를 부유하게 유지하는 자원으로 이용되고 있고, 이로 인해 지속 가능한 공동체와 전통적인 생활양식이 파괴되고 그 자리를 착취가 심한 일자리와 빈약한 주거 시설, 삶에 대한 통제력 상실이 채우게 되었다. 자유무역협정과 구조조정 프로그램, 군사력을 통해 북반구는 통제력을 증가시켜 왔고, 다른 한편으로 전쟁과 기후변화의 악영향은 많은 사람들에게 일상적인 현실이 되었다. 세계화된 사회의 이 모든 측면들이 건강에 해롭다. 항상 그렇듯이 돈 없는 사람들이 가장 큰 피해를 입게 된다.

우리의 건강은 수입 조건에 달려 있기도 하지만, 부, 인종, 계급, 성, 장애 여부, 나이, 성적 취향, 문화적 배경 같은 것들을 포함하는 복잡한 위계구조에 좌우된다. 예를 들어서 북반구에서 흑인으로 살아간다는 것은, 정신과 치료를 목적으로 강제로 구금될 가능성이 백인보다 더 높고 병원에 더 오래 입원해 있을 확률이 높으며, 심리 요법이나 상담보다는 약물이나 전기충격 치료(ECT)를 처방받을 가능성이 더 많다는 것을 의미한다. 또한 성적 취향이 사회의 규범과 다르다면 보건 전문가들이 동성 간의 성적 관계라는 특화된 주제에 대해서는 전혀 교육받지 않았다는 것을 알게 될 것이다. 여성인 경우 가정 폭력과 그로 인한 심리적·육체적 영향으로 고통받을 확률이 25퍼센트이며, 사람들은 이것을 관계의 정상적인 일부라고 생각하는 점 또한 발견하게 될 수 있다. 계급도 중요한 요소다. 글래스고Glasgow 중앙에 살고 있는 남성들의 평균 기대 수명이 69.9세인 반면, 런던의 켄싱턴과 첼시 왕립주에 살고 있는 여성들은 평균 기대 수명이 86.2세다. 미국에서도 소수자 집단들이 밀집해 있는 빈곤한 도시 지역에서는 기대 수명과 신생아 사망률이 과테말라와 비슷하다.

이러한 위계구조 안에서 우리가 갖는 위치는 의료와 교육, 건강한 식습관, 주거와 다른 기회들에 대한 접근을 통해 우리 건강에 영향을 미친다. 이런 것들이 누적되면 건강이 더 취약해지고, 이를 변화시킬 수 있는 시간, 에너지, 혹은 신념이 적어지기 때문이다.

많은 개인과 기관들이 우리의 삶을 통제하고 있는 복잡하고, 자본주의적이며 위계적인 도시 사회에서 살아간다는 것은 스트레스를 유발한다. 스트레스의 수준과 사회적 위계 구조 속에서 우리가 차지하고 있는 지위 사이의 관계는 이미 증명되었다. 지위가 낮을수록 스트레스는 더 많다. 이런 스트레스가 쌓이면 만성적인 불안으로 이어지고, 이것은 건강에 큰 영향을 미친다. 이것은 질병이 단순히 형편없는 식습관이나 습도 높은 주거지 같은 특정한 물질적 조건에 의해서 뿐만 아니라, 물질적이고 사회적인 환경에 대해 우리가 느끼고 생각하는 것 때문에 유발된 불안 때문에 유발될 수도 있다는 것을 의미한다.[*] 위계구조 때문에 발생한 소외는 외로움, 우울함, 근심의 형태로 우리의 건강에 영향을 미칠 수 있다. 이 모든 것은 고혈압, 심장질환, 면역 약화 같은 조건으로 이어질 뿐만 아니라 알코올중독을 비롯한 다른 중독들, 폭력, 자해 같은 파괴적인 행동들을 일으킬 수도 있다. 비슷한 이유에서 기대 수명이 가장 긴 나라는 가장 부유한 발전 국가가 아니라, 수입이 가장 평등하게 분배되고 사회적인 위계가 잘 드러나지 않는 곳이라는 점이 여러 연구를 통해 드러났다. 이것은 사회가 평등할수록 사람들이 건강하다는 의미.[**]

---

[*] Wilkinson, 2001.
[**] Wilkinson, 1992.

전통 의학 지식의 상실

15세기부터 서유럽 사회는 민간인 치료사와 공동체 의학의 전통에서 명백하게 분리되었다. 이것은 주로 이후 두 세기에 걸쳐 수십만 명의 여성 치료사들과 민간 치료사들을 사형에 처했던 마녀사냥 때문이며, 이 때문에 이들이 가지고 있던 전통 지식이 눈에 띄게 사라져 버렸다.[*] 1484년에 작성된 『말레우스 말레피카룸_Malleus Maleficarum_』[**]은 최초의 가장 영향력 있는 마녀 색출 소책자로, 여기에는 특수한 고문 기술 같은 것들이 포함되어 있었다. 또한 이를 통해 소책자 출간의 물결과 마녀사냥의 물결이 일었다. 법적 제도와 의학 기관을 갖춘 국가와 교회는 누가 진짜 "마녀인지", 그리고 누가 재판과 판결을 시행할지 선고하는 권한을 가지고 있었다.

민간인 치료사에 대한 탄압과 남성 전문가들의 등장은 자연스러운 과정이 아니라 적극적인 탈취였다. 마녀사냥은 특히 여성 치료사들을 목표로 삼았고, 그중에서도 산파와 피임을 도와주는 여성들을 대상으로 삼았다. 『말레우스 말레피카룸』에는 "가톨릭교회에 산파보다 더 많은 해를 입히는 사람은 없다"고 적혀 있다. 1484년 교황의 교서에서는 "마녀들이 여성의 아이들을 망치고 있다. (…) 이들은 남성이 생식하지 못하게 하고 여성들이 임신하지 못하게 한다"고 선언하고 있다. 1548년 레지날드 스콧Reginald Scott은 "요즘에는 영어로 '그 여자는 마녀 아니면 현명한 여자야' 라고 말하는 것이 일상적인 일이다"라고 적고 있다.[***] 많은 재판들이 건강 문제를 주로 다뤘다. 예를 들어 한 여성

---

[*] Frederici, 2004.

[**] 마법에 대한 표준 지침서로 간주되는 상세한 법률·신학 문서. 마녀 색출 방법과 근절 방법이 담겨 있으며 18세기까지 사용되었다. 옮긴이

[***] Thomas, 1971.

이 어떤 사람을 치료한 뒤 재발하면, 이것은 마녀의 술수로 인식되었고, 따라서 범죄였다. 반면 남성 치료사들, 현명한 남성과 마법사들은 사형당하지도 않고 새로 나타난 의사와 동일한 지위를 누리곤 했다.

역사학자들은 여성 치료사에 대한 공격에 대해 다양한 해석을 하는데, 여기에는 의사들이 경쟁자를 제거하거나, 자신들의 무능, 혹은 설명되지 않은 죽음을 은폐하기 위한 것이라는 설명도 포함된다. 예를 들어, 이들은 암이나 뇌졸중에 대한 지식이 거의 없었기 때문에 모든 죽음을 다 설명할 수는 없었다. 좀 더 심오하고도 정치적인 설명은 몸, 특히 여성의 몸과 재생산에 대한 통제권을 둘러싼 논쟁이다. 즉, 출생률(여성들이 피임과 낙태에 대한 지식을 갖게 되면서 출생률이 낮아졌다)을 통제하고 좀 더 근본적으로는 똑같은 기간에 등장하게 된 자본주의적 노동과 연관된 새로운 형태의 학문들이 등장하면서 사람들이 자신의 몸을 통제하지 못하게 하고자 하는 욕망들이 발생했다는 것이다. [■]

두 세기 동안 벌어진 이러한 유형의 공포전이 여성 민간인 치료사들의 네트워크를 효과적으로 제거하는 데 성공하게 되자, 그 이후 빈민들은 값비싸고, 비용을 감당할 수 없는 훈련된 의사들과, 생물학보다는 마법의 힘을 찾는 데 더 전문화된 마법사들, 혹은 지위가 낮고, 훈련받지 못했으며, 기술도 부족한 이웃들 중에서 선택해 치료받아야 하는 상황에 직면하게 되었다. 공동체에 기초한 지식의 전통이 사라짐에 따라 여성들이 재생산을 스스로 조절할 수 있는 능력 또한 크게 감소했다.

서구의 "의학"은 우리가 알고 있듯 바로 이 시기에 기초를 닦았고, 동시에 많은 남성들은 마녀사냥에 깊이 관련된 현대 과학의 아버지로 칭송받았다. 예를 들어 프란시스 베이컨Francis Bacon은 마녀들의 사악함과 자신의 좀 더 유

■ Frederici, 2004.

명한 "과학적 합리성"을 나란히 대비시켰다. 이 새로운 "이성의 시대"에는 여성의 몸에 대한 잔인한 공격이 포함되었다.[■] 의학은 종교와 관계없는 과학으로서, 그리고 전문적인 일로서 명성을 가지고 성장했다. 14세기경에는 대학교육을 받은(따라서 남성) 의사들에게만 의술을 시행하도록 하는 면허법이 있었고, 이를 통해 민간 치료사들에 대한 육체적 박해를 보완해 줄 수 있는 법적 구조가 마련되었다.

현대사회에서 남성 전문가들에 대한 훈련이 발달하여 규범이 되자, 이들은 수세기 동안 경험적인 방식을 사용하면서 뼈와 근육, 약초와 약물에 대한 포괄적인 이해를 발달시켜 온 민간 치료사들의 지식을 무시하게 되었다. 대부분 남성인 의학 전문가가 지배력을 행사하게 되고, 이들의 관점이 "전문적인" 것으로 인식되었으며, 대안이 존재하지 않았기 때문에 사람들은 이런 형태의 의학을 소비할 수밖에 없었다. 의학 전문가들은 해부학이나 생리학 같은 새로운 현대적인 의학 지식을 공유하려는 시도를 전혀 하지 않았고, 이로 인해 사람들은 자신의 건강에 대한 이해를 증진한다거나 스스로 건강을 책임지겠다는 생각을 할 수 없게 되었다. 현대사회의 다른 많은 측면들에서 나타나는 것처럼 인간의 사고는 엄청나게 진보했지만, 이것이 소수 엘리트에게 집중되었고, 사실상 종속과 위계구조를 양산하는 아이러니가 의학 부문에서도 나타났다.

하지만 중국이나 아프리카 같은 세계의 여러 곳에서는 민간 지식과 개업의들이 이보다는 더 적게 박해를 받았고 좀 더 중요한 역할을 차지했다는 점을 밝혀야겠다. 이 가운데 일부는 보완적인 치료법을 점점 많이 사용하게 되면서 서양 의학의 일부가 되기도 했다. 또한 산업화는 건강에 부정적인 영향을 많이 미치기도 했지만, 위생과 공중보건 관리에 있어서 엄청난 향상을 이루기

■ Ehrenreich and English, 1973.

도 했다. 그렇지만 전반적으로 보았을 때 서구적 과학에 기초한 의학의 정치적 구조를 이해하게 되면, 우리는 전문지식에 의문을 제시하고, 민간 의학 지식을 다시 요구할 수 있게 되며, 이를 통해 다양한 형태의 건강관리를 재구축할 수 있게 될 것이다.

질병을 만드는 의학

지난 세기 동안 의학이라는 전문직은 아플 때, 병이 났을 때, 임신했을 때, 출산할 때, 생리할 때, 죽을 때와 같은 일상생활에서 그 어느 때보다 중요한 역할을 하고 있다. 다행히도 의학 수련의 수준은 몇 년간 향상되어 왔고, 의사들은 보건 과학 분야에서 훌륭한 수련을 받음과 동시에 환자들을 실제로 접하면서 배우게 된다. 수막염에서 척수 손상에 이르는 다양한 조건들에 대한 치료가 성공적으로 이루어지는 횟수가 증가한 것과 관련되어 있다. 하지만 이와 함께 정상적인 신체적 과정들이 전문적인 의학적 조사와 통제하에 놓이게 되기도 했다. 이러한 삶의 의학화는 사람들을 무력하게 만들고 있다. 질병을 치료하는 방법에 대한 지식을 공유하는 것이 아니라 스스로를 돌볼 수 있는 지식과 자원을 잃어버리는 결과로 이어지게 되기 때문이다. 예를 들어, 지난 200년간 진행 속도를 높이거나 고통을 덜어 준다는 목적으로 제왕절개 수술을 비롯한 다른 의학적 개입들이 높은 수준으로 증가하면서, 출산은 꾸준히 의학화되었다. 하지만 이 때문에 실제로는 여성들이 아이를 낳는 것이 더욱 힘들어졌다.[*] 병원에서 아이를 낳는 것이 집에서 아이를 낳는 것보다 더 안전하다는 증거가 없고 여성들이 스스로를 돌볼 수 있는 선택의 여지를 줄인다는 점에

---

[*] Vincent, 2002.

대한 증거가 많은데도 집에서 아이를 낳는 것보다 병원에서 아이를 낳는 것이 규범으로 인식되고 있다. [*]

의학적 개입을 많이 할수록 건강에 좋지 못한 영향을 미칠 수 있다. 약물치료의 부작용 사례를 들어 보면, 영국에서는 6천8백 명이 넘는 사람들이 매년 약물 부작용으로 죽고 있고 병원에 오는 사람들 중 6.5퍼센트가 약물 부작용으로 온다. 피할 수 없는 자연스러운 현상인 폐경은 에스트로겐 결핍으로 인한 질병으로 인식되어 호르몬 보충으로 치료하려 든다. 불행하게도 이로 인한 해로운 영향에 대한 증거가 확인되는 데 몇 년밖에 걸리지 않았는데, 이러한 해로운 영향에는 유방암 증가 같은 것이 포함된다. 모든 약물치료는 위험과 장점을 동반한다. 분명한 점은 심각한 질병의 경우 효과적인 치료를 요구하며 위험 비율과 수익 비율 또한 신중하게 검토해야 한다는 것이다. 예를 들어, 여성적인 활력이 유방암에 걸릴 위험을 정당화할 정도로 중요한 문제인지에 대해 고민해 봐야 한다는 것이다. 또한 알약 복용은 우울증에 대한 간편한 해결책인 것처럼 보이지만, 운동량을 늘린다거나 심각하지 않은 우울증은 그냥 유지하는 등 약물을 사용하지 않은 선택들이 더 안전하고 적합할 수 있다.

건강과의 상호작용

사람들은 건강에 문제가 생겨서 해결책을 찾기 위해 의학 전문가를 찾을 때가 되어서야 건강을 새롭게 의식하곤 한다. 이것은 여러 가지 이유로 문제가 많다.

첫째, 우리가 경험하는 건강 문제의 대부분은 스스로 관리할 수 있는 것이

---

[*] Johanson et al., 2002.

며, 소수의 질병에 대해서만 잘 훈련된 건강 전문가가 필요하다. 의사든, 약초 전문가든, 마녀든, 전통 치료사든 건강에 대해 많은 양의 지식을 축적하고 있는 사람이 있기만 하면 아무런 문제가 없다. 이들은 유용하고도 필요한 존재며, 유사 이래 항상 존재했다. 불행하게도 오늘날의 의사들은 가장 존중받는 지식을 가진 지위에 올라서게 되었다. 다른 건강 관련 종사자들보다 사회 안에서의 사회 경제적 지위가 상당히 높다.

둘째, 의사는 질병의 사회적 원인을 탐구하는 것을 꺼린다. 전체 보건 전문가들 안에서는 질병에 대한 정치적 원인에 대한 검토도 충분하지 않다. 성, 계급, 인종, 사회적 지위, 섹슈얼리티, 나이, 능력, 그리고 이것이 사람들의 신체와 삶에 누적적으로 미치는 영향과 복합적으로 얽혀 있는 권력관계 또한 이 안에서는 인정받지 못하고 있다. 이러한 권력관계는 제도화되어 있으며, 사실상 의학 제도 속에도 그대로 되풀이되고 있다. 한 연구에 따르면 노동계급 여성과 흑인 여성은 병원에서 다른 사회 집단들보다 우호적이지 못한 대우를 받을 가능성이 높다.*

셋째, "전문가"에게 의존해야 한다는 점도 몇 가지 문제가 있다. 전문가의 존재는 사람들이 자신의 건강에 대해 직접 책임지지 못하게 가로막거나 그렇게 할 용기를 박탈해 버릴 수 있기 때문이다. "전문가들"에게 도전하고, 이들의 근거와 동기, 판단에 문제를 제기할 수 있는 능력이 중요하다. 우리 삶과 건강을 보장해 준다는 이유로 전문가들이 우리에게 미치는 영향은 우리를 위한 것이어야 하기 때문이다. 하지만 많은 건강 상담 사례들을 보면 환자들에게는 의사의 처방을 충분히 들을 권한이 있음에도, 환자들이 실제로 그 내용을 이해했는지에 대해서는 제대로 이야기되지 않는 불균형이 존재한다.

---

*Douglas, 1992.

해당 문제에 대한 이해를 서로 공유하고, 환자와 건강 전문가가 이것을 공동 관리할 때 건강이 좋아진다는 증거들은 많이 있다. 의학은 일종의 예술이기 때문에 올바른 처방을 찾아내기 위해서는 개별 환자들에 대한 심도 깊은 이해가 필요하다. 문제에 대한 이해를 확실히 공유하기 위해서는 건강 전문가가 환자의 자율성을 존중해야 하며(이것은 가장 중요한 의학적 윤리 원칙이다) 환자는 스스로를 돌보는 데 적극적인 역할을 해야 한다.

많은 사람들이 의학 전문가들과의 부정적 경험을 통해 건강에 대한 새로운 시도를 하게 되었다. 불만족스러운 관리는 주류 건강관리 기법이나 건강 문제의 원인을 고민하는 방식의 대안적인 모형을 추구하는 결과로 이어질 수도 있고, 이를 통해 사회 권력 구조를 더 잘 이해하게 될 수도 있다. 사람들은 건강에 영향을 미치는 요소들에 대해 더 많은 통제력을 행사할 수 있는 권리를 반복해서 주장하고 이를 얻기 위한 행동을 취해 왔으며, 이 과정에서 직접적이고 자율적인 노력이 어두운 사회적 상황을 개선시키는 데 필수적이라는 점을 현실적으로 보여 주었다.

이윤을 만들어 내는 질병

의료계 종사자들과 약학 산업 간의 긴밀한 연계에 대해서도 의미 있는 비판들이 있다. 이들은 누구의 이익을 우선시하는가, 환자의 이익인가, 아니면 제약회사의 이익인가? 의약품을 좀 더 높은 가격으로 더 많은 사람들에게 팔 수 있는 북반구에서는 시장화할 수 있는 약물들에 대한 연구 개발에 많은 돈을 투자하고 있다. 시장 규모를 늘리기 위해 제약 회사들은 질병에 대한 정의를 바꿔서 새로운 질병을 만들고, 이를 의료계 종사자들과 이러한 치료술의 잠재적 사용자들에게 판촉하는 데 열을 올려 왔다.

일상적인 문제가 의학적인 문제로 전환되고, 경미한 증세는 심각한 것으로 뒤바뀌며, 이로 인해 위험 또한 질병이 되었다. 이 때문에 사람들은 건강 염려증 환자가 될 수 있고, 또한 건강 문제의 사회·정치적 원인들이 감춰질 수 있다. 이러한 캠페인들은 일반적으로 "질병"에 대한 신상품을 판촉하는 제약 회사와 연계된 것이다. 이와 관련된 최근의 사례로는 대머리, 과민성 대장 증후군, 사회적인 공포, 골다공증의 위험과 발기부전 같은 것들이 있다.[*] 실제로 사람들은 수줍음을 덜 타고, 대머리나 뚱보가 아니기를 원하며, 남성적인 능력이 더 충만하기를 원하는데, 이런 의약품들은 사람들의 사실적인 욕망들을 이용하고 있는 것이다. 이런 종류의 처방들 때문에 우리는 사회적인 맥락이나 원인들을 보지 않은 채 이러한 문제들을 약물을 가지고 간단히 치료할 수 있는 의학적 문제라고 인식하게 된다. 제약 회사들이 이러한 정당한 관심들을 활용하고 있기 때문에 의약품을 팔고, 쉽게 돈을 벌 수 있으며, 우리들이 좀 더 깊은 원인을 바라보지 못하게 되는 것이다.

비만 치료제의 소비자 마케팅에는 종종 건강한 생활양식에 필요한 변화에 대한 언급이 없고, 식품에 소금, 설탕, 지방을 줄여야 하는 식품 제조 업자들의 책임에 대한 언급도 당연히 찾아볼 수 없다.

제약 회사들은 여러 가지 방식으로 영향력을 행사한다. 이들은 건강을 다루는 방식에 대한 지침을 작성하는 위원회에 참석하고 있는데, 여기서는 이를테면 약물치료가 필요한 혈압의 수위를 낮추는 결정에 영향력을 미치는 식의 활동을 한다. 이들은 또한 의학 전문가들을 대상으로 하는 교육에도 간여하며, 많은 대학원생 교육 사업을 후원하고 있다. 이들은 또한 언론과 환자 집단

---

[*] Moynihan et al., 2002.

[**] Moynihan et al., 2002

을 이용해서 멀쩡한 사람들을 약물치료가 필요한 환자로 바꿔 놓고 있다.**

제약 회사들은 약용 식물들에 대한 특허를 신청하고 있는데, 이 때문에 수 세기 동안 이것을 전통적으로 이용해 왔던 사람들이 이 식물들을 재배하고 사용하기 위해 돈을 내야 하는 상황이 오게 될 것이다. 많은 제약 회사들이 전통적인 공동체에서 시간을 보내면서 여러 해 동안 공동체 안에서 발달해 온 건강에 대한 지식을 활용하여 식물과 그 약효를 확인했다. 원주민 공동체들은 특허라는 것이 존재하고 이제 특허 신청을 할 수가 없다는 사실을 알게 될 때에 이르러서야 식물을 재배하고 사용하는 권리를 소유하는 것이 가능하다는 것을 알게 되기도 한다. 이러한 예로 님 나무가 있다. 님 나무는 인도에서 수 세기 동안 의약품, 치약, 연료로 사용되었다. 그러다 미국과 일본 기업이 이 나무의 많은 성분들에 특허를 신청하게 되었고 그 결과 이제 님 나무의 씨앗은 아주 비싼 값으로만 구입할 수 있게 되었다. 인도 농부들은 님 나무의 "지적 소유권"을 두고 이들 다국적기업들의 권리에 도전하고 있다.

주주들과 회계사의 요구에 부응하다 보면 제약 회사의 주된 관심은 이윤일 수밖에 없다. 산아제한은 이윤이 어떤 과정을 통해 인간의 안전보다 우위에 놓이게 되는지 충분한 증거자료를 통해 보여 주는 예다. 달콘 쉴드 코일Dalkon Shiled coil***처럼 안전성이 보장되지 않은 기구들을 공격적으로 시장화하고 판매하는 과정에서 아예 불임이 되거나 죽는 여성도 있었다.**** 이런 의약품 실험은 종종 남반구에서 시행되고 있는데, 여기서는 윤리적 승인이 필요하지 않고 실험 대상자들이 자신이 실험에 참여한다는 사실을 모르거나 아니면

*** 달콘 회사에서 도입한 자궁 내에 설치하는 피임 기구로, 여성들의 몸에 여러 가지로 해로운 점이 발견되어 법정 소송이 줄을 이었다. 결국 재판부는 보상과 벌금으로 수백만 달러를 선고했다. 옮긴이
**** Hartmann, 1995.

자신들이 받고 있는 약이 아직 허가받지 않은 것이라는 점을 잘 모르기 때문이다. 우리는 최근에 나온 영화 〈콘스탄트 가드너The Constant Gardener〉와 인도에서 벌어지고 있는 의약품 실험에 대한 영국 채널 4 다큐멘터리 같은 극적 묘사를 통해 이런 상황을 인식하게 되었다.[*] 초국적인 의약품 회사만 우리의 건강을 희생시켜 이윤을 얻는 것은 아니다. 〈네슬레〉 또한 물을 안전하게 마실 수 없는 곳에서 모유 대체 상품을 판매하면서 이윤을 얻고 있다. 세계보건기구(WHO)는 전 세계에서 매년 150만 명의 신생아가 모유를 먹지 못해서 죽고 있다고 추정한다. 안전한 물이 별로 없는 곳에서 병에 든 물을 마시는 아이들은 모유를 먹는 아이들보다 설사 때문에 죽을 확률이 25배 더 높다. 〈네슬레〉는 자신들의 유아 식품 마케팅 관행이 공격적이라는 점이 드러났는데도 모유 대체용 분유를 지금도 냉소적으로 판촉하는 중이다. 생활 속의 건강 또한 큰돈을 벌 수 있는 부문으로, 〈부츠Boots〉, 〈테스코Tesco〉, 〈월마트Wal-Mart〉 같은 번화한 상점들은 서로 경쟁적으로 무료 건강진단과 상담을 해 주고 있다. 이런 상점들에는 당연하게도 건강진단 후 바로 살 수 있는 상품이 충분하게 갖추어져 있다.

보건 비용

건강관리를 해 준다는 여러 가지 수단들이 우리의 건강 문제를 해결해 준다는 명목으로 점점 더 많이 팔려 나가고 있지만, 그게 해답이라는 명백한 증거는 없다. 암과 같은 질병에 대한 이해를 증진시키고 새로운 치료법을 개발하는 연구에 자금을 대면 이런 질병으로 고통스러워하는 사람들의 건강이 반

---

[*] Iheanacho, 2006.

드시 향상될 것이다. 하지만 종종 사회적인 문제로 연결되는 근원적인 이유를 밝히는 데 경비를 지출하는 것은 이보다 더 큰 영향을 미칠 수도 있다. 예를 들어 사회적 계급이 낮은 사람들은 심장질환이나 폐암이 발생할 가능성이 더 높다는 사실을 생각해 보라. 지난 세기에 선진국에서 보건 수준이 향상된 것은 보건에 대한 경비가 늘어나서가 아니라 위생과 주택 상태가 개선되었기 때문이었다. 또한 지금도 지구상의 많은 곳에서는 깨끗한 물이나 합리적인 주거 시설을 갖추지 못하고 있다. 빈곤한 국가에 있는 사람들의 약 50퍼센트는 형편없는 수질과 위생 수준 때문에 발생한 건강 문제를 겪고 있지만, 현금이 넉넉한 곳에서는 그렇지 않다.* 보건 정책은 자원이 늘어나면 가장 크게 개선될 곳이 어딘지에 대한 평가를 근거로 삼아야 한다. 자원의 가장 효과적인 사용은 남반구에서 가능할 것이며, 여기서 전염성 질환들을 예방하고 치료하게 될 것이다. 또한 영국에서 만성적인 질환을 겪고 있는 독거노인들에 대한 지원을 늘리는 것은 건강한 사람들의 콜레스테롤 수치 점검보다 더 우선적인 일이다. 하지만 건강한 사람들의 콜레스테롤 수치 점검은 제약 회사들에게 정치적인 자본과 현금을 가장 많이 만들어 주는 일이다.**

홍미로운 점은 부유한 나라에서 건강관리를 더 잘 받을 수 있는 사람들이 가난한 나라에 살고 있는 사람들보다 스스로 진단한 질병의 비율이 더 높다는 것이다. 한 가지 원인은 예방 보건에 대한 강조 때문에 미래에 발생할지도 모를 질병에 대해 미리 진단하고 고혈압 같은 병이 발생할 위험을 줄이기 위해 약물 치료를 받기 때문이다. 이론상으로 건강이 악화될 수 있는 모든 위험 요소들을 줄이기 위해서는 건강을 증진시켜야 한다. 하지만 현실에서는 우리가

---

* UNDP, 2006.
** Heath, 2005.

앞으로 심장 발작이나 뇌졸중에 걸릴지도 모른다는 생각과, 약물치료의 부작용이 결합되면서 우리의 심신에 부정적인 영향만 주고 있다."

영국을 비롯한 세계 곳곳에서 건강 불평등이 확대되고 있다는 점에 대해 여러 차례 보고가 되었는데, 이들 보고에서는 이러한 문제들이 수입 수준의 불평등과 건강에 대한 사회적 결정 요인들을 해결해야만 풀릴 수 있다고 암시하고 있다."" 약물치료를 통한 해법은 사회에 도전하거나 사회를 바꾸는 것보다 손쉽다. 하지만 사회에 대한 도전이나 사회 변화는 모두의 건강을 향상시켜 줄 수 있는 유일한 행동이다.

자율적인 보건

자본주의, 의료화, 기업화의 결합은 건강에 치명적이며, 이것은 오직 자율관리self-management와 자율 권한 부여self-empowerment에 기초한 건강에 대한 자율적인 접근법을 통해서만 해결할 수 있다고 우리는 믿고 있다. 이를 위해서는 건강이라는 것은 우리 자신과 우리 주위의 세계에 의한 영향을 받는, 지속적인 유동 상태에 있는 것이라는 인식이 필요하다. 이때 우리 주위의 세계는 우리가 통제할 수 있는 부분도 있지만, 통제할 수 없는 부분도 있다. 험난한 사회적 상황에서는 이러한 인식을 갖거나 혹은 상황을 개선하기 위한 행동을 하는 것이 불가능할 수도 있다. 급진적인 사회 변화가 있어야만 진정한 자율성이 가능하다. 자본주의와 그 폭넓은 영향력에 도전하지 않으면 우리는 제한적인 통제력과 선택사항을 가질 수밖에 없다. 사회구조는 우리를 소외시키

" Heath, 2005.

"" Kawachi and Kennedy, 1997.

고 개별화하기 때문에 우리는 우리의 문제에 대해, 그리고 해법에 대해 함께 공유해야 한다는 인식을 갖지 못한다.

건강에 대해 좀 더 자율 관리적인 접근법을 취할 때 핵심적인 부분은, 앞서 개괄한 것처럼 우리가 살아가는 방식과 우리 사회가 기능하는 방식에 대한 모든 것이 우리 건강에 영향을 미친다는 점이다. 좀 더 규칙적으로 운동을 하건, 감정적으로 의지할 것을 찾건, 아니면 좀 더 폭넓게 우리의 신체적 경험에 민감해지건 간에 우리 개인의 건강에 더 개별적인 책임을 지는 것은 긍정적인 진전이다. 하지만 각자 개인적으로 건강 상태를 좋게 만드는 것은 종결 지점으로 충분치 않다. 우리 사회의 특징인 폭넓은 수준의 병약함을 해결하기 위해서는 집합적인 행동이 필요하기 때문이다. 우리 사회의 소비문화는 "신세

사빠띠스따의 보건소— "자율적인 보건을 위하여"

출처: 타쉬 고든

기 운동"이라는 미명 아래 개인적인 자기 개선을 자극하는 방식으로 건강문제에 대한 해법을 판매하고 있다. 우리가 사들일 능력만 있다면 비타민, 유기농 식품, 체육관 회원권 혹은 마사지 같은 것을 받을 수 있을 것이다. 이런 것들이 개인 건강에 좋을 수도 있지만, 건강에 대한 실질적인 영향은 오직 사회적 변화와 함께 올 것이며, 이런 사회적 변화가 일어났을 때 훨씬 큰 집단의 삶이 개선될 것이다.

우리에게 자율적인 보건이라는 것은 질병의 근원적인 이유에 대한 정치적 의식을 고양함과 함께, 예방적인 수단들에 근거한 자조적인 풀뿌리 접근법을 의미한다. 자율적 보건에 대한 접근법은 다양한 개념과 실질적인 해법들을 포괄하는 다변적인 것이어야 한다. 여기에는 자조적인 기술들, "전문가"의 역할에 대한 도전과 의약품의 신화 벗기기, 개인적·집단적 수준에서 질병의 원인 파헤치기, 지원 네트워크 만들기, 기술을 습득하고 공유하기, 교육과 예방 강조하기, 건강을 해치는 요인들을 없애는 조처 취하기 같은 것들이 포함된다.

자율 보건의 여러 측면들

제약 조건들이 많은 사회 안에서도 사람들의 삶을 의미 있게 바꾸고 영감이 번뜩이는, 스스로 조직된 풀뿌리 정치 투쟁과 집단들이 있다. 하지만 이것만으로는 우리가 살고 있는 사회에서 완전히 벗어난 공간을 만들어 낼 수는 없다. 즉, 완벽하게 자율적일 수는 없다는 것이다. 하지만 집단 조직화를 통해 건강을 증진시킬 수 있다. 집단 조직화는 사람들에게 권한을 부여하고 새로운 유대를 창조하며, 새로운 해법을 제공한다. 하지만 이 역시 건강상의 불평등을 없애지 못하고, 이 세계에 있는 근원적으로 해로운 것들을 바꾸지는 못할 것이다. 여러 가지 방식으로 우리 삶에 대한 통제력을 갖게 되면 건강에 대한 통제력 또한 증가하게 되며, 건강 또한 향상될 수 있다. 그리고 어떻게 할 수 없다는 느낌 때문에 무기력해지는 것도 막을 수 있다.

아르헨티나 실업자 운동 조직의 보건 체계

아르헨티나에서는 〈실업자 운동(Movement of Unemployed Workers, MTD)〉이 정부를 마비시키기 위해 국가의 도로 시설을 봉쇄하고 실업자들에게 정기적인 수당을 지급하라고 협상을 벌이고 있다. 이 돈의 일부는 개인에게 직접 돌아가지만, 대부분은 공동체의 빵집과 작업장, 보육 시설, 도서관, 카페, 약국으로 들어가 이 운동과 관련된 사람들의 기본적인 필요를 충족시킨다. MTD는 자율적인 보건 체계를 만드는 중이다. 일단 보건 위원회를 구성할 보건 일꾼을 뽑아 달라고 인근 집단들에 요청하는 일부터 시작했다. 보건 일꾼들이 수행할 최초의 과제는 이웃 집단 구성원들에게 이들이 인지하는 건강이란 무엇이며, 건강의 장애물은 무엇인지, 이들이 받고 있는 건강관리에서 빠진 것은 무엇이며, 어떤 건강관리를 이용하고 싶은지 밝혀 달라고 요청하는 일이다. 보건 위원회에서 진행하는 일과 별도로 이 운동 집단에서 진행하고 있는 대중 교육은 사람들이 직면하고 있는 문제와 이 문제의 근본 원인에 대한 의식을 고양하고, 어떻게 하면 자신이 처한 상황을 개선시킬 수 있는 통제력을 얻을 수 있을지에 대한 인식을 높이기 위한 목적으로 진행되고 있다. 이들의 계획은 이런 취지에 동의하는 보건 전문가들을 통해 기본적인 보건 수련을 받을 수 있게 하는 것이다. 이미 일부 일꾼들은 약품 치료를 시행하는 훈련을 받았고, 또 다른 이들은 곧 응급처방과 중독 치료, 약용 식물 과정을 배울 예정이다.

자조

자조는 1970년대 여성주의 운동의 두 번째 물결이 확산되던 시기에 폭넓게 사용되던 용어다. 자조는 정보 공유를 통해 자율성을 확장시키고 의학 전문가라는 개념에 직접 도전하기 위한 것이다. 여성들은 소규모 자조 집단을 형성해서 자신의 몸과 의료 시설에 대한 경험에 대해 이야기한다. 주관적인 경험에 대한 신뢰를 바탕으로 이들은 자신들의 공통점과 차이점을 찾을 수 있다. 이들은 사회적 성gender에 대한 다양한 이론들과 억압의 원인을 해결하는 정치적 의식을 발전시킬 수 있었다. 자조 집단을 구성하는 것은 자율적인 보건을 위한 아주 중요한 수단이 될 수 있다. 자조 집단이 구성되면, 의사와 국가, 제약 회사들이 전하는 정보를 처리하는 과정에서 서로에게 의지할 수 있는 공간이 생기고 이를 통해 스스로 문제와 해법을 밝힐 수 있게 된다. 중요한 것은 우리가 건강 문제를 야기하는 요소들 중 일부를 바꿀 수 있으며, 이것은 약을 먹는 것보다 훨씬 더 효과적이고 우리의 권한이 강화되는 길이라는 점을 깨닫는 것이다. 여러 가지 조건을 둘러싸고 조직되어 있는, 눈여겨볼 만한 자조 집단들이 많이 있다. 이 자조 집단들은 유용한 후원 네트워크이자 지식을 공유할 수 있는 통로가 된다. 이것이 유용하기는 하지만 각각의 조건을 사회가 건강에 영향을 미치는 방식이라는 폭넓은 맥락 속에 놓지 않고 그저 단일한 사안으로 바라본다는 비판도 있다.

정치적 의식의 고양

우리는 건강한 삶에 치명적인 상황들을 야기하는 정치에 대해 어떠한 행동도 취하지 않고서는 아무것도 바꿀 수 없다는 점을 깨달아야 한다. 즉, 우리가 살고 있는 정치적 제도가 어떤 식으로 질병을 야기하는가를 이해하는 것이 필수적이라는 것이다. 미국의 〈블랙 팬서〉 운동의 경우, 정치 의식을 고양시키는 것이 폭넓은 운동의 일환이었다. 미국에 살고 있는 흑인으로서 이들은 억압받고 있었고, 따라서 억압자들이 제공하는 교육이나 보건은 이들의 필요를 결코 만족시키지 못하는 것이었다. 형편없는 교육, 값싼 알코올과 마약 덕분에 백인 국가는 현상 유지를 할 수 있었던 것이다.

기술 공유

기술 공유는 전문가나 유급 공무원에 의존하지 않고 지식을 전수할 수 있는, 그리고 사회 변화를 위해 사용할 수 있는 능력과 지적 능력을 쌓을 수 있는 핵심 방법이다. 보건에 대한 기술과 지식을 공유하는 것은 오랜 전통이다. 예를 들어 여러 나라에서 수많은 활동가나 길거리 의사 집단이 실천 프로그램이나 시위가 있을 때 의료 지원을 제공하고 있다(6장을 보라). 미국의 길거리 의사 집단 출신 자원 활동가들은 풍부한 영감을 주는 〈커먼그라운드 보건 진료소 Common Ground Health Clinic〉에서 자원 활동을 하기도 했다. 〈커먼그라운드 보건 진료소〉는 허리케인 카트리나가 휩쓸고 지나간 뒤, 뉴올리언즈 빈민 지역인 알지어즈Algiers에 설립된 것이었다. 의사와 간호사, 정신건강 상담원, 마사지사, 침술사, 접골사, 물리치료사, 사회 활동가, 약사를 포함한 여러 종류의 의사들과 치료사들이 이 진료소의 직원으로 일하고 있다. 이들은 진료소를 운영하는 한편 가정 방문과 위성, 이동전화 진료소를 운영하고 있으며 보건 교육도 제공한다. 이들은 첫 세 달 동안 7천 명이 넘는 환자들을 보살폈다. 재난이 발생했을 때는 무료로 건강관리를 해 주고 공동체에서 운영하는, 영구적인 1차 보건 진료소를 만들 목적으로 이 진료소를 꾸준히 운영하고 있다.

인도의 〈삼바브나 진료소〉

1981년 치명적인 독성 가스인 메틸 이소시아네이트가 보팔Bhopal이라는 마을에 유출되었다. 살아남은 이들은 15만 명이라 추정되지만 2만 명이 죽었고 수만 명의 아이들이 기형아로 태어나게 되었다. 관련 기업이었던 〈유니온 카바이드Union Carbide〉는 보상금을 거의 지급하지 않았고, 제대로 된 정화 활동도 하지 않았으며, 지하수가 오염되도록 내버려 두었다. 이 회사는 지금 〈다우 케미컬Dow Chemicals〉이 소유하고 있다. 주 정부 차원에서의 건강관리는 가스 누출로 야기된 손상을 제대로 처리하지 않고 무차별적인 처방을 내림으로써 적절한 대책을 세우지는 못했다. 이에 생존자들과 의사, 사회 활동가들은 1995년에 〈삼바브나 Sambhavna 진료소〉를 세웠다. 이 진료소에서는 생존자들의 건강을 개선시킬 수 있는 모든 가능한 방법들을 시도하고 연구하는 일을 한다. 이 진료소는 직원 모두가 진료소 일 전반에 대해 의견을 나누는 식으로, 일에 대한 어떤 공식적인 위계구조가 없이 운영된다. 조정자 역할은 두 달 단위로 순환되며 따라서 모든 사람들이 자신을 포함한 모든 사람들에 대해 책임을 져야 한다.

1996년 이 진료소에서 진행한 한 연구에 따르면 보팔에서 의약품 시장을 장악하고 있는 12개의 초국적 기업들이 보팔 사건의 주요한 수혜자였음이 드러났다. 하지만 이 기업들이 판매하는 약품은 단지 일시적인 경감 효과만 있음을 보여 주는 증거들 또한 매우 충분했다. 이 진료소에서 사용하고 있는 약초와 요가는 이러한 권력에 대한 직접적인 도전이다. 약초는 지역적으로 마련되고, 값이 싸며, 장기적인 효과를 주기 때문이다. 이 진료소에서 사용하는 모든 서양 의약품은 인도의 비영리 집단에서 보급하는 것들이다. 환자들은 자신의 치료 계획을 직접 선택할 수 있으며, 되도록 전체적인 방식으로 치료를 받고, 건강 문제만이 아니라 집안 일 또한 관찰의 대상이 된다. 이 진료소에서는 보팔 사건이 고립적인 사건이 아니며, 노동자들과 공동체들은 전 지구적 맥락 속에서 일상적으로 독성에 오염되고 있다고 믿는다. 이들은 또한 유일한 해법은 지구상에서 유해한 화학물질들을 완전히 제거하는 것이라고 믿는다. 이들은 산업적인 질병들을 치료하는 데 "현대적인" 의학에는 한계가 있으며, 전통 의학과 현대 의학을 결합하는 적절한 제도를 발달시키는 것이 필요하다고 생각해 왔다.

서로 지원하는 사람들의 네트워크

개인적이며 정치적인 네트워크들이 중요하다. 우애를 단단하게 다지고 개인적인 지원자가 있다는 것을 인식하는 것은 건강에 큰 도움이 된다. 대가족과 공동체 네트워크는 산업화된 자본주의 사회에서 사라졌다. 사망률이나 질병이 사회적으로 개별화된 사람들 사이에서 2~4배 높다는 것을 많은 연구들이 보여 주었다. 심장 질환을 앓은 사람이 우호적인 사회적 지원을 받게 되면 그렇지 않은 사람들보다 생존할 확률이 세 배 더 높아진다는 것을 보여 주는 연구도 있다.[■] 위계 구조 없는 정치적 네트워크를 형성함으로써 우리는 소집단의 소외를 줄이고 다수의 정치적 힘을 느끼게 될 수 있다. 또한 이것은 소통하고, 기술과 자원을 공유하며, 따라서 효율성을 높일 수 있는 훌륭한 방법이기도 하다. 〈액티비스트 트라우마Activist Trauma〉는 최근 영국에서 만들어진 네트워크로, 어떤 사안에 대한 행동 혹은 다른 정치적 행동을 진행하면서 상해를 입은 것으로 추정되는 정치 활동가들을 위해 만들어졌으며, 행동주의와

■ Wilkinson, 2001.

관련된 정신건강 문제에 관련된 투쟁을 하고 있다. 이들은 정신적 외상에 대한 유용한 정보뿐만 아니라 개인적인 연락처들을 제공하며, 외상을 입은 사람들을 지원하는 것이 행동주의의 핵심 역할이 되어야 한다고 믿는다.

스스로 하는 건강관리

기본적인 건강관리에는 보건 전문가가 필요 없다. 작은 상처를 치료할 수 있는 기본적인 응급처치 기술이나 감기나 다른 평범한 질병의 증세들을 완화시키는 지역의 약초에 대한 지식은 사람들이 자신의 건강 문제 중 대부분을 해결할 수 있다는 것을 의미한다. 수세기 동안 이런 정보는 공동체와 가족들을 통해 전수되었지만, 사람들이 의학 전문가에 의존하게 되면서 천천히 사라져 갔다. 우리는 이러한 기술을 다시 불러들이고 공유할 필요가 있다. 이를 위해서는 다양한 수업, 독서 혹은 집단을 형성할 필요가 있다. 건강에 대한 교육이 여기서 핵심적인 역할을 한다. 이것은 자조 집단 내에서 이루어질 수도 있고, 개별 연구를 수행하는 개인들에 의하거나 아니면 사회센터, 여성주의 건강 진료소 같은 장소들에서 마련한 워크샵을 통해 이루어질 수도 있다.

직접행동과 자기 조직

오늘날의 사회는 자유무역 협정이나 오염, 전쟁처럼, 우리 건강에 영향을 미치는 많은 요소들에 직접 영향을 미칠 수 있는 여지를 거의 주지 않는다. 우리 건강에 대해 책임을 진다는 것은 이런 상황에 대해 도전하고 우리 주위의 세계에 집단적으로 영향을 미치는 행동을 할 수 있는 새로운 방법을 찾는 것도 포함된다. 우리의 삶과 건강을 증진시키는 자기 조직적인 사람들은 많이 있다. 경제적으로 감당할 수 있는 수준의 건강한 식품에 대한 접근을 늘려 주는 먹을거리 협동조합, 오염과 기후변화에 반대하는 직접행동, 과일과 야채를 직접 키우고 공동체의 지원을 강화하는 공동체 텃밭을 비롯한 여러 사례들을 17장에서 이야기할 것이다.

건강한 사회를 만드는 방법

이상적인 사회라면 양질의 주거 시설과, 질문하는 법을 가르쳐 주고 자신의 답을 찾게 해 주는 교육, 먹을거리를 재배할 수 있는 땅이 있을 것이고, 억압이 없는 대신, 서로 지원해 주는 사람들의 네트워크가 있을 것이다. 이 중 일부는 당장은 가능하지 않을 것 같지만 그렇다고 해서 우리 사회의 제약 조건 하에서 우리의 건강을 증진시키기 위해 행동할 수 없다는 것은 아니다. 함께 할 수 있는 다른 사람들을 찾는 것이 그 첫 단계이며, 이제 다음 장에서는 우리 건강을 증진시키기 위해 할 수 있는 것에 대한 많은 아이디어를 제공할 것이다. 이것은 공동체 텃밭을 시작하는 일일 수도 있고, 오염을 저지하는 캠페인일 수도 있으며, 보건 공동체가 될 수도 있다.

또한 우리는 서로의 필요를 충족하는 것을 돕기 위해 협동하는 과정에서 건강을 증진시키는 공동체적 건강관리 형태를 확인하고자 한다. 이를 위해서는 단순히 보건 전문가에게 소속된 것이 아니라 공동체에 소속된 보건 센터를 설립할 필요가 있다. 이러한 보건 센터에는 특정한 질병 혹은 건강을 증진시키는 방식에 대해 교육해 줄 자료들과 집단적이고 비위계적으로 일하는 다양한 형태의 보건 전문가들, 건강 문제에 대한 워크샵, 다양한 이해관계 혹은 필요를 중심으로 구성된 수많은 보건 공동체들이 필요하다. 여기에는 또한 값싼 먹을거리와 건강식, 그리고 요리법에 대한 수업을 진행하는 공동체 카페, 공동체 텃밭, 자전거 협동조합, 작업장, 걷거나 자전거를 타는 사람들의 모임이 포함될 수도 있다. 사람들은 자신의 삶에 영향을 미치는 좀 더 폭넓은 문제들에 반대하는 공동 행동을 할 수도 있다. 이것이 우리 사회를 병들지 않고 지금보다 건강하게 만들 수 있는 자율 보건에 대한 우리의 미래상이다.

우리 스스로 건강 돌보기 **06**

이 글을 쓴 타쉬 고든Tash Gordon은 영국 리즈에 살면서 도심에서 일반 개업의로 일하고 있다. 집 없는 사람들과 망명자 공동체에서 자원 활동을 하고 있으며, 침술소를 운영하고, 자율적인 사회센터인 〈커먼플레이스〉에도 참여하고 있다. 벡스 그리피스Becs Griffiths는 영국 브라이톤에서 지난 5년간 여성주의 보건 공동체에 일원으로 참여했다. 그리피스는 이 공동체의 현명한 조언과 지원에 대해 대단히 감사하게 생각하고 있다. 그리피스는 브라이톤에 있는 사회센터인 〈콜리 클럽Cowley Club〉에도 참여하고 있다. 그리피스는 2004년과 2007년에 있었던 "전국 여성주의 의료 회의"에 참여했으며, 고든은 2007년에 참여했다. 이 장은 많은 사람들의 경험과 생각에 도움을 얻은 것이다. 그중에서도 특히 〈브라이톤 여성 보건 공동체 Brighton Women's Health Collective〉에 특별히 감사의 말을 전한다.

5장에서 본 것처럼 우리 삶의 모든 부분들이 건강에 영향을 미친다. 건강에 대해 어느 정도 개인적인 책임을 지는 것은 우리 삶에 대한 통제력을 행사하는 데 있어 중요한 부분이다. 좀 더 자율적으로 운영되는 보건 제도를 성취하는 방법에 대해 자세한 목록을 작성하는 것은 아주 어려운 일이다. 하지만 질병을 정의하고 치료하는 데 너무나도 협소한 접근법을 사용하는 의료기관들에 대한 의존도를 점점 낮출 수 있는 방법을 몇 가지 제시하고자 한다. 우리는 지금보다 건강한 식습관과 금연 혹은 절주를 통해 건강에 더 많은 책임을 질수 있다. 하지만 좀 더 넓은 사회적 수준에서의 변화 또한 필요하다. 즉 단순히 개인적인 책임만 져서는 안 된다는 것이다. 집단적인 행동은 스스로의 삶을 바꾸는 것이기도 하지만, 그것을 가장 필요로 하는 다른 사람들을 위해, 그리고 이들과 함께 이루는 것이기도 하다.

스스로의 건강을 관리할 수 있는 방법은 다양하지만, 현실적으로 어떤 것이 가능한지는 개인적인 상황과 자원에 따라 다르다. 앞으로 자조 집단과 의료 공동체 건설, 자연 치료법 사용, 의료 기관들을 자신의 이해에 맞게 사용하는 방법 같은 몇 가지 예들을 이야기할 것이다. 이런 이야기를 하는 것은 자율적인 보건의 청사진을 제시하려는 것은 아니다. 또한 이런 예들이 좀 더 나은 건강을 얻는 데 필요한 전부라고 암시하는 것도 아니다. 이런 예들은 좀 더 많은 정보와 권력을 얻는 과정에서 스스로를 교육하고 서로 지원하기 위한 몇 가지 단계를 보여 주기 위한 것이다. 이를 통해 우리는 유용한 것과 유용하지 않은 것을 스스로 판단할 수 있게 된다. 스스로의 건강을 관리하는 데 필요한 기술을 습득하고 토대를 만드는 것은 지난한 과정이기 때문에, 상대적으로 쉽고 자유롭게 접근할 수 있는 보건 서비스에 익숙한 우리들에게 이것은 상상하기 어려운 일일 수도 있다. 하지만 우리는 공공 자금의 지원을 받는 의료제도에 영원히 의존할 수는 없을 것이며, 많은 사람들은 이미 그 혜택을 받지 못하고 있다. 예를 들어 보험금을 감당할 수 없거나, 보호시설에서 거부된 이들, 혹은 신분이 확실치 않은 이들은 기본적인 의료 서비스를 전혀 제공받지 못하고 있다.

의료 공동체

의료 공동체는 여성해방 운동의 일환으로 1970년대 여성 보건 운동에서 출발했다. 이 보건 운동은 미국에서 1960년대 말 낙태 개혁 행동주의로 등장해서 두 번째 여성주의 물결의 중요한 구성요소가 되었다. 로스앤젤레스의 한 여성 집단이 모여서 자가 진단을 함께 시작했다(이들이 사용한 자가 진단법은 자궁의 목 부분인 자궁경부를 들여다보기 위해 플라스틱 반사경을 사용하는 기법으로, 여성주의자들은 이것이 자신들이 가지고 있는 가장 유용한 도구 중 하나라는 것을 알게 되었다). 여성들은 자가 진단을 통해 각각의 생리 주기와 몸에 대해 더 많은 것을 알게 되면서 건강관리의 수동적인 소비자를 넘어서는 의식을 가지기 시작했다. 이러한 학습과 교수는 소집단을 이루어 집단적인 지원의 필요성을 강조하고 전문가로서의 의사의 역할에 직접 도전하면서 이루어졌기 때문에, 개인주의적인 건강관리 모델을 넘어서는 것이었다. 이들은 유방 자가 진단, 기초 생리학과 자가 관리를 가르쳤고, 의학 연구에 대한 비판적 입장을 소개했다. 이를 통해 여성들은 진단과 치료에 대해 좀 더 많은 정보를 가지고 선택할 수 있게 되었다. 이것은 곰팡이균을 통한 구강점막 감염 같은 보편적인 감염에서부터 암 같은 더 심각한 질병에 이르기까지 다양한 질병에 해당된다.

이런 생각이 미국 전역에 퍼지게 되었고, 자조 진료소들이 생겨나 수천 명의 여성들이 이를 이용할 수 있게 되었다. 미국의 진료소들은 1972년 낙태가 합법화된 이후로 낙태 진료소의 역할도 했다. 결국 이런 진료소들 중 일부가 〈여성주의 보건센터 연합Federation of Feminist Health Centres〉이라는 네트워크를 구성했는데, 이것은 지금도 미국 곳곳에 흩어져 있는 진료소들을 아우르고 있다. 여성들은 진료소를 세우는 데서 더 나아가 불임 시술의 남용 같은 여성 건강의 다른 영역에서도 왕성하게 활동했다. 불임 시술의 경우 특히 가난한 흑인 여성들과 레즈비언의 건강관리, 출산 관행, 조산술, 대안적인 피임법에 대한 접근과 작업장 문제들 사이에서 등장했다. 그 결과 기존 제도에 도전하고 캠페인 활동을 하기 위해 많은 풀뿌리 조직들이 만들어졌다. 그중 일부 조직들은 꼬박꼬박 월급을 받고, 한 가지 사안을 집중적으로 공략하면서 전문화되었고, 이런 과정에서 초기의 급진적인 비판 의식을 상실하기도 했다. 이러한 생각은 유럽으로 퍼져 나가 여러 곳에서 보건 공동체가 생겨났는데, 이들 사이에서는 새로운 대안을 찾기보다는 기존의 활용 가능한 무료 진료소를 개혁하기 위한 노력을 강조하는 경향들이 많이 있다.

〈급진 조산사 연합〉

1976년 영국에서 두 명의 조산사 수련생이 산모 관리가 점점 의료화되고 불필요한 개입이 늘어나는 것에 당혹스러움과 함께 실망을 느껴 상호 보조할 수 있는 방법을 마련하기 위해 정기적인 모임을 시작했다. 이들의 모임에는 곧 다른 사람들이 참여하게 되었고, 결국 오늘날까지 존재하고 있는 〈급진 조산사 연합Association of Radical Midwives〉을 설립하게 된다. 이들은 주로 양질의 개별화된 조산 관리를 받거나 주는 데 어려움이 있는 사람들을 위한 지원 집단이다. 이들은 이런 질 높은 조산 관리는 영국의 국민건강보험이 축소되면서 현저하게 사라지게 되었다고 생각한다. 이들은 『조산사의 현안Midwives Matters』 이라는 잡지도 발생했는데, 주로 회원들이 스스로 작성한 글들로 채워진 이 잡지는 오늘날 영국에서 주목받는 잡지로, 수많은 조산술 학교와 의학 도서관에 비치되어 있다.

브라이톤 여성주의 보건 공동체 구성원의 이야기

나는 5년 동안 브라이톤에 있는 여성주의 보건 공동체의 일원이었어요. 여러 해 동안 이 공동체가 다양한 모습을 띠기는 했지만요. 정치적으로나 개인적으로나 이것은 중대한 변화를 일으킨 경험이었습니다. 이 집단은 좀 더 폭넓은 반자본주의 정치학을 접하고 이와 관련된 일을 하는 여성주의자들로 구성된 큰 집단에서 성장했습니다. 이 집단의 일부는 여성주의 보건의 역사와 정치학, 월경의 정치학에 대한 워크샵을 진행했는데, 이 모든 것이 거기서 시작된 거예요. 우리 중 많은 사람들은 우리가 우리의 몸에 대해 얼마나 아는 게 없었는지, 우리가 평생 동안 접했던 우리 몸에 대한 정보가 얼마나 왜곡되어 있었나를 알게 되면서 깜짝 놀랐어요. 이 공동체는 15명의 여성들로 시작해서 매주 서로의 집에서 모임을 가졌죠. 함께 음식을 먹으면서요. 각 모임은 두어 시간 이어지기도 하고 밤새도록 진행되기도 했는데, 이게 1년 정도 지속됐어요. 왜 여성들에게는 몸에 대한 정보가 이렇게 적게 주어지는가, 이것은 어떤 종류의 정보인가에 대해 살펴보았구요, 의료 기관에 대한 각각의 경험을 나누고 생리 주기를 차트로 그려 보는가 하면, 자가 진단, 섹슈얼리티에 대한 우리의 생각, 유방 보건, 낙태, 임신, 에이즈, 성병에 대해서도 공부했어요. 우리는 또 몇 년 동안 텃밭을 일구며 약초를 함께 심고 기르고 수확하는 법을 배우기도 했어요. 내가 배웠던 것 중에 가장 중요한 것은 주류 의학이나 의사가 제공한 정보를 그대로 믿어서는 안 된다는 거였죠. 그건 절대 객관적이지 않고, 어떤 정보가, 왜, 주어지는가를 파고들 동기를 제한해 버리기 때문이죠. 공동체 안에 있는 모든 사람들이 특정한 주제에 대해 각자 연구를 진행해 보니 이 점이 훨씬 쉽게 이해가 되더라구요. 그리고 우리가 그동안 얼마나 쉽게 기존의 생각들을 비판 없이 수용했던가에 대해 놀라게 되죠.

우린 지역 사회센터에서 월례 공개 워크샵을 진행하기 시작했어요. 5시간 정도 분량이었는데, 우리는 각 워크샵이 어떤 내용에 대한 것인지를 설명해 주는 내용을 두세 블록 정도에 홍보했죠. 이런 활동을 통해 또 다른 보건 공동체가 만들어지게 되었고, 이건 지금도 이어지고 있어요. 나는 지속성이 보장되면 참여하는 사람들이 더 깊이 있게 주제를 다룰 수 있다는 점에서 이게 중요하다고 생각해요. 지속성이 보장된다는 건 공개 모임을 책임지는 더 큰 집단적인 기반이 있고 열정이 유지된다는 것을 의미하는 것이기도 하죠. 우리는 전국에서 워크샵을 진행했고, 잡지도 만들었고요, 영국에 있는 다른 여성들과 함께 〈영국 여성주의 보건 회의〉도 조직했죠. 앞으로 있을 〈여성주의 보건 회의〉에 대해 더 많은 정보를 얻고 싶다면 이메일 리스트에 가입하시면 됩니다. feministhealth@lists.riseup.net

자조 집단

보건 공동체 혹은 자조 집단이 있으면 기술과 정보를 공유하는 한편 다양한 형태의 지원 네트워크를 만들 수 있다. 상호 이익이 되는 방식으로 실제적인 지원과 감성적인 지원을 할 수도 있고, 사람들이 집단적인 해법을 찾는 데 도움을 주기도 한다. 때로 가장 큰 장점은 자조 집단을 조직하는 데 적극적으로 참여하는 과정에서 발견되기도 한다. 아래 몇 가지 예가 있다.

행동주의 의사들

행동주의 의사 집단은 시위 상황에서 발생하는 행동주의 공동체의 특정한 필요를 충족시키는 한편, 이런 의료 행위를 자율적이고 자가 운영되는 저항의 정치학과 조화로운 방식으로 제공할 목적으로 만들어졌다. 오늘날 활동 중인 집단에는 미국에 있는 〈흑십자 보건 공동체Black Cross Health Collective〉, 〈뉴욕 의료 활동가들Medical Activists of New York〉, 〈보스턴 지역 해방 의사단(Boston Area Liberation Medic, BALM)〉, 〈베이 지역 거리 의사들Bay Area Street Medics〉이 있다. 최근 영국에서 구성된 집단으로는 〈행동주의 의사들Action Medics〉이 있는 데, 이들은 2005년 "G8 정상회담" 반대 시위에서 의료 지원 활동을 펼쳤다.

활동가들의 이러한 네트워크는 응급처치에서 양질의 의사에 이르는 의료 기술을 보유하고 있고, 새로운 회원들을 꾸준히 교육한다. 대부분은 자원 활동가들로 운영되며, 위계구조가 없고, 합의를 통해 운영된다. 또한 절대 경찰에게 정보를 주지 않는다는 분명한 정책이 있으며, 여기에 참여하는 많은 의사들이 활동가로서의 경험을 가지고 있다. 이들의 주된 목적은 시위와 저항 행동이 있을 때 의사로서 훈련된 사람들이 함께 있도록 하는 것이다. 이들은 팀의 일원으로 일하며, 응급 상황이 발생했을 때 이에 대처할 수 있는 능력을 가지고 있다. 공동체들은 기본적인 응급처지와 최루가스 중화 같은, 특히 시위에서 특정하게 나타나는 상황을 아우르는 교육과정을 조직하기도 한다. 일부 공동체에서는 기본적인 응급처치 도구 목록과 응급 처치술을 다루는 웹사이트를 운영하는데, 여기에는 사람이 쇼크에 빠졌을 때, 최루가스를 뒤집어썼을 때, 외부적인 출혈이나 내부적인 출혈이 있을 때, 골절을 당했거나 뼈가 부러지거나 뇌진탕을 당했을 때 대처하는 방법을 설명하고 있다. 〈보스턴 지역 해방 의사단〉 같은 일부 공동체에서는 진보적인 대의로 무료 보건 진료소를 운영한다거나 정치적 행동과 관련된 건강관리를 수행하는 등의 더 폭넓은 역할을 수행하기도 한다.

최근 들어 이런 활동과 관련된 새로운 조류는, 행동주의와 관계된 정신건강 문제를 인식하고 지원하며, 이에 대한 의식을 고양하기 위한 집단적 활동을 하는 것이다. 실천과 저항 캠프에서 회복을 위한 안전한 공간을 제공하는 것도 이런 활동의 중요한 일부다. 또한 이런 집단들은 외상후 스트레스 장애 (PTSD) 같은 경고 신호를 파악하는 방법을 이해하기 위한 일을 하기도 한다. 이런 집단들은 스스로를 전문가라고 하지 않고 심각한 질병이 있는 사람들과 상담하려고 하지도 않는다. 하지만 이들은 지원 네트워크를 만드는 것이 이러한 문제에 동반된 증세를 해결하는 방법이라고 믿는다. 또한 정치적 운동에 공감하는 치료사를 선택하는 것이 회복에 핵심 부분이 될 수도 있다. 이런 치료사들은 사람들에게 경찰의 야만성 때문에 입게 된 상해를 치료하는 데 도움을 주기보다는 처음에 이들이 저항하고픈 마음을 갖게 한 것이 무엇이었나 자문해 보도록 요청한다. 활동가들의 정신적 외상에 대한 정보를 모아 놓은 웹사이트는 국적에 관계없이 폭력 혹은 억압에 맞닥뜨린 모든 사람에게 유용하다. 이 웹사이트에는 다음과 같은 말이 적혀 있다. "정신적 외상을 입은 사람들을 지원하는 것이 우리 삶의 핵심 부분이어야 합니다. 지원과 연대가 없으면 우리는 쉽게 쓰러질 수 있기 때문입니다. 이것은 신나는 일도 아니고 매력적인 일도 아닙니다. 사실 이건 어려운 일이죠. 하지만 이 일에는 그만한 만족이 따르며 흥미가 있을 수도 있습니다. 그리고 아주 긍정적인 결과가 도출될 수도 있죠. 우리는 가끔 권력 앞에서 무력하다고 느낄 수도 있지만, 서로를 도우며 잘 살아갈 수 있습니다"(www.activist-trauma.net).

매드 프라이드

〈매드 프라이드Mad Pride〉는 정신건강 기관에 대한 부정적인 경험이 있는 사람들로 구성된 풀뿌리 네트워크로 설립되었다. 이들의 목적은 정신병 환자들에 대한 차별을 종식시키는 운동을 펼치는 것이다. 이 생각은 1997년 런던에서 있었던 "게이 프라이드GayPride" 축제에서 시작된 것이다. 정신건강 기관에서 살아남은 일부 생존자들은 자신들도 비슷한 행사를 열 수 있다고 생각해서 함께 모여 조직하기 시작했다. 이들은 〈매드 프라이드〉를 진행하기 위해 비영리 회사를 설립했고, 1999년에 일련의 음악회를 조직했다. 이들은 『매드 프라이드: 광기 문화의 축복Mad Pride: A Celebration of Mad Culture』(2001) 이라는 글

모음집에 사람들이 "광기"를 어떻게 경험하는지 개인적인 이야기들을 담아 출간하기도 했다. 〈매드 프라이드〉의 주된 목적은 의식 고양과 정신 건강 문제에 대한 대중 교육, 정신 건강에 대한 좀 더 긍정적인 이미지 유포, 그리고 정신적인 장애를 경험했던 사람들에 대한 편견과 차별 극복이었다. 이들은 "미친"이라는 단어를 교정하고자 하는 한편 정신 건강 기관 안에서 겪은 정신적 외상에 대한 경험에 대해 소리 높여 이야기했다. 이들은 1999년 영국에서 발의된 정신 건강 법안Mental Health Bill에 반대하는 캠페인을 펼치고 시위를 조직했다. 이 법안에는 공동체 안에서 정신질환자에 대해 강제 의료 행위를 진행할 것과 사람들을 입원 병동에 나눠서 감금시킬 수 있는 시간을 늘리는 내용이 포함되어 있었다.

〈매드 프라이드〉는 최근 들어 왕성하게 활동하고 있지는 않지만, 〈매드 프라이드〉에서 영감을 얻은 다양한 행사들이 지속되고 있다. 예를 들면, "매드 칙스Mad Chicks", "매드 브라이튼Mad Brighton", 〈침파문카Chipamunka〉, "매드낫배드Madnotbad" 같은 것들이 있는데, "매드 칙스"는 여성 정신과 이용자들에 국한된 문제에 중점을 두고, 정신 건강 문제를 둘러싼 차별과 잘못된 정보를 바로잡기 위해 활동하고 있다. 이들은 워크샵과 토론회들로 구성된 행사를 진행하기도 했으며, 이들의 웹사이트에는 여러 가지 정보와 링크들이 풍부하다. "매드 브라이튼"은 워크샵과 수다의 밤, 전시회 같은 것들로 구성된 한 주짜리 행사로, 광기라는 개념에 도전하고 소위 "정신 건강"을 둘러싼 생각들에 대해 토론하고자 하는 일군의 사람들이 기획한 것이었다. 〈침파문카〉는 광기와 사람들의 개인적인 경험을 다룬 책을 주로 펴내는 환자 중심의 출판사다. "매드낫배드"라는 웹사이트는 정신적인 장애를 입은 사람들이 정신 건강 기관 내에서 발생하는 오진과 잘못된 치료, 무시에 대한 경험을 공유하기 위해 만든 공간이다.

보건 공동체를 만드는 방법

다양한 형태의 자조 집단 혹은 공동체를 만들 때 사용해 볼 만한 일반 사항 들을 아래에 소개해 놓았다.

■ 누가 공동체의 일원이 되기를 원하는지, 어떤 식으로 사람들이 참여할 수 있게 만들지에 대해 판단해야 한다. 카페나 사회센터, 공동체 센터, 혹은 웹사이트나 뉴스레터, 잡지 등 적절한 장소에 광고를 한다.

■ 친밀하고 마음 편한 작은 집단을 원하는가, 아니면 더 크고 개방되어 있는 모임 을 원하는가? 두 가지를 섞는 것도 가능하다. 여러 장소에 광고를 해서 많은 사 람들을 초대하고 싶을 수도 있지만, 매번 새로운 사람이 참여하게 되면 대화의 지속성에 문제가 된다는 점을 염두에 두어야 한다. 어려운 문제를 다룰 때는 지 속성이 필요하며, 이것은 비슷한 생각을 공유하고 서로 신뢰하는 핵심적인 사람 들이 모였을 때만 진정으로 가능해진다.

■ 한 달에 한 번씩 가볍게 참가할 수 있는 모임을 열어서 이 모임에 대한 광고를 할 수도 있다. 이때는 방해받지 않을 만한 조용한 장소를 찾아야 하는데, 사회센터, 공동체 센터나 맥주 집에 딸린 독립된 장소 같은 곳이 가능할 수 있다. 모든 사람 들이 괜찮다고 여기면 각자의 집을 활용하는 것이 더 쉬운 방법일 수 있다.

■ 어떤 문제를 다루고자 하는지 정해야 한다. 때때로 출발점은 각자의 건강에 대한 경험일 수 있다. 공동체가 한번 만들어지면 각자 이 모임에서 원하는 것이 어떤 것인지, 그리고 현실적으로 사람들이 어떤 식으로 참여할지에 대해 상세한 논의 를 해야 한다. 이런 논의는 사람들이 이 집단이 어떤 집단인지 혹은 어떤 집단일 수 있겠는지에 대한 생각이 생기고 난 뒤 몇 번의 모임을 거쳐 진행될 수도 있다.

■ 서로의 비밀을 보장하면서 활동하는 것이 중요하다. 기본적으로 모임 안에서 이 야기한 것은 밖에서 발설하지 않는다.

■ 건강 문제에 대해 이야기하다 보면 아주 쉽게 감정적이 될 수 있으며, 다양한 관점들을 조율하는 것 또한 정말로 어려운 문제일 수 있다. 각 모임에서는 개인적인 이야기와, 공동의 연구, 정치적 논쟁 등과 관련된 이야기를 섞어서 하는 것이 좋다.

■ 갈등이 발생할 가능성도 있으니 여러분들이 만든 공간 안에서 갈등을 처리하는 방법에 대해 논의해 두는 것이 좋다. 정치적인 논쟁이나 의견의 불일치가 존재할 가능성이 항상 있지만 이것을 너무 개인적인 것으로 치부하지 않도록 노력해야 한다는 점을 기억하도록 한다.

■ 앞으로 어떤 일을 하고 싶은지 생각해 볼 수도 있다. 여러분들의 경험이나 다양한 주제들에 대한 소책자나 잡지 같은 것을 만들어 볼 수도 있고, 비슷한 집단과 네트워크를 형성할 수도 있다. 혹은 워크샵이나 다른 교육 사업들을 진행할 수도 있으며, 그 밖에 여러 가지 것을 창의적으로 생각해 볼 수 있다.

자연 치료법

많은 사람들이 생강차나 신선한 마늘을 가지고 하는 간단한 치료법처럼, 우리의 면역 체계가 약해졌을 때 각자의 몸을 회복시킬 수 있는 능력을 잃어버렸다. 우리 주위에 있는 평범한 "풀"이나 신선한 음식의 기본적인 영양소들이 가지고 있는 의학적 가치에 대한 학습을 발판 삼아 재조명해 볼 수 있는 지식들은 아주 많다. 야생 채취wildcrafting는 천연 혹은 "야생" 서식지에서 식용, 약용 등의 목적으로 식물을 채취하는 기술이다. 식물이 반드시 야생에 있는 것은 아니다. 많은 약용 풀들은 깨진 보도블럭 사이, 텃밭 주변 같은 도시의 미경작지 등에서 자라기도 한다. 우리 주위에 얼마나 많은 평범한 약초들이 자라고 있는지를 알게 되면 깜짝 놀랄 것이다. 몇 가지 이름만 대 보면 딱총나무

꽃elderflower, 서양산사나무hawthorn berries, 쐐기풀nettle, 냉이shepherd's purse, 멀린mullein, 민들레, 우엉, 보리지borage, 금잔화calendula, 라벤더, 로즈마리 등이 북유럽 전역에서 자라고 있다. 우리는 이런 풀들이 어디서 자라고 어떻게 채취하며 건조시키고, 어떻게 사용하는지에 대해 공부해서 이 풀의 장점들을 활용할 수 있다.

도로와 열차 선로, 전선과 펜스, 혹은 경작지나 과수원(유기농이 아니라면) 3미터 이내에서 자라는 식물은 절대 사용하지 않도록 한다. 차량 배기가스나 크레오소트,* 제초제나 살충제 때문에 주변 풀들이 화학물질에 오염될 수도 있기 때문이다. 또한 물가나 물속에서 자라는 식물을 채취할 때 상류에서 농업용수나 산업용수 같은 것이 유출되지 않는지 주의하도록 한다. 식물을 고를 때는 이 식물이 자신이 생각한 것이 맞는지, 멸종 위기종은 아닌지 신중이 고려하여 택해야 한다. 실수를 줄이기 위해 책(도감류)을 가지고 라틴어 이름으로 식물을 식별하도록 노력하라. 또한 지나치게 많이 뜯지 않도록 한다. 나무나 식물이 채취하기 전과 후의 모습과 많이 달라 보이지 않아야 한다는 것이 내 경험에서 나온 원칙이다. 야생초와 재배초 모두 제철에 제때 채취하는 것이 가장 좋다. 뿌리와 수피는 용도에 따라 가을이나 봄에 채취하고, 꽃은 만개한 상태에서 혹은 개화한 후 몇 시간 내에 아니면 봉우리일 때 채취할 수도 있다. 잎과 줄기는 열매나 씨가 맺히기 전 초여름과 늦여름 사이에 성숙한 식물에서 채취하도록 하고, 열매와 씨는 늦여름에서 늦가을 사이에 성숙했을 때 채취하도록 한다. 채취하기 가장 좋은 시간은 이슬이 마르고 난 뒤의 이른 아침, 혹은 해가 완전히 뜨기 전과 태양의 열기가 가신 뒤의 이른 저녁, 또는 밤이슬이 맺히기 전이다. 식물은 완전히 마른 상태에서 채취해야 한다. 물기가

---

* 목재 부패 방지용 화학물질. 옮긴이

지나치게 많으면 식물에 포함된 성분들이 희석되고 건조 과정이 길어진다. 하지만 태양의 열기가 가득한 상태에서 말리는 것은 좋지 않다. 날씨가 건조하고, 시원하며, 줄곧 온후하다면 언제든 채취해도 좋다.

공기, 열, 빛, 습기에 노출되면 신선한 상태든, 건조된 상태든, 준비를 다 마친 상태든 약초에 좋지 않다. 신선한 상태의 약초는 건조시키지 않을 거라면 채취한 지 24시간 내에 사용해야 하고, 약초를 건조시킬 거라면 채취한 후 몇 시간 내에 건조 준비를 마쳐야 한다. 마른 약초를 저장하는 가장 좋은 방법은 불투명한 유리병이나 도자기 단지에 꼭 맞는 뚜껑을 덮어 놓는 것이다. 금속으로 된 깡통이나 목재나 두꺼운 종이로 된 상자에 왁스나 크래프트지로 마감 처리한 것을 사용해도 좋다. 오래 보관하려면 플라스틱 용기는 사용하지 않는 것이 좋다. 왜냐하면 약초가 숨을 쉴 수 없고 플라스틱 냄새가 밸 수도 있기 때문이다. 약초는 건조하고 시원한 공간에 보관해야 한다. 잎과 꽃, 부드러운 줄기는 1년까지 보관할 수 있고, 뿌리, 씨앗, 말린 장과류, 수피는 2년에서 3년까지 보관 가능하다.

약초 치료는 복잡할 수 있지만 약초의 막강한 효능을 과소평가해서는 안 된다. 일부 식물들은 심각한 신장질환이나 간질환을 야기할 수 있으며, 경우에 따라서는 치명적일 수도 있다. 어떤 병에 대해서든 자가 치료를 시도해 볼 수는 있지만, 일단은 간단한 병에 대한 치료를 시작으로 각 질병과 그 효능에 대한 지식을 점차 쌓아 가는 것이 분명 더 좋을 것이다. 때로 특정 약초의 특정 효능이 개인에 따라 다르게 나타날 수 있다. 그렇지만 기본적으로 효능이 잘 나타나는 몇 가지 유명한 처방들이 있으며, 이런 것들은 일반적으로 해당 질병의 근본 원인을 해결하기보다는 증세를 완화시켜 주는 역할만을 한다. 약초를 사용하는 가장 간단한 방법은 약초 차를 만드는 것이다. 한 가지 혹은 그 이상의 약초 한 줌을 뜨거운 물에 넣고 활성화된 화학물질들이 우러나올 수 있게 15분 정도 기다린다.

다음은 몇 가지 간단한 처방들이다. 좀 더 복잡한 처방들을 원한다면 의료 약초 전문가들의 조언을 구해서 연구를 해야 할 것이다. 건강에 대한 좀 더 전체주의적인 접근 방식들은 치료받는 사람과 전문가 간의 대화를 강조한다. 전문가와의 상담과 마찬가지로, 정보가 많을수록 자신과 자신의 몸에 적합한 방식으로 정보를 더 잘 사용할 수 있다.

건초열*혼합 차

카모마일*Chamomila recutita*, 딱총나무꽃*Sambucus nigra*, 좁쌀풀*Euphrasia officinalis*, 쐐기풀*Urtica dioica*을 섞어 혼합 약초 차를 만든다. 이 차를 최대한 일찍, 가능하면 건초열 계절이 오기 전에 마시기 시작해야 한다. 하루에 두세 번씩, 매일 이 차를 마신다.

눈이 간지러운 경우에는 세안 컵에 좁쌀풀 차를 만들어 사용한다. 좁쌀풀을 약초 차처럼 우려낸 후 식힌다. 우려낸 물에서 풀을 건져낸 후 탈지면 조각을 적시고 이것을 눈 위에 최소 15분 정도 올려 놓는다. 눈에 눈곱이 많이 낄 때 특히 효과적이다.

감기용 약초 차

훌륭한 "감기용 차"를 원한다면 딱총나무꽃, 페퍼민트*Mentha piperita*, 서양가새풀*Achillea millefolium*을 똑같은 비율로 섞은 후 혼합물 한두 스푼을 뜨거운 물

▪ 건초열Hayfever은 봄철에서 여름에 걸친 식물의 개화기에 나타나는 알레르기성 비염이다. 옮긴이

한 컵에 넣는다. 그러고 나서 자기 직전에 뜨거운 상태로 마신다. 이 차를 마시면 땀이 나게 되는데, 감기가 초기 상태라면 다 나을 수도 있다. 이미 감기에 걸린 지 한참 지난 경우에도 이 차는 아주 유용할 수 있다. 몸의 열을 다스리고 통증, 소화불량, 염증을 완화하는 데 도움을 주기도 한다. 목의 통증을 완화하기 위해 약간의 꿀과 향신료를 섞어 복용할 수도 있다.

시나몬*Cinnamomum zeylanicum*, 고추*Capsicum minimum*, 신선한 생강 *Zingiber officinale* 다진 것을 오래 끓여서 몸을 덥게 만드는 차를 만들 수도 있다.

콧물을 진정시키고 목과 후두, 기관지를 치료하기 위해서는 카모마일, 유칼립투스 혹은 백리향 추출 오일을 흡입식으로 사용한다. 끓는 물에 이 오일을 몇 방울씩 떨구고 머리를 타월로 감싼 후 그 위에 몸을 숙여 흡입한다.

마늘은 몸의 독성을 빼내는 데 도움을 준다. 신선한 마늘 한 쪽을 토스트나 다른 음식에 넣어 먹으면 면역 체계를 강화시키는 데 도움이 될 수 있다.

하지만 주의해야 할 사항이 있다. 임신했거나 수유중이거나 혹은 임신 계획이 있을 때, 오랫동안 앓고 있는 질병이 있을 때, 원인이 밝혀지지 않은 건강상의 문제가 있을 때, 약물치료 중일 때는 먼저 약초 전문가에게 조언을 구해야 한다. 지시 사항대로 복용하기만 하면 약초나 이와 유사한 치료법은 매우 안전하면서도 효능이 뛰어난 치료가 될 수 있다. 정량보다 모자라게 사용하거나 초과해서 사용하지 않도록 한다. 자가 처방을 할 때는 스스로의 행동에 대해 책임을 져야 한다는 점을 인식하고, 몸의 반응을 주의 깊게 살핀다. 부작용이 감지되면 치료를 중단하고 약초 전문가에게 관련 정보를 구한다.

의료 기관 이용하기

자신의 몸을 스스로 돌보는 건강관리 방식의 한계를 인정하는 것도 중요하며, 따라서 위급 상황이나 심각한 건강상의 문제가 발생했을 경우에는 여러분들이 만들어 놓은 자조적 네트워크를 넘어서는 도움이 필요할 수도 있다. 영국에서는 〈국립 보건 서비스National Health Service〉에서 무료로 의학적 관리를 해 주는데, 이 기관에서는 대체로 대중적(화학적) 약물로 서양 과학적인 진단을 해 준다. 이러한 종류의 의학 제도 안에는 제도화된 위계구조들이 있다. 의사한테 무시당해 본 적이 있거나 바보 취급당하는 느낌을 받아 본 적이 있는 사람은 이 점을 알 것이다. 하지만 개인의 필요와 욕구를 존중하는 의학적 관리를 목적으로 하는 일부 헌신적이며 고무적인 의학 전문가들도 있다. 이들에게서 여러분들이 필요로 하는 관리에 가장 잘 접근할 수 있는 방법을 알아내는 것이 중요하다. 여러분에게는 자신의 몸을 관리하는 데 적극적인 역할을 수행할 권리가 있다. 전문가와 함께 무언가를 한다고 해서 자신이 가진 의견을 스스로 무시해서는 안 된다. 아래는 의료 전문가를 최대한 활용하는 방법에 대한 몇 가지 지점들을 소개했다.

의료 전문가를 최대로 활용하기

1. 당신이 신뢰하고 같이 일을 할 만한 의료 전문가를 찾는다. 이들이 제공하는 치료의 형태에 대해 어느 정도 신뢰와 자신감을 가지도록 하며, 이들을 열린 마음으로 대한다. 이들은 당신이 선택한 삶의 양식에 대해 이해해야 하며, 그것이 안 되면 아예 개인적인 판단을 하지 않아야 한다. 서비스와 비용이 허용하는 선에서 당신에게 적합한 사람을 찾는 것이 중요하다.

2. 이들을 왜 만나고자 하는지에 대해 분명한 입장을 가지도록 한다. 새롭게 걱정할 문제가 있는가? 아니면 전부터 있던 문제가 악화된 것인가? 오래 지속된 증세에 대해 갑자기 더 이상 참을 수 없다고 느끼게 되었나? 그것이 무엇일지

에 대해 어떤 생각을 가지고 있나? 그리고 이것 때문에 걱정하게 되는가?

3. 기대 사항이 무엇인지 생각해 본다. 이 기대 사항들이 현실적이고 공정한 것인가? 당신이 원하는 치료법 혹은 조언과 원치 않는 치료법 혹은 조언에 대해 알고 있는 것은 무엇인가? 당신이 더 많은 정보를 가지고 있을수록 당신의 몸을 관리하는 계획에 더 적극적으로 참여할 수 있게 된다.

4. 어느 정도 신뢰가 생겼으면 열린 태도를 갖도록 한다. 의료 전문가가 당신에 대해 더 폭넓게 이해할수록 더 질 좋은 건강관리를 해 줄 수 있다. 이들이 합리적인 근거를 가지고 있기만 하다면, 당신이 이제까지 한 번도 생각해 보지 못한 것을 기꺼이 시도해 보겠다는 태도로 임한다.

5. 필요하면 적응 시간을 갖도록 한다. 해당 문제에 대해 제대로 이해하거나 신뢰를 형성하기 전에 몇 군데 조언이 필요할 수도 있다. 잠시 자리를 떠서 그 문제에 대해 생각해 보거나 다른 사람들과 상의하고 싶다면 당연히 그렇게 할 수 있어야 한다.

6. 제대로 이해하도록 한다. 상황이 분명하지 않을 때는 항상 명료하게 만들기 위해 노력한다. 혼자서 살펴볼 때는 문자화된 정보가 도움이 될 수도 있다.

7. 치료 계획이 공동으로 이루어지도록 한다. 만일 당신이 치료의 핵심을 파악하지 못하고 이 치료가 현재 상황에 적합하지 않다고 생각하게 되면, 이것을 끝까지 따라갈 수 없을지도 모른다. 의료 전문가는 당신에게 적합한 치료를 찾아 주기 위해 있는 것이지 일방적으로 명령하기 위해 있는 것이 아니다.

8. 앞으로의 건강관리에 대한 계획을 세우도록 한다. 상황이 나빠졌을 때, 재진을 받을 필요가 있을 때 혹은 혼자서 스스로 관리할 수 있을 때 할 일에 대해 인지하도록 한다.

9. 책임감을 갖도록 한다. 물리치료사들이 정기적으로 스트레칭을 하라고 조언을 했다면 스트레칭을 하라. 늦은 밤까지 돌아다니는 것 때문에 피로가 누적

됐다고 생각한다면 밤늦게까지 돌아다니지 않도록 노력하라. 어차피 당신의 건강 문제이고, 당신에게는 원하는 만큼 많은 약속을 만들어 사람들을 만날 자유가 있지만 스스로 자신의 몸을 돌볼 준비가 되지 않으면 그 누구도 당신을 돌봐 줄 수 없다.

10. 의료 전문가를 인간으로 생각하라. 그렇다. 그들도 인간이며, 기분 좋은 날과 기분 나쁜 날이 있다. 또한 이들은 미소로 답례하는 것을 고맙게 생각한다. 수많은 사람들이 찾아와서 이들의 어깨에 다양한 문제를 짐 풀듯 올려놓는다는 것을 생각해 보면, 의료 전문가들의 일은 아주 고된 종류의 작업이다. 이들의 안부를 묻는다거나 감사 인사를 하는 작은 일들이 큰 변화로 이어질 수 있다.

모두의 건강을 위하여

5장과 6장에서는 우리의 건강에 대해 더 많은 통제력을 행사하기 위한 공동체적인 조직을 꾸릴 수 있는 방법에 대한 정보를 제공하고 영감을 주고자 했다. 이를 위해 우리가 살고 있는 사회가 어떤 식으로 우리 건강과 상호작용하는지에 대해 더 많은 인식을 심어 주려고 했고, 동시에 이에 도전하기 위해 할 수 있는 일들을 살펴보았다. 우리의 필요와 능력은 개인에 따라, 그리고 시간에 따라 다를 것이다. 따라서 우리는 건강 문제를 다루고 이를 통제하는 새로운 방식들에 대해 개방적이고 창조적인 자세로 임할 필요가 있다. 사회의 제약에 대한 현실주의적인 태도는 중요하다. 이 사회에서 우리는 우리의 목적에 장애가 되는 많은 것들에 직면해 있다. 어떤 문제들은 자조 집단이나 먹을거리 협동조합, 텃밭 같은 것으로는 해결되지 않으며, 중요한 사회 변화가 있어야만 가능할 것이다. 불평등과 억압은 근절하기 쉽지 않지만 우리는 이에 도전할 수 있고 바라건대 줄여 나갈 수도 있을 것이다. 똑같은 방식으로 질병을 간단히 없애 버릴 수는 없겠지만 질병이 발생할 가능성을 줄이거나 회복의 속도를 높이기 위해 더 많은 일을 해 볼 수는 있다.

도서

자조, 자가 진단

Boston Women's Health Book Collective(1989). *The New 'Our Bodies, Ourselves'*. New York: Simon & Schuster.

Chalker, Rebecca(2000). *The Clitoral Truth*. New York: Seven Stories Press.

Federation of Feminist Women's Health Centres(1981). *New View of Women's Body*. Feminist Health Press. New York: Simon & Schuster.

Shodini Collective(1997). *Touch Me, Touch Me Not: Women, Plants and Healing*. New Delhi: Kali for Women.

Weed, Susan(1996). Breast Cancer? *Breast Health! The Wise Woman Way*. Woodstock, NY: Ash Tree Publishing.

일반 보건

Douglas,J.(1992). 'Black Women's Health Matters: Putting Black Women on the Research Agenda'. In H.Roberts(ed.) *Women's Health Matters*. London: Routledge. 45-60.

Ehrenreich, Barbara and Deidre English(1973). *Witches, Midwives and Healers*, London: Compendium.

Ehrenreich, B. and D. English(1974). *Complaints and Disorders: The Sexual Politics of Sickness*. New York and London: Feminist Press.

Ehrenreich, B. and D. English(1976). *Witches, Midwives and Nurses*. Old Westbury, NY: Feminist Press.

Hartmann, B.(1995). *The Global Politics of Population Control*. Boston, Mass. South End Press.

Heath, I.(2005). 'Who Needs Health Care - The Well or the Sick'. British Medical Journal 330: 954-6.

Iheanacho, I.(2006). 'Drug Trials - the Dark Side: This World'. British Medical Journal 332: 1039.

Illich, I.(1976). *Limits to Medicine*. London: Marion Boyars.(『병원이 병을 만든다』, 박홍규 옮김, 미토, 2004)

Johanson, R., N.Newburn and A.Macfarlane(2002). 'Has the Medicalisation of Childbirth Gone Too Far?' British Medical Journal 324: 892-5.

Kawashi,I. and B.P.Kennedy(1997). 'The Relationship of Income Inequality to Mortality-Does the Choice of Indicator Matter?', *Social Science and Medicine* 45. Amsterdam: Elsevier Science Ltd.

Laws, S.(1991). *Issues of Blood. Politics of Menstruation*. Basingstoke: Macmillan.

Leslie, E., B.Watson, T.Curtis and R.Dellan(eds)(2001). *Mad Pride: A Celebration of Mad Culture*. London: Spare Change Books.

Money, M.(ed.)(1993). *Health and Community*. Totnes: Green Books Ltd.

Moynihan, R. and A. Cassells(2005). *Selling Sickness: How the World's Biggest Pharmaceutical Companies are Turning Us All into Patients*. New YorkL Nation Books.(『질병판매학』, 홍혜걸 옮김, 알마, 2006)

Moynihan.R., I. Heath and D. Heny(2002). 'Selling Sickness: The Pharamaceutical Industry and Disease Mongering'. British Medical Journal 324:886-91.

Nissim,R.(1986). *Natural Healing in Gynaecology*. New York: Pandora Press.

Thomas, Keith(1971). *Religion and the Decline of Magic. Studies in Popular Beliefs in Sixteenth and Seventeenth Century English.* Oxford: Oxford University Press.

UNDP(2006). *United Nations Development Programme Human Development Report* (httt://hdr.undp.org/hdr2006).

Vincent, P.(2002). *Babycatcher.* New York: Scribner.

Wilkinson, R.G.(2002). *Mind the Gap: Hierarchies, Health, and Human Evolution.* New Haven: Yale University Press.

마녀 사냥

Frederici, Silvia(2004). Caliban and the Witch: Women, the Body and Primitice Accumulation. New York: Autonomedia.

Lady Stardust(2006). The Witch Hunts in Europe 1530~1690, http://escanda.org/RWG/Tests/witchtrials.html

웹사이트

캠페인과 자조 공동체

액티비스트 트라우마Activist Trauma www.activist-trauma.net
베이비 밀크액션Baby Milk Action www.babymilkaction.org
베이 지역 급진 보건 공동체Bay Area Radical Health Collective www.barhc.w2c.net
블랙 크로스Black Cross www.blackcrosscollective.org
보스턴 지역 해방 의사 팀Boston Area Liberation Medic Squad www.bostoncoop.net/balm
커먼그라운드 보건 공동체Common Ground Health Collective www.cghc.org
뉴욕 의료 활동가들Medical Activists of New York http://takethestreet.org
보팔의 삼바브나 트러트스Sambhavna Trust, Bhopal www.bhopal.org
영국 행동주의 의사들UK Action Medics www.actionmedics.org.uk/index.html

정신건강

칩문카Chipmunka www.chipmunkapublishing.com
이카루스 프로젝트Icarus Project www.theicarusproject.net
매드칙스Mad Chicks www.mad-chicks.org.uk/index.htm
매드프라이드Mad Pride www.ctono.freeserve.co.uk/
매드낫배드Madnotbad www.madnotbad.co.uk

자연 치유법

약초 의학Herbal medicien www.susanweed.com
유나이티드 플랜트 세이버즈United Plant Savers www.unitedplantsavers.org

여성 건강

피자매들Bloodsisters www.bloodsisters.org(한국피자매연대 www.bloodsisters.or.kr)
핸미다운 디스트리뷰션Handmedown Distributionvivavocewimmin@yahoo.co.uk(여성주의 보건에 대한 책을 원한다면 이메일을 보낼 것, 홈페이지는 http://www.handmedowndistro.org.uk/)
시스터 제우스Sister Zeus www.geocities.com/sister_zeus

07 우리는 아직도 배울 것이 많다

 이 글을 쓴 〈트래피즈 대중 교육 공동체Trapese Popular Education Collective〉는 영국에 본부를 두고 있으며 2004년부터 성인, 청년들과 함께 기후변화, 세계화, 이주 등의 문제들을 이해하고 관련된 행동을 하기 위한 작업을 해 왔다. 이들은 또한 교육 자료를 만들고 교육과 기술 공유를 통해 참여적이고 상호적인 학습을 촉진하고 있다(www.trapese.org를 보라). 추가적인 자료는 〈라이징 타이드Rising Tide〉, 〈그라운스웰Groundswell〉, 〈지구적 협동을 위한 앨버타 의회the Alberta Council for Global Co-operation〉, 〈학교 다시 생각하기Rethinking Schools〉에서 얻은 것이다. 이들 모두에게 감사의 뜻을 전한다.

내게 말로 하면 잊어버릴 것이고, 눈앞에 보여 주면 기억할 것이며, 몸으로 참여하게 해 주면 이해할 것이다. (중국 속담)

교육, 특히 대중 교육은 우리가 직면하고 있는 생태·사회·기후의 위기에 대응하고, 의미 있는 급진적 사회 변화를 성취하는 데 핵심이 된다. 교육을 통해 우리는 비판적으로 과거를 돌아보면서도 창조적으로 앞을 내다보는 책임성과 협동에 대해 다시 학습한다. 이 교육은 사람들을 대상으로 하면서 동시에 사람들을 통해 이루어지는, 대중적인 것이다. 전문가 없이 스스로의 세계를 조직하고, 적에 대항하며, 변화를 위한 운동을 조직하는 집단들은 많이 있다. 이 장에서는 주변 세계를 이해함으로써 집단적으로 통제권을 되찾고, 세계에 개입하며, 이를 변화시키기 위해 사람들을 규합하는 것을 목적으로 하는, 대중적이고 해방적인 혹은 급진적인 교육으로 알려진 것에 대해 개괄할 것이다. 그리고 사회 변화를 야기하는 데 있어서 교육의 중요성과, 변화를 목적으로 한 사회 운동들이 어떤 방식으로 그 핵심에서 대중 교육을 운영하고 있는지를 살펴보려고 한다.

대중 교육은 무엇을 의미하는가?

"대중적"이라는 말은 많은 것을 의미할 수 있기 때문에 좌파와 우파가 똑같이 사용해 왔다. 대중 교육의 수단들 이면에 있는 정치적 기획은 단일하지 않다. 혁명적 게릴라, 여성주의자, 성인 교육가들을 포함한 여러 종류의 사람들이 모두 다른 목적으로 이 용어를 사용한다. 예를 들어 세계은행 같은 조직의 개발 시행자들은 특정한 형태의 개발이 확실하게 진행될 수 있도록 공동체에 개입하고 조작하며 영향을 미치기 위해 점점 더 많이 대중 혹은 참여 교육을 활용하고 있다. 하지만 중요한 것은 도전("우리는 이것을 더 이상 받아들이지 않을 것이다")과 투쟁("우리는 변화를 원한다")에 뿌리를 두고, 변화를 지향하는("이 혼란에서 어떻게 빠져나갈 것인가") 동시에 연대를 촉진하는("당신의 투쟁이 우리의 투쟁이다") 더 급진적인 대중 교육의 조류를 증진하고 복원하는 것이다.

〈스코틀랜드 대중교육 포럼Popular Education Forum of Scotland〉[*]은 대중 교육을 다음과 같이 정의하고 있다.

1. 보통 사람들의 진정한 이해와 투쟁에 뿌리를 두고 있을 것.

---

[*] Crowther et al, 1999.

2. 명백하게 정치적이며 현 상태에 비판적일 것.

3. 진보적인 사회와 정치 변화에 참여할 것.

4. 커리큘럼은 저항과 투쟁의 공동체 안에서 사람들의 구체 경험과 실제적인 이해를 바탕으로 할 것.

5. 집단 교수법을 사용하고, 개별 학습과 발달보다는 집단을 강조할 것.

6. 교육과 사회적 행위 간에 직접적인 연계를 만들기 위해 노력할 것.

우리가 워크숍을 진행할 때 학습하는 방식에 대한 사고를 촉발하기 위해 학습에 대한 부정적인 경험과 긍정적인 경험을 살펴보는 활동을 했다. 사람들은 부정적인 경험의 특징을 공포, 훈육, 지속적인 평가, 굴욕, 괴롭힘 혹은 지루함, 열의 없는 교사라고 말했다. 반면 긍정적인 경험은 창의적이고 상호적이며, 학생 주도적이고, 흥미 있는 것으로, 학생들에게 책임이 주어지고 협조적이며 우호적인 환경 속에 형성된다고 말했다. 공교육 기관에 있는 많은 교사들이 참여적이고 진보적인 교수법을 사용하고 있지만, 국가의 자금을 받는 교육 기관들은 아직도 학생 수가 많고 국가가 정한 커리큘럼과 목표에 따라야 하는 제약 속에 있다. 다음 표에서는 학교와 대학에서 공식화된 교육이 우선시하는 목표와 대중 교육 간의 주요한 차이점 몇 가지를 간단히 개괄해 놓았다.

대중 교육의 핵심 측면들

변형과 연대에 대한 헌신

대중 교육가들은 방관자처럼 앉아 있는 전문가가 아니라 사회운동에 참여하는 이들이다. 문맹 캠페인이나 세계화 토론회에 참여할 수도 있고, 직접행동에 참여할 수도 있다. 연대하는 것은 주변화된 사람들의 편에 함께 서서 악영향을 받는 사람들이 직접 고른 의제와 목표를 가지고 함께 일하는 것을 의미한다. 자선과 보조는 일시적인 구제를 할 수는 있지만 종속의 고리를 끊고 스스로의 삶을 영위할 수 있게 장려하는 데는 역부족이다. 대중 교육의 핵심에는 세상을 이해하고자 하는 바람과 함께 사람들에게 권한을 부여해서 세상을 바꿀 수 있게 하고자 하는 희망 또한 담겨 있다. 권력관계를 규명하고 드러냄으로써 우리는 모든 규모에서 불평등을 영속시키고 있는 사회경제적 삶의 조직 방식에 도전할 수 있는 방법에 대한 이해를 발전시킬 수 있다.

이러한 형태의 교육은 외부적인 문제를 설명하는 것이면서 동시에 우리가 채택한 각자의 사회적 역할에 도전하는 것이기도 하다. "또 다른 세계를 가능" 하게 하기 위해서 우리는 스스로 변해야 하며 다른 사람들의 경험에 귀 기

공교육과 대중 교육 비교

	국가 공교육	대중적·참여적·해방적 교육
목적	임금노동과 소비자로서 참여하기 위한 준비, 기본적인 기술 습득, 권위에 대한 인정	비판의식 고양, 캠페인과 행동과의 연계, 사회 정의와 연대 증진
방법	학습자들은 교사에게 지식을 전달받으며, 최종 결과, 자격증, 시험, 경쟁적인 평가 제도를 강조한다.	참여자들은 학습 방식과 내용에 대해 적극적으로 임한다. 위계 구조는 거부한다. 교육자는 학습이 다양한 방식으로 이루어진다는 점을 이해하고 집단적인 지식을 형성하기 위해 다양한 기법을 사용한다.
내용	합리적이고 사실에 기초한 정보, 거래와 효율성에 필요한 기술	대안과 급진적 해법 탐구. 감정 반응에 가치 매기기

울일 줄도 알아야 한다. "저기 밖에 있는" 권력이 작동하는 방식에 대해 우리의 방식대로 이해하는 것만으로는 충분하지 않다. 권력을 재생산하는 데 우리 자신의 역할도 있다는 점을 깨달아야 한다. 해답을 제시하는 것보다 질문을 하는 것이 더 근본적인 행위다. 우리는 무엇을 수용하고 거부하는가? 우리는 어떤 식으로 계급, 성, 인종 혹은 섹슈얼리티에서의 지배 체계를 전수하게 되는가? 우리 안에 내면화되어 있는 이 지배 체계에 어떻게 저항할 수 있는가? 이런 방식의 교수와 학습은 도발적인 것이며, 교수자와 학습자 양측에서의 노력을 요구한다. 파울로 프레이리Paulo Freire는 이것을 "해방의 실천"이라고 불렀으며, 압제자와 피압제자 간의 변증법적인 관계에 대해 논했다. 이것은 프레이리가 말한 "의식화 운동conscientizacion"으로, 우리는 이 의식화 운동을 통해 세상 속에 우리가 존재함을 인식하게 되고, 사회 규범을 그대로 수용하거나 이에 의지하는 것이 아니라 불평등에 개입하고 도전할 수 있는 우리의 잠재력을 깨닫게 된다.

〈무헤레스 리브레스〉

1930년대 후반, 스페인에서는 〈무헤레스 리브레스〉(Mujeres Libres, 스페인의 자유로운 여성들)가 2만 명이 넘는 여성들을 동원하여, 개인에게 권력을 부여하고 공동체를 만들기 위해 활동가들로 이루어진 폭넓은 네트워크를 만들었다. 이 운동 집단에서는 여성들의 잠재력을 해방시키고 "무지로 인한 노예화, 여성으로서의 노예화, 노동자로서의 노예화라는 삼중의 노예 상태"에서 여성들이 해방되는 데 교육이 핵심적이라고 생각했다. 여러 도시와 마을 단위에서 여러 가지 수업이 조직되었다. 1938년에는 바르셀로나에서만 6백 명에서 8백 명 정도의 여성들이 "좀 더 정의로운 사회질서"를 만들기 위해 능력을 부여하는 수업에 매일 참가했다. 이들은 여성들은 오직 자발적인 행동을 통해서만 스스로를 혁명적인 시기에 참여할 능력을 갖추었다고 인식할 수 있다고 주장하면서 남성을 벗어난 자율적인 조직을 만들었다. 수업은 기초적인 읽기와 쓰기에서부터 사회사, 법, 기술, 언어에 이르기까지 다양했다. 이들은 책과 소책자, 강연회를 통해 자신들의 메시지를 널리 확산시켰다. 실제로 모든 활동가들은 스스로 학습함으로써, 직접행동과 "실천을 통한 학습" 이론을 실행했다.

감춰진 역사 배우기

모든 이야기에는 항상 최소한 두 가지 측면이 있지만, 공식적인 역사의 대부분은 농민, 노동자, 여성이 배제된 채, 교양이 있고 교육 받은 주로 남성인 소수가 집필한 "그의 이야기his-tory"다. 우리는 세계 전쟁의 지도자들과 위대한 과학자들의 역사에 대해 배우지만 정의를 위해 매일 투쟁하고 있는 침묵하는 다수에 대해서는 거의 배우지 않는다. 역사의 보이지 않는 생산자들은 일상적이지 않은 일들을 실천하고 있는 평범한 사람들이다. 이들이 역사 속에 등장할 때는 대부분 폭력적인 극단주의자들로 그려진다. 19세기 시카고에서 8시간 노동을 위해 투쟁했던 헤이마켓Haymarket의 순교자들이나 산업혁명 시기 공장제에 저항했던 19세기 러다이트, 혹은 최근 들어 나이지리아의 오고닐랜드Ogoniland에서 〈쉘Shell〉사의 플랫폼을 점거했던 여성들에 대해 배우는 사람들은 거의 없다. 이런 이야기에 관계된 사람들이 읽거나 쓰지 못하기 때문에, 혹은 더 많은 청중들과 교류하고 사건에 대해 기록할 수 있는 수단이 없기 때문에, 이런 이야기들 대부분은 전달되지 않는다. 또한 역사가들은 이들이 평범한 사람도 집단적으로 행동할 수 있고 자립할 수 있다는 위험한 사상을 선동한다는 이유로 이들의 이야기를 기록하지 않는다. 아일랜드의 마요Mayo 주에서 계획된 가스 파이프라인 공사에 대한 이야기를 하면서 한 활동가는 다음과 같이 회상했다.

> 한 세대 전만 해도 우리는 이런 파이프라인 공사에 저항할 수가 없었다. 그때는 글을 읽고 쓰지 못했고, 따라서 〈쉘〉사의 말이나 행동에 대응하거나 법정에서 투쟁할 수가 없었기 때문이다. 하지만 이제 우리는 같은 수준에서 〈쉘〉사에 맞서 싸울 수 있게 되었고, 〈쉘〉사는 어쩔 줄 몰라 한다.
>
> (저자들이 2005년 6월 "쉘을 바다로 캠페인Shell to Sea Campaign"의 빈센트 맥그래스Vincent McGrath를 인터뷰함)

우리의 감추어진 투쟁의 역사를 다시 공부하는 것은 중요한 일이다. 이런 투쟁의 역사는 도처에 있기 때문에 쉽게 발굴할 수 있다. 이런 역사들은 냉담함("그건 해 봤자야")과 무기력("그건 너무 막강해")을 물리치는 데 도움이 될 수도 있다. 이러한 교훈을 학습하는 과정에서 우리는 오늘날 우리 삶 속에서 높이 평가하고 있는 자유와 진보의 대부분은 위대한 지도자들이 아니라 우리 같은 사람들이 지속적으로 행동하고 집단적으로 투쟁을 통해 성취한 것이라는 점을 배우게 된다. 이러한 잊혀진 역사를 재학습하고 연결하기 위해서는, 공동체 구성원들의 참여를 통해 이들의 기억을 기록하는 구전, 역사 기획과 역사적으로 중요한 장소나 봉기, 과거의 생활방식이 남아 있는 현장에 방문하는 탐방을 할 수 있다.

일상적인 현실에서 출발하기

모든 계획은 발생한 문제와 사람들의 일상적 삶 사이의 연계를 추구하는 것에서부터 시작해야 한다. 이러한 현실에 대한 선입견을 가지고 시작해서는 안 된다. 대중 교육은 사람들에 대한 예단을 피하고, 자기만의 방식으로 자신을 드러내도록 장려한다. 사실의 목록에 대해 배우는 것이 아니라 사람들이 어디에 위치해 있는지, 그리고 자신을 둘러싸고 돌아가는 일들에 대해서 이들이 어떻게 이해하는지를 살피는 것이다.

많은 사람들은 학습이 교육자와 참여자 간에 우호적인 감정이 형성되었을 때, 그리고 평범한 경험들이 학습의 재료로 사용될 때 가장 잘 일어난다고 믿는다. 존 하몬드John Hammond는 엘살바도르 혁명 당시 대중 교육에 대한 연구에서 〈민족 해방 전선(National Liberation Front, 대부분 문맹 농민들로 구성된 군대)〉이 일반적으로 최근 들어서야 스스로 읽거나 쓰는 법을 배우게 된 전투원들이라고 밝히고 있다. 가장 큰 도전은 이질적인 세계들 사이에 다리를 놓는 것일 수 있다. 텔레비전이나 축구에 대해 이야기하고, 공통점을 찾는 것이 대화를 시작하는 방법일 수도 있다. 사람들을 서로 연결시켜 주는 데는 시간이 필요하며, 존중과 신뢰는 긍정적인 학습의 핵심이다.

동등한 입장에서 함께 학습하기

대중 교육의 방법들은 참여를 늘리고 교육자와 교사, 참여자와 학습자 사이의 위계를 없앨 목적으로 고안되었다. 교육자들과 이들이 함께 작업하는 사람들은 학습 과정을 집단적으로 소유하며, 이상적으로는 커리큘럼을 함께 결정하고 목표로 삼아야 할 행동의 결과물을 정한다. 교육자들은 여러 상황에서 빠른 해법을 찾아낼 수 있는 전문가로 인식되지만, 대중 교육에서는 교육자들과 이들이 관계를 맺는 사람들 간에 형성되는 종속성을 줄여야 한다는 목표를 명시적으로 드러낸다. 급진적인 교육자인 마일스 호튼Myles Horton [*]은 하이랜더의 학생들에게, "오늘 내가 너희들에게 손쉽게 해답을 알려 주면 내일 다시 와서 똑같은 질문을 하지 않으리라는 법이 있느냐"고 말하곤 했다. 호튼은 어떤 문제를 해결하기 위해 노력하는 집단은 가능한 해법들을 시험해 보는 능력이 가장 뛰어나기 때문에 그렇게 스스로 해결할 수 있도록 장려해야 한다고 주장했다.

미국의 하이랜더 민중 학교

하이랜더 민중 학교Highlander Folk School는 1930년대 테네시 주에서 다양한 사회운동의 필요 때문에 등장했다. 처음에는 노동운동과 관계를 맺으면서 노동자들을 조직하는 데 조력하다가 1960년대 중반에는 시민권 운동에서 핵심적인 역할을 하게 되어, 가난한 혹인 공동체 안에서 읽기와 쓰기 수업을 조직하여 사람들에게 읽기를 가르치고 이를 통해 투표 등록을 할 수 있도록 하였다. 이들은 "모든 사람은 동등하다"는 위력적인 내용을 담고 있는 "유엔 인권선언" 읽기로 수업을 시작했고, 이를 통해 시민 학교에 참여한 사람들에게 단순한 투표권 이상의 것을 요구하도록 고무했다. 참여자 가운데는 마틴 루서 킹, 로사 팍스Rosa Parks 같은 사람들도

---

[*] 파울로 프레이리와 공저한 『우리가 걸어가면 길이 됩니다』(프락시스 옮김, 아침이슬, 2006)가 출간되어 있다. 옮긴이

있었는데, 로사 팍스는 버스에서 자리를 양보하는 것을 거부한 최초의 흑인 여성으로 인종차별 반대 운동을 촉발하였다. 마일스 호튼은 이 학교의 설립자 중 한 명이었는데 보통 사람들에게는 자신의 삶을 잘 이해하고 긍정적으로 바꿀 수 있는 능력이 있다는 주장으로 유명해졌다. 이 학교는 오늘날도 계속되고 있는데, 오늘날의 사명은 "튼튼하고 성공적인 사회 변화 행동주의를 구성하고, 사회 부정의 때문에 큰 피해를 입은 사람들이 이끄는 공동체 조직을 만드는 것"이다.

교실 밖으로 나오기

학습이 권력자들의 통제를 받으며 권력자들의 자금으로 운영되는 장소와 공적 기관 속에서만 이루어지면 권력과 통제에 대한 비판은 왕성하게 이루어질 수가 없다. 학교에 대한 국가의 통제와 강제적인 교육은 어쩔 수 없는 것이 아니며, 폭넓게 합의된 필요를 반영하고 있는 것도 아니다. 하지만 학교 교육이 오랫동안 모든 것을 포괄해 왔던 것도 사실이다. 학교는 이데올로기, 애국심, 근대 국민국가의 사회적 구조를 성립할 수 있게 한다. 강제적인 무료 교육은 국가에게는 모든 시민을 교육할 책임이 있으며, 부모들에게 아이들을 학교로 보내도록 강제할 권리와 아이들에게 학교 교육을 시키기 위해 공동체 전체에 세금을 부과할 권리, 그리고 공급되는 교육의 성격을 결정할 권리가 있다는 가정에 근거한 것이다.

부각되고 있는 한 가지 문제점은 기업이 사적인 학문 기관과 학습 수단들, 연구, 심지어는 음식과 오락에 대한 후원 등을 통해 교육에 조금씩 영향력을 미치고 있는 점이다. 우리가 "무료 교육"(즉 대개 돈을 낼 필요가 없는)의 혜택을 누리는 동안, 민간 기업이 학교 시설과 커리큘럼 전달에 미치는 영향력이 점점 늘어나면서 우려의 대상이 되었다. 교사들은 국가에서 제공한 커리큘럼 때문에 가르칠 수 있는 내용에 훨씬 더 많은 제약을 받게 되었고, 더욱 강제적인 성격의 시험이 전보다 더 어린 학생들을 대상으로 진행되고 있다. 학생들은 정부, 그리고 이제는 거대 기업들이 선택한 가치에 순응하는 것을 배우게 된다. 최근의 한 보고서는 대학과 석유 회사 간의 유착 관계를 강조하고 있다.

> 그 석유·가스 회사는 새로운 건물, 시설, 교수진과 연구직을 후원함으로써 영국의 일부 유수한 대학들의 충성을 "확보"해 왔다. 그 결과 대학들은 우리의 미래가 화석연료에 갇히는 것을 돕는 꼴이 되고 있다.(Muttitt, 2003. 2.)

교실을 비롯한 제도화된 학습 환경에서 벗어나는 것은 일상생활에 대한 학습을 재고하는 데 중요한 부분이다. 야외에서의 만남, 거리 생활, 다른 사람의 이야기를 듣는 것, 집안, 공동체 안……, 이 모든 곳이 우리에게 가치 있는 사회적 기술을 가르쳐 주고 우리의 지식을 성숙시키는 학습의 현장들이다. 이러한 형태의 학습은 교육에 대한 부정적인 이미지에 도전하고, 학습을 열정적이고 흥미로우며 도발적일 수 있게 만드는 것이기도 하다. 배울거리는 도처에 있기 때문에 사회적·문화적 사건들, 음악, 먹을거리, 영화를 사용하면 토론회나 워크숍에 오지 않으려는 사람들에게 훌륭하게 접근할 수 있게 된다. 공식 학교를 넘어선 교육에 대한 실험에는 도시 전체를 학습 도구로 사용하는 필라델피아의 〈파크웨이 프로그램Parkway Program〉 같은 "담장 없는 학교 Schools Without Walls" 같은 것도 있다.

사회 변화를 고무하기

기후변화 같은 중요한 주제에 대해 토론하다 보면 우울해지거나 절망감과 파멸이라는 감정에 빠질 수도 있다. 이런 느낌에 대해 이야기하는 것을 꺼리기보다는 이 문제를 어떻게 해결할지를 찾아보는 것이 좋다. 먼저, 태도나 행동을 바꾸는 데 일반적인 장벽들을 열거해 본다.

- 무관심, "나 좀 내버려둬" 혹은 "그건 나랑 상관없는 일이야."
- 문제가 존재한다는 사실에 대한 부정.
- 이 상황에서 아무것도 할 수 없다는 무력감.
- 문제의 규모에 압도당한 느낌.
- 사회경제적인 시간의 압력과 지원의 부족.

학습을 진행하기에 따라 이런 태도는 바뀔 수 있으며, 우리의 분노와 열정을 행동을 위한 실천적인 단계로 바꾸고 우리의 꿈을 현실로 바꾸는 데 도움을 줄 수도 있다. 민중들의 투쟁이 승리한 과거의 예를 탐구하고 실행 가능한 대안에 초점을 두는 것도 가능하다. 워크샵 계획에 대한 실제적인 조언이 도움이 될 수도 있다. 예를 들어, 쉽게 성취할 수 있는 작은 목표들을 설정하고, 문제들을 다루기 편한 덩어리로 쪼개고(세부적인 실행에 대해서는 8장을 참고하라), 심화 자료를 준비하며, 행동 계획과 캠페인 구성에 협조하는 등의 조언들이 가능할 것이다.

급진적인 교육자들은 가능한 선택 사항들을 테이블 위에 제시하여, 집단의 사람들이 공통된 공포심에서 벗어나 문제에 대한 해답과 벗어날 수 있는 가능한 탈출 경로를 찾아내도록 안내할 책임이 있다. 사람들의 일상적인 현실과 사람들이 미래에는 가능하다고 생각하기 시작한 것 사이를 연결하는 능력 속에 전문적인 기술이 발현되는 것이다. 따라서 사회 변화를 위한 영감은 정직한 성찰과 타협, 그리고 그 과정에서 나타나는 퇴행 현상들과 함께 천천히, 점진적으로 제시된다.

지금 여기서 가능하면서 동시에 다른 시공간에서도 가능한 것을 공유하는 것도 이런 학습 경험의 일부다. 화폐 경제와 임금노동, 생태 위기에 직접적으로 도전하는 실행 가능한 삶의 양식은 많이 있다. 이 가운데 많은 것들, 협업, 공동체 텃밭, 친환경적 생활, 직접행동, 자율적인 공간, 독립 언론을 이 책에서 다루고 있다. 이것들은 그 자체로는 대단한 것처럼 보이지 않을 수도 있지만 폭넓게 퍼져 있다. 이것들이 모여서 집합적으로 표현되면 사람들에게 흥미와 희망을 줄 수 있으며, 더 창조적이고 자율적인 삶에 대한 기초를 마련할 수 있을 것이다.

활동 중인 대중 교육

사람들이 자유를 쟁취하고 억압에 저항하기 위해 투쟁한 역사는 전 세계에 풍부하게 널려 있다. 대중 교육은 사람들이 세계의 질서를 의문시하고 삶이 바뀌어야 한다는 필요를 인식하는, 거대한 사회적 봉기의 시기에 만개하곤 했다.

해방을 위한 노동자 교육

산업혁명에는 인구과잉과 긴 노동시간, 도시 빈곤 같은 새로운 현실과 거대한 변화가 뒤따랐다. 영국의 노동계급은 공식 교육을 받을 권리가 없었다. 사실 많은 교육자와 귀족계급들은 교육이 노동 대중을 혼란에 빠뜨리고 선동할 것이라고 주장했기 때문이다. 이런 부정의에 반대하는 운동을 벌이기 위해 다양한 연합체들이 건설되었다. 일부 당국자들은 노동 대중을 위한 교육은 오직 기본적인 기술 개발만을 다룬다면 유용할 수도 있다고 인정하기도 했다. 이러한 관점에 반대하여 투쟁하는 연합체들은 "누더기" 잡지, 학습 집단, 공동체 활동 같은 고유한 형태의 교육을 발전시켰다. 복잡하게 얽혀 있던 사회주의자들도 자신과 주변의 사람들을 교육하여 소름끼치는 새로운 삶의 현실을 이해하고 저항하기 위해 투쟁하는 한편, 계급의식을 각성시키기 위해 공개적인 노력을 했다.

로버트 트레셀Robert Tressell이 쓴 『찢어진 바지를 입은 박애주의자*The Ragged Trousered Philanthropist*』(1918)라는 책이 유명한 예다. 이 책은 열정적인 사회주의 화가인 오웬이 자본주의의 사악함에 대해 반동적인 친구들에게 교육하는 노력을 그리고 있다. 프랑스와 미국 혁명기에 있었던 통신 협회Correpondence societies와 노동 대학Labour colleges에서부터 협동 대학co-operative colleges, 노동자 교육 협회Workers' Educational Associations 같은 실험들과 옥스퍼드의 러스킨 대학Ruskin College 같은 성인 교육 대학에 이르기까지 이와 관련된 전통은 풍부하다. 이 중 많은 것들이 다소간 맑스레닌주의에 입각하여 사회주의 사회를 향한 전환의 청사진을 제시했다. 맑스주의 학교와 노동자 대학들이 워크샵과 노동조합과 더불어 설립되었다. 이러한 것들은 20세기에 본격적으로 활성화되면서 노동자들에게 사회주의 사상의 기초를 가르치는 수업을 하는 한편 전문적인 국제 사회주의 활동가들과 선동가들을 양성하였고, 반공적인 감시와 억압의 초점이 되었다. 노동자계급 공동체 안에 있던 급진적인 조직 형태는 소작인 조합과 실업수당 청구자 조합 속에 꾸준히 유지되었고, 영국에서는 이들의 위력적인 근간을 활용하는 인두세 반대 조합들에서도 나타난다.

자유 학교

여러 해 동안 자유 혹은 진보 학교를 통한 급진 교육을 실험하면서 많은 교육적 대안에 대한 시도가 있었다. 이 중 많은 것들이 혁명적인 가능성을 가지고 있었다. 즉, 국가 권력을 잠식할 뿐만 아니라 삶의 양식에 도전함으로써 진정한 위협으로 인식되었던 것이다. 예를 들어, 스페인의 아나키스트 프란시스코 페레Francisco Ferrer▪는 종교적인 교의를 가지지 않은 학교를 설립한 뒤 군사적인 폭동을 꾀했다는 이유로 사형을 당했다. 자유 학교 운동 가운데 가장 중요한 것은 20세기 중반 유럽에서 있었던 신학교New Schools 운동이라고 할 수 있다. 학교에 출석하는 것은 자율적이며, 아이들과 교사들이 함께 학교를 운영했다. 강제 커리큘럼도, 수준별 학급편성도 없었고, 시험과 교장도 없었다. 그 대신 자유로운 사고를 증진시켰고, 창의적인 학습을 강조하였으며, 다양한 연령대 간의 상호작용과 외부 세계에 중점을 두었다. 인도의 미람비카Mirambika, 미국의 서드베리 밸리 학교Sudbury Valley School 등 전 세계에 자유 학교가 있다. 영국에는 스태포드셔어Stafforshire의 애봇홀름 학교Abbotsholme School와 서포크Suffolk의 섬머힐Summerhill이 있다. 교육이라는 것은 강제성을 띠지만 홈스쿨링은 그렇지 않다. 다른 교육Education Otherwise, 재택 교육 네트워크Home Education Network 같은 네트워크에서는 집에서 아이들을 교육하기로 결정한 영국의 부모 수천 명에게 도움을 준다.

▪ 국내에 소개된 프란시스코 페레의 평전으로는 『꽃으로도 아이를 때리지 마라』(박홍규 씀, 우물이 있는 집, 2002)이 있다. 옮긴이

독립을 위한 투쟁

대중 교육 운동은 많은 식민지 국가에서 독립 투쟁의 핵심적인 역할을 해왔다. 20세기에는 라틴아메리카와 아프리카 전역에서 사회주의에 고무된 민족주의 투쟁이 대중 교육을 이용해서 대중들을 참여시키고 억압과 인종차별, 식민지 정책에 도전했다. 니카라과, 그라나다, 쿠바, 엘살바도르, 남아프리카공화국 같은 나라에서는 해방적인 교육자들이 대중들, 특히 시골의 빈민들을 동원하기 위한 교육 프로그램을 만들었다. 이런 혁명적인 분위기 속에 대중 학교는 성황을 이루었다. 예를 들어 남아프리카공화국의 "민중 권력을 위한 민중 교육People's Education for People's Power"은 1980년대 인종주의에 대한 반동으로 태동한 운동으로 흑인 착취에 대한 저항을 불러일으키기 위해 분명한 정치·교육 전략을 택했다. 이들은 실생활 법과 실생활 정의Street Law and Street Justice 프로그램과 문맹 퇴치, 보건 워크샵을 조직했다. 이런 프로그램들도 억압에 종속된 형식으로 진행되었기 때문이다.

라틴아메리카의 대중 교육

대중 교육이 억압에 도전하고 문맹인 사람들의 삶을 개선시키는 데 사용된 예로 가장 유명한 것 중 하나는 브라질에서 파울로 프레이리가 한 활동이다. 프레이리는 〈토지 없는 노동자들〉과 함께 일하면서 문맹 퇴치 교육에 대한 혁신적인 접근법을 전개했다. 즉, 문맹 퇴치라는 것은 단순히 글을 읽고 쓰는 법을 배우는 것보다 훨씬 더 많은 것을 의미한다는 것이다. 프레이리는 교육자들이 이러한 상황을 분석하는 데 도움을 주어야 한다고 주장했다. 그의 학생들은 농경지에 접근을 하지 못하는 것과 같은 스스로 경험하는 기초적인 문제들에 대한 토론을 통해 읽고 쓰는 법을 배웠다. 문제의 원인에 대한 논의가 이루어지고 나면 학생들은 상황을 바꾸기 위해 어떤 행동을 취할 수 있을 것인가 분석하고 논의한다.

급진적인 대중 교육은 최근 들어 남아메리카에서 부활하고 있다. 사람들이 오늘날의 위기를 30년간의 신자유주의 경제 정책 때문에 야기된 것이라 이해하기 시작했기 때문이다. 2001년 경제 위기 이후 아르헨티나에서는 "자율적인 토론을 위한 원탁Rondas de Pensamiento Autonomo"과 지자체 지역 의회 안에서의 공개 발언대에서 사람들이 위기와 가능한 해법에 대해 이야기하는 것이 일상적인 특징이 되었다. "5월 광장의 어머니들"■ 이 부에노스아이레스 중심가에 있는 의회 광장Plaza del Congreso에 5월 광장 어머니들의 민중 대학 Universidad Popular Madres de Plaza de Mayo을 세웠다. 대중 교육에 헌신하는 이 민중 대학 안에는 부에노스아이레스 최고의 정치 서점과 문학 카페인 〈오스왈도 바이어Osvaldo Bayer〉가 입주해 있고, 라틴아메리카의 여러 문제에 대한 토론회와 세미나, 강연들이 열리는 워크샵 공간과 전시장도 있다. 한편 베네수엘라에서는 2001년 우고 차베스 치하 베네수엘라 볼리바르 공화국■■이 설립된 이후로■■■ 볼리바리안 서클Bolivarian circle과 지방 의회가 확산되어 사람들이 의사결정을 이행하고 새로운 헌법 입안에 참여할 수 있게 하였다.

■ 5월 광장의 어머니들Madres de Plaza de Mayo은 아르헨티나의 추악한 전쟁 때문에 무고한 많은 사람들이 사라지는 것에 반대하는 캠페인을 지칠 줄 모르고 전개하는 어머니들이다.
■■ 베네수엘라의 공식 명칭. 옮긴이
■■■ 실제로 우고 차베스가 집권한 것은 1999년부터다. 옮긴이

세계 정의에 대한 교육

지난 10년 동안 반세계화·대안 세계화 투쟁은 대중 교육 활동의 온상이었다. 세계 지도자들이 모이는 전 지구적 정상회담에는 거의 항상 활동가들이 모여들어 서로 이해하고 도전하고자 하는 것에 대한 정보를 나누고 영감을 주는 기술 공유 행사와 여러 번의 토론회, 대항 회의counter-conference 같은 것이 동시에 진행되었다. 노동 착취, 공정 무역, 이민, 전쟁과 군사화, 유전자 조작 유기물질의 영향, 신제국주의와 기후변화 등 오늘날의 세계를 이해하는 데 핵심적인 주제에 대한 엄청난 양의 정보를 생산하고 분배하는 데 헌신하는 집단과 네트워크들이 새롭게 등장했다. 이런 워크숍들의 특징은 수평적으로 가르치고 평등한 참여를 장려한다는 것이다. 대규모 캠페인과 인원 동원은 종종 그런 교육을 확대할 수 있는 기회가 되기도 하며, 많은 사회센터들이 진행 중인 자율 교육의 공간을 제공하기도 한다. 마드리드에 있는 〈라 프로스페La Prospe〉는 1970년대 중반 이후로 성, 세계화, 기초 기술과 문맹 퇴치 등에 대한 주제로 집단학습을 위한 조직Grupos D' Apprendizaje Collectiva을 주최했다. 이런 식으로 세계적인 정상회담에 모이기도 하지만 많은 국제적 회의나 세미나들이 다양한 집단들의 생각과 경험을 교류, 생산, 네트워크하는 수단을 제공해 주기도 한다.

지금 대중 교육은 어디에 있는가?

사회 변화는 소수의 전문가들이 성취하는 것이 아니라 평등한 입장에 있는 사람들이 함께 모여 이루게 될 것이다. 세계화에 대한 대안 운동들은 활동가들이 다진 길을 널리 알리기 위해 폭넓은 청중들과 소통해야 했다. 대중 교육 그 자체로는 충분하지 않을 수도 있지만, 사람들이 스스로 공동체와 함께 이런 토론의 장에 참여하고 자신의 필요와 만들어질 수 있는 가능성들에 대해 생각하기 시작하는 것은 하나의 방법이다.

카츠 피쉬맨Katz-Fishman과 스콧Scott은 9·11 이후 미국에서 이견을 통제하고 제한하기 위해 공포와 히스테리, 유사 애국주의의 분위기가 만들어진 것이라고 주장하고 있다.

> 공동체의 분화와 붕괴를 막기 위해서는 모든 인종과 민족, 국적을 아우르는 풀뿌리 저소득층과 학생·학자·활동가 공동체들 사이에서 진행되고 있는 교육적 발전을 조직하고 평등이라는 기초 위에 사람들을 모아야 한다.
>
> (Katz-Fishman and Scott, 2003.)

이들의 주장에 따르면 이것은 "공동체에서 공동체로, 작업장에서 작업장으로" 차근차근 이루어져야 한다. 우리는 대중적이고 급진적인 교육 집단과 네트워크를 확장하라는 이러한 행동의 요구에 동감하고 지지한다.

무언가 잘 작동되지 않는다는 느낌은 폭넓게 퍼져 있다. 끝없이 위로 향하는 경제성장에 대한 환상은 자연자원이 희소해지고 쓰레기를 감당할 수 있는 지구의 능력이 소진되면 더 이상 성장할 수 없다. 따라서 급진적 비판이 조응하고 발전할 가능성이 있는 것이다. 대중 교육의 도구들은 사람들에게 합리적인 방식으로 이러한 일을 해내는 데 도움을 줄 수 있으며, 대안들이 가능하고도 필요한 이유를 드러내는 데도 도움을 줄 것이다. 대중 교육의 한 가지 위대한 잠재력은 그 참여적인 수단들 때문에 "활동가들"도 자신들의 생각을 의미 있고 접근 가능한 것으로 만드는 방법을 배워야 한다는 점이다. 우리 모두가 다른 사람들의 삶에 영향을 미치고 있는 세상에서 억압하는 자와 억압당하는 자의 경계는 점점 더 혼란스러워지고 있다. 선진국에 살고 있는 이들은 전 지구적 착취 체계를 가속화시키는 세계 자원의 소비자로서 자신이 세계에 미치는 영향과 자신들의 정부가 행하는 역할, 책임지는 방법, 그리고 가장 중요하게는 이를 바꾸기 위해 행동을 취할 수 있는 방법에 대해 스스로 학습해야 한다. 그래서 불평등한 권력관계를 드러내고 집합 행동에 권력을 부여하고자 하는 교육이 중요한 것이다. 자원은 제한적이지만 변화의 열정을 가지고 있는 수세기에 걸친 민중들의 작업이 새 길을 열어 줄 것이다.

08 학습을 통한 변화

이 글을 쓴 〈트래피즈 대중 교육 공동체Trapese Popular Education Collective〉는 영국에 본부를 두고 있으며 2004년부터 성인, 청년들과 함께 기후변화, 세계화, 이주 등의 문제들을 이해하고 관련된 행동을 하기 위한 작업을 해 왔다. 이들은 또한 교육 자료를 만들고 교육과 기술 공유를 통해 참여적이고 상호적인 학습을 촉진하고 있다(www.trapese.org를 보라). 추가적인 자료는 〈라이징 타이드Rising Tide〉, 〈그라운스웰Groundswell〉, 〈지구적 협동을 위한 앨버타 의회the Alberta Council for Global Co-operation〉, 〈학교 다시 생각하기Rethinking Schools〉에서 얻은 것이다. 이들 모두에게 감사의 뜻을 전한다.

사람들이 자신의 삶에서 어떤 행동을 하도록 장려하기 위해서는 가르치는 내용만큼 가르치는 방식도 중요하다. 오늘날처럼 연민이 과도하게 넘쳐나는 시기에는 어떤 충격적인 통계 자료나 애처로운 이야기도 사람들에게 영향을 주지 못할 수 있다. 그 대신 우리가 직면하고 있는 문제들에 대해 사고하고 학습하기 위한 창의적인 방법들이 필요하다.

대중 교육 공동체인 〈트래피즈〉를 구성한 직후인 2004년에서 2005년 사이에 우리는 백 건이 넘는 워크샵과 토론회, 퀴즈쇼를 영국과 아일랜드에서 개최하면서 G8, 기후변화, 부채와 저항에 대한 문제들을 다뤘다. 그 이후로 우리는 계속해서 다양한 캠페인들을 지원하는 방법으로 대중 교육 방법에 대해 계속 연구했다. 8장에서는 우리를 비롯해서 변화를 위한 도구로 대중 교육을 활용하고 있는 다른 집단들의 경험을 바탕으로 한 실제적인 조언들을 모아 놓았다.

8장에서 언급하고 있는 활동과 놀이 가운데 많은 것들은 자신들의 자원을 활용해서 비슷한 작업을 했던 다른 집단들이 시도하고 시험했던 수단들을 개조한 것이기도 하다. 각 활동들은 모두 이것들이 문제와 근본 원인에 대한 집단적인 이해를 유도하고, 변화에 대한 열망을 활용하여 사람들이 행동하도록 고무하는 것을 목적으로 삼고 있다. 물론 이것은 맛보기에 불과하며, 이러한 생각들을 더 상세하게 풀어놓고 있는 웹사이트와 책들이 많이 있다(8장의 마지막에 있는 자료들을 참조하라). 하지만 실제로 행동하는 것보다 더 좋은 학습 방법은 없을 것이다.

위크샵 기획하기

다음은 한 가지 일을 조직하는 몇 가지 단계들이다.

1. 주제 파악

■ 주제 선정은 쉬운 일이지만, 워크샵에서 초점을 분명히 해야 한다는 점을 기억하라. 국지적인 문제들은 그 범위가 빠르게 확장될 수 있고 더 큰 문제들과 연결될 수도 있다.

■ 참가자에 대한 정보를 최대한 많이 구하라. 얼마나 자주 만나는지, 관심사는 무엇이며, 당신이 말하고자 하는 주제에 대해 얼마나 많이 알고 있는지 등등.

■ 당신은 전문가가 될 필요는 없지만 구체적인 사실을 어느 정도 알고 있어야 한다. 그런 사실적인 정보는 당신에게 신뢰할 만하다는 인상과 자신감을 부여하는 데 도움을 줄 것이기 때문이다. 책과 영화, 웹사이트, 신문 기사를 이용한다. 라

디오, 텔레비전, 영화에서 인용문을 가져와도 좋다.

■ 진행 중인 캠페인에 대해 조사해 보고 관련된 모든 측면의 주장들을 이해하도록
한다.

2. 워크샵 기획

■ 한 명 이상의 사람과 함께 워크샵을 운영하면 정말로 실제적인 도움이 될 수 있
다. 또한 워크샵이 좀 더 다양해진다.

■ 사람들은 토론하고 질문하고 이해할 기회가 있으면 일반적으로 더 많은 것을 간
직한다는 점을 기억하라. 적은 수일수록 기억하기는 더 좋다.

■ 정답이나 쉬운 결론 같은 것은 없다는 점을 기억하라. 활동의 목적은 질문의 씨
를 심고 사람들이 스스로 더 많은 것을 발견하도록 고무하는 것이다.

■ 영화, 게임, 논쟁 등 다양한 형태의 정보를 활용한다. 그리고 질문과 격식 없는
토론이 이루어질 수 있는 자유 시간을 허용한다.

■ 행동 계획과 이후에 이어질 수 있는 단계를 초반에 포함시킨다. 예상한 것보다
시간이 오래 걸릴 수 있으며, 문제에 대한 이야기만 듣고 나서 이 문제와 관련해
서 어떤 일을 할 수 있을지 논의할 시간이 주어지지 않는 것은 우울한 일이다.

■ 휴식 시간을 준다. 경험상 한 시간 반이 넘어가면 사람들은 자리를 뜨기 시작한다.

3. 실제 준비들

■ 사람들을 모으는 것이 가장 어려운 일일 수 있다. 기존의 집단과 노동조합, 공동
체 집단과 센터, 비슷한 행사를 갖고 있는 공간들을 물색한다.

■ 포스터, 웹사이트, 이메일 리스트 등을 활용해서 최대한 일찍, 널리 홍보한다.
개인적인 초대가 가장 효과적일 수 있다는 것도 기억하라.

■ 막판에 일에 쫓기는 스트레스를 피하기 위해 미리 필요한 모든 준비를 마친다.

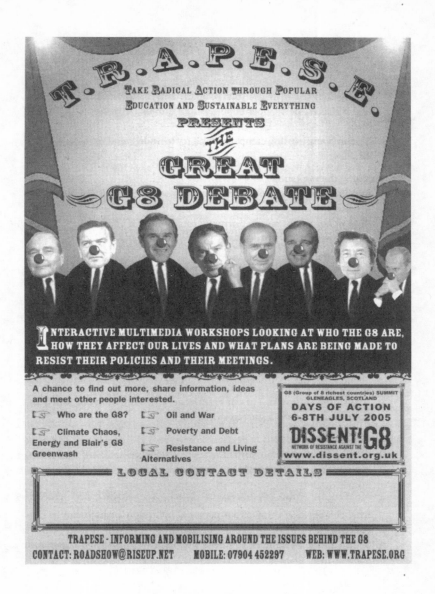

우리가 진행한 워크샵 홍보 포스터

출처: 앤드류 엑스Andrew X.

- 공간이 허락하면 일방적으로 한 사람이 강연하는 구도가 아니라 사람들이 서로를 볼 수 있도록 원형으로 의자를 배열한다.
- 사람들이 피드백을 하고 연락처를 교환할 수 있는 방법에 대해 생각해 둔다.
- 간단한 다과와 음료를 준비한다.
- 프린트물이나 웹사이트를 통해서 사람들에게 더 많은 정보를 얻을 수 있는 방법을 제시한다.

4. 촉진자의 역할

- 정해 놓은 시간 구성을 유지하고 워크샵의 목표와 구성을 설명한다.
- 친절하고 예의 바르게 진행하면 다른 사람들이 당신의 예를 더 잘 따르게 될 것이다.
- 처음에 사람들과 간단한 합의를 하라. 모든 사람들이 핸드폰을 꺼야 한다거나, 다른 사람들이 말할 때 귀 기울여 듣고 차례를 기다리는 등에 대해 합의할 수 있을 것이다.
- 말이 없는 사람들에게 모임에 기여하기를 원하는지 물어본다.
- 답을 모른다고 인정하는 것에 대해 두려워하지 않는다. 대답을 함께 찾자고 제안하거나 찾아보겠다고 답할 수 있다.
- 사람들은 스스로 동기가 부여될 때 최고의 학습을 한다. 촉진자의 역할은 완벽한 대답을 제시하는 것이 아니라 정보를 통해 사람들을 안내하는 것이다. 질문을 하라. 그리고 참여자들도 질문을 하도록 유도하라. 예를 들어, "이것이 작동되는 방식은 다음과 같습니다"라는 식으로 설명하지 말고 "이게 왜 그런 식으로 작동한다고 생각하십니까?"라고 질문한다. 이렇게 하면 시간이 좀 더 오래 걸릴 수도 있지만 더 빨리 수용될 수 있다.
- 밝고 원색적인 소도구들과 여러 가지 매체들을 사용해서 사람들의 관심을 끌도

록 한다. 해당 집단에 맞는 복장을 갖춘다.

학교에서 정말로 지루했던 선생님을 떠올려 보자. 그 선생님들이 지루했던 것은 무엇 때문이었나? 단조롭거나 거만하고, 으스대거나 완고했나? 당신에게 실제로 영향을 미쳤던 몇 가지 정보들에 대해 떠올려 보라. 왜 그것을 기억하고 있나? 그것의 어떤 부분이 당신에게 충격을 주었나? 그것은 어떤 식으로 제시되었나? 자신이 참가자가 되었다고 생각해 보면 워크샵 계획에 도움이 될 것이다. 또한 사람들이 듣기, 쓰기, 그리기, 말하기, 행동하기 등 다양한 방식으로 학습한다는 점을 기억하고 다양한 감각을 사용하기 위해 노력하라. 이러한 활동의 많은 것들은 다른 주제의 활동에도 쉽게 응용할 수 있다.

1. 준비

준비 단계에서는 워크샵에 필요한 환경을 조성하고 모든 사람들이 서로 알 수 있도록 한다. 사람들은 당신이 해당 집단을 대하는 태도에 따라 더 활기 있게 참여할 수도 있고 침묵할 수도 있다. 게임은 모든 사람들이 기여할 수 있다고 느끼게 하는 참여적인 환경을 만들 수 있는 좋은 방법이다. 약간의 신체적인 접촉(다양한 능력과 문화적 감수성에 대해 인식하는 것)은 사람들의 긴장을 풀어 주고 사적인 경계를 허무는 데 좋은 방법이 된다. 강의실을 돌아다니면서 사람들에게 이름을 물어본다. 그리고 시간이 충분하면 워크샵을 통해서 무엇을 얻고자 하는지도 물어본다. 이를 통해 촉진자는 상황을 적절하게 통제하는 데 도움을 얻을 수 있다.

■ 놀이 진행

무언가를 시작하기 전에 간단한 신체적 게임을 진행해 본다. 모두 다 어릴 때부터 알고 있는 의자 뺏기 게임, 공 혹은 풍선 공중에 띄우기, 진흙에 처박기 같은 것을 하면 된다.

■ 공통점 찾기

목적: 서먹한 분위기를 풀고 해당 집단의 의견이 얼마나 비슷한지 확인한다.

방법: 모든 참가자들이 원형으로 선다. 읽어 주는 문장을 들으면서 동의하면 앞으로 작게 한 발짝 나오고 동의하지 않으면 가만히 있으라고 설명해 준다. 뒤로는 움직이지 않는다. 지문은 사람들의 관심사를 확인할 수 있는 것으로 논쟁적이거나 주제로 삼을 만한 것으로 만든다. 예를 들면 다음과 같은 것들이 가능하다.

- "나는 기업들이 우리의 정치적 과정들을 대신하고 있다고 생각한다."
- "이런 것은 나를 화나게 한다."
- "나는 공정 무역 커피와 차를 마신다."
- "나는 그것이 충분치 않다고 생각한다."
- "여성 지도자가 많아지면 세상은 더 좋은 곳이 될 것이다." 등.

집단의 크기에 따라 다르겠지만 열 문장 정도면 모든 사람들이 교실 중앙에 서게 될 것이다. 이 단계에서 모든 사람들이 다시 제자리에 앉도록 한다. 아니면 그 대신 모든 사람들에게 눈을 감고 손을 (이제는 아주 작아진) 원의 중앙으로 뻗으라고 한다. 그러고는 양손을 다른 사람들의 손과 잡으라고 한다. 그러고 나서 눈을 뜬 뒤에는 뒤엉킨 손들을 풀도록 한다.

성과와 조언: 혼란은 명백히 불가능해 보이는 것에서 빠져나오기 위해 협동할 수 있는 좋은 기회다. 시간이 너무 오래 걸리면 중단할 준비도 하도록!

2. 집단 학습

집단 학습에 대한 설명을 시작하기 전에 사람들에게 집단 학습에 대해 어느 정도 알고 있는지를 물어본다. 이를 위해 한 가지 문제에 대해 생각나는 대로 아이디어를 모아 볼 수 있다. 사람들에게 어떤 것에 대해 알고 있는 것을 소리쳐 말하게 하고 모든 사람들이 볼 수 있는 곳에 적어 둔다. 처음부터 사람들의 생각을 바로잡으려 하지 말고 뒤에 그 문제에 대해서 논할 때 짚어 줄 수 있도록 기억해 둔다.

■ **머리글자 놀이**

목적: 전문 용어를 분해해서 집단 내에서 해당 용어에 대해 이해하도록 하고, 그 집단이 현재 가지고 있는 지식을 평가한다. 이 놀이에서는 다양한 배경 정보들을 소개하며 사람들이 팀으로 활동하도록 한다.

방법: 작은 카드에 관련된 축약어나 단어 몇 개를 적어 놓는다. 해당 집단을 몇 개의 팀으로 나누고 대략 한 명당 한 개 정도의 카드가 돌아가도록 카드를 나눈다. 사람들에게 카드에 적힌 것이 무엇인지, 무슨 의미인지, 무엇을 하는지에 대해 토론하도록 한다. 필요하다면 도와준다. 그러고 나서 각 팀은 다른 팀에게 이름에 들어 있는 단어를 말하지 않고 다른 집단에게 머리글자만 보여 준다. 예를 들어 WTO(세계무역기구)라고 적힌 카드가 있으면, 설명할 때 "World(세계)", "Trade(무역)", "Organization(기구)"라는 단어를 말해서는 안 된다. 대신 "교역에 대한 장벽을 제거하고 관련된 규칙을 만드는

전 지구적인 조직입니다"라는 식의 설명은 가능하다. 아니면 "이건 세계에서 가장 치명적인 기관으로, 없애 버려야 합니다"라는 식의 감정적 대응도 가능하다. 해당 머리글자가 무엇을 의미하는지 정확하게 맞춘 팀이 그 카드를 갖는다. 그리고 맞춘 팀에게는 더 자세하게 그 단어의 뜻을 설명할 수 있는지 물어본다.

우리가 사용했던 머리글자 몇 개만 예로 들면 다음과 같다.

—PFIs(Private Finance Initiatives, 민간 자금 주도). 은행이나 학교 같은 공적 서비스에 투자하는 기업들
—IMF(International Monetary Fund, 국제통화기금). 개도국에 돈을 빌려 준다. 일반적으로 시장에 기초한 개혁에 대한 조건과 함께 시행된다.
—WB(World Bank, 세계은행). 개발도상국에서 시행되는 계획에 대해 돈을 빌려 준다. 주로 댐이나 도로 같은 대규모 하부구조 건설 계획에 중점을 둔다.
—SAPs(Structural Adjustment Programmes, 구조 조정 프로그램). 경제 자유화, 산업의 탈규제, 사유화와 관련된 국제통화기금 융자 조건들.

성과와 조언: 복잡한 축약어와 용어들을 탈신비화하는 것은 세상에 대한 비판적인 의식을 전개하는 데 중요하다. 이 놀이는 오랫동안 지속될 수도 있으니 워크샵을 계획대로 진행하고 싶다면 짧게 줄일 수 있는 준비도 해 두도록 한다. 이 놀이에는 어떤 단어, 이름, 개념이든 사용할 수 있다. 스파이더그램(Spidergram, 오른쪽을 보라) 놀이를 활용하는 것도 좋은 길잡이가 될 수 있다.

■ **스파이더그램**(기후변화를 지도로 표현하기)

목적: 주제를 시각적으로 탐구하고, 개념 간의 관계를 확인하며, 인과관계를 밝힌다.

방법: 소집단으로 나눈 상태에서 큰 종이의 가운데 작은 네모를 그리고 탐구하고자 하는 큰 주제를 적어 넣는다. 예를 들어 "기후변화"라고 적었다 치자. 사람들에게 이것을 직접적으로 야기하는 것, 이를테면 "비행기", "자동차" 같은 것을 생각해 보라고 한다. 그리고 이것을 중앙에 있는 네모와 선으로 연결한다. 그리고 난 뒤 이 문제와 관련된 문제, 예를 들어 "오염", "천식", "교통 체증" 같은 것을 떠올리게 한다. 이것을 앞에서 언급했던 머리글자 놀이와 연결시켜 보면 카드 몇 장을 뽑아서 사람들에게 다른 카드들과 연결 지어 배열해 보라고 한다.

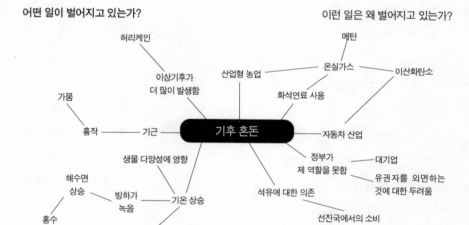

스파이더그램

출처: 〈트래피즈 컬렉티브〉

성과와 조언: 얼마 지나지 않아 거미의 그물처럼 연결된 큰 그림이 하나 생겨날 것이다. 사람들에게 어느 단어가 가장 연결성이 높은지 물어본다. 주위를 돌아다니면서 도움을 주도록 한다.

3. 시각적 활동

때로는 시각적인 어떤 것을 직접 보는 것이 통계 자료의 기나긴 목록을 듣기만 하는 것보다는 간단하지만 더 충격적이다. 신체적·시각적인 활동들은 워크숍의 속도와 역동성에 변화를 줄 수 있으며, 이를 통해 참가자들은 집중력을 유지하는 데 도움을 얻게 된다. 워크숍에서 실용적인 과제, 교육 혹은 실험 같은 것을 활용할 수 있는 방법을 찾아보자.

■ 의자 놀이

목적: G8 나라들과 나머지 나라들 간의 불균형을 간단하게 보여 줄 수 있다. 이 놀이를 살짝 변형하면 부채, 무역, 탄소 배출 같은 다른 불균형이나 통계적 정보를 보여 줄 수도 있다.

방법: 열 명의 지원자들에게 의자를 따라 줄을 맞춰 선 후 의자에 앉으라고 한다. 진행자는 몇 가지 이어지는 질문들을 할 것이며, 매 질문에서 의자 한 개는 전체의 10퍼센트에 해당한다. 놀이가 진행되는 동안 사람들은 할당된 양에 따라 의자 위를 옮겨 다니게 된다. 질문에 대한 답은 항상 참가자들에게서 얻도록 노력한다.

10명의 사람이 약 60억에 달하는 세계 인구에 해당한다고 설명한다. 따라서 1명의 사람은 세계 인구의 10퍼센트 혹은 6억 명에 해당한다.

—질문: 세계 인구의 몇 퍼센트가 G8 국가에 속해 있습니까?

의자 놀이

출처: 〈지구적 협동을 위한 앨버타 의회Alberta Council for Global Cooperation〉

　—답: 12퍼센트요.

　1명(이상적으로는 줄 끝에 있는 사람)을 G8을 대표하는 사람으로 지명한다. 남은 88퍼센트는 나머지 다수를 상징한다.

　—질문: G8 국가들은 세계 총경제생산물Gross Economic Output의 몇 퍼센트를 생산합니까?

　—답: 48퍼센트(대략 50퍼센트)요.

　G8이라고 지명된 사람이 5개의 의자를 차지하도록 하고, 남은 9명은 나머지 5개의 의자에 끼어 앉도록 한다.

　—질문: G8 국가들은 세계 총 이산화탄소 배출량의 몇 퍼센트를 발생시킵니까?

　—답: 62퍼센트요.

　G8이라고 지명된 사람이 6개의 의자를 차지하도록 하고 남은 9명의 사람들은 다른 4개의 의자에 끼어 앉도록 한다.

—질문: 100대 다국적기업들 중 몇 개가 G8 국가에 본부를 두고 있을까요?

—답: 98퍼센트요.

결국 9명의 사람들에겐 의자가 주어지지 않겠지만, 만일 G8이 관대하게 약간 원조를 해 준다면 1개의 의자에 9명이 끼어 앉을 수도 있을 것이다. G8이라고 지명된 사람이 9개의 의자를 차지하도록 하고, 남은 9명이 단 1개의 의자에 끼어 앉도록 한다. 이것이 아주 어려운 일이라는 건 자명하지만 말이다.

성과와 조언: G8을 대표했던 사람에게 어떤 느낌이 드는지 물어본다. 그러고 나서 나머지 사람들에게 이런 상황을 바꾸기 위해 무엇을 할 수 있을지 물어본다. 어떤 사람은 G8을 설득해서 의자를 돌려 달라고 할 수도 있고, 어떤 사람은 그냥 가서 차지한다고 할 수도 있을 것이다.

4. 자유롭게 논쟁하기

참가자들은 때때로 자유롭게 이야기할 기회를 높이 평가한다. 하지만 촉진자의 입장에서 자유로운 토론은 짜임새 있게 구조화하기 매우 어렵고 주도적인 사람들이나 관점에 쉽게 휩쓸릴 수 있다는 단점이 있다. 다음 활동들은 토론을 더 짜임새 있게 만들어 주는 데 도움이 될 것이다.

■ 예 아니오 놀이

목적: 한 입장을 다른 입장들과의 관계에서 바라볼 수 있도록 하고, 참가자들이 자신들의 관점에서 다른 사람들을 방어하거나 설득하도록 한다.

방법: 모두 길게 줄지어 서 있는 상태에서 이 줄의 한 쪽 끝은 예를 의미하고, 다른 한 쪽은 아니오를 의미하며, 중간쯤은 확실치 않음을 의미한다고

설명한다.(표지판을 만들어 두면 도움이 될 수 있다.) 문장을 읽어 주고 자신의 입장에 따라 이동하도록 한다. 사람들이 다 움직였으면 예 혹은 아니오 측에 서 있는 사람들에게 왜 거기에 서 있는지 설명해 달라고 하고, 반대편에도 똑같은 설명을 요청한다. 잠시 동안 논쟁이 이어지도록 내버려둔 뒤 들은 내용을 바탕으로 다시 위치를 바꾸도록 한다.

우리가 사용해 본 질문들은 다음과 같다.

—핵 발전은 화석연료보다 유용한 대안인가?
—개발도상국의 소비 수준이 "선진"국의 소비 수준과 같아지는 것이 바람직한가?

성과와 조언: 이런 식의 논쟁은 종종 활기 있게 진행된다. 촉진자를 포함해서 어떤 한 사람이 논쟁을 지배하게 내버려두지 않도록 주의한다. 또한 질문은 예나 아니오로 확실히 나눌 수 있는 것으로 한다. 더 작은 규모의 집단들로 나누어 모든 사람이 발언할 수 있는 기회를 준다. 그러고 나서 각 집단들이 핵심을 피드백할 수 있는 시간을 준다.

■ **역할 놀이**
목적: 다양한 의견을 보여 주고 사람들이 다양한 관점에서 사고할 수 있도록 장려한다. 참가자들은 역할 놀이를 통해 성격을 발달시킬 수 있고 자신의 입장을 자유롭게 이야기할 수 있다. 동시에 참가자들이 사적으로 이야기하지 않고도 일반적인 오해와 모순된 의견들을 표현할 훌륭한 기회를 얻을 수 있다.
방법: "찬", "반" 그리고 "중립" 진영을 만들고 사람들에게 즉석 카드를 나누어 준다. 여기에는 행동방식과 화법에 대한 맥락과 세부 사항, 질문에 응

답하는 방법에 대한 생각들이 포함되어 있어야 한다. 사람들에게 그 입장에 동의하지 않더라도 항상 이 역할을 유지해야 한다고 설명한다. 즉석 카드에 대해 토론하고 논의를 발전시킬 시간을 준다. 토론이 잘 이루어지게 조직하려면 여러 집단들 사이에 청취자의 자리를 두고, 이 자리에서 중개자가 양측에 돌아가면서 입장을 밝히도록 요구하게 한다. 자유 질문을 할 시간에 이어 요약할 시간도 준다.

예를 들어, 지역 도로를 건설하는 상황에서의 역할 놀이를 보자.

> **고담 시 행정 책임자**: 여러분들의 도시는 점점 커지고 있고, 도시가 성공하는 데 핵심은 도로 교통입니다. 도로가 잘 닦이면 산업과 관광객들이 나라 전체에서 모여들게 될 것입니다. 핵심 주장은 다음과 같습니다. 새로운 순환도로를 먼저 닦지 않으면 이 지역의 경제적 가능성을 펼치기가 힘들 것입니다. 성장이 낮으면 세수가 줄어들 것이며, 이렇게 되면 공공 서비스에 지원할 돈이 줄어들게 될 것입니다.

> **계획된 도로 인근에 살고 있는 걱정스런 시민들**: 이 시는 이미 충분히 성장했기 때문에 더 많은 성장을 할 만한 상황이 아니라고 생각합니다. 도로는 이미 꽉 막혀 있으니 단지 도로를 더 많이 건설하는 것만으로는 문제를 풀 수가 없습니다. 차량 이용만 더 늘릴 뿐입니다. 핵심 주장은 다음과 같습니다. 차가 많으면 오염과 사고, 건강하지 못한 생활양식이 더 많아진다는 것입니다.

성과와 조언: 역할 놀이에는 많은 준비가 필요하며 사람들이 서로의 앞에서 자신 있게 이야기할 수 있을 때 잘 진행될 수 있다. 좀 길게 진행할 때는 참가자들이 소집단에서 맡은 역할에 대한 연구를 진행하고 이 역할을 발전시킬 수 있도록 한다.

5. 역사와 삶을 연관시키기

집단적인 과거를 공유하는 것은 우리의 현재를 이해하고 미래를 상상하는 데 핵심적인 출발점이 된다. 구술 역사, 참여 비디오 다큐멘터리 등 이런 일을 하기 위해서는 여러 가지 방식들이 있다. 역사를 시각적으로 표현해놓고 그 위에 사건을 짜 넣는 것도 유용한 방법이 될 수 있다.

■ 세계 자본주의의 등장과 저항의 시간선

목표: 오늘날의 경제 시스템이 등장하고 이에 대한 세계적 저항이 발생한 과정을 차트로 표현하고, 국제 조직들을 전후 맥락 속에서 보여 주기 위한 것이다. 예를 들어 미국의 외교 정책이 어떤 식으로 작동해 왔고 진화해 왔는지, 혹은 남반구와 북반구에서 저항운동들이 어떤 식으로 진보해 왔고 연결되어 있는지를 보여 주는 데 사용할 수 있다.

방법: 큰 종이나 천 위에 시간선을 그리고 경제 발전의 핵심적인 시기와 저항 사건들을 카드 위에 써 넣는다. 그리고 이 카드를 한 쌍의 사람들에게 한 두 장씩 나누어 준다. 사람들에게 이 카드에 대해 토론할 시간을 주고 질문을 받은 다음 사건이 발생했다고 생각하는 시간선 위에 사건을 올려놓도록 한다. 또한 참가자들에게 빈 카드를 주고 이들이 덧붙이고 싶은 것들을 써 넣으라고 한다. 국지적인 사건일 수도 있고, 이들을 자극한 어떤 것일 수도 있다. 사건들을 따라 훑으면서 다른 사람들에게 이 사건에 대해 설명하고 견해를 밝히도록 한다. 그리고 사람들이 연관 관계를 규명할 수 있도록 도와 준다.

성과와 조언: 사람들은 이 활동을 통해 겉으로는 분리된 것처럼 보였던 사건들 간의 연관 관계를 이해할 수 있다. 날짜 등에 대한 신뢰할 만한 정보를

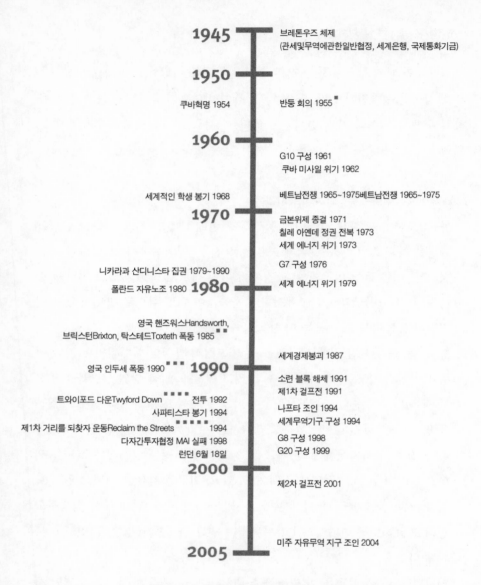

1945   브레톤우즈 체제
(관세및무역에관한일반협정, 세계은행, 국제통화기금)

1950

쿠바혁명 1954   반둥 회의 1955

1960

G10 구성 1961
쿠바 미사일 위기 1962

세계적인 학생 봉기 1968   베트남전쟁 1965~1975베트남전쟁 1965~1975

1970   금본위제 종결 1971
칠레 아옌데 정권 전복 1973
세계 에너지 위기 1973

니카라과 산디니스타 집권 1979~1990   G7 구성 1976
폴란드 자유노조 1980   **1980**   세계 에너지 위기 1979

영국 핸즈워스Handsworth,
브릭스턴Brixton, 탁스테드Toxteth 폭동 1985

세계경제붕괴 1987

영국 인두세 폭동 1990   **1990**   소련 블록 해체 1991
제1차 걸프전 1991

트와이포드 다운Twyford Down 전투 1992   나프타 조인 1994
사파티스타 봉기 1994   세계무역기구 구성 1994
제1차 거리를 되찾자 운동Reclaim the Streets 1994   G8 구성 1998
다자간투자협정 MAI 실패 1998   G20 구성 1999
런던 6월 18일

2000

제2차 걸프전 2001

미주 자유무역 지구 조인 2004

2005

워크샵에서 사용했던 세계 역사와 저항에 대한 시간선

출처: 〈트래피즈 컬렉티브〉

파악하고 있는 것을 잊지 않도록 한다.

6. 교실 밖으로─창의적인 교육 사건들

한 주제에 대해 연극, 영화, 음악, 장기 자랑, 자전거 타기, 벽화 그리기, 자연 산책로 걷기, 요리를 모두 활용해 볼 수 있다. 도보 여행은 하나의 주제에 생명력을 불어넣고 우리의 건조 환경과 지역 역사를 배울 수 있는 훌륭한 방법이 될 수 있다.

■ 이민 통제와 연쇄 추방에 대한 도보 여행

목적: 외국 이주민들의 연쇄 추방에 관련된 정부 부처, 회사, 기관들에 대해 사람들이 관심을 갖도록 한다. 여행을 통해 추방 과정을 폭로하고 구금과

- 아시아 · 아프리카 국가들 간의 긴밀한 관계를 수립하고, 냉전의 상황 속에서 아시아 · 아프리카의 중립을 선언하며, 식민주의의 종식을 촉진할 목적으로 1955년 인도네시아 반둥에서 개최된 국제회의. 인도네시아 · 스리랑카 · 미얀마 · 인도 · 파키스탄 등 5개국의 발기로 소집되었고, 세계 인구의 과반수를 대표하는 29개국 대표단이 참석하였다. 옮긴이
- ** 인종, 사회적 빈곤, 차별, 실업 등의 문제가 복합적으로 연결되어 발생한 봉기로 20세기 들어 영국에서 가장 심각한 수준의 봉기로 손꼽힌다. 차량과 건물 방화를 비롯한 재산상의 피해와 수백 명에 이르는 부상자가 발생했다. 옮긴이
- *** 대처 수상이 이끄는 토리당 정부가 도입한 인두세poll tax에 반대하는 대중적인 저항 속에 일어났던 소요 사태. 많은 이들은 이로 인해 8개월 뒤 대처 수상이 물러나게 되었다고 생각하고 있다. 옮긴이
- **** 잉글랜드의 햄프셔, 윈체스터 남동부로 뻗어 있는 작은 지역으로 풍경이 아름답고 생태계가 풍부하기로 유명했다. 윈체스터의 병목 현상을 해소하기 위해 이 지역을 관통하는 M3 고속도로 건설 공사를 계획하여 엄청난 반대 운동이 일어났지만, 결국 1994년 도로가 완성되었다. 옮긴이
- ***** 트와이포드 다운 도로 건설 반대 운동 등 1990년대 초 유럽에서 진행되고 있던 도로 반대 운동 속에 탄생한 조직과 운동으로, 지배적인 이동 수단으로서의 자동차를 거부하고 공공장소에 대한 공동체적 소유를 주장한다. 주요 도로나 고속도로 상에서 화려한 파티를 벌이는 직접행동 등을 통해 "공공"의 공간이 자동차가 아닌 보행자들에 의해 점유되어야 함을 알린다. 옮긴이

추방의 그림 속에 있는 점들을 연결시켜 주며 전체 시스템을 이해할 수 있게 도와준다.

방법: 이러한 인종주의적 정책들을 수행하면서 돈을 버는 민간 기업과 정부 지원을 받는 기관들에 대해 조사한다. 그리고 외국 이주민들을 감금하고 추방하는 일에 관련된 장소들 중 근처에 있는 일부를 방문하는 여행을 조직한다. 도보 여행은 단체로, 공공장소에 모여서 간다. 지도, 안내서, 확성기, 음악 등이 있으면 장소를 찾는 데 도움이 된다.

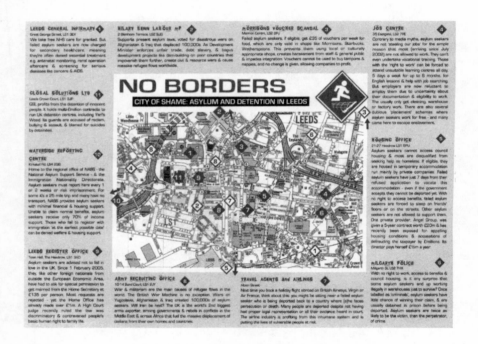

이주민 수용소를 부끄러워하는 〈경계 없는 여행〉, 영국 리즈

출처: 〈리즈 노 보더즈Leeds No Borders〉

■ 사회 변화 펍 퀴즈

목적: 중요한 문제들에 연결된 내용들로 구성된 사회적인 행사. 다양한 청중들을 끌어들일 수 있는 좋은 방법이 될 수 있다.

방법: 커뮤니티 센터, 학생 회관 식당이나 지역 선술집 등 장소를 물색하고 행사 광고를 한다. 몇 가지 주제별로 질문을 작성하고 답지, 펜, 상품, 필요에 따라 마이크도 준비한다. 그림, 음악, 빙고나 약간 변형된 가라오케 등 재료의 선택에 따라 형태는 다양해질 수 있다.

음식에 관한 퀴즈를 예를 들어 보겠다.

— 영국에서 매년 식용으로 생산되는 닭은 몇 마리일까요? (답: 7억 5천만 마리)

— 2002년 〈월마트〉가 전 세계에서 올린 판매액은 얼마일까요?

  (a) 1,280억 달러 (b) 22,445억달러 (c) 490억 달러 (답: b)

— 인간의 소비를 위해 합법적으로 판매될 수 있는 우유에는 리터당 고름 세포pus cells가 어느 정도 포함되는 것이 허용될까요?[*] (답: 4억 개까지)

(1과 2. 기업 감시(Corporate Watch, 2001) 3. 버틀러(Butler, 2006)

7. 행동 계획

게임의 목표는 사람들이 실제로 무엇을 해야 할 것인가에 대해 구체적인 생각들을 갖도록 하는 것이다. 다음날, 어떤 야망이나 미래상을 갖게 되는지가 관건이다. 이 단계는 사람들이 자신들이 이미 하고 있는 일들에 대한 생각을 공유하고 어떤 사건이나 기획을 착수할 수 있는 기회가 될 수도 있다.

---

[*] 우유의 유해성에 대한 참고 글. http://cafe.naver.com/trueface.cafe?iframe_url=/ArticleRead.nhn%3Farticleid=743. 옮긴이

■ 행동 지도

목적: 다양한 행동과 그 행동들 간의 내적 관계를 보여 주는 것.

방법: 사람들에게 워크숍에서 다루고 있는 문제들을 해결할 수 있는 방법을 다른 수위에서 두 가지 생각해 보라고 한다. 예를 들어 개인적 · 지역적 · 국가적 · 국제적 수준에서 고를 수 있을 것이다.(아래 표를 보라.)

성과와 조언: 행동의 시간 범위와 실제로 행동을 실천할 수 있는 방법에 대해 사람들이 생각해 볼 수 있도록 한다. 이번 주, 이번 달, 올해 등에 할 수 있는 두 가지 일을 생각해 보라는 식으로 변형시킬 수 있다.

예: 기후변화를 위해 할 수 있는 일

개인적으로 할 수 있는 일	지역적으로 할 수 있는 일	국가적 · 국제적으로 할 수 있는 일
에너지 효율성: 단열, 난방 끄기 등, 녹색 에너지원으로 전환, 어쩔 수 없는 경우에만 비행기 타기, 자동차 사용 줄이기	지역 소유의 재생 용품, 에너지원, 식품 생산 구조 만들기, 마을 단위에서 퇴비 생산 시스템 만들기	실천, 저항, 캠프, 회의 참여하기, 파이프라인 건설 같은 화석연료 추출에 반대하는 투쟁을 지원하고 공론화하기

■ 연속 그림

목적: 현재의 상황이 어떠한지 확인하고 어떻게 되기를 바라는지를 보여 주며, 어떻게 하면 그렇게 될 수 있을지 계획을 세운다.

방법: "현재"의 상태를 모든 문제점들이 드러나도록 재현하는 간단한 그림을 그린다. 그러고 나서 단체로 똑같은 상황의 "미래"를 문제점들이 해결되거나 아니면 개선점들이 추가된 상태로 재현하는 두 번째 그림을 함께 그린다. 모든 사람들의 희망 사항이 포함될 수 있도록 주의한다. 두 가지 그림이 완성되면 모든 사람들이 볼 수 있는 곳에 그림을 놓아 두고, 어떻게 하면 첫 번째 그림에서 두 번째 그림으로 바뀔 수 있을지 사람들에게 물어본다.

이렇게 바뀌려면 무엇이 필요한가? 어떻게 하면 그것이 이루어질까? 현재
와 미래 사이 중간쯤의 모습을 만들 수 있는 대답들이 모이면 이 미래상을
가지고 행동 계획에 옮길 수 있는 곳을 찾아간다.

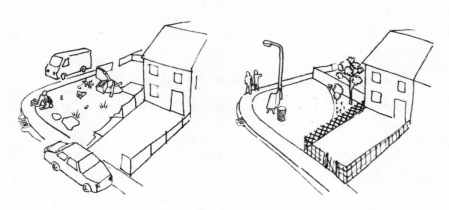

자기 삶 설계하기: 전과 후

출처: 가이 픽포드Guy Pickford, 『변화를 위한 그라운스웰 도구 상자Groundswell Toolkit for Change』

■ **선물**

목적: 워크샵을 화려하게 끝마치고 참가자들이 "불가능한 것에 대해 생각"
해 보도록 한다.

방법: 사람들이 집중하고자 하는 중요한 문제점을 찾는다. 각 참가자들에
게 상상의 선물이 적혀 있는 카드를 나누어 준다.

예를 들면 다음과 같다.

―원하는 사람의 모습으로 변할 수 있는 능력.

―백만 파운드.

―황금시간대 텔레비전 1분.

―모든 자물쇠를 열 수 있는 열쇠.

―투명 망토.

―무슨 일을 해도 절대 잡히지 않는다는 보장.

■ 저항 달력

지역에서 벌어지고 있는 다른 일들에 대한 정보를 공유하는 것도 중요하다. 사람들이 더 많은 정보를 얻을 수 있는 연락처 세부 사항을 넣어서 달력을 만든다.

훌륭한 소통 기술

■ 지배에 도전하기. 여기서 말하는 지배는 목소리 큰 참가자와 촉진자들에 의한 지배다. 왜 이런 활동들이 진행되는가에 대해 처음부터 개방된 마음을 갖도록 하고 어떤 이데올로기적인 목적에 참가자들을 끼워 맞추려고 하지 않도록 한다.

■ 심판하지 않기. 자신의 접근법에 대해 보완적인 태도를 취하고 다양한 행동과 관점의 타당성을 인정한다. 이것은 당신이 원하는 대로 사람들이 생각하거나 행동하도록 설득하는 것과 다른 차원이다.

■ 경청하는 것이 중요하다. 필요한 토론이 이루어지기 위해서는 적극적으로 듣는 것이 중요하다는 것을 배워야 한다. 사람들이 말하도록 내버려두고, 의존성을 줄이며, 스스로 생각할 수 있는 힘을 키우도록 하는 것이 급진적인 교육의 핵심이다.

■ 무력함 극복하기. "모든 것이 연결되어 있다면, 이 모든 것을 바꾸지 않고서는 아무것도 바꿀 수가 없다. 하지만 당신은 모든 것을 바꿀 수는 없다. 이것은 당신이 아무것도 바꿀 수 없다는 의미다!" (세계화에 대한 수업을 들은 한 학생이 한 말. 『세계화

에 대한 재고찰*Rethinking Globalisation*』(Bigelow and Peterson 2003)에서).

우리가 아무것도 바꿀 수 없다는 말은 사실이 아니지만, 이 학생의 말은 아주 커다란 힘에 대응하는 해법이 보잘것없이 작아 보일 때 의기소침함과 무력감이 어떤 논리로 작동하는지를 보여 준다. 다음은 부정적인 주제에 대해 긍정적인 워크샵을 진행할 수 있는 몇 가지 조언들이다.

- 너무 많은 정보를 쏟아내지 않는다. 차근차근 단계적으로 진행하고 일이 진척될 수 있는 시간과 공간을 둔다.
- 힘을 불어넣어 주는 측면을 언급한다. 우리가 할 수 있는 긍정적인 일들을 살펴보고 우리의 창의성과 융통성을 강조한다. 개인적인 경험과 실패담을 나누는 것이 아주 유용할 수도 있다. 구체적으로 성취할 수 있는 목표부터 시작해서 점점 발전시켜 가도록 한다.
- 사람들을 고립감 속에 내버려두지 않고 사후 작업을 진행하는 것이 중요하다.
- 이미지나 사진을 가지고 당신에게 영감을 주었던 발의안이나 저항에 대해 발표한다. 이것을 가지고 이런 생각의 중요성에 대해 이야기하는 출발점으로 활용한다.

행동을 향한 도약

사람들이 분노하고 열정을 느끼는 문제들도 많고 행동하고자 하는 지역들도 많다. 이런 문제들에 대해 토론하고 이해하기 위해 함께 모이는 것은 고립감을 줄이고 캠페인과 프로젝트를 시작할 수 있는 좋은 길이다. 출발점을 신중히 고르고, 신뢰를 쌓으며, 매일의 현실 속에서 사람을 만나는 것, 그리고 한편으로 급진적인 관점을 표현하는 데 겁내지 않는 것이 정말로 중요하다.

우리는 다양한 집단들과 함께 일해 오면서 사람들의 관점과 의견, 변화를 촉발하고자 하는 그들의 욕구에 꾸준한 자극을 받았다. 이런 경험을 통해 우리는 활동가와 나머지 사람들이라는 잘못된 구분을 허물 수 있었고, 우리가 가르친 것만큼 많은 것을 배웠다. 대중 교육은 초기 단계를 설정하고, 함께 배울 수 있는 혁신적인 방법을 찾으며, 우리 자신의 삶을 통제하기 위해 갖추어야 하는 역량을 실현하고 집단적인 행동을 촉진하는 일에 대한 것이다. 우리가 보기에 대중 교육은 변화를 위한 운동을 구축하는 핵심에 놓여 있다.

도서

일반

Acklesberg, Martha(1991). *Free Women of Spain, Anarchism and the Struggle for the Emancipation of Women*. Edinburgh: AK Press.

Bigelow, B. and B. Peterson(2003). *Rethinking Globalisation*. Rethkinking Schools Press, USA.

Buckman, P. et al.(1973). *Education Without Schools*. London: Souvenir Press.

Butler, J.(2006). *White Lies-Why You Don't Need Dairy*. London: The Vegetarian and Vegan Foundation.

Carnie, F.(2003). *Alternative Approaches to Education*: A Guide for Parents and Teachers, London: Routledge.

Corporate Watch(2001). *What's Wrong With Supermarkets*. Oxford: Corporate Watch.

Crowther, J., I. Martin and M. Shaw(1999). *Popular Education and Social Movements in Scotland Today*. Leicester: NIACE.

Crowther, J., I. Martin and V. Galloway(2005). *Popular Education. Engaging the Academy*. International Perspectives. Leicester: NIACE.

Katz-Fishman, W. and J. Scott(2003). *Building a Movement in a Growing Police State. The Roots of Terror Toolkit*, www.projectsouth.org/resources/rot2.htm

Freire, P.(1979). *Pedagogy of the Oppressed*. London: Penguin.

Freire, P.(2004). *Pedagogy of Indignation*. London: Paradigm.

Giroux, H.A.(1997). *Pedagogy and the Politics of Hope. Theory, Culture, and Schooling: A Critical Reader*. Colorado: Westview Press

Goldman, E.(1969). 'Francisco Ferrer and the Modern School'. *In Anarchism and Other Essays*. London: Dover, 145-67.

Goodman, P.(1963). *Compulsory Miseducation*, New York: Penguin.

Gribble, D.(2004). *Lifelines*. London: Liberation Education.

Hern, M.(2003). *Emergence of Compulsory Schooling and Anarchist Resistance*. Plainfield, Vermont: Institute for Social Ecology.

hooks, bell(2004). *Teaching Community*, A Pedagogy of Hope. London: Routledge.

Horton, M. and P. Freire(1990). *We Make the Road by Walking: Conversations on Education and Social Change*, Philadelphia: Temple University Press.

Illich, I.(1973). *Deschooling Society*. London: Marion Boyars.

Koetzsch, R.(1997). *A Handbook of Educational Alternatives*. Boston: Shambhala.

Muttitt, G.(2003). *Degrees of Capture. Universities, the Oil Industry and Climate Change*. London: Corporate Watch, Platform and New Economics Foundation.

Newman, M.(2006). *Teaching Defiance: Stories and Strategies for Activist Educators*. London: Wiley.

Ward, C.(1995). *Talking Schools*. London: Freedom Press.

자유 학교

Gribble, D. (1998). *Real Education. Varieties of Freedom.* Bristol: Libertarian Education.

Novak, M. (1975). *Living and Learning in the Free School.* Toronto: Mclelland and Stewart Carleton Library.

Richmond, K. (1973). *The Free School.* London: Methuen.

Shotton J. (1993). *No Master High or Low. Libertarian Education and Schooling 1890-1990.* Bristol: Libertarian Education.

Skidelsky, R. (1970). *English Progressive Schools.* London: Penguin.

민중사

Hill, C. (1972). *The World Turned Upside Down.* London: Maurice Temple Smith.

Morton, A. L. (2003). *The People's History of England.* London: Lawrence and Wishart.

Thompson, E. P. (1980). *The Making of the English Working Class.* London: Penguin.(『영국 노동 계급의 형성』, 나종일 외 옮김, 창작과 비평사, 2000)

Zinn, H. (2003). *A People's History of the USA.* London: Pearson.(『미국 민중사』, 유강은 옮김, 이후, 2006)

웹사이트

촉매센터Catalyst Centre www.catalystcentre.ca/
대중교육센터Centre for Pop Ed www.cpe.uts.edu.au/
발전교육협회Development Education Association www.dea.org.uk/
2002 교육 촉진자 집단2002 Education Facilitators Pack www.web.ca/acgc/issures/g8
다른 교육Education Otherwise www.education-otherwise.org/
고원학교Highlander School www.highlandercenter.org/r-b-popular-ed.asp
가내 교육Home Education www.home-education.org.uk
사회생태학 협회Institute for Social Ecology www.social-ecology.org/
상호작용적 도구 모음Interactive Tool Kit www.openconcept.ca/mike/
파울로 프레이리 입문Intro to Paulo Freire www.infed.org/thingkers/et-freir.htm
대중 교육 입문Intro to Pop Ed www.infed.org/biblio/b-poped.htm
집합 사고 실험실(스페인어)Laboratory of Collective Ideas www.labid.org/
대중 교육 뉴스PoEd News www.popednews.org/
대중 교육 유럽 네트워크 목록Popular Education European Network List
    http://lists.riseup.net/www/info/poped
인권을 위한 대중교육Popular Education for Human Rights www.hrea.org/pubs/
남반부 기획Project South www.projectsouth/org/
트래피즈 컬렉티브Trapese Collective www.trapese.org

영상 자료

TV 너머Beyond TV www.beyondtv.org/
빅노이즈 필름Big Noise Films www.bignoisefilmes.com/
탄소거래 감시Carbon Trade Watch www.tni.org/ctw/
국제금융기구를 바라보는 눈Eyes on IFIs www.ifuwatchnet.org/eyes/index.shtml
지구적 교환Global Exchange http://store.gxonlinestore.org/films.html
저류Undercurrents www.undercurrents.org

우리가 먹는 음식이 곧 우리다 **09**

이 글을 쓴 앨리스 커틀러Alice Cutler와 킴 브라이언Kim Bryan은 모두 기후변화와 지속 가능성 문제에 관한 교육 사업과 캠페인을 진행하고 있다. 앨리스는 몇 곳의 공동체 정원 계획에 참여한 경험이 있고, 현재는 브라이톤의 〈콜리 사회센터〉에 있는 〈콜리 클럽〉 카페에서 정기적으로 요리사 일을 하고 있다. 킴은 연륜 있는 퍼머컬쳐 디자이너이자 교사로 스페인의 에스칸다(Escanda, www.escanda.org)를 비롯한 수많은 다양한 토지 계획과 유기농 공동체 정원에서 일했다. 이 장에 도움을 준 많은 사람들, 그중에서도 특히 루스Ruth와 그레이엄 버넷Graham Burnett에게 대단히 감사한다.

음식은 지금의 우리가 존재하는 데 필수적인 요소다. 수세기 동안 음식은 사회와 문화의 형태를 결정해 왔다. "다이어트"라는 단어는 "삶의 양식 digitals"이라는 그리스 어에서 유래한 말이다. 하지만 식품이 점점 더 다국적 기업들의 손에 놓이게 되고 화석연료 정치학의 순환고리 속에 묶이게 되는 등 식품 유통이 기업의 지배를 받게 되면서 우리 삶의 양식에는 엄청난 변화가 진행되고 있다. 지난 60년 동안 우리가 음식을 먹고, 생산하고, 소비하고, 요리하는 방식은 극적으로 변했다. 식품에 첨가제와 방부제를 넣고, 살충제와 비료를 써서 재배하며, 가공식품과 유전자 조작 식품을 소비하는 데 이르기까지 일련의 연쇄적인 사건들은 일반적으로 농부들과 농촌 지역, 그리고 생물다양성에 큰 함의를 갖는 산업형 농업을 통해 지금의 상황에 이르게 되었다.

먹을거리를 생산하는 방식과 관련된 문제들을 밝히는 것은 지속 가능한 미래와 자주 관리적인 삶, 그리고 자율성을 위한 투쟁을 건설하는 데 핵심적인 부분이다. 9장의 전제는 식품, 그리고 식품 생산과 관련된 문제들이 원래부터 정치적이라는 점이다. 자본주의의 통제에서 한 발짝 벗어나기 위해서는, 그리고 우리들이 자연에서 소외된 수동적인 소비자로 전락하는 것을 막기 위해서는, 우리 자신과 우리의 운동에 양분을 공급하는 방법을 배워야만 한다. 이 장에서는 우리의 섭취물과 섭취 방식을 바꾸는 데 실제적이고도 중요한 선택 사항이면서 동시에 영감을 주는 예들이 될 만한 다양한 가능성들과 기획들을 탐구할 것이다.

지금 우리의 현실

인류의 역사가 10미터짜리 밧줄을 따라 펼쳐져 있다고 생각해 보자. 산업혁명 이후의 시간은 밧줄 끄트머리 몇 센티미터밖에 되지 않을 것이며, 산업적인 농업과 작물의 유전적 변형은 그 끄트머리에서도 몇 밀리미터밖에 안 될 것이다. 최초의 농업은 약 1만 3천 년 전에 동식물 종들이 길들여지면서 출현했지만, 사람들이 농촌을 떠나 도시를 향하는 등 식품이 생산되는 방식이 크게 변화한 것은 18세기 유럽에서 산업혁명이 펼쳐진 뒤였다. 영국에서는 1846년 곡물법이 폐지되면서 시장 보호주의가 막을 내리게 되었고, 그 이후로 수입이 증가했다. 2차 세계대전이 시작할 무렵 영국에서 소비하는 식품 중 70퍼센트가 수입물이었다. 이런 경향은 자유시장 정책이 전통적인 농업 모델을 근본적으로 바꿔 놓으면서 전 세계적으로 똑같이 벌어졌다. 먼저 기업 통제, 환경, 건강이라는 세 가지 문제에 대해 좀 더 자세히 살펴보자.

기업 통제

세계 식품 무역을 통해 부유한 북반구 소비자들은 놀랄 만큼 다양한 값싼 농산품을 접하게 되는데 여기에는 여러 가지 부정적인 영향들이 숨어 있다. 식품 산업은 규모가 큰 산업이다. 세계 식품 무역은 연간 4조 달러에 이르는 것으로 추산되고, 식품 시장은 일부 힘 있는 회사의 손에 집중되어 있다. 이러한 불균형은 무역 자유화와 식품 경제의 세계화를 촉진한 전 지구적 무역협정과 식품·농업 정책들을 통해 지난 30년간 만들어진 것이다. 식품의 질과 영양상의 가치, 소규모 농부, 생산자, 농업 노동자, 공동체 경제의 생존은 모두 산업적인 농업 모델의 이윤 차액과 비교했을 때 부차적인 관심사가 되었다. 유럽 공동 농업 정책(European Common Agricultural Policy, CAP)은 보조금을 많이 주는 농업 제도를 만들어서 거대한 농장들이 규모의 경제와 기술적 효율성을 통해 생산비를 낮추는 것을 감시해 왔다. 다른 한편, 세계무역기구(WTO)의 정책들은 전 세계 농촌 지역에 경제 위기를 조장해 왔다. 농업 시장 자유화, 국경의 강제적인 개방, 관세 삭감 때문에 농부들은 무제한 경쟁이라는 전 세계적인 체제 속에 던져졌고, 이 속에서 초국적인 기업농 회사들과 그 주주들은 가장 많은 수혜를 받았다. 소규모 생산자와 농부들의 이익은 무시되었고, 이로 인해 수십억 명의 생계가 위험해졌다.

인류가 위험에 처해 있다는 나의 경고가 모든 시민들에게 가 닿을 것이다. 통제받지 않는 다국적기업들과 소수의 거대한 세계무역기구 회원들이 비인간적이고 환경을 파괴하며 농민들을 죽이고 비민주적인, 바람직하지 못한 세계화를 선도하고 있다. 이것은 즉각 중단되어야 한다. 그렇지 않으면 신자유주의의 잘못된 논리가 세계 농업의 다양성을 쓸어 없애 버리고 모든 인류에게 재앙이 닥칠 것전 세계 농민들에게 미치는 비극적인 영향은 현대사회 농업의 드러나지 않은 폐해 중 일부에 불과하다. 슈퍼마켓은 갈수록 먼 지역의 식품을 비치하고, 이보다 규모가 작은 독립적인 가게들은 경쟁에서 살아남기 위해 분투한다. 미국의 〈월마트〉(월마트의 영국 자회사는 〈아사드Asad〉다)는 전 세계에서 가장 큰 소매상이다. 신문 판매업, 우체국, 식료품점, 빵집, 정육점 등 수천 개의 가게들이 문을 닫아 사실상 유령도시가 생겨났고, 도시 외곽에 거대한 규모의 점포들이 늘어나게 되었다. 이렇게 모든 측면에서 막강한 기업들은 수백만 명의 소농과 공급자들에게 생산 조건을 강요하여 공급과 관련된 제한된 수의 협정을 두고 경쟁을 벌이도록 했다. 예를 들어, 영국의 많은 과수원들은 생산되는 사과 가운데 수송이나 보관이 용이하지 않아서 슈퍼마켓에 저장하면 수지타산이 맞지 않는 종들의 생산을 포기했다. 지난 30년간 영국의 과수원 중 60퍼센트가 그런 이유로 황폐해졌다. 1996년에 이르러 영국은 43만 4천 톤의 사과를 수입하게 되었는데 이 중 절반을 유럽 이외의 지역에서 들여온다.

식품 작물에 대한 기업 통제는 슈퍼마켓이나 생산 라인에서 멈추지 않는다. 단 3개의 기업(〈몬산토〉, 〈신젠타〉, 〈듀퐁〉)이 세계 종자 시장의 4분의 1을 통제하고 있고 생물 다양성은 이들에게 그리 중요하지 않은 문제다. 많은 나라들의 국가 종자 목록에서는 잘 사용되지 않는 종들을 사고파는 것을 불법으로 규정하고 있으며, 종자들을 목록에 유지하는 데는 엄청나게 많은 비용이 든다. 농산업은 종자를 구입하는 농부들이 이 종자들을 저장했다가 나중에 다시 심는 것을 금지하는 계약서에 서명하도록 요구한다. 이것을 시행하는 것이 쉽지 않은 일이기 때문에 요즘 종자들은 유전적으로 변형되어 한 해가 지나고 나면 생식력이 없어진다. 이것은 기업의 특허권을 보호하기 위한 것으로 '터미네이터 기술' 이라고 알려져 있다. 이것은 기업의 이윤을 보장해 주지만 아직도 약 14억 명에 달하는 전 세계 농부들은 이웃들과 교환하거나 저장해 놓은 종자에 의존하고 있다. 〈칠레 농촌 및 원주민 네트워크Chilean Rural and Indigenous Network〉는 이런 식으로 생물체에 저작권 혹은 특허권을 정하는 것은 "인류에 반하는 범죄"라고 부른다.

환경의 영향

식품 생산 체제는 기후변화에 주요한 공헌자가 되었다. 전형적인 영국의 4인 가정이 매년 내뿜는 이산화탄소 배출량은 집에서 4.2톤, 차를 통해 4.4톤, 음식물을 생산, 가공, 포장하고 보급하는 데서 8톤에 이른다.[*] 세계가 석유 공급의 정점을 향하고 있는 상황에서 우리의 식품 체계가 얼마나 화석 에너지에 의존하고 있는가는 날카로운 관심의 대상이 될 수 있다. 1950년과 1990년 사이 세계 인구는 두 배가 되었고 많은 곳에서 그 인구를 먹여살릴 수 있었던 것은 화학비료(석유에서 추출한)를 이전보다 훨씬 더 많이 사용했기 때문이다. 지구 남반구에 있는 수백만 명의 농부들은 1970년대 유가 인상으로 큰 피해를 입었다. 이것은 "녹색혁명"이 석유화학 비료와 살충제를 기반으로 삼아 더욱 산업적인 모델을 통해 식량을 증산하는 방식을 극적으로 바꾸어 놓은 뒤였다. 1940년 미국의 평균 농가는 음식물을 만드는 데 드는 화석 에너지 1칼로리당 2.3칼로리의 식품 에너지를 생산해 냈다. 1974년경(이 문제에 사람들이 관심을 가졌던 마지막 해인)에는 그 비율이 1대 1이었다. 최근 들어 이것은 훨씬 더 높아졌다. 예를 들어 1단위의 당근 에너지를 남아프리카에서 비행기로 운반할

---

[*] Sustain/Elm Farm Research Centre Report, 2001.

때 66단위의 에너지가 소비된다.[*]

　육류 생산에도 에너지와 물이 많이 들어간다. 1킬로그램의 쇠고기를 생산하기 위해서는 이를 통해 얻을 수 있는 식품 에너지의 세 배를 쏟아 부어야 한다. 전 세계 낙농업용 가축에서 발생하는 메탄가스는 인간이 유발한 온실가스 배출의 주요인이 되었다. 메탄은 소, 양, 염소를 비롯한 여러 가축들이 소화하면서 만들어 내는 부산물이지만 잠재적인 온실가스이기도 하다. 메탄은 "온실" 효과라는 관점에서 지난 백 년 동안 이산화탄소보다 열 배 이상 더 큰 영향력을 미치게 되었다. 전 세계 가축에서 연간 배출되는 메탄의 양은 약 1억 톤이다. 이것은 인간 활동에서 기인한 연간 메탄 총 배출량의 15퍼센트인 것으로 추정된다. 그 밖의 다른 메탄 배출원은 화석연료, 논농사, 바이오매스 연소, 매립, 가정 하수들이다. 과학자들은 1백 년 시간 틀로 보았을 때 오늘날의 메탄 배출량이 인간이 유발한 기후변화의 15퍼센트 이상을 차지할 것이라고 믿고 있다.[**] 평균적인 북아메리카 사람이 1년 동안 먹는 고기를 생산하기 위해서는 800킬로그램의 동물 사료용 시리얼이 들어간다. 이것은 아프리카인 가운데 비교적 잘 먹는 편에 속하는 이들이 1년 동안 먹는 곡물 양의 거의 5배에 이르는 양이다. 따라서 채식주의자로 전환하는 것이 다른 어떤 것보다 개인의 탄소 발자국을 줄이는 데 실효성이 있다는 주장은 논할 만한 가치가 있다.

　식품이 이동하는 거리 또한 중요한 문제다. 당장은 먼 거리에서 식품을 구입해 오는 것(화물과 운임료를 고려하더라도)이 지역 공급자에게 식품을 사는 것보다 더 비용이 적게 들 수 있다. 이로 인해 발생하는 한 가지 결과는 많은 비중의 도로 화물이 식품을 싣고 아주 긴 거리의 공급선을 따라 움직이게 된다는

---

[*] Manning, 2004a.
[**] IUCC, 1993

것이다. 1989년부터 1999년 사이 영국과 유럽 간 농업과 식품 생산물의 도로 화물 이동이 90퍼센트 증가했다(DETR, 2000을 보라). 많은 국가들은 스스로 생산할 수 없는 것을 수입하는 것이 아니라 "식품을 그냥 맞교환"하고 있는 것처럼 보인다. 1997년 영국은 1억 2천6백만 리터의 우유를 수입하고 2억 7천억 리터의 우유를 수출했다(FAO 식품 수지 데이터베이스Food Balance Sheet Database 2001, www.fao.org를 보라). 한 연구에 따르면 영국에서 식품 생산물과 가축 사료를 수입하기 위해서는 830억 킬로미터가 넘는 해상, 육상, 항공 교통이 필요하고 10억 리터의 연료를 사용해야 하며, 그 결과 401만 톤의 이산화탄소를 배출한다.■ 식품은 한번 영국 밖으로 나가게 되면 푸드 마일이 계속해서 늘어나게 되며, 식품, 음료, 사료 수송은 사실상 영국의 모든 도로 화물의 40퍼센트를 차지하고 있다.■■

항공으로 운반되는 과일과 야채는 특히 연료 소비가 많고, 지속 불가능한 경향을 띠며, 환경 이외의 부분에도 영향을 미친다. 지구 남반구의 수백만 노동자들의 삶은 슈퍼마켓의 생산 스케줄에 좌지우지된다. 주문은 전날의 판매량에 달려 있고, 따라서 이미 불안정하게 고용된 노동자들의 삶은 변동이 큰 생산 스케줄에 따라 좌우된다. 노동자의 권리가 침해되고 있다는 것에 대해서는 폭넓은 증언이 있다(이런 예로는 「윤리적인 무역 이니셔티브 보고서Ethical Trading Initiative report」, 2003을 보라). 케냐의 여성들은 아스파라거스 싹, 초소형 옥수수, 꼬마 당근, 덜 익은 부추 다발 같은 부가가치가 높은 상품을 차이브chive 잎으로 묶어서 포장하기 위해 냉동 포장실에서 밤낮으로 일한다. 차이브와 플라스틱 쟁반은 영국에서 비행기로 케냐로 보내진 것이다. 케냐에서는 농산물이 낮

■ Shrybman, 2000.
■■ Jones, 1999.

은 임금으로 생산될 수 있기 때문이다. 이것들은 다시 영국까지 비행기로 이동하는데, 왕복거리는 8천5백 마일이다.[*]

쓰레기 또한 식품과 관련된 중요한 환경문제다. 쓸데없는 포장을 위해 석유를 아주 낭비적으로 사용하는 것에 덧붙여, 매립지에서 버려진 식품이 썩게 되면 메탄과 잠재적인 온실가스, 침출수가 발생하고, 이 침출수는 지하수원을 오염시킬 수 있다. 평균적인 영국 가정에서 발생된 쓰레기의 40퍼센트가 퇴비화할 수 있는 것이지만, 실제로 퇴비로 사용되는 것은 고작 3퍼센트다. 이렇게 버려진 음식 쓰레기는 매년 완벽하게 먹을 수 있는 식품 약 30퍼센트와 함께 매립지 신세를 지게 된다.

건강

영양실조, 굶주림, 기아는 21세기에도 여전히 중대한 문제로 남아 있다. 분쟁과 기후변화는 남반구에서 소규모 식품 생산을 어렵게 만들고 있다. 〈옥스팜Oxfam〉에 따르면 아프리카에서 식량 위기 상황은 1980년대 중반 이후로 거의 세 배가 되었다. 그러는 동안 소위 개발도상국에서 거대한 면적의 경작지가 가축 사료나 수출용 작물을 생산하는 데 사용되었다. 굶주림은 식량이 부족해서 발생한 것이 아니라 풍부한 식량에 대한 접근이 대단히 불평등하게 이루어지기 때문에 발생한 것이다. 미국에서는 약 1천만 명의 저소득층들이 먹을 것이 충분하지 않은 것으로 추정된다. 저소득층들은 암이나 심장혈관질환처럼 식습관과 관련된 질병 때문에 고통받거나 죽게 될 확률이 더 높다.[**]

[*] Grower' s Market, Felicity Lawrence, 『가디언』, 2003년 5월 17일자.
[**] Food Poverty Project, 2002.

가장 적은 돈으로 하루에 필요한 모든 칼로리를 섭취하기에 가장 좋은 방법은 고지방에 설탕이 많이 들어 있는 음식을 사 먹고 신선한 샐러드와 과일을 포기하는 것이다. 이것은 건강에 엄청난 악영향을 미친다.

알레르기와 청소년기 아이들의 행동장애, 알츠하이머병 같은 광범위한 여러 건강 문제들 또한 식품과 연결되어 있다. 유기농이 아닌 야채 생산물은 영양적인 가치가 낮을 뿐만 아니라 화학물질과 호르몬들이 가득 들어 있다. 오늘날 식품에서 발견되는 많은 물질들은 발암성 물질이다. 예를 들어, 많은 음식에서 사용되는 감미료인 아스파테임aspartame은 백혈병과 임파종 암과 관련되어 있지만, 이러한 일상적인 식품들이 시장에 옮겨지기 전에 이에 대한 세심한 연구는 거의 이루어지지 않고 있다. 광우병, 구제역, 살모넬라 같은 식품 사고 혹은 위기가 빈번하게 발생하는 것은 우리가 소비하는 화학물질과 의약품의 혼합 물질이 장기적으로 건강에 미친 영향이 폭탄처럼 터질 날이 올 것임을 은근하게 암시해 준다.

〈하트클리프 건강과 환경 행동 그룹〉

영국 브리스톨에서 일군의 지역민들이 건강에 대해 조사한 충격적인 보고서에 대한 대응의 일환으로, 지역의 환경과 식품, 건강을 관리하는 주민들을 지원하는 계획을 세웠다. 〈하트클리프 건강과 환경 행동 그룹Hartcliffe Health and Environment Action Group, HHEAG〉은 자금을 모아서 학교에 새로운 주방을 설치했고, 의사들은 이제 영양학과 조리에 대한 수업을 통해 사람들에게 조언을 해 준다. 이들의 계획에는 두 곳의 정원도 포함되어 있는데, 한 곳은 식품을 재배하고 배우는 데 흥미가 있는 사람이면 누구에게나 개방되어 있고 다른 한 곳은 식품 협동 가게에 공급할 시장 공급용 정원으로 유급 노동자들이 관리한다.

브라질 원주민들이 전통 토지의 소유권 반환을 주장하면서 〈아라크루즈 셀룰로즈〉 가 소유한
유칼립투스 나무를 잘라 내고 있다.

출처: 〈탄소 거래 감시Carbon Tradewatch〉

풍요로운 저항

식량권을 발전시키고 먹을거리에 대한 통제권을 되찾는 것은 핵심적이고 중요한 행동 방침이 되었다. 전 세계적으로 도시와 농촌 지역의 운동들은 토지에 대한 권리와 식량 주권을 위해 투쟁하고 있다. 오늘날 우리가 인위적으로 유지하고 있는 아주 다양한 소비자 선택의 폭은 식품 생산 체계가 달라지

▪ 〈아라크루즈 셀룰로즈Aracruz Cellulose〉는 브라질의 베라셀Veracel 지역에 〈스토라엔소StoraEnso〉와 합작하여 90만 톤 규모의 유칼립투스 표백 공장을 가동하고 있는 펄프 회사다. 옮긴이

면 확실히 줄어들 수밖에 없다. 하지만 단거리 공급을 우선시함으로써 온실가스 배출을 엄청나게 줄일 수 있기 때문에 결국 기후변화와 맞서 싸우는 데 필수적인 일이다. 나아가 이렇게 환경적·사회적·개인적으로 유해한 식품의 구매를 중단하고 그 대신 협동조합을 세워서 "우리가 먹을 것을 직접 재배"하고, 공동체 텃밭을 만들며, 지역 농부들을 지원하면, 경제적 사고에만 머물러 있었던 기업형 농업 체계가 자양분을 잃고 약화될 것이다. 이 장에 있는 많은 생각들은 새로운 것이 아니며, 미래에 지표로 삼을 만한 것을 찾기 위해 과거로 멀리 거슬러 올라가 살필 필요도 없다. 지난 세기 중반까지만 해도 종자 저장과 교환 관행과 유기농은 아주 흔한 일이었다.

이제부터 사람들이 자신이 먹는 식품과 식품의 생산 방식에 대한 통제력을 되찾기 위해 행하고 있는 네 가지 방식, 공동체 식품 프로젝트, 지속 가능 농업, 식품 협동조합, 변화를 위한 운동을 살펴보자.

식량 주권을 위한 투쟁

〈비아 깜뻬시나Via Campesina〉는 국제적인 운동으로 중소 규모 생산자들과 농업 노동자, 농촌 여성과 원주민 공동체 조직들을 조정하는 역할을 하고 있으며, 모든 정치적·경제적 조직들에서 자율적이다. 1992년 이후로 소작농과 농장 지도자들은 이런 기치 아래 농지 개혁, 신용, 대외 부채, 기술, 여성 참여, 농촌 발전 같은 문제들과 관련하여 단체를 조직했다. 대중 저항과 토지 점유를 통해 토지를 상품으로 전환하고 보조금을 받아 만들어진 식품을 가난한 국가의 시장에서 헐값으로 판매하는 기업들의 구조적인 폭력과 파괴적인 자유무역협정에 대한 관심을 불러모았다. 이런 운동들은 고무적인 일이었을 뿐 아니라 세계무역기구와 같은 국제적인 기관에 도전하는 전 지구적 투쟁들과의 연대가 필요하다는 것을 상기시켜 준 중요한 계기였다.

식량 주권을 위한 투쟁

식량 주권이라는 개념은 〈비아 깜뻬시나〉가 로마에서 "세계 식량 정상회담World Food Summit"이 열리던 1996년에 만든 용어다. 이것은 민족, 공동체와 국가가 자신의 농업, 목축업, 노동, 어업, 식품, 토지 정책들을 자신들의 독특한 생태·사회·경제·문화적 환경에 적합하게 규정할 수 있는 권리를 의미한다.

공동체 식량 프로젝트

토지를 공동체의 자산으로 되찾고자 하는 것은 전 세계에서 진행 중인 투쟁의 일부다. 교육과 건강한 유기농 식품의 생산을 강조하고, 공동체 상호작용에 가치 있는 근간을 제공하는 훌륭한 공동체 텃밭의 예는 많이 있다. 공동체 텃밭은 사회적 필요를 충족시켜 줄 뿐만 아니라 사회 변화를 위한 운동을 정치적으로 구성하는 일과 관련될 수도 있다. 1970년대 미국을 강타했던 재정 위기는 도시 내부 지역에 큰 영향을 미쳤다. 뉴욕에서는 정부의 무능함과 점차 늘어가는 빈 땅, 부서져 가는 건물과 쓰레기가 뒹구는 거리의 풍경에 당황한 일군의 사람들이 공동체 텃밭을 만들기 시작했는데, 나중에 이들은 "녹색 게릴라들"이라고 불리게 된다. 1990년대 초반에 이르러 뉴욕의 버려진 땅에 만들어진 850개 공동체 텃밭의 네트워크는 중요한 사회적 자원이 되었다. 사람들은 이곳에서 만나서 이야기를 나누고, 고장난 자전거를 고치고, 음악을 연주하고, 먹을 수 있는 식물과 약초를 키운다.

> 텃밭은 공동체 발전의 촉매제가 되었다. 사람들은 한번 텃밭을 가꾸는 데 성공하고 나자 학교와 주거 시설을 개선하고, 일자리를 만드는 등 필요한 일이면 무엇이든 하려고 했다.(퍼거슨Ferguson, 1999.)

하지만 1990년대 후반에 이르러 루디 줄리아니Rudi Giuliani 시장은 도시 내부 지역의 재활성화gentrification 정책을 공격적으로 추진하기 시작했다. 이에 일련의 격렬한 시위와 캠페인이 일어나 추방에 저항했지만, 오늘날 뉴욕에는 겨우 50개의 공동체 텃밭만 남게 되었다. 하지만 게릴라 텃밭 농사라는 아이디어는 전 세계로 퍼져 나갔다. 상상력을 발휘하면 먹을거리를 재배할 수 있는 장소는 도처에 널려 있다. 철도 제방, 뒷마당, 골프 코스, 지붕, 자동차 주차장, 풀이 우거진 지역, 보도 틈 모두가 먹을 수 있는 작물을 키울 장소가 될 수 있다.

공동체 텃밭은 도시에서 식품 생산이 가능하다는 것을 보여 준다. 하지만 사람들이 대규모로 식품에 접근할 수 있게 하는 것은 쉽지 않은 일이다. 비용과 편리함은 사람들이 무엇을 살지 결정하는 데 가장 중요한 결정 요소일 때가 많은데, 많은 지역에는 청과물 가게가 없어서 신선한 식품을 먹을 수가 없다. 집에서 창틀에 상자나 용기, 혹은 작은 정원을 만들어 먹을 것을 키우는 것은 활기 있는 대안이 될 수 있다. 아주 작은 공간에서도 신선한 잎사귀와 콩, 감자를 키울 수 있다. 많은 사람들에게 텃밭은 자신이 통제할 수 없는 체제에 의존하는 것을 극복한 자조의 상징이다. "생태 발자국"은 한 인간이 스스로를 지탱하고 자신이 만들어 낸 쓰레기를 흡수하는 것에 필요한 자원을 공급하는 데 필요한 토지와 물의 양을 말한다. 발자국 찍기는 한 개인이나 조직 혹은 국가 전체의 환경 지속 가능성을 측정하기 위해 전 세계에서 사용된다 (www.ecofoot.org를 참조하라). 우리가 진정으로 우리의 생태 발자국을 줄이고자 한다면, 우리는 우리의 도시 공간과 농촌 공간 모두를 다시 디자인해서 식량 생산을 극대화해야 할 것이다. 콘크리트 아래 텃밭이 있다!

바르셀로나의 〈캔 마스 듀〉

〈캔 마스 듀Can Mas Deu〉는 바르셀로나 외곽에 있는 약 25명의 사람들에게는 집과 도 같은, 빈집을 점거해서 만든 사회센터다. 지난 50년 동안 빈집이었던 낡은 병원 건물의 땅을 2001년부터 개간하고, 오래된 관개 시설을 복구하면서 이제 테라스 에는 야채와 약초, 꽃들이 풍성하게 자라나고 있다. 이곳은 주거지에 식량을 공급 하는데, 공동체 정원에 참여하고 있는 사람들은 100명이 넘는다. 마을 곳곳의 게 시판에는 식품을 유기농으로 재배하는 데 관심이 있고, 집단적인 작업과 학습, 기 술을 공유하는 여행에 착수할 준비가 되어 있다면 누구든 텃밭 농사를 함께 하자 고 요청하는 공지들이 있다. 텃밭을 배정받으려는 대기자 목록은 2001년부터 지 금까지 끊임없이 이어진다. 이것은 고무적인 경험으로, 식품을 재배하는 방법을 배울 수 있는 기회일 뿐만 아니라, 세대 간 그리고 민족 간에 가지고 있는 지식과 기술을 서로 교환할 수 있는 기회이기도 하다.

글래스고에 있는 〈크레8 정상회담〉 공동체 텃밭. M74 고속도로의 연장도로 건설 예정 부지에 있다.

출처: 크레8 정상회담 Cre8 Summit

지속 가능한 유기농

우리 삶에 대한 통제력을 회복하는 것은 산업농 모델에서 지속 가능한 농업으로 빨리 전환하는 것과도 관계된다. 지속 가능한 농업은 자연환경을 유지하고 자원을 지키는 한편, 농장 노동자와 소비자에서 식품으로 재배되는 동물에 이르기까지 관련된 모든 것을 존중하는 경작 방식이다. 집약적인 농업 모델의 맹공에도 일부 전통적인 농업은 살아남았다. 지난 10년 동안 소비자와 농민들 양자의 이해관계가 부각되기 시작했고 지속 가능한 농업에 대한 연구와 실험도 증가했다. 지속 가능한 농업은 작물의 다양성과 순환농법에 대한 강조, 중소 규모 농장에 대한 선호, 수출용 환금작물보다는 주식용 작물을 선호하는 것을 특징으로 한다. 자연의 시스템과 순환을 이용해서 작물을 재배하고 산출량을 늘리며, 살충제나 화학적 투입물에 대한 필요를 줄인다. 유기농 또한 지역에서 생산되기만 하면 작물 안에 들어가는 석유 에너지의 양을 줄여 준다.

쿠바는 식량 생산에 있어서 지속 가능성을 완전히 실현한 훌륭한 예다. 1990년대 초반 소련이 붕괴했을 때, 쿠바에 대한 재정적 원조가 완전히 고갈되었고 이로 인해 전반적인 물자 부족 현상에 직면하게 되었다. 미국이 엄격하게 물자를 통제한 상황에서 식량 수입마저 거의 할 수 없게 되자, 쿠바는 10년 만에 거의 완전하게 석유에 의존하지 않는 유기농 생산 체제로 전환하게 되었다. 이런 수단들은 몇 가지 놀라운 결과를 가져왔는데, 이것은 식량 생산의 측면에서 뿐만 아니라 식품 소비, 영양과 공동체의 유형에 깊이 자리하고 있는 더 개별화된 식품 문화를 발전시키는 데서도 나타난다. 농부와 도시민들은 식량 수요를 충족시키는 데 헌신했고, 예전에 설탕 산업에서 사탕수수 플랜테이션으로 이용되었던 도시의 자투리 땅들은 국내 식량 생산을 위해 전환되었다. 2002년 쿠바는 2만 9천 개 이상의 도시 농장과 텃밭에서 320만 톤의 식량을 생산했다. [*]

대안적인 농업 체제는 환경과 공동체, 그리고 생산자 간의 관계를 더 평등하게 만들 수 있다. 이런 예에는 지난 10년 동안 번성한 〈공동체 지원 농업 계획(Community Supported Agriculture Schemes, CSAs)〉이 있다. 모든 사람이 식량 생산에 적극적으로 임하는 것은 어려운 일이다. 따라서 공동체 지원 농업 계획이 공동체와 지속 가능 농업 사이에 가교 역할을 한다. 예를 들어, 영국의 〈스트라운드 공동체 농업Stround Community Agriculture〉은 전일제 농부 한 명을 고용하고 50명의 회원들이 매주 야채를 수확하고 고기를 나눈다. 중요한 것은 소비자들은 위험을 함께 나누고, 정기적인 기부를 통해 농장 노동자에게 임금을 주며, 수확한 것은 동등하게 나눈다는 점이다.

---

[*] Barclay, 2003.

아바나Havana 미라마르Miramar의 주거지 한 구획에는 다양한 녹색 풀들로 싱그러운 한 뙈기의 땅이 콘크리트 사이에 숨어 있다. 아바나에서 처음 시작된 도시형 텃밭은 15년 전에 시작된 것으로 정부가 지역 공동체를 지원하기 위해 제공한 것이다. 8,000~12,000제곱미터의 부지에는 비닐하우스, 공동체 가게, 작은 연구 부지가 포함되어 있다. 야채밭은 높게 돋아 놓은 가늘고 긴 땅에 정렬되어 있고, 풍성한 야채, 과일, 꽃, 실내용 화초, 약초로 가득 차 있다. 열을 따라 일정한 간격을 두고 놓여 있는 금속 그릇에는 익충을 유인하고 작물에 해가 되는 다른 해충들이 못 오게 하는 액체가 담겨 있다. 텃밭은 상추, 양배추, 약초, 고추를 일 년 내내 길러 내고 계절 야채들도 생산하는데, 이것은 지역의 학교로 보내거나 공동체 가게에서 판매된다. 수익의 50퍼센트는 텃밭에서 일하는 노동자들과 국가로 가고, 가게는 그 나머지를 갖는다. 세계 곳곳에서 온 자원 활동가들과 자기만의 공동체 정원을 만드는 데 조언을 얻기 위해 온 쿠바인들이 이 텃밭에서 일한다.

먹을거리 협동조합

야채 작물을 생산하는 것에서 더 나아가, 쌀과 콩 같은 주식을 윤리적인 자원으로 생산하는 비용을 낮추고 슈퍼마켓에 대한 의존성을 낮추기 위해 많은 사람들은 식량 소비자 협동조합을 이용한다. 이것은 노동자 혹은 소비자가 소유한 기업으로, 양질의 식품을 그 회원들에게 제공한다. 웨일스Wales 지방의 사업가이자 사회주의자이며, 협동조합 운동의 창시자 중 한 명이기도 한

로버트 오웬Robert Owen은 자신이 고용한 노동자들에게 그들과 그들 자녀를 위한 교육이 제공되는 질 높은 환경을 마련하는 것이 옳다고 믿었다. 오웬은 노동자들이 먹을거리를 직접 재배하고, 옷을 직접 만들어 입고, 종국에는 자치를 할 수 있게 됨으로써 빈곤에서 벗어날 수 있는 "협동 마을"을 만들 생각을 가지고 있었다. 먹을거리 협동조합은 주거지, 노동자, 재생 에너지, 사회적 돌봄, 금융, 농업 협동조합들처럼 폭넓게 확산된 자조적 방식의 하나다.

먹을거리 협동조합을 세우면 많은 장점이 있다. 식비를 줄일 수 있고, 영양이 개선되며, 회원들이 재배자 혹은 생산자와 직접 협상할 수도 있다. 커다란 자연 식품 협동조합과 도매 협동조합은 더 작은 규모의 지역 식품 협동조합에 물자를 공급하고, 회원들은 상품의 가격 정책에 대한 결정을 내린다. 영국에 있는 〈과일 열매를 따는 사람들Fruity Nutters 협동조합〉은 유기농 작물에는 5펜스를, 유기농 작물이 아닌 것에는 생산비의 5퍼센트를 덧붙인다. 이렇게 해서 유기농 식품에 보조금을 주고 저소득층 사람들이 더 많이 이용할 수 있게 한다. 협동조합에서 발생한 모든 이윤은 비용에 충당되고, 그러고도 남는 것이 있으면 좋은 일에 쓰인다. 협동조합의 가격이 슈퍼마켓보다 더 낮을 수도 있는데, 직거래를 하기 때문도 있지만 대량으로 주문한 것을 나눠 가짐으로써 포장 때문에 드는 추가적인 재정과 환경 비용을 없앨 수 있기 때문이다. 식품 협동조합은 엄청나게 팽창할 잠재력이 있다. 일본에서는 5명 중 한 명 꼴로 협동조합에 가입해 있다. 영국에서는 2004년에서 2005년에 영국 건강식품 도매 업자와 상점들이 판매액이 35퍼센트 증가했다고 보고했는데, 이것은 건강과 환경에 대한 관심이 증가한 것을 나타내 준다.[*]

[*] Union of Co-operative Enterprises, www.uk.coop.

변화의 자양분을 주는 운동들

요리할 수 있는 공동체 주방을 만드는 것은 식량을 더 지속 가능하고 사회적으로 소비할 수 있는 또 하나의 방법이다. 영리를 지향하지 않는 풀뿌리 집단들은 종종 사회센터, 저항 캠프, 사람들이 대규모로 동원된 회의 장소 같은 곳에서 단체로 요리를 했다. 이들은 상업적인 요식업자와는 다르게 상호부조 정신에 근거하여 야채를 썰고 서로 도와 설거지를 한다. 이런 원칙하에 운영되는 주방 공동체는 전 세계에 많이 있다. 예를 들어 네덜란드 공동체인 〈램펜플란Rampenplan〉은 20년 넘게 운영되면서 지역의 자원으로 생산된 유기농 식품을 5천 명에 이르는 사람들에게 공급할 역량을 갖추었다. 이밖에도 〈아나키스트의 찻주전자Anarchist Teapot〉는 행사용 요리도 하고 영국 브라이튼에 있는 〈콜리 클럽〉에서 한 주에 네 번씩 안정적인 찻집을 운영하는 것을 돕는데, 여기서 이들은 값싸고 먹을 만한 먹을거리를 제공한다. 이런 하부구조는 식품과 소비를 우리 삶 속에 엮어 내는 값진 자원이며, 음식을 함께 나누는 것은 서로를 연결하고 대화할 수 있는 시간을 마련해 주기도 한다.

〈폭탄이 아닌 식량을〉

〈폭탄이 아닌 식량을Food Not Bombs〉은 미국에서 시작된 느슨한 네트워크로 많은 양의 음식을 재활용하여 요리해서 공짜로 나누어 준다. 우리 사회에서 이런 음식을 나누어 준다는 것은 급진적인 정치 행동이며, 따라서 〈폭탄이 아닌 식량을〉은 경찰의 엄청난 탄압을 받기도 했다. 2000년까지 샌프란시스코에서만 1천 명이 체포되었고, 이동 수단들을 빼앗겼으며, 〈폭탄이 아닌 식량을〉에 참가했다는 이유로 구타, 구류, 심지어는 구속되기도 했다. 하지만 2000년, 전 세계에는 175개 집단들이 〈폭탄이 아닌 식량을〉과 같은 뜻으로 운영되고 있는데, 이들은 음식에다가 "죽음에 반대하고 생명을 찬미하는 의미에서"라는 띠지를 하나씩 붙여서 나누어 준다.

프리가니즘

"우리는 네가 먹다 남은 부스러기를 먹을게. 그렇지만 네 쓰레기를 먹진 않을 거야."(프리가니즘Freeganism의 슬로건이다.) "프리가니즘"이라는 용어는 식품 소비를 기업의 통제에서 떼어 내는, 기발하고도 폭넓게 확산된 접근법을 말한다. 어떤 활동가가 말한 것처럼 "이것은 선진국에서 만연한 소비, 환경 파괴, 쓰레기, 착취를 줄이고자 한다." 프리가니즘은 쓰레기통에서 끄집어낸 것에서 공짜 음식을 얻는데, 이것은 쓰레기통 뒤지기, 깡충깡충 뛰어다니기 skipping, 혹은 재활용이라고 불린다. 쓰레기통 속을 들여다봐야겠다는 생각에 한번 익숙해지면 여러분은 프리가니즘을 통해 세계의 자원을 착취하고 도시의 무계획적 팽창을 조장하며 노동자에게 공정하지 않은 대우를 하거나 동물권을 무시하는 상품에 돈을 쓸 필요가 없게 된다. 먹을 수 있는, 엄청나게 많은 양의 깨끗한 음식물이 음식점, 슈퍼마켓, 그 밖의 식품 관련 사업체의 쓰레기통에서 발견되어 더 넓은 인적 망에 공급될 수 있다. 대다수는 여전히 상태가 양호해서 먹을 수 있지만 엄격한 위생과 재고 순환 법칙 때문에 버려진 것들이다.

식량을 재배할 땅 찾기

지역적인 성격의 공동체 기반 식품 생산 모델의 장점은 아주 많지만 물론 한계도 있다. 소규모 재배 계획을 유지하기 위해서는 일정한 양의 시간과 고된 노동, 헌신 집단의 솔선수범이 필요하다. 식량을 재배할 땅을 찾는 것도 어려운 과제일 수 있다. 역사적으로 토지 소유권은 집중되어 있고, 도시계획법은 많은 제약을 규정하고 있으며, 농업용 건축물과 토지는 소규모 농장으로 있을 때보다 별장이나 개발용 토지로 팔렸을 때 더 많은 값을 받을 수 있게 되었기 때문이다. 지역적인 생산은 많은 보조금으로 운영되는 산업 농업의 규모의 경제와는 완전히 다른 원칙과 전략에 기초해서 작동되기 때문에, 국제적인 재정의 도움을 받는 식품 시장과 경쟁하는 것은 사실상 불가능하다. 하지만 세계가 석유 정점 시나리오를 향해 가는 한편, 소비자의 수요가 점점 증가하고, 식품에 대한 기업의 통제를 거부하는 움직임이 조금씩 일어나면서 소규모 생산의 가능성은 한층 강화되고 있다.

입맛 바꾸기

이 책에 있는 모든 주제들처럼 개인의 욕구와 기대를 바꾸는 문제는 큰 난관이다. 사람들이 건강한 음식물에 접근할 수 있고 경제적으로 감당할 만하게 만드는 것은 먹을거리를 변화시키는 데 가장 큰 장애물이다. 게다가 우리의 몸과 미각을 텃밭에서 재배한 신선한 새로운 형태의 식품과 식품 협동조합에서 사 온 곡식과 콩류, 혹은 낯선 계절 과일들에 적응시키기 위해서는 꽤 시간이 걸릴 수도 있다. 값싸지만 맛있는 가공식품들은 대체로 지방, 설탕, 소금, 감미료 때문에, 또한 제조업자들이 이것들을 바람직한 먹을거리로 대대적으로 판촉하고 있기 때문에, 사회적으로 더 인정을 받고 있다. 핵심은 식품 문화를 "맥도날드 문화"에서 멀어지도록 전환하는 것이다. 그리고 이런 전환의 일부에는 아이들은 태생적으로 감자칩을 좋아한다는 생각에 도전하는 것도 포함된다. 학교에서 값싸고 건강에 좋은 식품을 이용하도록 권장한 유명 요리사들처럼 일부 성공 사례들도 있지만, 많은 학교에서는 여전히 먼 곳에 있는 대규모 도매 공급자들과 장기간 구매 계약하는 방식에 묶여 있다. 영국에 있는 〈스콜라레스트Scolarest〉는 이런 대규모 도매 공급자로서 가공식품을 수송하는 독점 계약을 장악하고 있다. 우리가 먹는 식품이 환경과 우리 건강에 미치는 영향에 대한 교육은 어릴 때부터 식습관과 식이요법이라는 중요한 문제들이 제대로 자리 잡게 만드는 데 필수적이다.

생각을 실천하기

종종 기술이 부족하다는 이유로 생각을 이행하지 못하고 물러서 있을 수도 있다. 이러한 문제에 대한 대응으로 아이들을 상대로 하는 계획들이 점점 증가하고 있으며, 유기농 텃밭 관리, 퍼머컬쳐, 지속 가능한 토지 이용에 관한 강좌들이 늘어나고 있다. 우리가 먹을 식품을 직접 재배하는 방법을 배우는 것은 끝없는 과정이다. 우리는 꾸준히 새로운 조건에 적응하고 새로운 생각들을 흡수해 나갈 것이기 때문이다. 협동조합, 교육과 기술 공유 이외에도 자양분이 풍부하고 사람들을 만족시킬 수 있는 엄청나게 성공적인 계획들을 창조할 수 있다.

우리가 먹는 음식이 곧 우리다

우리는 평범한 사람들이 자신의 토지와 자원, 먹을거리와 의사 결정 과정을 스스로 통제할 수 있는 사회를 만들기 위한 씨앗을 심고 있습니다.

(2001년 5월, 런던 국회 광장에서 있었던 게릴라 텃밭 행사에서 배포된 유인물)

엄청나게 많은 재정적인 부가 창출된 후기 자본주의 사회에서 우리는 식품에 대한 기업의 통제와 산업적인 농업의 파괴적인 영향을 목도하고 있다. 지난 10년간 대중적인 저항의 물결이 있었다. 먹을거리 직접 재배, 농부 시장, 공정무역, 협동조합, 종자 저장 계획, 텃밭과 전통 유기농 경작, 이 모든 것이 르네상스를 맞고 있다. 이런 도전들은 어마어마하기는 하지만 식품의 생산과 소비를 연결함으로써 공동체를 강화하고 생태 친화적으로 만들며, 자양분을 제공해 준다. 가장 중요한 것은, 우리가 현재의 식품 체제를 바꿀 필요가 있다는 것을 기억해야 한다는 점이다. 오늘날의 식품 체계는 취약하고 지속 불가능하며, 비효율적이고, 석유를 둘러싼 전쟁과 전 지구적 착취에 직접 연결되어 있기 때문이다. 9장에서는 이와 관련된 몇 가지 주제들에 초점을 맞추고 파괴적인 식품 관행들에 대한 대안을 탐구해 보았다. 이제 행동을 요구할 때가 되었다. 우리가 먹는 음식이 바로 우리 자신이기 때문이다.

10 공동체 정원 만들기

 이 글을 쓴 앨리스 커틀러Alice Cutler와 킴 브라이언Kim Bryan은 모두 기후변화와 지속 가능성 문제에 관한 교육 사업과 캠페인을 진행하고 있다. 앨리스는 몇 곳의 공동체 정원 계획에 참여한 경험이 있고, 현재는 브라이톤의 〈콜리 사회센터〉에 있는 〈콜리 클럽〉 카페에서 정기적으로 요리사 일을 하고 있다. 킴은 연륜 있는 퍼머컬처 디자이너이자 교사로 스페인의 에스칸다(Escanda, www.escanda.org)를 비롯한 수많은 다양한 토지 계획과 유기농 공동체 정원에서 일했다. 이 장에 도움을 준 많은 사람들, 그중에서도 특히 루스Ruth와 그레이엄 버넷Graham Burnett에게 대단히 감사한다.

이 장은, 버려진 땅을 걸어가거나 빈 텃밭을 보면서, '이곳이 생명과 활기로 가득 차 있다면 어떨까?' 라는 상상을 해 본 적이 있는 전 세계 모든 사람들을 위한 것이다. 정원을 가꾸는 것은 꿈꾸고 상상하고 창조하는 일이다. 또한 많은 일거리를 의미할 수도 있다. 작물들이 잘 자라지 않을 때도 있고, 누군가 당근을 뽑아 가거나, 민달팽이가 양배추를 몽땅 먹어치울 수도 있다. 하지만 작물이 자라서 그 결실을 거둘 때가 되면, 농지로 전환함으로써 얻을 수 있는 수확이 엄청나다는 것을 깨닫게 될 것이다.

공동체 정원은 먹을거리를 재배하기 위해 사용되는 작은 토지로, 집단의 지침에 따라 일반적으로 공동체의 이익을 위해 조직된다. 공동체 정원에는 다음과 같은 훌륭한 기능들이 많이 잠재되어 있다.

- 건강에 이롭고 환경적·사회적으로도 긍정적인 의미를 갖는 신선한 유기농 야채, 과일, 약초들을 문 앞에(아니면 길 위에) 가져다줄 수 있다.
- 유용한 기술을 배울 수 있고, 사람들을 건강하게 유지해 주며, 자연의 순환과 계절과 직접 접촉할 수 있는 작업에 통해 사람들이 공동 작업을 할 수 있게 해 준다.
- 좀 더 지속 가능한 삶과 "스스로 자립하는 삶"을 긍정적인 방식으로 현실에서 재현해 볼 수 있다.
- 버려진 땅을 전환하여 동네의 자긍심을 키워 줄 수 있는 아름다운 공간을 창조할 수 있다.
- 새, 곤충, 도룡뇽, 개구리를 비롯한 여러 야생동물에게는 안식처를, 사람들에게는 이들과 함께 즐길 수 있는 공간을 마련해 준다.
- 환경에 대한 의식이 향상될 수 있다.
- 건강에 좋은 작업과 긍정적인 활동, 감각을 자극하는 텃밭 등은 학습장애가 있는 사람들이나 노인들, 행동장애가 있는 사람들에게 도움이 된다.
- 지역의 다양성과 생명 다양성을 보호해 준다.
- 아이들을 위한 공간, 미술 공예 작업장, 자전거 수선소, 사회적 행사 혹은 앉아서 수다 떨 수 있는 훌륭한 장소를 제공한다.

공동체 정원 만들기

예정 부지를 선정하기 위해서는 기존의 정원 프로젝트에 연락하고 찾아가거나, 의회에 있는 시민 농장 혹은 녹지 담당관에게 연락하거나, 버려진 땅이 있는지 토지대장을 확인해 보는 등 여러 가지 방법이 있다. 많은 "불법 점거" 식 공동체 정원들이 사용되지 않는 토지를 도시의 오아시스로 전환시키고 있다. 글래스고에서 〈크레8〉의 정원은 고속도로 개발 예정지 위에 있는데, 저항에 근거한 적극적이고 괄목할 만한 공동체 정원이다. 정원이 제대로 자리 잡는 데는 몇 년이 걸릴 수 있으며, 따라서 많은 사람들은 오랜 시간을 염두에 두고 정원 부지를 고른다. 정원에 대한 지원과 가능한 자금원의 세부 사항에 대해서는 10장의 마지막에 있는 공동체 정원과 텃밭 자료 목록을 참고하면 된다.

꿈꾸기, 그리고 계획하기

공동체 정원을 만들고 운영하기 위해서는 여러 가지 집단적인 의사 결정을 해야 하며, 따라서 어떤 식으로 조직할지를 정하는 것이 중요하다. 무엇을 키우고 싶은지(야채, 꽃, 과수 나무)와 더불어 주된 목적이 무엇인지(먹을거리를 생산하는 것인지, 교육 장소를 만들고 싶은 것인지, 아니면 사람들이 편하게 쉴 수 있는 조용한 장소를 만들고자 하는 것인지), 그리고 이 텃밭이 누구를 위한 것인지에 대해서도 생각해 보아야 한다. 생산물과 도구의 전부를 공유할 것인지, 아니면 일부만 공유할 것인지에 대해서도 합의를 해야 한다. 이 모든 의사 결정이 여러분들의 계획에 영향을 미칠 수 있기 때문이다. 어떤 이름으로 할지 안을 정하고 정원을 만드는 데 필요한 것들에 대해(자금, 텃밭을 만들 때 필요한 재료들, 텃밭의 구조) 생각해 보고 과제와 책임을 나눈다. 사람들이 집단에 연락할 수 있는 방식, 갖고 있는 자금의 양, 필요한 자금의 양, 그리고 재정을 후원해 줄 사람 같은 세부적인 것들도 고려해야 한다.

브라이톤의 〈몰스콤 숲 텃밭 공동체〉

"우리는 1994년에 시작했고요, 첫 해에는 땅을 공짜로 빌렸어요. 땅이 20년 동안이나 버려져 있었거든요. 일단 그 일대를 청소하고 흙이 씻겨 내려가지 않도록 도랑을 팠어요. 땅이 많이 경사져 있었거든요. 그리고 꾸준히 퇴비를 뿌려서 토질을 향상시키려고 했죠. 시간이 지나면서 우리는 '모든 사람에게 열려 있는, 경작 경험이 필요 없는 작업일'을 정기적으로 시작했고요, 정기적인 행사를 벌이면서 자선단체 역할도 했죠. 이제는 여러 군데의 경작지와 유기농 정원, 산림 정원들이 있고요, 불법 야채 정원에서는 체로키 눈물의 길Cherokee trail of tears, 기어오르는 프랑스 콩French climbing bean처럼 국가 종자 목록에 올라 있지 않은 신비롭고도 놀라운 유산을 가진 종들을 키우고 있어요. 어떤 지역은 야생으로 내버려 놓고 피크닉을 가거나 감자를 구울 때 활용하죠. 우리가 잡초라고 생각해서 뽑아낸 풀들을 전부 동정同定해 보니 그중 95퍼센트 정도의 식물들이 우리에게 어느 정도는 쓸모가 있다는 걸 알게 되었어요. 요즘에는 한 끼 식사에 26가지 다른 종류의 식물들이 들어간답니다."

(워렌 카터Warren Carter, 〈몰스콤 숲 텃밭 공동체Moulsecoomb Forest Garden Community〉 식물 사업부)

사람들이 참여하게 만드는 방법

정원이 일단 만들어지면 지역 주민들이 한 번씩 들러서 이게 다 뭐냐고 물어보곤 할 것이다. 지역 공동체의 참여를 이끌어 내기 위해서는 사람들을 호기심을 유발하기 위해 개방일을 두고 운영하는 것이 좋다.

- **먹을거리**: 텃밭에서 소풍이나 바비큐 파티를 벌이고 사람들을 초대한다. 사람들을 만나서 땅을 이용하고 감상하며, 공동체 의식을 형성하는 것이 좋다.
- **"경작 경험이 필요 없는" 작업일을 모두에게 개방한다**: 웃자란 가시나무나 쓰레기 치우기, 모판 준비하기, 씨뿌리기, 창고 만들기, 관개 시설 만들기 등등 할 일은 많다. 개방된 작업일을 이용하면 기술을 공유하고 많은 일을 훌륭하게 해낼 수 있다. 또한 아이들을 위한 벌레 사냥, 할로윈 파티처럼 일 없는 날을 정해서, 사람들이 삽을 들어야 한다는 의무감에서 해방되어 어슬렁거릴 수 있는 기회도 제공한다.
- **남은 생산물은 나누어 준다**: 신선한 유기농 야채들이 남았을 때는 근처에 사는 사람들과 나누어 먹는다. 이렇게 되면 이웃 사람들은 여러분들이 무엇을 하고 있는지를 알 수 있게 되고 항상 여러분들의 곁에 머물고 싶어할 것이다!

최근까지는 뒤뜰 정원에 작은 야채밭을 경작하는 것이 아주 보편적이었기 때문에, 50년 정도 야채를 키워 본 경험이 있는 사람이 있다면 훌륭한 정보원이 될 수 있다. 따라서 오랫동안 그 지역에 살았던 사람들에게 접근해 볼 만하다. 이들은 그 땅이 무슨 용도로 사용되었으며, 어떤 종류의 토양인지, 지역 기후가 어떤지, 그곳에서 어떤 것이 가장 잘 자라는지에 대해 알고 있을 수 있기 때문이다.

디자인 아이디어

정원 만들기에 성공하기 위해서는 토지의 상태, 날씨, 토양 산성도를 알아야 하고 그 장소에 적합한 디자인을 하는 것이 핵심적이다. 따라서 시간을 들여 토지를 관찰하는 것이 중요하다. 다음은 기초적인 디자인 워크샵에 대한 내용으로, 이것은 몇 시간 안에 당신이 원하는 바에 대한 집합적인 의견을 만들어 내기 위한 좋은 방법이다. 이 워크샵은 경우에 따라 하루 종일 이어질 수 있고, 더 작은 집단들이 이 계획을 진행할 수도 있다. 더 많은 논평을 구하고, 더 많은 사람들이 이 계획에 관심을 갖도록 만들기 위해서 공공장소에 디자인을 전시할 수도 있다.

공동체 텃밭을 만들기 위한 디자인 워크샵

1. 기본 아이디어에 대해 소개하고 공동체 정원이 가지고 있는 장점에 대한 생각을 나눈다.
2. 사람들이 정원에서 접하고 싶은 것들에 대한 생각을 편하게 나열하도록 한다. 예를 들어, 야채밭, 감각적인 정원, 야생 지역, 연못, 레저, 바비큐 지역, 컴프리, 쐐기풀, 야생화 밭, 아이들 구역, 워크샵 구역, 앉을 곳, 그늘막 지역, 창고, 폴리터널, 온실, 악천후를 대비한 실내 지역, 보호용 울타리, 노인과 장애인들을 배려해서 높게 돋운 정원 같은 것들이 가능할 것이다.
3. 유기농 퍼머컬쳐 정원사들이 종종 사용하는 "OBREDIM"이라는 디자인 기법을 사용하면 계획에 도움이 될 것이다. OBREDIM은 관찰Observation, 한계Boundaries, 자원Resources, 평가Evaluation, 디자인Design, 이행Implementation, 관리Maintenance를 나타내는 말이다.

관찰: 이 단계는 잠재적으로 끝이 없다고 봐야 한다. 모든 것은 항상 변하고 있기 때문이다. 소집단으로 나누어 다음의 내용에 대해 살피면서 관찰 일지를 작성한다.

- 토지에 대한 접근성
- 이미 자라고 있는 식물들, 토질, 토양의 형태, 습도 등 토지에 대한 많은 문제들을 풀 때 도움이 된다.
- 살고 있는 야생동물의 흔적들
- 태양과 탁월풍의 방향
- 물 공급 상태와 물을 끌어올 수 있는 지점들
- 건물, 나무 등으로 그늘이 만들어지는 곳
- 경사면과 거친 곳, 부드러운 곳, 돌이 많은 곳
- 축축한 곳, 건조한 곳, 습지
- 오염의 징후, 가까운 도로

사람들이 알아온 모든 정보를 개략적인 큰 현장 지도에 담아내도록 한다.

한계: 물리적으로(수로, 울타리, 나무, 기존의 구조, 경사지) 그리고 좀 더 일반적으로(재정, 가까운 사람들의 견해 등) 토지에 대해 존재하는 여러 가지 한계들을 말한다.

자원: 어떤 자원들이 존재하는가? 식물, 수원지, 토양, 화분으로 재활용할 수 있는 "쓰레기", 뿌리를 덮을 때 사용할 수 있는 재료들, 사람 등.

평가: 사람들을 소집단으로 나누어 각자의 현장 지도에 관찰한 것을 그려 넣는다.

디자인: 현장 지도 위에서 정원 디자인을 시작한다. 여러 가지 디자인 아이디어에 대해 발표하고 토론한다. 어떤 것이 실행 가능할지, 그리고 이 아이디어들은 어떻게 하면 실행할 수 있을지 생각해 본다.

다음 단계들을 진행하는 데는 몇 달 혹은 몇 년이 걸릴 수도 있다. 하지만 워크샵을 통해 사람들의 관심과 상상력을 자극하여 다음 공동체 정원 작업일에 꾸준히 사람들이 다시 오게 되기를 바란다.

이행: 자발적인 참여자들이 생기면 퇴비 통 만들기, 토양 준비하기, 일반적인 유지

작업, 종자 출처 명시하기 등 해야 할 일의 목록을 작성할 수 있다. 종자 틀, 연장, 줄, 두꺼운 재료, 오래된 양탄자, 나무 등이 필요할 수 있으니 가능한 모든 곳에서 쓸모 있는 재료들을 모은다. 자동차 용품 할인 판매장, 건축 현장에서 나오는 폐기물 용기, 쓰레기장 등 필요한 것을 찾을 수 있는 좋은 장소들이 많이 있다. 모든 사람들의 참여를 고려해서 이행 가능한 작업 계획을 세우는 것이 중요하다.

유지: 다음 절에서 정원을 유지하고 재배하는 것과 관련된 아이디어들을 살펴보자.

텃밭에 유용한 아이디어들

뿌리 덮어 주기

공동체 정원을 시작하기 위해서는 돌보고자 하는 땅을 뿌리 덮개로 덮어 주는 것이 훌륭한 방법이다. 이것은 전문적인 기술이 필요하지 않은 일로, 효과를 즉각 확인할 수 있고, 이를 통해 사람들은 토양, 물, 빛, 벌레에 대해 생각해 볼 기회를 가질 수도 있다. 지푸라기, 잘게 자른 나무껍질, 날리지 않는 쓰레기들, 잔디 자른 것, 톱밥, 신문, 두꺼운 종이, 잎사귀 부식토, 해초, 솔잎, 견과류 껍질, 옷감, 돌멩이, 오래된 양탄자, 지붕에 얹는 펠트천 등 많은 재료들을 뿌리 덮개로 재활용할 수 있다. 뿌리를 덮어 주면 여러 가지 효과가 있다.

- 빛이 없기 때문에 잡초가 자라지 못한다.
- 토양의 온도를 더 안정적으로 유지해 준다.
- 물이 증발하는 것을 막아 주고, 토양의 습기를 유지해 준다(즉, 물이 덜 빠져 나간다).
- 필수 미네랄이 태양열의 강한 공격을 받지 않게 보호해 준다.

■ 토질이 나빠진 경우 향상시켜 준다(생분해 가능한 뿌리 덮개를 사용해서).

■ 작물을 심을 곳과 통로를 구분해 준다.

젖은 신문으로 한층 깔아 주고 그 위에 15센티미터 두께로 덮어 줄 재료를 얹는다. 이때 자라고 있는 모든 식생들이 완전히 덮이도록 주의한다. 뿌리 덮개가 제자리를 잡으면 밑바닥에 있는 신문에 구멍을 뚫어서 씨 뿌릴 준비를 한 뒤 숙성된 퇴비를 한 줌 넣고 모판에서 키우던 묘목이나 씨앗을 심는다. 뿌리 덮개로 쓴 물질들이 분해되면 토양과 함께 섞이면서 토질을 높이는 데 도움을 준다. 클로버, 알팔파, 검은 비닐도 뿌리 덮개로 흔히 사용된다.

작물 순환 재배

매년 다른 땅에 작물을 심는 방법이다. 이렇게 하는 데는 여러 가지 이유가 있다. 토양에 질병이 발생하는 것을 막고, 정기적으로 재배 조건을 바꿈으로

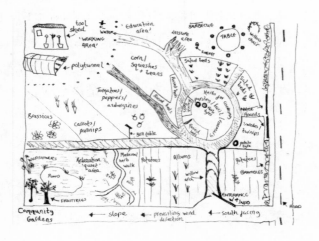

공동체 텃밭 도안

출처: 킴 브라이언

써 잡초가 자라는 것을 통제하며, 토양이 황폐해지는 것을 막을 수 있다.

입체적 재배

우리는 일반적으로 정원 관리는 땅 위에서 하는 것이라고 생각하지만, 조금만 창의적으로 생각하면 공중에서 재배하는 것도 가능하다. 특히 정원의 규모가 작을 때는 입체적으로 식물을 재배하면 공간도 극대화될 뿐만 아니라 보기에도 좋다. "세 자매(옥수수, 호박, 콩)"는 함께 정말로 잘 자라는 식물들이다. 옥수수와 콩을 먼저 심고, 이것들이 일단 자리를 잡게 한다. 그리고 3주쯤 지

〈구성도 A〉	〈구성도 D〉
감자 토마토 호밀 씨를 뿌려서 녹비(영양 물질이 풍부한 식물들)를 재배해 놓은 뒤 봄에 퇴비를 넣어 줌	뿌리 식물. 당근, 파스닙Parsnips, 근대Beetroots 겨자 같은 녹비를 빠르게 재배한 뒤 퇴비를 추가하지 않음.
〈구성도 B〉	〈구성도 C〉
완두콩 양파 겨울을 날 수 있도록 녹비를 뿌린 뒤 녹비 외의 추가 비료는 필요하지 않음.	브라시카Brassicas 등. 여름 양배추, 봄 양배추, 브로콜리, 싹양배추 콜리플라워 봄에 퇴비를 뿌리고, 잘게 부순 석회가루를 뿌려 줌

작물 순환 재배. 전형적인 4년 시스템의 예

출처: 〈스파이럴 시즈Spiral Seeds〉

난 뒤 호박을 심는다. 옥수수는 대략 2미터까지 자라고 콩은 옥수수를 타고 오르며 자라고, 호박은 땅에서 자란다. 이들은 완벽한 관계를 형성한다.

감자 타이어

오래된 자동차 타이어를 준비한 다음 여기에 양질의 건강한 흙을 채워 넣어 종자용 감자를 두어 개 심는다. 녹색 잎이 나타나면 첫 번째 타이어 위에 또 다른 타이어를 얹고 흙으로 반 정도 채운다. 녹색 잎이 다시 보이면 타이어의 나머지 절반을 채운다. 그리고 다시 녹색 잎이 보이면 첫 번째 두 개의 타이어 위에 타이어를 또 한 개 얹고 같은 식으로 반복한다. 잘 되면 흰색 감자 꽃이 피었다가 질 때쯤(보통 타이어 5개 높이에서) 많은 감자를 수확할 수 있다. 정원을 더 흥미롭게 꾸미려면 타이어에 색칠을 하거나 그림을 그려 넣는다.

아치 모양 길

아치 모양으로 만들어 놓은 똑같은 길이의 버드나무 가지를 따라 덩굴식물들이 타고 오르도록 길들여 볼 수도 있다. 오이, 콩, 토마토는 담이나 창고, 울타리, 나무 같은 것을 타고 오르는 것도 좋아한다. 이런 식물들이 버드나무가지를 따라 자라도록 길을 들이게 되면 여름이 왔을 때쯤 그늘이 진 시원한 아치 모양 길이 만들어질 수 있다.

동반 재배

이것은 식물들을 서로 가까이서 키움으로써 서로에게 도움을 주는 방식이다. 이렇게 하는 데는 몇 가지 이유가 있다. 일부 식물들은 다른 식물보다 해충이 더 많이 꼬이기 때문에, 더 유용하거나 필요한 다른 작물에 피해가 가지 않도록 해 준다. 완두콩, 콩, 클로버 같은 식물들은 다른 식물들이 자라는 데 필요한 질소를 토양이 간직하도록 해 준다. 또 어떤 식물들은 해충을 괴롭히거나 내쫓는 화학물질을 내뿜어서 근처에 있는 식물들을 보호한다. 태양을 좋아하는 큰키식물과 그늘을 잘 견디는 작은키식물은 좁은 공간을 함께 나눠 쓸 수 있고, 그 결과 토지에서 총 산출량이 많아질 수 있다. 또한 큰키식물들은 약한 식물들에게 방풍벽 역할을 해 줄 수도 있다. 동반 재배는 다양성을 촉진한다는 점에서 의미가 있다. 여러 종류의 작물을 섞으면 그만큼 모든 작물을 한꺼번에 잃을 위험이 줄어든다. 예를 들어, 양배추과는 아로마로 쓰이는 약초, 셀러리, 사탕무, 양파과, 카모마일, 시금치, 근대와 함께 키우면 좋고, 토마토는 가까운 곳에 금련화, 금잔화, 아스파라거스, 당근, 파슬리, 오이를 심어 놓으면 잘 자란다.

간단한 정원용 퇴비 만들기

주방에서 나오는 음식물 쓰레기로 퇴비를 만드는 것은 한때 흔한 일이었다. 이것은 매립장에서 유발되는 메탄가스 배출량을 줄일 수 있는 매우 중요한 방법이기도 하다. 많은 사람들이 정원에서 일할 시간이 없더라도 자신이 남긴 야채 껍질이 아주 풍부한 부식토로 바뀌는 것을 보며 기뻐할 수도 있다.

먼저 최소한 가로세로 1미터의 장소와 용기(266쪽 그림을 보라)가 필요하다. 여기에 나뭇잎, 잔가지, 오래된 신문 같은 굵고 건조한 갈색 재료들을 몇 센티미터 정도의 두께로 한 층 깔고, 그 위에 녹색 재료(풀이나 잘라낸 식물)로 몇 센티미터 덮는다. 여기에 흙을 얇게 깔고 다시 갈색 재료들로 한 층을 덮는다.

같은 방식으로 퇴비 더미의 층을 만들고 2,3 주에 한 번씩 정원용 쇠스랑이나 삽을 이용해서 내용물을 뒤집는다. 내용물을 촉촉하게 유지해 주면 곧 내용물 속에서 지렁이를 발견하게 될 것이며, 내용물의 중심부는 검고 푸석푸석하며 달콤한 냄새가 나는 흙으로 바뀔 것이다. 정원에서 사용할 수 있을 만큼 충분한 퇴비가 만들어지면 완성된 퇴비를 삽으로 퍼내고 앞서 있던 퇴비 중 아직 퇴비가 덜 된 것들을 가지고 다음 번 퇴비 더미를 만든다.

퇴비 통 만들기

많은 지방의회에서 공짜로 통을 지원하기도 하지만, 스스로 만드는 것도 그렇게 어렵지 않다. 철망 퇴비 통은 다용도로 활용할 수 있고, 비용이 적게 들며, 쉽게 만들 수 있다. 원통형 철망 통은 닭장의 철망과 건축용 철망, 무거운 철망을 가지고 만들 수 있다.

네 개의 나무토막으로 된 판을 경첩이나 철사로 이어서 퇴비 통을 만들 수도 있다. 이때 최소한 한쪽 면은 탈부착이 가능하도록 해서 내용물을 쉽게 뒤집을 수 있도록 해야 한다.

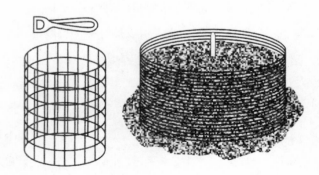

원통형 철망 퇴비 통

출처: 〈모두를 위한 퇴비 만들기〉

퇴비와 관련된 문제 해결하기

썩는 냄새가 나는 것은 공기가 충분치 않거나, 내용물이 너무 젖었기 때문이다. 거칠고 건조한 재료(지푸라기, 옥수수 줄기 등)를 넣으면서 내용물을 뒤집어 준다.

암모니아 냄새가 난다는 것은 녹색식물이 너무 많이 들어갔기 때문이다(질소 과잉 혹은 탄소 부족). 갈색 물질(지푸라기, 종이, 톱밥 등)을 넣어 준다.

쥐가 생긴다는 것은 조리된 음식물이 들어갔기 때문이다.

출처: 니키 스콧Nicky Scott이 만든 웹사이트 〈모두를 위한 퇴비 만들기〉

문제를 장점으로 바꾸자

"문제가 곧 해법"이라는 것은 퍼머컬처의 원칙으로, 문제를 예상함으로써 그것을 해결하는 방법을 배울 수 있다는 것이다. 즉, 우리는 해법을 찾는 데 심혈을 기울임으로써 문제를 장점으로 바꿀 수 있다.

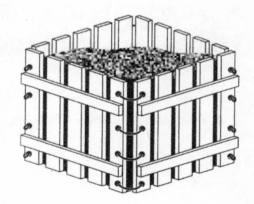

나무 판자로 만든 퇴비 통

출처: 〈모두를 위한 퇴비 만들기〉

토양의 질 높이기

토양의 형태와 질은 작물의 성패를 좌우하는 가장 큰 결정 요소라고 볼 수 있다. 만일 토양이 여러 해 동안 살충제와 화학비료를 꾸준히 사용해서 황폐해져 있거나 돌이나 모래가 지나치게 많거나 산성인 경우, 땅을 되살리기 위해 많은 일들을 할 수 있다. 클로버와 알팔파 같은 녹비 ▪는 빨리 자라서 "살아 있는" 뿌리 덮개의 역할을 할 수 있으며, 풍부한 영양물질을 공급함으로써 고갈된 토양을 복원하는 데 도움을 준다. 미량원소와 미네랄이 풍부한 해조류를 사용하는 것도 도

지렁이
출처: 그레이엄 버넷Graham Burnett

움이 된다. 지렁이는 토양 사이에 공극을 만들어 배수가 잘 되게 해 주고, 유기 물질들이 잘 뒤섞이게 만들어 토양의 비옥도를 높여 준다. 퇴비를 많이 넣어 주면 지렁이도 늘어나게 될 것이다.

공동체 퇴비화 계획

쓰레기를 미세하게 처리하는 과정은 자신의 행동에 대해 직접 책임지는 것과 같다. 하지만 많은 사람들에게는 퇴비 통을 만들 공간이 없다. 공동체 퇴비화 계획

▪ 한국에서는 자운영도 많이 쓴다. 옮긴이

은 이에 대한 완벽한 대안으로 지역의 공원과 정원에 퇴비를 제공할 수 있다. 런던에 있는 한 성공적인 집단(동런던 공동체 재순환 프로젝트East London Community Recycling Project, ELCRP)은 사유지에 있는 쓰레기 냄새를 줄이는 방법으로 이 프로젝트를 진행하여 아주 높은 흡수율을 보였다. 일부 사례에서는 80퍼센트까지 흡수했다. 지역 주민들이 음식 쓰레기를 처리하도록 고무하고, 음식 쓰레기 보관법에 대해 조언을 해 주는 공동체 퇴비화 계획은 정기적으로 호별 방문을 통해 음식물 쓰레기를 수거한다. (www.elcrp-recycling.com)

오염된 땅 되살리기

예전에 이 땅이 무슨 용도로 사용되었는지에 대해 최대한 많이 알아내도록 한다. 땅이 오염되어 있다면 여기서 재배한 식품을 먹는 것은 위험할 수도 있기 때문이다. 오염원을 파악하고 재발할 가능성이 있는지를 평가하도록 한다. 가장 확률이 높은 오염원은 공기, 상류의 물, 수입 농산물, 매립지다. 해법은 오염의 유형과 심각성에 따라 달라진다. 포플러와 버드나무처럼 물을 많이 빨아들이는 나무들은 뿌리 체계를 통해 독성이 있는 물을 빨아들여 나무 조직 안에서 독성 성분을 분해한다. 겨자과 식물과 옥수수는 토양에 있는 중금속과 오염 물질들을 흡수하는 능력이 있다. 오염된 땅에서 먹을거리를 재배하고자 한다면 커다란 플라스틱, 자기, 나무 관을 이용해서 땅을 돋우고, 이곳을 다른 곳에서 가져온 흙으로 채워서 밭으로 이용할 수 있다. 여기에는 물을 더 많이 주어야 한다는 단점은 있지만 아이들이나 노약자, 움직이는 데 장애가 있는 사람들이 이용하기에는 편하다. 여기서는 몸을 덜 굽혀도 되고 작물을 짓밟을 염려도 별로 없기 때문이다.

잡초는 장소를 잘못 잡은 식물일 뿐

대부분의 사람들은 쐐기풀이라고 하면 가
시를 먼저 떠올릴 것이다. 쐐기풀은 알 만한
사람들이 봤을 땐 다양한 기능을 가진 기적
의 풀이지만, 많은 사람들은 잡초라고 알고
있는 평범한 식물의 좋은 예다. 쐐기풀은 나
비와 나방(양배추와 콩의 진디를 먹어 치우는)을
끌어들이고, 비타민C가 풍부하며, 퇴비를 활
성화시키고, 밧줄을 만드는 데 쓰일 수도 있
다. 또한 의약품과 차의 형태로 건강에 많은
효능을 주며, 효과적인 액체 비료가 될 수 있
고, 스프를 만드는 데도 사용할 수 있다.

쐐기풀 *Urtica dioica*

팻핸Fat hen *은 통째로 먹을 수 있는 식물로
시금치 대용으로 사용하거나 아니면 샐러드
로 만들어 날것으로도 먹을 수 있다. 잎사귀
는 벌레 물린 데, 화상, 류머티즘 관절, 발이
부푼 데 습포제로 사용하거나 세척 도구로 사
용할 수 있으며, 어린 싹에서는 녹색 염색 물
질을 얻을 수도 있다. 신선한 뿌리를 짓이기
면 부드러운 스프 대용물이 되기도 한다.

팻 핸(흰명아주*Chenopodium alba*)
출처: 그레이엄 버넷

---

* 주로 야채로 사용되는, 잎에 즙이 많은 식물을 통칭한다. 명아주과 창갯능쟁이, 명아주과 흰명아주 등이 포함된
  다. 옮긴이

해충 관리

텃밭을 만들면 어쩔 수 없이 다양한 종류의 곤충과 땅벌레들과 함께 공유하게 된다. 하지만 해충이라고 해도 익충에게 식량을 공급하는 등의 맡은 역할이 있는 법이다. 따라서 해충을 쓸어 버리는 것이 아니라 잘 관리하는 것을 목표로 삼도록 한다. 기존의 많은 살충제들은 좋은 곤충이든 나쁜 곤충이든 모두 다 죽여 버린다. 살충제 대신에 꽃을 피우는 작은 식물들을 심어서 곤충들이 모일 수 있는 서식처를 만들어 준다. 곤충을 유인하기 위해서 먼지가 나지 않게 하고 물을 뿌려 준다. 낡은 아기 욕조는 연못 대용으로 활용할 수 있으며, 울타리를 쳐서 장벽으로 활용하면 먼지나 오염 물질이 식물 위에 앉는 것을 방지할 수 있다. 무엇이 무엇에게 도움을 주는지를 식별하는 법을 배우도록 한다. 예를 들어, 구근, 감자, 기타 식물의 뿌리를 먹어 치우는 노래기는 억제하고, 작은 민달팽이나 다른 토양의 해충들을 먹고사는, 이동이 빠른 포식자인 지네류는 잘 살 수 있는 환경을 조성해 준다.

진디는 군집을 이루어 식물의 수액을 빨아 먹는 아주 작은 곤충이다. 특히 애벌레는 식물, 그중에서도 누에콩과 브라시카Brassica 같은 식물들을 공격해서 약해지게 만들지만, 진디의 천적인 무당벌레가 있으면 진디 애벌레들을 퇴치할 수 있다.

진디　　　출처: 그레이엄 버넷

무당벌레

거의 모든 정원사들은 정말로 민달팽이를 싫어한다. 민달팽이는 묘목과 식물들을 먹으면서 정원을 쏘다녀, 자기가 움직이는 길에 있는 모든 것을 먹어 치우기 때문이다. 다음은 정원에서 민달팽이를 관리하기 위해 시도하고 검증해 본 몇 가지 방법들이다.

- 민달팽이는 몇 가지 식물들만 좋아하고 다른 것들은 완전히 무시한다. 민달팽이는 호박 종류와 민트를 좋아하고 양파와 마늘을 싫어한다(살짝 냄새가 나는 정도도 싫어한다). 민달팽이가 특별히 몰려 있는 곳을 찾아내서 주위에 방어물을 집중시킨다. 큰 민달팽이들은 죽은 식물을 좋아하고 문제를 별로 일으키지 않는다.
- 민달팽이가 뿌리 덮개 아래 숨을 수 있다. 습기가 많은 날 민달팽이를 잡도록 한다. 이런 날이 민달팽이가 가장 좋아하는 날씨라서 뿌리 덮개 아래서 나오기 때문이다.
- 민달팽이는 김빠진 맥주의 달콤한 술 냄새를 좋아해서 그 안에 단체로 뛰어든다. 민달팽이가 맨 정신에 익사하는 것보다는 술 취해서 익사하는 것이 더 나을 것이다.
- 뚜껑 부분을 잘라낸 플라스틱 병을 식물에 씌워서 민달팽이가 공격하는 것을 막을 수도 있다.
- 민달팽이는 소금과 재 위로 기어오르지 못하기 때문에 이것을 작물 위에 뿌려 놓는 것도 효과가 있을 것이다.
- 딱정벌레도 민달팽이, 진드기를 비롯한 여러 해충의 천적이다. 딱정벌레가 그 아래서 쉴 수 있도록 나무토막 몇 개를 놓아 두고 딱정벌레 서식지를 만든다.

민달팽이 출처: 그레이엄 버넷  딱정벌레

달갑지 않은 인간 손님들

요즘 아이들이 정말로 전보다 더 상태가 안 좋은 것인지 아니면 그냥 그렇게 보이는 것인지는 모르겠지만, 심심한 아이들이 공동체 텃밭을 손쉬운 공격 대상으로 삼을 수 있다는 것은 슬픈 사실이다. 많은 공동체 정원과 텃밭들은 쇠창이 달린 금속 울타리로 둘러 놓았는데, 이것은 공포심을 유발하고 방어적인 사회라는 특징을 부여함과 동시에 소일거리를 찾는 심심한 어린아이들에게 도전 과제로 비춰질 수 있다. 당근을 뽑아내는 어린아이들을 비롯해서, 공동체 정원에 대해 악의와 오해를 가진 이들을 손쉽게 해결할 수 있는 방법은 없다. 일단 정원에서 배제되었다고 느끼는 사람들은 정원을 존중하지 않으리라는 점을 기억하라. 그러므로 정원에 어떤 표시를 하거나 공개적인 초대를 자주 하고 포용적인 디자인과 이행 과정들을 진행함으로써 명실상부한 공동체 계획이 되도록 한다. DJ 경연 대회나 그래피티 대회처럼 사람들이 몰려올 수 있는 공간과 행사를 함께 조직하도록 한다. 지역에 있는 학교를 초대해서 텃밭 구경을 하게 하거나 작업에 참여하도록 하고, 주의 깊게 잘 살펴 준 데 대한 보답으로 이웃 주민들에게 생산물을 나누어 준다. 가지에서 떨어진 빨간 토마토는 분쟁의 소지를 만들 수 있으므로, 다 익은 과일과 야채를 매일매일 수확하도록 한다. 울타리는 사유재산의 소유권을 표시하는 역할과 함께 출입을 통제한다. 철조망이나 지뢰 같은 것이 있다면 아주 결의가 높은 사람도 물

리칠 수 있겠지만, 낮은 말뚝 울타리나 닭장 철망만 있어도 개를 쫓는 데는 충분할 것이다. 구즈베리나 블랙베리처럼 과실이 달리는 관목을 심으면, 찔리면 아프기는 하지만 사람들이 좋아할 울타리가 된다.

공동체 정원의 즐거움

살아 있는 정원은 학습과 사회적 접촉, 연결의 장소로, 즐겁고 실용적이며 정말로 꼭 필요한 공간이다. 정원은 환경과 공동체에 많은 장점을 가져다주기도 하지만 여러분 개인에게도 유익할 것이다. 야외에서 땅을 파고 식물을 심고, 자연의 형태와 변화를 관찰하며 시간을 보내며, 이 계절에서 저 계절로 넘어가는 것을 지켜보면서 여러분은 많은 것을 얻을 수 있다. 모든 사람들은 자연과의 연결 속에서 유익함을 얻지만, 일상생활의 스트레스 때문에 다른 것이 종종 우선시될 수도 있다. 도시 지역에는 에너지가 넘치는 많은 사람들이 있다. 이들이 열과 성을 다하면 아름답고 건강한 살아 있는 환경을 만들어 낼 수 있다. 이 과정에서 다음 황금률을 기억하자. 작게 시작해서 점차 발전시켜 나갈 것, 마음 편히 먹고 즐길 것!

도서

Andrew, Sophie(2001). *The Allotment Handbook - A Guide to Promoting and Protecting Your Site*. Bath: Eco-logic Books.

Barclay, Eliza(2003). *Cuba's Security in Fresh Produce*. Oakland, CA: Food First Institute for Food and Development Policy, www.foodfirst.org/node/1208

Burnett, Graham(2000). *Permaculture: A Beginners Guide*. East Meon, Hampshire: Permanent Publications.

Burnett, Graham(2000). *Getting Started on your Allotment*. Spiral Seeds. The Westcliff Land Cultivation Society. East Meon, Hampshire: Permanent Publications.

Butler, T. and K. McHenry(2000). *FOOD NOT BOMBS. How to Feed the Hungry and Build Community*. Tuscan: Sharp Press.

Carter, Warren. *Seedy Business: Tales from an Allotment Shed*, www.seedybusiness.org

Cherfas, Jeremy, Michel Fanton and Jude Fanton(1996). *Seed-Savers' Handbook*. Thuder Bay, Ontario: Grover Books.

Diamond, K.(1997). Guns, Germs, and Steel: The Fates of Human Societies. New York: W.W.Norton and Co.(『총, 균, 쇠』, 김진준 옮김, 문학사상사, 2005)

Ellis, Barbara W. and Fern Marshall Bradley(1996). *The Organic Gardeners Handbook of Natural Insect and Disease Control*. New York and Pennsylvania: Rodale Press.

Ferguson, Sarah(1999). *A Brief History of Community Gardening in NYC, Avant Gardening*. New York: Autonomedia.

Fern, Ken(1997). *Plants for a Future: Edible and Useful Plants for a Healthier World*. East Meon, Hampshire: Permanent Publications. www.pfaf.org 온라인 데이터베이스를 참고하라.

Funes, Fernando, Luis García, Martin Bourque, Nilda Pérez and Peter Rosset(2005). *Sustainable Agriculture and Resistance: Transforming Food Production in Cuba*. Oakland, CA: Food First Books and ACTAF.

Guerra, Micheal(2000). *The Edible Container Garden: Fresh Food from Tiny Spaces*. London: Gaia.

Hart, Robert(1996). *Forest Gardening*. Totnes, Devon: Green Books.

Henry Doubleday Research Association(1997). *Encyclopedia of Organic Gardening*. London: Dorling Kindersley Publications.

Hessayon, D.G.(1997). *Vegetable and Herb Expert*. London: Sterling.

Holt-Gimenz, Eric(2006). *Campesino a Campesino: Voices from Latin America's Farmer to Farmer Movement for Sustainable Agriculture*. Oakland, CA: Food First Books.

Jones, J.A.(1999). 'The Environmental Impacts of Distributing Comsumer Goods: A Case Study on Dessert Apples'. 박사 논문(출간 안 됨). Centre for Environmental Strategy, University of Surrey, Guildford, UK.

Larkcom, Joy(2001). *The Organic Salad Garden*. London: Francis Lincoln.

Lawson, Laura J.(2005). *City Bountiful. A Century of Community Gardening in America*. Berkeley, CA: University of California Press.

Manning, Richard(2004a). 'The Oil We Eat'. *Harpers Magazine* 808, www.harpers.org/TheOilWeEat.html

Manning, Richard(2004b). *Against the Grain: How Agriculture has Hijacked Civilization*. New York: North Point Press.

Payne, D., D.Fryman and D.Boekelheide(2001). *Cultivating Community: Principles and Practices for Community Gardening as a Community-building Tool*. Philadelphia, CA: American Community Gardening Association.

Rosset, Peter and Medea Benjamin(1994). *Cuba's Experiment with Organic Agriculture*. West Sussex: Ocean Press.

Shiva, Vandana(1997). *Biopiracy: The Plunder of Nature and Knowledge*. Cambridge. Mass: South End Press.(『자연과 지식의 약탈자들』, 한재각 외 옮김, 당대, 2000)

Stickland, Sue(1998). *Heritage Vegetables*. London: Gaia.

Stickland, Sue(2001). *Back Garden Seed Saving: Keeping Our Vegetable Heritage Alive*. Bath: Eco-logic Books/Worldly Goods.

Ward, Colin and David Crouch(1998). *Allotments, Landscape and Culture*. Nottingham: Five Leaves Books.

Whitfield, Patrick(2004). *Earth Care Manual*. East Meon. Hampshire: Permanent Publications.

보고서

Church, Norman. *Why Our Food is so Dependent on Oil*. www.energybulletin.net/5045.html

DETR(2000). Department of the Environment Transport and the Regions. *Focus on Ports*. London: HMSO.

Ethical Trading Initiative(2003). *Report on the ETI Biennial Conference 2003. Key Challenges in Ethical Trade*. London: ETI

Food Poverty Project(2002). Eds A. Watson et al. *Hunger from the Inside: The Experience of Food Poverty in the UK*. London: Sustain.(http://worldcat.org/wcpa/oclc59333724를 보라)

IUCC(1993). Information Unit on Climate Change Fact Sheet 271, 1 May 1993

National Centre for Health Statistics(1998). *10 Million Americans of All Ages Do Not Get Enough to Eat*, www.cdc.gov/nchs/pressroom/98facts/foodinsu.htm

Shrybman, Steven(2000). *Trade, Agriculture and Climate Change*. Institute of Agriculture and Trade Policy.

Sustain. *Changing Diets, Changing Minds: How Food Affects Mental Health and Behaviour*, www.sustainweb.org

Sustain/Elm Farm Research Centre(2001). *Eating Oil-Food in a Changing Climate*, December 2001, http://worldcat.org/wcpa/oclc/59435091

Vetterlein, John. *How to Set Up a Food Co-op*, www.upstart.coop/page36.html

웹사이트

미국 공동체 텃밭 협회American Community Gardening Association www.communitygarden.org(실용적인 조언과 출판물들이 많이 갖추어진 훌륭한 웹사이트다.)

캔 마스듀 사회센터Can Masdeu Social Center www.canmasdeu.net

공동체 퇴비화 네트워크Community Composting Network www.communitycompost.org (프로젝트를 지원하고, 책과 전시용 자료, 발표용 자료와 비디오 등을 갖춘 자료실이 있다.)

공동체 지원 농업 계획Community Supported Agriculture Scheme www.hillandhollowfarm.com/csa.html

모두를 위한 퇴비화Composting for All www.savvygardener.com/Features/composting.html

동런던 공동체 재활용 프로젝트East London Community Recycling Project www.elcrp-recycling.com

식품 농업 기구Food Agriculture Organisation www.fao.org

폭탄이 아닌 식량을Food Not Bombs www.fnbnews.org

게릴라 경작자들Guerilla Gardeners www.guerillagardening.org

하트클리프 보건환경행동집단Hartcliffe Health and Environment Action Group www.hheag.org.uk

헤지호그Hedgehogs www.uksafari.com(고슴도치 입양)

농업과 무역 정책 연구소Institute for Agriculture and Trade Policy www.iatp.org

식량주권을 위한 국제 운동International Movement for Food Sovereignty www.viacampesina.org

브라질 토지 없는 농민 운동Landless Peasant Movement: Brazil www.mstbrazil.org

몰스콤 산림 텃밭과 야생 프로젝트Moulsecoomb Forest Garden and Wildlife Project www.seedybusiness.org

영국 국립 텃밭 협회National Allotments Association UK www.nslag.org.uk(지원과 지역 정보)

국립 식품 동맹 식품 빈곤 프로젝트National Food Alliance Food Poverty Project www.sustainweb.org/poverty_index.asp

영국 퍼머컬처 협회Permaculture Association UK www.permaculture.org.uk(퍼머컬처 강좌와 온라인 자료, 링크 등 포괄적인 목록들이 있다)

프리멀 시즈Primalseeds www.primalsseds.org.uk(생물 다양성을 조본하고 식량 안전성을 확보하기 위한 네트워크)

슬로푸드 운동Slow Food Movement www.slowmovement.com

스파이럴 시드Spiralseed www.spiralseed.co.uk

서스테인Sustain www.sustainweb.org(좀 더 좋은 식품과 경작을 위한 동맹)

협동사업 조합Union of Co-operative Enterprises www.cooperatives-uk.coop

우핑Wwoof(유기농 농장에서 일하고 싶어하는 노동자들Willing Workers on Organic Farms) www.wwoof.org(유기 농장에 대한 데이터베이스, 자원 활동가 환영)

11 문화행동주의가 필요한 이유

 이 글을 쓴 제니퍼 버슨Jennifer Verson은 미국 출신의 프리랜서 공연 활동가로 정치적으로 전복적인 연극 공연 예술에서 사람들을 가르치고 있으며, 2005년 영국에서 있었던 "비밀 반정부 광대 반란군 순회공연Clandestine Insurgent Rebel Clown Army touring"에서 여러 가지 활동을 했다.

문화행동주의, 직접행동과 전방위적인 저항

왼쪽으로, 빠르게 행진.

2005년 7월, 나는 분홍색과 녹색 솜으로 장식한 미치광이 복장에, 얼굴에는 광대처럼 흰색으로 분장을 하고, 머리에는 여과기를 매달고 있는 200명의 사람들과 함께 있었다. 그리고 그것이 그리 이상하게 느껴지지 않았다. 2005년 "G8 정상회담"이 에딘버러Edinburgh에서 진행되는 동안 우리는 어깨에 깃털로 된 먼지떨이개를 늘어뜨리고 최선을 다해 줄을 맞춰 행진하려고 노력했다. 〈빈곤을 역사 속으로Make Poverty History〉 시위대에게 우리가 하는 직접행동을 함께 하자고 제안하기 위해 가는 길이었다. 그렇다. 〈비밀 반정부 광대 반란군Clandestine Insurgent Rebel Clown Army〉은 우스꽝스런 군대지만 시위자와 저항을 범죄시하는 것에 대한 진지한 대응이기도 하다. 그래서 나와 알고 지내는 아주 진지한 사람이 검은색 옷을 입고서 화를 냈을 때 나는 마땅히 할 말을 찾지 못했다. 그는 "이건 웃음거리로 삼을 일이 아니야. 우리는 전쟁 중이라고. 우린 싸울 수 있어야 해. (…) 너희는 사람들이 이게 농담이라고 생각하게 만들고 있잖아. 근데 상황은 정말로, 정말로 심각하다고."라고 말했다.

나도 걱정이 된다. 우리가 전쟁 중이라면, 우리에게 승산이 없어 보이기 때문이다. 그럼 내 친구의 말은 우리의 운동이 실패하게 되면 그게 부분적으로 내 잘못이라는 말인가? 이 모든 문화행동주의자들, 광대, 드럼 연주자, 분홍색과 은색으로 치장한 발레리나, 꼭두각시를 조종하는 사람들에게 책임이 있다는 것인가? 우리가 사람들로 하여금 치명적인 국가 전쟁 기계에 비현실적인 방식으로 대응하도록 조장하고 있는 것인가? 나는 요즘 가슴 속에 계속 이런 의문들을 품고 있다.

이 장에서 나는 문화행동주의가 단순히 사물을 예쁘고 부드럽거나 재밌게 만드는 것이 아니라고 이야기하려고 한다. 문화행동주의자들은 전쟁, 생태계 파괴, 부정의, 자본주의에 반대하는 직접행동을 하고자 하지만, 또한 이런 것들의 사회적·심리적인 영향에 반하는 직접행동을 어떻게 하면 할 수 있을지를 끊임없이 질문한다. 군사적인 제국이 전방위적인 지배를 특징으로 하는 것과 마찬가지로, 우리는 전방위적인 저항이라는 개념을 채택했다. 결국 한 개인이 관심을 가지거나 회피하도록, 혹은 포기하거나 분연히 떨쳐 일어나도록 만드는 것이 정말로 무엇인지 누가 제대로 알 수 있을까?

나는 문화행동주의가 예술과 행동주의 공연과 정치가 만나고 뒤섞이고 상호 작용하는 장소라고 생각한다. 문화행동주의는 이런 여러 가지 형태들 사이에 다리를 놓아 주고, 두 장소 간에 영구적으로 고정되어 있는 다리 그 자체

2005년 스코틀랜드, "G8 정상회담"의 광대 시위대

로 존재하기도 한다. 행동주의와 예술을 연결해 주는 것은 눈으로 직접 확인할 수 있는 현실을 창조하고자 하는 공통의 희망과 우리 손으로 직접 그런 세상을 만들 수 있다는 믿음이다.

화자인 나는 누구인가?

나는 주로 실천을 통해 자신의 성격을 규정하는 공동체의 일원이다. 나는 내 개인적인 경험을 통해 알게 된 것에서부터 문화행동주의의 경향을 일부 드러내고, 또한 내가 중요하다고 여겼던 그 풍부한 역사의 일부를 밝히려고 한다. 이 과정에서 나는 양자물리학, 조직 심리학, 포스트모더니즘, 퍼머컬쳐 등 내게 영향을 미친 여러 분야의 이론들을 끌어들일 것이다. 이 이론들은 내가 다양한 소리, 색깔, 이견들로 구성된 이 불협화음 집단이 세상을 바꾸는 데 어째서 중요한지를 이해하는 데 도움을 주었다.

문화행동주의는 무엇인가?

문화행동주의를 정의하는 것은 쉬운 일이 아니다. 『옥스퍼드 영어사전』에 나오는 행동주의의 정의는 "정치 혹은 사회 변화를 유발하기 위해 왕성한 캠페인 활동을 벌이는 것"이다. 하지만 인류학자, 예술가 등 수많은 사람들이 최소한 백 년 동안 시적인 것에서부터 직설적인 것에 이르기까지 문화의 정의를 놓고 논쟁을 벌여 왔다. 유명한 인류학자 글리포드 기어츠Clifford Geertz는 『문화의 해석The Interpretation of Cultures』(1973, 5)＊에서 "인간은 자신이 놓은 중요성의 덫에 걸려 있는 동물이다. 나는 이 덫이 문화라고 생각한다"고 말한다. 한편 유네스코는 『문화적 다양성에 대한 보편 선언』에서 훨씬 더 직접적이고 포괄적인 입장을 취하며 다음과 같이 정의하고 있다. "문화는 사회 혹은 사회 집단의 독특한 정신적·물질적·지적·감정적 특징들의 집합으로 간주되어야 한다. (…) 문화에는 예술과 문학뿐만 아니라 생활양식, 함께 사는 방법, 가치 체계, 전통과 신념들도 포함된다."＊＊ 마르티니크Martinique 출신의 작가인 에메 세제르Aime Cesair는 파리에서 열린 "세계 흑인 작가와 예술가 의회 World Congress of Black Writers and Artists"에서 연설하면서 가장 직접적으로 다음과 같이 표현했다. "문화는 모든 것이다."＊＊＊ 이런 의미에서 문화행동주의는 잠재적 자원으로 모든 것을 사용할 수 있다. 내가 보기에 문화행동주의는 우리의 의미망, 가치 체계, 신념, 예술과 문학 등 모든 것이 창조되고 확산되는

＊ 『문화의 해석』, 문옥표 옮김, 까치글방, 1998. 옮긴이

＊＊ UNESCO 2001, 12.

＊＊＊ Petras and Petras, 1995, 54.

방식에 대한 통제력을 되찾기 위한 직접 행동이자 캠페인 활동이다. 이것은 사물을 바라보는 지배적인 방식을 의문시하고 대안적인 세계관을 제시한다는 점에 있어서 중요한 방식이다.

이 장에서 논할 수많은 형태들의 공통점은, 이것들이 물리적 공간에서 뿐만 아니라 문화적 혹은 개념적인 공간에서도 일어난다는 것이다. 뒤에 나올 과제는 〈스마트밈 공동체Smartmeme Collective〉의 연습 문제지에서 차용한 것으로, 풀뿌리 활동가들의 권력 구조에 대한 도전이 다양한 방식으로 성공할 수 있다는 점을 이해할 수 있도록 실어 놓았다(www.smartmeme.com/downloads/-InterventionsWorksheet.pdf).

행동의 지점들

이 과제는 풀뿌리 활동가들이 변화를 일으키기 위해 행동할 수 있는 물리적 공간과 문화적 혹은 개념적 공간에 있는 개입 지점들을 찾는 것을 돕기 위한 것이다. 개입 지점이라는 것은 물리적인 체계(생산 체인, 정치적인 의사결정)든, 개념적인 체계(이데올로기, 문화적인 가정 등)든 한 체계 안에 있는 장소로서, 그 체계에 효과적으로 개입하기 위해 행동할 수 있는 곳을 말한다. 이 과제에서 다루는 지점들은 다음과 같다.

생산의 지점: 공장, 농경지. 파업, 피켓 시위, 농장 점거 등의 영역.
파괴의 지점: 난개발된 광산 지역 같은 자원 채취 등의 지역. 독성 물질을 버리는 장소 등. 도로 봉쇄, 나무 점거 등의 영역.
소비의 지점: 연쇄점, 슈퍼마켓. 소비자들이 접할 수 있는 장소들. 소비자 불매운

동, 시장 캠페인의 영역.

결정의 지점: 기업 본사. 악덕 지주의 사무실. 목표가 되는 의사 결정자가 있는 곳.

잠재력의 지점: 미래의 시나리오, 대안 활성화하기, 빈 공간을 정원으로 전환하기, 거리 회복하기 등.

가정assumption의 지점: 환경은 일자리를 위해 희생해도 괜찮다는 식의 기본 바탕이 되는 신념이나 통제 신화에 도전하기. 거대한 규모의 상징적인 건물 습격하기, 대중문화 이용하기.

바리케이트, 행진, 무장 게릴라 집단 같은 오래된 저항의 형식들은 종종 생산, 파괴 혹은 결정의 지점에 개입하곤 했다. 우리가 이 장에서 살펴보고자 하는 것은 잠재력과 가정, 그리고 소비의 지점에 대한 개입이다. 이것은 좀 더 재치 있는 저항으로, 언론의 엄청난 수혜를 입고 있는 우리 사회를 활용해서 꾸준히 변화하고 변이를 일으키는 새로운 형태의 행동을 개발하고, 우리를 제약하고 길들이려는 자들보다 한 발 앞서나가고자 하는 것이다. 문화행동주의의 의미를 좀 더 자세히 이해하기 위해 염두에 두어야 하는 몇 가지 핵심적인 측면들을 이야기해 보겠다.

반란의 상상력

어느 날 아침에 일어나서 전에 한 번도 해 본 적이 없는 어떤 일을 하기로 결심했다면, 아마도 안내서가 될 만한 것을 찾을 것이다. 초콜릿 케이크를 굽기로 했다면 일단 요리법을 알아내려 할 것이다. 케이크가 성공적으로 만들어져 용기를 얻은 뒤 초가집을 짓기로 결심했다면, 이번에는 도서관에 가서

도표와 그림들이 있는 안내서를 구할 것이다. 케이크를 굽고 집을 짓는 것은 건전하고 정의로운 사회를 만드는 것보다 확실히 더 쉬운 일이다. 그렇다면 안내서도 없이 이런 일을 하려면 우리는 어떻게 해야 할까? 이런 점에서 사람들이 세상을 바꾸는 방법에 대해 정확한 지침을 알려 주는 정치적인 선언들에 매달리는 것은 당연한 일인지도 모른다. 하지만 자리에 앉아서 우리가 살고 싶은 세상을 상상해 보면 어떨까? 과거에 상상하는 방법에 대해 배운 적이 있었던가? 눈을 감고서 마음에 어떤 영상이 떠오르게 하는 훈련을 해 본 적이 있나? 그 그림을 분명히 볼 수 있을 뿐만 아니라 실생활에서 그런 세상을 만들 수 있다는 믿음을 진정으로 갖고 있다면 어떨까?

반란의 상상력은 문화행동주의의 심장부에 있는 것이다. 이것은 가능성에 대한 감각으로, 어떤 정형을 모방하거나 다른 사람이 창조해 놓은 디자인을 따라가면서 생기는 제약을 거부한다. 아우구스토 보알(Augusto Boal, 2002)이 "머릿속 경찰관cop in the head"이라고 부른 것에도 제약받지 않는다. 우리 모두에게는 경찰관 같은 목소리가 있어서 우리의 생각이 어리석다, 실효성이 없을 것이다, 너무 어렵다 혹은 실패하고 말 것이라고 떠들어댄다. 문화행동주의는 모두의 머릿속에 있는 경찰관을 죽이고 행위와 실천을 창조하기 위한 반란의 상상력을 발달시키기 위해 의식적으로 노력한다. 이런 생생한 실천은 우리가 원하는 세상을 건설하는 방법에 대한 복잡한 질문들을 제기한다. 반란의 상상력은 과거의 정치 운동이 제시했던 청사진과 행동 유형에 뿌리박고 있지만 새로운 예술과 저항의 과정에 대한 갈망으로 추동된 형태의 행동주의를 촉발한다.

대화와 상호작용

사람들에게 변화와 관련된 행동에 참여해야 하는 필요성을 역설하는 긴 연설을 하는 것은 자칫 오만하고 오히려 권한을 박탈하는 행위일 수 있다. 전통적인 캠페인은 사람들에게 다양한 사실 자료와 불같은 연설을 토해 냄으로써 대의에 이끌리게 하려는 시도에 가까웠다. 문화행동주의는 일반적인 독백, 연설, 선동에서 벗어나 대화와 상호작용을 통해 스며드는 형태로 사람들에게 접근하려고 한다. 사람들이 스스로 자신의 목소리를 낼 수 있고 궁극적으로는 자신이 원하는 세상에 대해 할 말이 있다고 믿는 데는 그렇게 엄청난 상상력이 필요한 것도 아니다.

공동체, 구체적 행동과 캠페인

사람들이 자신이 원하는 세상에 대한 열정적인 의견과 신념이 있다고 하더라도, 지역적·지구적인 변화를 이루기 위해 조직을 만들고 행동하는 것을 가로막는 몇 가지 아주 실제적인 장애물들이 있다. 심리적인 측면에 있어서 우리는 모두 의기소침함, 무관심, 무력함 같은 감정들을 경험해 본 적이 있고, 물리적인 측면에 있어서는 우리 가운데 많은 이들이 스스로를 구제할 수 있는 사상이나 자원, 정보, 또는 도움을 줄 수 있는 사람들과 분리된 채 살아가고 있다. 여러 가지 형태를 띠고 있는 문화행동주의는 모두 공통적으로 이런 문제들을 다음의 것들을 통해 해결하고자 한다.

- **공동체**: 소비주의와 억압, 자본주의에서 자유롭고, 유쾌하고 동맹을 결정하며, 정보를 공유하는 시간과 공간에 접근함.
- **구체적인 행동**: 자기만족, 의기소침, 무기력을 조장하는 사회적 조건들을 깰 수 있는 것은 무엇이든 해 보기. 광고판을 수리하든, 공개 무대 공연을 주최하는 것이든, 무엇이든.

■ **캠페인**: 기업의 통제를 받는 언론의 감시를 받지 않는 정보에 접근하기.

우리는 세상을 바꿀 수 있다

이 책의 원제 "Do It Yourself: A Handbook for Changing Our World(우리 세상을 바꾸는 법에 대한 안내서)"는 앞서 있었던 많은 형태에 스며 있는 사고의 거대한 변화를 반영한다. 즉, 그냥 "세상"이 아니라 "우리 세상"에 초점을 맞추고, 변화를 창조하는 데 있어서 "대중"보다는 개인의 힘에서 희망을 찾는 것이다. 많은 문화 활동가들은 생태적인 관점에서 사회 변화에 접근하며, 따라서 운동과 권력 구조를 모든 부분들이 서로 연결되어 있는 전체론적인 체계로 바라본다.

많은 문화행동주의자들은 "대중"과는 다른 정치적인 은유를 찾으면서 단한 사람이 세상을 바꿀 수도 있다는 신념을 입증하는 은유와 패러다임을 채택했다. 문화적 행동의 다양성은 다음의 것들처럼 작용할 수 있다.

■ 아주 작은 힘으로 커다란 암석을 들어올리는 지렛대.
■ 기업이라는 기계의 작동을 방해하는 스패너.
■ 허리케인을 만들어 내는 나비의 날갯짓.

프리초프 카프라Fritjof Capra는 『생명의 그물*The Web of Life*』(1997, 132)■에서 나비의 날갯짓에 대해 다음과 같이 설명하고 있다.

■ 『생명의 그물』, 김동광 외 옮김, 범양사, 1999. 옮긴이

혼돈 체계는 초기 조건에 극단적일 정도로 예민한 것을 특징으로 한다. 혼돈 체계의 초기 상태에 미미한 변화가 있으면 이것은 시간이 지남에 따라 거대한 규모의 결과로 이어질 수 있다. 혼돈 이론(카오스 이론)에서 이것은 오늘 북경에서 한 번 날개짓을 한 나비가 다음 달에 뉴욕의 폭풍을 일으킬 수도 있다는 반쯤은 농담에 가까운 주장 때문에 "나비 효과"라고 알려져 있다.

이런 종류의 변화에 대한 은유는 〈스마트밈 공동체〉의 패트릭 레인스버러 Patrick Reinsborough가 다음과 같이 아름답게 요약해 놓았다. "대중적인 효과를 가진 것이 반드시 사람으로서의 대중을 필요로 하는 것은 아니다." (저자와의 인터뷰, 2006년 7월).

문화 저항의 다섯 가지 C

문화적 저항 전략의 전문가인, 예술가적 행동주의 예술가 존 조단John Jordan은 문화 저항의 다섯 가지 C를 가지고 이런 유형 일부를 설명했다.

Courage: 복종하지 않을 용기. 용기라는 것은 두려워해야 하는 것은 두려움 그 자체 밖에는 없다는 것을 깨닫는 것이다. "용기"라는 단어의 어원인 우리의 심장coeur 을 따르는 것이 용기다.

Creativity: 꿈과 현실 사이의 경계를 감히 허무는 창의성. 우리의 상상력이 가진 무제한적인 힘을 믿는 것이 창의성이다. 이것은 경계 없는 자유로 향하는 문을 여는 열쇠와 같다.

Craft: 시간을 들여 사상과 자료들을 조각하고 구성하는 솜씨. 정확성과 정교함을 높이 평가하며, 모든 것의 마법과 아름다움은 세밀한 것 속에 있다고 생각하는 것이 바로 솜씨다.

Commitment: 직관과 사상을 끝까지 밀고 가는 열의. 열의가 있으면 절대 포기하거나 집에 가는 일이 없다. 조롱과 회의주의, 공격이 있어도 우리의 진실에 전념하는 것이 열의다.

Cheek: 일그러진 미소를 띠고 있는 뺨. 수많은 기쁨과 놀이를 우리의 모든 창의적인 저항 행동에 쏟아 부어야 한다는 것을 항상 기억하고 있어야 한다.

뿌리와 새싹

문화행동주의는 어떻게 여러 해 동안 다른 장소에서 실행되어 왔을까? 정치 극장에서 시각 예술, 사회운동에 이르기까지 중대한 영향력을 미친 예들이 아주 많다. 지금부터는 이런 역사적 뿌리와, 역사적 예시에 기대고 있는 좀 더 최근의 새싹들을 연결지어 이야기하려 한다. 예술, 극장, 카니발이라는 세 영역의 예인데, 이것들은 나에게 강한 영향을 미쳤거나 아니면 오늘날 행동주의 실천에서 중요한 경향의 일부를 차지하는 것들이다.

순수예술과 대중예술

■ 뿌리: 벽화 운동

다른 어떤 나라 어떤 혁명에서도 자유를 위한 투쟁을 기록하는 이렇게 재능 있고 감각적인 예술가 집단이 존재하지는 못했을 것이다. *

1920년대 혁명 이후 멕시코에서 디에고 리베라Diego Rivera 같은 예술가들은 정복자 앞의 원주민의 삶과 혁명의 장면들을 묘사한, 정치적 논쟁을 불러일으킬 만한 벽화를 그렸다. 멕시코의 벽화가들은 민중들을 단결시키고 교육하기 위해 공공 건물에 그림을 그림으로써, 민족의 역사를 전함과 동시에 민족의 신화를 창조했다. 혁명 이후의 교육부 장관이었던 호세 바스콘셀로스Jose Vasconcelos는 〈농촌 예술학교 네트워크〉를 만들었다. 멕시코인의 정체성을, 원주민, 유럽, 아프리카, 아시아의 문화가 융합된 "우주적 인종"이라고 바라보는 바스콘셀로스의 관점은 벽화가들의 활동 속에 있는 문화적 혹은 개념 공간에 도입되었다. 루피노 타마요Rufino Tamayo는 「민족의 탄생Birth of a Nation」에서 한 여인이 정복자의 발에 짓밟힌 채 반은 빨갛고 반은 하얀 아이를 낳는 것을 묘사하면서 멕시코의 정체성이 갖는 강력한 이미지를 회화로 표현했다.

벽화가들은 공적인 공간을 되찾아서 역사와 투쟁을 찬미하고 이야기하기 위해 이 공적 공간을 사용한다. 멕시코 벽화가들의 미적 가치는 남북 아메리카 대륙과 유럽, 그리고 러시아 전역에 있는 예술가들을 고취시켰다. 공적 영역에 드러나 있는 공간들은 대중에게 속한다는 믿음은 직간접적으로 폭넓은 실천들에 불씨가 되었다.

■ 새싹: 광고 전복Subvertising

"과잉 발전"된 나라들의 도시 지역에서 가장 눈에 띄는 형태의 문화행동주의는 기업 문화에 반대하는 반자본주의 행동이다. "문화적인 방해 공작"이라는 좀 더 포괄적인 용어에 종종 포함되기도 하는 광고 전복은 어떤 주장을 펴기 위해 기업 광고나 정치적인 광고를 패러디하는 것을 말한다. 대강 변형된 광고 게시판과 가로등 스티커에서 티셔츠와 텔레비전 광고에 이르기까지 매

■ Smith, 1968, 281.

체는 다양하다. 캐나다의 잡지로서 대항 문화를 선도하는 『애드버스터즈 *AdBusters*』는 이렇게 전한다.

"전복"이라는 행위는 목표로 삼은 광고의 모양과 느낌을 모방함으로써 관찰자가 갑자기 자기가 속았다는 것을 깨닫는 고전적인 "다시 보기double take" 효과를 조장하는 것이다. 전복은 인식상의 부조화를 촉발한다. 전복은 우리의 중재된 현실의 과대 광고와 현란함 사이에 끼어들며, 순간적으로 그 속에 있는 더 깊은 진리를 드러낸다.

미디어 이론가이자 인터넷 비평가, 활동가인 기어트 로빈크Geert Lovink는 다음과 같이 논평했다.

나는 문화적인 방해 공작이 쓸모없는 장난이라고 생각한다. 바로 이런 이유로 당신은 문화적인 방해 공작을 해야 한다. 아름다움이라는, 의미 없는 행위에 전념하라. 하지만 이런 행동이 효과적이거나 전복적이라고 생각하지는 말라. 기업의 진정한 목적은 미디어 행동주의로 드러날 수가 없다. 그런 일은 여러 해가 걸리는, 고통스러울 만큼 느리고 탐구적인 저널리즘을 통해서만 이루어질 수 있다. 상표에 대한 훼손이 얼마나 일어났는지는 충분하게 증명되지 않았다. 우리에게는 연구와 사고 활동, 브레인스토밍, 그 뒤의 행동이 필요하다.

(www.networkcultures.org/geert/speed-interview-conducted-by-andre-mesquita-brazil)

일부는 이런 형태의 미디어 행동주의의 유용성에 대해 의문을 갖지만, 이런 미디어 행동주의는 개념적 공간과 공적 공간 모두를 기업 혹은 정당정치 중심의 독백의 장소에서 사람들이 자신을 위해 발언하는 대화의 장으로 바꾸는 데

영국 맨체스터의 광고 전복

출처: 〈영국 인디미디어Indymedia UK〉

핵심적인 역할을 한다. 캘리포니아 오클랜드에 있는 야외 광고 회사 〈엘러 미디어Eller Media〉의 작업 관리인인 팻 틴슬리Pat Tinsley는 자신의 적대자들이 잘 훈련되어 있음을 시인하고 있다. 틴슬리를 고용하는 사람들은 바뀐 간판을 어떻게 다시 바꿀지 오랜 시간에 걸쳐 고민한다고 한다. "우리에게는 엄청난 희생이죠. 하지만 그들은 창의적이고 상상력을 활용할 줄 알아요"라고 틴슬리는 말했다. "그들은 아주 전문적이에요. 장비를 사용할 줄 알고요. 제대로 된 풀을 쓰죠. 차가 거의 다니지 않을 만한 지역에서 밤에 작업해요. 그런 일이 한번 일어나면, 우리는 '우리 친구들이 다시 공격했군'이라고 말하죠."

이들의 활동은 접근 가능한 형태에만 국한되지 않는다. 군악 연주회 광고가 있는 광고 게시판, 사륜구동 트럭, 선거 선전판 같은 것들도 모두 스프레이 칠 몇 번만 하면 "손볼" 수 있는 캔버스가 된다. 그렇지만 유머(최소한 캘리포니아 오클랜드에서는) 때문에 적개심 대신 서로를 이어 주는 다리가 만들어진다.

정치 극장

■ 뿌리: 민중들의 극장

1970년대 초반 브라질의 감독인 아우구스토 보알은 무대와 관중 사이의 역사적인 관계를 허무는 개척자적 작업을 진행했다. 민중들이 자유로운 상태에서 배우가 될 수 있는 무대를 만든 것이다. 보알은 『희망의 무지개*The Rainbow of the Desire*』(1999)에서 자신의 초기 연극 이야기를 들려준다. 초기 연극은 노동자와 농민들에게 사회혁명의 필요성을 설명하는 이상주의적이고 좌파적인 작품들이었다. 어느 날 사람들에게 봉기를 호소하는 연극을 본 농부가 그 메시지를 문자 그대로 이해하고 보알과 공연단원들에게 함께 무기를 입수해서 지주를 죽이자고 제안한 것이다. 보알은 공연단원들이 그냥 배우이며 전사가 아니라고 설명하느라 진땀을 빼야 했다. 그때 보알은 깨달았다. 자신이 기꺼이 하고 싶지 않은 일을 다른 사람들에게 하라고 요구하기 위해 연극을 이용하고 있다는 것을 말이다. 이런 깨달음에서 발전된 실천이 바로 〈포럼 극장〉이며, 여기서는 피억압민 집단 출신의 사람들이 특정한 상황에 대한 연극을 창조한다. 시나리오는 부정적인 결과를 전제하고 전개된다. 예를 들어, 한 여성을 유린한 쇼비니스트 남성, 혹은 피고용인을 착취하는 공장주를 중심에 놓고 부정적인 결말을 짜는 것이다. 그리고 난 뒤 연극은 공동체를 위해 상영되며, 청중들은 "관중-행위자spect-actors"가 된다. 이들은 자유롭게 연기 중간에 끼어들어 무대 위에서 가능한 변화를 만들라는 장려를 받으며, 그리고 난 뒤 이들은 자신이 원하는 변화를 연습해서 숙달하게 된다.

■ 새싹: 포럼 극장

"포럼 극장을 민중들의 극장이라고 규정할 수 있는 것은 관중을 연극 행위의 주역들로 바꾸어 내고자 하는 그 의도 때문이며, 사회를 그냥 해석하는 것이 아니라 바꾸고자 노력하는 전환의 시도 때문이다."[■] 보알의 초기 활동의 싹은 두 개의 주요 진영에서 확인된다. 첫 번째는 점진적으로 공연장에서 벗어나 더 사회적인 맥락에 자리 잡게 된 포럼 극장의 확산이다. 포럼 극장은 왕따 문제를 해결하기 위한 초등학교 워크숍에서부터 가정 폭력 문제를 드러내는 공동체 행사에 이르기까지 수많은 곳에서 활용된다. 미국의 〈카드보드 시티즌Cardboard Citizens〉 같은 집단은 노숙자 문제를 다루고 있고, 미국 포트 타운젠드Port Townsend에서는 〈만델라 센터〉가 백인들을 위한 반인종주의 작업에서 포럼 극장을 활용한다.

또 다른 중요한 흐름은 인물 중심적인 퍼포먼스 공연에서 확인된다. 이런 형태의 문화행동주의는 특정한 직접행동을 위해 저항자들이 "인물들"을 채택하는 것이다. "연기자"들은 연기나 공연 경험이 있는 사람들보다는, 캠페인 활동을 하고 있는 집단에서 차출하는 것이 가장 보편적이다. 가장 눈에 잘 띄는 집단 중 일부에서는 아이러니를 선택의 전략으로 삼는다. "Capitalism Represents Acceptable Practice(자본주의는 받아들일 만한 관행들을 제시한다)"의 약자인 〈CRAP〉라는 조직은 일군의 (대부분) "비연기자"들이 "제3세계를 욕보이자Fuck the Third World", "빵이 아닌 폭탄을"이라고 씌어 있는 표지판을 들고 "자본가들"을 연기한다. 이러한 형태는 가면과 사회의 기교를 벗겨 내고 있다는 점에서 축제나 광대놀음(294쪽을 보라)과는 다르다. 이런 공연들은 자신이 아닌 다른 사람의 외적인 인격을 뒤집어쓰고 있는 "인물"이라는 역사적이며 연극적인 전통에 근거하고 있기 때문이다.

[■] Boal, 2002, 253.

카니발

■ 뿌리: 카니발 전통

"현재 이 삶의 질서에서 벗어나는 완벽한 탈출구의 필요성과 가능성에 대한 견고한 신념을 우리 영혼 깊이 새길 필요가 있다." 따라서 미하일 바흐친 Mikhail Bakhtin은 『라블레와 그의 작품 세계*Rabelais and His World*』*(1984, 274)에서 두브롤리보Dubrolybou를 인용하여 세상은 변하지 않는다고 보는 중세의 문화적 관점의 중압감을 극복하기 위해 카니발이 르네상스 운동에서 어떤 식으로 필요했는지에 대해 설명하고 있다.

중세 유럽에서 카니발 광장은 관료 세계에 대한 집단적인 조롱, 자유, 축복, 잔치, 그리고 위계와 품위라는 사회적 제약을 깨는 장소였다. 17세기에서 20세기에 이르는 동안 "유럽인들의 삶에서 카니발과 대중적인 축제를 제거하려 시도했던 입법안이 말 그대로 수천 건 제출"되었다.** 남아메리카와 카리브 해 지역의 카니발은 명목상으로는 천주교를 믿는 식민지 통치자들이 도입한 것이지만 뿌리내리고 번성하는 과정에서 행진과 의상, 음악과 가면과 관련된 아프리카의 전통에 접목되었다.

카니발을 통해 사람들은 다른 형태의 사회를 보고 믿을 능력을 가지게 되었다. 바흐친에 따르면 개인적인 사고와 학문적 글쓰기만으로는 충분치 않았다. "대중문화만이 이런 지지를 보낼 수 있었다."*** 카니발의 능력을 믿는 사람들은 카니발이 자유로워 보이는 어떤 것을 반복적으로 실행함으로써 익숙해지는 과정이며, 권력이 전복되고 세상이 뒤집히는 시간이라고 말한다. 반

---

* 『프랑수아 라블레의 작품 세계와 중세 및 르네상스 민중 문화』, 이덕형 외 옮김, 아카넷, 2001. 옮긴이
** Stallybrass and White, 1993.
*** Bakhtin, 1984, 275.

면 카니발에 대해 회의적으로 생각하는 사람들은 카니발이 일종의 카타르시스와도 같아서, 민중들이 정력을 모두 소진해 버림으로써 남은 시간 동안 인생에서 자신에게 주어진 운명을 그냥 받아들이게 되는 시간이라고 주장한다. 어떤 관점을 취하든 간에, 역사적으로 카니발은 사회 질서를 전복하는 시간이었다. 프랑스 혁명에서 시민권 운동, 여성참정권 운동과 반노예 운동에 이르기까지 많은 역사상 예측 불가능한 반란의 시기에는 "마을의 바보가 왕처럼 옷을 입고 왕이 극빈자들의 시중을 들거나, 남성과 여성이 서로 옷을 바꿔 입고 서로의 역할을 수행하는 카니발 같은 분위기의 일들이 있었다. 이런 전복은 권력 구조를 폭로하고 위계를 유지하는 과정을 보여 준다. 새로운 각도에서 보면 권위의 기초는 흔들리고 뒤집어지게 된다."(〈노웨어 공동체Nowhere Collective〉의 글, 2004, 174~175).

■ 새싹: 전략적 경박함

행진과 인원 동원은 카니발의 형태가 되었다. 카니발에서 주로 사용하는 분홍색과 은색이라는 색깔은 저항 문화에서 재미난 의상과 꼭두각시, 노래, 구호, 춤을 활용하는 재치로 이어진다. 어떤 사람들은 분홍색과 은색이 저항을 "우습게" 만든다고 말할지도 모르지만, 내게 이것은 오래된 형태의 집단적인 제전을 응용하는 것과 같다. 고대의 집단적인 의식은 오늘날 개별화된 서구 문화에서는 찾아볼 수 없는 포용과 즐거움이 깃들어 있다. 음악은 언제나 별다른 방법이 없을 때 반대와 힘을 표현하는 방법으로 사용되었다. 사슬에 묶인 죄인들과 노예, 광산 노동자와 라스터파리안*, 랩 가수들, 펑크록 가

---

* 전 에티오피아 황제 하일레 셀라시에Haile Selassie를 신으로 여기고, 아프리카 대륙을 약속의 땅이라고 믿는 자메이카 흑인 운동 집단. 옮긴이

수, 평화 발라드, 노동조합의 취주악단과 새 노래 운동New Song Movement에 이르기까지 춤과 노래는 사회운동을 만드는 데 핵심이었다. "노래만이 지금 우리를 구원해 줄 수 있다"는 슬로건을 사용하는 영국 액션 삼바 집단 〈저항의 리듬Rhythms of Resistance〉 같은 삼바 밴드들은 카니발의 오랜 전통에 기대고 있다. 이런 밴드들은 자신의 분노를 통일된 구호나 슬로건으로 요약할 수 없는 다양한 사람들로 구성된 저항 행진에 음악의 진동을 끌고 들어온다. 삼바 밴드들은 거리 시위에서 대규모 사람들을 움직이거나 도로와 건물을 점거하기 위해, 또는 경찰서 밖에서 시끄러운 시위와 연대 집회를 열 때 사용되었다.

이상의 간단한 개괄을 통해 다양한 예들을 살펴보았다. 이제 내가 참여했고, 문화행동주의의 최근 현상인 광대 시위대들에 대해 더 살펴보고자 한다.

분홍색과 은색 집단

출처: 가이 스몰맨Guy Smallman

2005년 7월 스코틀랜드에서 있었던 "G8 정상회담"에 반대하는 반자본주의와 지구 정의를 위한 시위를 준비하는 과정에서 일군의 예술가와 활동가들은 급진적인 사회적·생태적 변화에 창의성을 도입하고자 영국을 둘러보았다. "반란의 상상력 실험실 여행Laboratory of Insurrectionary Imagination tour"은 살아 있는 예술과 문화적 저항 훈련을 접목한 것으로 거리 점거, 이동하는 정보 센터, 이틀짜리 집중 저항 광대 훈련을 섞어 놓은 것이다.

광대놀음, 집단 극장, 즉석 연출, 직접행동에 대한 다년간의 경험을 가진 40명 이상의 사람들로 구성된 한 무리가 사람들이 몇 가지 핵심 개념들을 실질적으로 빠르게 이해할 수 있도록 워크샵을 진행했다.

- 자발성("머릿속에 있는 경찰" 죽이기)
- 공모(급진 민주주의를 실천하기)
- 광대 풀어 주기

자크 레콥Jacques Lecop과 필립 걸리어Phillip Gaullier처럼 많은 훌륭한 광대 교사들은 모든 사람은 자기 안에 최소한 한 명 이상의 광대를 가지고 있으며, 광대 훈련은 우리가 진정한 자아를 찾지 못하도록 사회가 설치해 놓은 장애물들을 제거하면서 자기 안에 있는 그 "광대를 풀어 주는 것"이라고 가르친다.

기초적인 광대 시위대 즉석 준비 훈련

기초적인 광대 시위대 훈련에서 우리는 즉석 준비 훈련을 했는데, 나는 이 훈련을 "그래, 아니, 하지만, 그리고Yes, No, But, And"라고 부른다.

1단계: A가 B에게 무언가를 하자고 제안했는데, B는 "아니"라고 말한다.

A: 나랑 산책 갈래?

B: 아니.(A는 계속해서 산책하자고 하고, B는 계속해서 거절한다.)

2단계: A가 B에게 무언가를 하자고 제안했는데, B는 "그래"라고 말하고는 핑계를 댄다.

A: 나랑 산책 갈래?

B: 그래, 하지만 신발이 없네.

A: 해변에서 맨발로 산책하는 게 어때?

B: 그래, 하지만 선크림이 없어.

A: 그럼 해가 지고 난 다음에 가는 게 어때?

B: 그래, 하지만 그때가 되면 배가 고플 거 같은데.

3단계: A가 B에게 무언가를 하자고 제안했는데, B가 그 제안을 받아들이고 여기에 더해서 추가 제안을 한다.

A: 나랑 산책할래?

B: 그래. 그리고 우리 해변까지 갈 수 있겠다!

A: 그래. 해변에 가서 피크닉도 하자.

B: 그래. 그리고 해변에서 다른 사람들을 초대해서 같이 피크닉하자!

A: 그래. 그리고 같이 피크닉 하는 사람들이 각자 자기가 사는 얘기를 들려줄 수 있겠네.

이 훈련의 핵심은, "아니", "그래, 하지만"이라고 말하게 되면 우리 자신의 상상력과 독창성을 질식시킬 뿐만 아니라 친구와 동료들의 상상력과 독창성까지 가로막는다는 것을 보여 주는 것이다.

광대 시위대는 오래된 광대 예술과 비폭력 시민 불복종 실천을 접목한 초기적인 형태로서, "그래, 그리고…"라고 말할 줄 아는 여러 종류의 행위자와 행동가들에게서 유래한 것이다. 광대 시위대는 한편에서는 자본주의와 전쟁의 엄청난 어리석음에 맞서 싸우는 전략적 무기이며, 다른 한편 자본주의가 우리의 심신에 가한 엄청난 손상에서 자아를 해방시키는 도구이기도 하다.

어떻게 작동하는가?

낚시질은 개인적인 변화와 정치적인 변화를 창조하는 광대 시위대의 가능성을 보여 주는 좋은 예다. 광대 훈련의 두 번째 날에는 몇 가지 기본적인 광대 시위대 공작들을 배우기 시작한다. 공연은 꼬메디아 델아르떼commedia de l'arte" 있는 희극적lazzi 전통에 기대어 즉석으로 준비하지만, 공연자들은 반복할 수 있는 몇 가지 주요한 개그를 정해 놓는다. 주요한 개그를 정하는 대신 광대 부대는 공작을 펼치기도 한다. 낚시질 기법은 집단 전체가 일정한 공간을 헤집고 다니는 것으로, 이때 사람들은 동시 동작을 취하면서 함께 떼지어 움직이게 된다. 이 집단이 방향을 바꿀 때 맨 앞에 위치한 사람은 새로운 동작

" 우리나라 마당극과 유사한 이탈리아의 연극 양식으로 과장된 표현, 엉터리 소동, 노골적인 농담, 개그 등이 특징이다. 옮긴이

과 소리를 정할 책임을 맡게 된다. 지도자는 이런 식으로 조직적으로 순환된다. 이러한 육체적 형태를 통해 지도자를 순환시키게 되면 우리 몸에 깊이 새겨진 지도성과 위계에 대한 가정들을 제거할 수 있게 된다.

그동안 내가 접했던 것 중에서 가장 마법에 가까웠던 순간은 스코틀랜드 G8 시위에서 일어났다. 말을 탄 진압 경찰이 일군의 광대들에게 횡포를 부리자 광대들은 완벽한 동시 동작으로 낚시질 동작을 했다. 따그락, 따그락, 따그락 광대들은 말 타는 소리를 집단적으로 흉내 냈던 것이다. 기마 경찰의 주요한 역할 중 하나가 시위자들을 위협하는 것이라는 점에서, 말을 비웃는 행위는 그 상황에서 권력과 힘을 재분배하는 의미심장한 동작이었다. 농부들이 행동을 하려고 했을 때 공연자들이 겁내며 물러섰던 보알의 이야기와는 다르게, 영국을 여행하면서 광대 시위대를 모집하고 훈련시키던 우리들은 우리 자신도 곧 참여할 계획인 직접행동에 사람들이 참여하도록 요청했다. 예술 그 자체가 직접행동과 분리될 수 없는 것이 되었다는 점에서, 이것은 예술과 행동주의라는 영역 전반에 걸친 흥미진진한 발전이었다.

어떻게 낚시질로 세상을 구할 것인가?

낚시질 같은 연습을 통해 훈련된 3백 명 이상의 광대들은 2005년 7월 지도자 없이 의사 결정을 할 준비를 갖추는 한편, 시위 도중에 말이 아닌 몸으로 의사소통하는 방법도 터득했다. 이것이 어떤 상황으로 이어졌을까? 광대들이 곳곳에서 등장했고, 이들을 저지할 수 있는 방법이 없었다. 집단으로서의 광대들은 부분적으로 모였을 때보다 훨씬 강력했기 때문이다. 반면 경찰들은 집에 가서, 시위가 벌어지는 동안 어떤 식으로 일군의 광대들과 함께 거인, 마법사, 도깨비 놀이를 했는지 가족들에게 이야기했다! 이것이 어떻게 될지 누가 알겠는가? "G8 정상회담"이 진행되는 동안 경찰은 스털링Stirling에 있던 집중 캠프를 포위했고, 그러자 광대들은 이들에 대처하는 훈련을 받은 경찰관들과 맞섰다. 한 경찰관이 내게 "나는 너희들 수법에 넘어가지 않아"라고 으르렁거렸다. 나는 우리가 무슨 일을 하든지 간에 먹혀들 수밖에 없다고 생각했다. 광대놀음이 위험한 것은 전쟁과 감시의 관례를 전복시키기 때문이다. 기존의 전쟁과 감시의 관례로 보면 "좋은" 시위 참가자는 권위에 복종하고 "나쁜" 시위 참가자는 폭력적으로 저항한다. 하지만 광대놀음은 말랑말랑한 시위와 폭력적인 시위 간의 대립을 허물어 버린다. 자유로워지고자 하는 우리의 열망은 웃음거리가 아니다. 이것은 전쟁이다. 하지만 동시에 나는 국가가 광대의 위협을 받는다는 것이야말로 웃음거리라고 생각한다.

반란의 바이러스

사상이 무해한 것만은 아니다. 활동가들은 사상의 전체적인 성질이 바이러스와 같지 않은지 조심스럽게 질문해 볼 필요가 있다. 자유에는 스스로 생각하는 것도 포함되어야 하기 때문이다. 이 때문에 실제적인 참여와 창의성이 문화행동주의라는 사상에 그렇게도 중요한 것이며, 다른 사람의 생각을 그냥 베끼는 것이 아무리 쉬워 보여도 참여와 창의성을 포기해서는 안 되는 것이다. 우리는 대부분의 문화행동주의에서 이 점을 확인했다. 사람들은 대답과 해법에 굶주려 있기 때문에 저항운동에서 거대한 최신 유행을 빠르게 흡수한다. 광대 시위대와 광대 훈련은 자본주의의 사회적 해악에서 심신을 치유하는 한 가지 방편이 될 수 있다. 이것이 바이러스가 된다면 사람들은 시위나 서커스, 아니면 텔레비전에서 본 것을 모방하려 할 것이다. 이들은 반란의 상상력이 발전하는 것을 넘어설 것이며, 이러한 상상력의 발전은 단순한 의상과 진부한 개그를 넘어선, 무제한적인 행동주의의 세계를 펼쳐 보일 것이다.

오랜 시간 동안 마케팅 전문가들은 대항 문화적인 유행과 사상을 주류에 편입시키려는 시도를 하기도 했다. 공동체 예술은 어떤 가치는 의문시하면서 다른 것들은 전복하는 과정에서 사회적으로 보수적이 될 수도 있다. 공동체 예술의 사상은 도시 "부흥" 과정에서 "위험한" 이웃들을 "발전"을 위협하지 않는 안전한 사람들로 만들기 위한 인질로 사용하기도 했다. 공간을 물색하는 과정에서 예술가와 활동가들은 부동산 개발 업자에게만 이익이 남는 야만적인 도심 재활성화 과정에 공모자로 참여하기도 했다.

문화적 행동을 위한 새로운 은유

> 정신적 노예 상태에서 당신 자신을 해방하라. 우리 자신만이 우리 마음을 자유롭게 만들 수 있다.
>
> (밥 말리Bob Marley, 〈구원의 노래Redemption Song〉)

우리가 우리 자신을 이해하고 어떻게 일상의 혁명을 창조해 나가게 될지 파악하기 위해서는 새로운 은유와 새로운 사상, 새로운 이미지들이 필요하다. 또한 다른 모든 것들과 마찬가지로 우리는 이런 새로운 은유를 스스로 창조해 내야 한다. 우리와 그들을 분리해서 사고하는 낡은 방식을 지닌 예전이었다면, 사람들은 "어떻게 정원 하나로 세상을 바꿀 수 있다는 거야?"라고 물었을 것이다. 새로운 시대, 생태적 사고의 새로운 은유(우리 모두가 같은 배를 타고 있는데 이 배가 침몰하고 있다. 따라서 우리는 무언가를 해야만 한다!)를 가진 우리들은 정원 하나가 바로 변화한 세상을 의미한다는 점을 이해할 수 있다. 이 책에 있는 모든 실용적인 제안들, 정원과 보건 진료소, 저항 행동 같은 것들은 우리 모두가 자신의 마음을 해방시키고 자신의 잠재력과 힘을 믿지 않으면 불가능한 것들이다. 자본주의는 "방세를 내고 내 집에서 살라"고 말하며 우리가 무력함을 느끼도록 온갖 술수를 쓰고 있다. 또한 우리가 우리 자신의 자유를 보장하기 위해서는 다른 사람들(개인으로서든 민족으로서든)을 지배해야 한다고 생각하도록 만든다. 문화행동주의는 우리가 우리의 심신을 해방시키기 위해 필요한 모든 정신적이고 물리적인 도구를 제공한다는 점에서 반드시 필요한 것이다. 우리는 혁명의 예행연습을 하는 것이 아니라 매일 혁명을 실행하고 있는 것이다.

12 체제 희롱하고 전복하기

 이 글을 쓴 〈진공 청소기The Vacuum Cleaner〉는 스코틀랜드 글래스고에 있는 예술 활동가 집단이다. 이들은 현장에서, 그리고 인터넷으로 활동하고 개입하며 장난을 친다. www.thevacuumcleaner.co.uk에서 만나 볼 수 있다.

흥미진진한 전투가 시작되었다

시간은 오래 걸리지 않았다. 〈갭Gap〉의 깨진 창문이 교체되자 광고 회사들은 1999년 시애틀 전투에서 유리창을 깨부순 반WTO 시위자들의 이미지를 갖다 쓰기 시작했다. 〈디젤Diesel〉*은 반세계화 시위를 세련된 형태로 시장에 내놓았고, 〈박스프레쉬Boxfresh〉**는 사파티스타 지도자인 반란군 부사령관 마르코스를 한 장에 25파운드짜리 티셔츠에 새겨 넣었다. 혁명을 상업화하려

---

* 의류, 가죽 제품, 향수 등을 파는 이탈리아 브랜드. 옮긴이
** 영국 의류 브랜드. 옮긴이

는 것이다. 체 게바라 티셔츠를 갖고 있는 사람도 많지 않은가?

많은 사람들은 이미지와 이야기들을 통해 이런 형태의 저항과 창조 운동을 마주치게 될 것이다. 런던에서 있었던 최대 규모의 2003년 반전 행진에서 언론에 많이 나왔던 한 현수막의 구호는 "전쟁을 그만두고 차茶를 만들자"였는데, 이것은 결국 한 광고에서 만든 것임이 밝혀졌다. 그렇다면 다음과 같은 문제들이 제기될 수 있다. 누구의 선동이 승리할 것인가? 검은색 옷을 입은 하층민이나 디젤 옷을 입은 모델은 이런 문제에 관심 있는 것처럼 보이려고 그렇게 차려입은 것일까? 누구 편의 이야기가 전달되고 있을까? 밥 겔도프Bob Geldof와 보노Bono처럼 자선 행사를 많이 하는 유명 인사들은 급진적인 의제에 어떤 영향을 미치며, 또한 우리의 이야기와 희망, 분노와 대안이 표현되는 방식에는 어떤 영향을 미치는가?

이러한 움직임은 급진적인 변화를 위한 중요한 도구인 막강한 이미지와 이야기들을 창조해 낼 능력이 있고 실제로 창조해 내고 있다. 우리가 창의성에 대해 생각할 때, 물감과 캔버스, 밝은 색깔의 의상이나 얼굴에 그림을 그리는 것만을 뜻하지는 않는다. 또한 이미지라는 것이 단순히 사진만을 의미하는 것은 아니다. 우리가 중요하다고 느끼는 것은 우리 이야기들이 해내는 일들과 그 이야기들이 짜여지는 방식이다. 이야기는 움직이는 것인가? 경험은 심미적으로 기쁨을 주는가? 전 지구적인 융해가 점점 빠르게 일어나고 있는 상황에서 이것은 사소한 질문처럼 보일 수도 있다. 하지만 오늘날의 전투는 거리에서보다 광고 공간과 공적 관계로 포장된 정신적 환경에서 더 많이 벌어지고 있다. 활동가들은 거리에서 좋은 성적을 얻을 수 있지만, 다른 전선에서는 제대로 준비하지 못해 패할 수도 있다. 하지만 세밀한 새로운 형태의 저항은 항상 빠르게 중단시킬 수는 없는 예측 불가능한 전략을 가지고 체제에 개입하거나 사람들을 끌어들이고 있다. 행동이나 사건에 대한 이러한 접근은 이야기와 이미지의 전투에서 핵심적이며, 우리가 마주치는 사람들이 우리의 행동과 신념을 이해하는 방식에서도 핵심적이다.

우리는 특별하면서도 흥미진진한 행위극에 대한 이야기들을 들은 뒤부터 행동주의적인 예술을 만들기 시작했다. 〈팬클럽Fanclub〉이라고 알려진 한 집단이 쇼핑을 하러 갔다. 이들은 물건을 사고 환불하기를 반복하고 또 반복했다. 이와 함께 계산대 줄을 독점하고 자기들만의 논리를 가지고 가게를 억류하여 몸값을 요구했다. 목적을 달성한 이들은 주위를 둘러보기 시작했고 다른 유사한 집단과 행동들을 발견했다. 〈카메라 감시 놀이단Surveillance Camera Players〉 같은 집단은 CCTV 앞에서 노는 사람들이고, 〈마트 회전 의식을 통한 저항 Whirl-Mart Ritual Resistance〉은 주위를 돌면서 슈퍼마켓 통로를 점거한다. 이런 집단의 이야기들은 어떤 광고만큼이나 유혹적이고 반역적인 이미지들을 보여줌으로써, 우리에게 정치학과 예술 형태의 교류가 가능한 세계를 제시한다.

우리에게 가장 어려운 것은 새로운 것을 시도할 자신감을 얻는 것이었다. 우리 친구들은 나이키 광고를 따라서 "그냥 해 봐Just Do It"라고 말했다. 처음부터 일이 잘 되든 안 되든 그건 중요하지 않다. 따라서 2002년 "아무것도 사지 않는 날Buy Nothing Day"에 우리는 "CCCP(캄덴 기업 단속 파티Camden Corporate Crackdown Party)"라는 이름으로 런던 캄덴 타운의 쇼핑 중심지에 있는 버진 메가스토어Virgin Megastore에서 파티를 조직했다. 우리가 걱정했던 대로 이것은 아주 허술한 행동이었다. 겨우 세 명이 나타나서 파티라고 볼 수도 없었던 것이다. 하지만 어쨌든 우리는 시도했고, 이를 통해 우리는 다음번에는 〈마트 회전 의식을 통한 저항〉을 조직할 자극을 받았다. 우리는 이 〈마트 회전 의식을 통한 저항〉을 2002년 영국에서 시작했고, 그 이후로 중단한 적이 없었다.

앞으로 영감을 주고 동기를 부여하는 네 가지 이야기를 할 것이다. 첫 번째 이야기는 우리가 직접 경험한 것이고, 두 번째 것은 만드는 데 참여했으며, 마지막 두 이야기는 멀리서 큰 관심과 흥분 속에 지켜보았던 것이다. 우리는 우리가 여러분들에게 "어떻게" 체제를 전복할 수 있을지 말해 줄 수 있다고 믿지 않는다. 단지 우리는 우리가 전하는 이야기들이 여러분들의 상상력 속에 있는 무언가를 촉발시킬 수 있고 생각하며 노력할 뿐이다.

쇼핑 중지 교회와 함께 가게 들어올리기

〈레버렌드 빌리Reverend Billy〉와 〈쇼핑 중지 교회The church of Stop Shopping〉는 스타벅스와 디즈니를 대상으로 주로 행동해 온, 연극 공연을 병행하며 순회하는 직접행동 친화 단체다. 스타벅스와 디즈니에 행동을 집중시켜 온 것은 이 기업들이 환경이나 노동과 관련된 끔찍한 기록들을 가지고 있기 때문이다. 이들의 행동은 공간 점거와 교회 예배를 섞어 놓았다고 하면 가장 적합한 묘사일 것이다. 이들은 정기적으로 찬송가와 설교, 악귀를 쫓는 주문들을 가지고 스타벅스 커피점이나 디즈니 가게를 점거한다. 우리는 항상 이 "교회"의 열광적인 신도였다. 우리가 이들의 최신 모험에 대한 이야기를 들었을 때 우리를 고무시켰던 것은(소비에 반대하는 교회와 30명으로 구성된 탄탄한 쇼핑 중단 성가대를 만든다는 원래의 생각과 빌리가 미국에 있는 모든 스타벅스 매장에 대한 접근 금지 명령을 받았다는 사실을 제외하고) 이들이 항상 신선하고 예측할 수 없는 행동을 하며, 새로운 방향으로 꾸준히 밀고 간다는 점이다. 단적인 예는 2005년 크리스마스 선물 주는 날(Boxing Day, 12월 26일을 말한다. 옮긴이)에 있었던 일로, 이들은 플로리다 주에 있는 디즈니랜드에서 크리스마스 퍼레이드를 습격했다. 첫 번째 장점이 혁신적인 것이라면, 두 번째로 위대한 점은 이들의 끈질김이다. 지금쯤이었으면 우리는 이미 소진되었거나 관점을 바꾸었을 것이다. 하지만 급진적인 증기 롤러를 닮은 쇼핑 중단 교회는 지금도 지속되고 있다. 이들이 완벽하지 않다. 하지만 그 정치학과 구조에 있어서 모두 급진적이다.

우리가 여기서 여러분들과 함께 나누고자 하는 것은 디즈니랜드 점거나 수천 명의 사람들에게 예배를 드리는 행동 같은 것들이 아니다. 우리는 그보다는 좀 더 작은 어떤 것을 공유하고자 한다. 2005년 스코틀랜드에서 "G8 정상회담"이 끝난 뒤였다. 교회는 그곳에 올라와 있었다. 우리는 G8이 어땠는지에 대해 이야기를 나누고, 의제를 낚아챈 겔도프와 보노에 대해, 그리고 런던에서 있었던 7월 7일의 폭탄 사건에 대해 이야기하다가 그 다음날 스타벅스 몇 군데를 방문하는 문제에 이르게 되었다. 앞에서 언급했던 것처럼, 빌리는 이른바 "금전출납기를 성폭행" 했다는 이유로 미국의 모든 스타벅스에 출입하는 것이 금지되었다(그는 실제로는 금전출납기에서 악령을 몰아내고 있었던 것이다). 사람들은 퍼포먼스와 관련된 여러 가지 선택지들을 제안하다가 "가게 들어올리기Shop Lifting"라는 행동을 언급했는데, 우리의 귀가 번뜩 뜨이는 것 같았다. "가게 들어올리기"는 상품들을 해방시키는 행동인 "가게 물건 훔치기shoplifting"가 아니라, 가게를 정말로 들어올리는 것을 의미했다. 이들이 계획에 대해 설명하자, 우리는 흥분이 한층 고조되었고, 우리가 떠올릴 수 있는 모든 사람들에게 연락을 이미 다 해 놓은 것 같은 느낌이 들었다. 이 계획을 실행하기 위해서는 최소한 열 명이 필요했는데, 그게 그렇게 쉬운 일이 아니라 우리는 회의적인 생각이 들기도 했다.

하지만 행동이 벌어지던 날 아침이 되자 광대들, 환경주의자들, 빈집 점거자들, 학자, 경험 많은 장소 점거인들, 그리고 그냥 만나서 따라온 몇 명의 사람들 등 상당한 수의 무리가 형성되었다. 우리는 먼저 활동가로서든 손님으로서든, 아니면 그 밖에 다른 무엇으로서든 서로가 가지고 있는 스타벅스에 대한 경험을 공유했다. 이것은 아주 간단한 몸 풀기 같은 것이었지만 빠르게 집단의식이 형성되었고, 사람들이 어떤 경험과 기대를 가지고 있는지, 사람들이 어느 정도까지 상황을 밀어부칠 의사가 있는지를 알 수 있게 되었다.

스타벅스는 이케아 전시장처럼 짜여져 있다. 안에 있는 상품 중에서 커피만 착취적인 성격을 가진 것은 아니다. 문의 손잡이에서 탁자, 의자에 이르기까지 모든 것이 똑같이 지속 불가능하다. 이런 물건들의 유래를 추적하는 것은 완전히 불가능한 것은 아니지만 어려운 일이다. 하지만 각 물건에는 이야기가 있으며, 이 유래 지점에서부터 우리는 분명한 형태를 추적할 수 있다. 의자와 냅킨은 한때 나무였고 비닐봉지는 한때 땅속 깊은 곳에 있던 석유였다. 우리의 행동은 이러한 멀고 먼 유래에 초점을 두고, 이들의 역사를 추적하고 이러한 역사를 보고 듣고, 말할 수 있게 하는 것이었다. 우리의 최종 목적지인 뉴옥스포드 거리의 한 스타벅스 가게에서 우리는 이를 실천했다. 이 가게는 런던에서 가장 큰 매장 중 하나였다.

사람들은 간격을 두고 스타벅스에 들어가서 유래를 추적하고 싶은 물건을 하나 고른다. 일군의 탁자 중간에 자리를 잡고 빈 의자 하나를 그 공간의 중간에 끌고 들어가 활동을 시작한다. 어떤 사람들은 카운터 앞에 서 있고, 어떤 사람은 쓰레기통 옆에, 입구를 막고 문 앞에 서 있는 사람도 있다. 손님들만큼 우리의 수도 많다. 우리는 시간을 끌면서 조용히 시작한다. 그리고 선택한 물건들이 이동해 온 모든 지점을 추적한다. 이 물건이 실려 온 운반차에서부터, 물류 창고, 트럭, 보트, 트럭, 물류 창고, 트럭 등등. 그때마다 물건을 들어 올린다. 우리가 들어 올린 의자가 허리 높이에 있으면 우리는 아직 배 안에 있는 것이고, 의자를 거의 머리 위로 들어 올리면 그래도 아직 원재료였던 나무로 되돌아가기 전에 갈 길이 남아 있는 것이다. 이미 손님 몇몇은 나가 버렸고, 많은 사람들의 옆을 지나쳤으며, 어떤 사람들은 우리를 무시하고, 또 어떤 사람들은 대단한 관심을 가지고 지켜보고 있다. 사람들과 사람들이 물건의 역사를 전하는 소리가 점점 커지면서 결국 매장의 음악 소리를 압도해 버렸고,

매장은 더 이상 제3의 공간이 아니게 되었다. 이곳은 이제 여러 단계를 거친 가공물들이 아니라, 나무와, 땅 속 깊은 곳에 있는 석유, 커피콩으로 들어찬 야생의 공간이 된다. 이때 레버렌드 빌리가 금발의 앞머리를 약 두 발짝 정도 내밀고 폭풍처럼 몰아쳐 들어온다. "스타벅스의 형제 자매여…" 빌리는 이날 우리가 어떻게 해서 이 매장 안에 있는 물건들의 새 출발을 상상하게 되었는가에 대해 설명하면서 초국적인 커피 지옥의 사탄들에 대한 이제는 아주 숙달된 설교를 시작한다. 빌리는 계속해서 말한다. 이제는 죄인들(손님들)이 엉터리 제3장소의 화려한 포장에서 벗어나 제3의 길에서 비켜설 때다. 이 순간 그 공간은 우리의 것이 되고, 모든 사람들은 자신들이 하던 일을 멈추었다. 시간마저 천천히 가는 듯했다. 뉴욕스포드 거리 전체가 색다른 무언가가 벌어지고 있다는 것을 알고 있는 듯하다. 이제 한철 유행의 지루함은 순식간에 끝나고 일군의 사람들이 '쇼핑 중단교'라는 새로운 종교를 발견한 것을 알고 있는 듯 하다. 손님이 아닌 사람들은 집었던 물건을 원래 있던 곳에 돌려놓고 조용히 가게를 떠난다. 우리 어깨 너머로 살펴본 가게는 황량해 보인다.

우리는 다음번 스타벅스 매장으로 이동한다. 다음 매장은 편리하게도 15미터도 안 되는 곳에 있다. 여기서 행동을 반복한다. 이번에는 경찰에게 연락이 가서 아주 신속하게 도착했다. 하지만 이들은 이해가 안 되거나 우리보다도 더 바보처럼 보이게 될까 봐 겁이 나서 얼어붙은 채 서서 구경만 하고 있다. 20명의 사람들이 의자와 컵, 커피를 머리 위로 들고 "나는 이제 다시 나무다!"라고 외친다. 그러고 나서 우리는 밖에 모여 있던 군중들 속으로 사라졌다가 몇 블록 가서 다시 결집한다. 그리고 오후의 남은 시간에는 해산하여 이야기를 나눈다.

우리는 빌리가 훨씬 더 뻔뻔한 일을 하는 것도 본 적이 있었다. 하지만 '쇼핑 중단교'가 여러 해 동안 수행했던 일의 일부로 보자면 이 집단이 엄청난 노력을 들였다는 점은 분명해진다. 이 모든 것이 아이디어를 가지고 열심히 뛴 결과다. 레버렌드 빌리와 '쇼핑 중단교'는 항상 신선하고 접근 가능한 활동을 하며 여러 집단의 사람들에게 퍼져 나간 인기 있는 대안을 만들어 냈다. 이들이 없었다면 사람들은 이런 형태의 정치학을 결코 접하지 못했을 수도 있다. 또한 이러한 행동이 매장 그 자체에 영향을 미쳤으리라는 것도 가능한 일이다.

순결한 소비 교회

'쇼핑 중단 교회'는 생각 없는 소비주의의 우둔함에 대한 의식을 고양하기 위해 노력하고 있다. '쇼핑 중단교'의 분파라 할 수 있는 '순결한 소비교'는 신도들에게 상품을 구입하는 대신 숭배하라고 한다. 후기 자본주의 사회에 살고 있는 대부분의 사람들이 알고 있는 것처럼, 소비주의는 더 이상 생존하는 데 필요한 것을 얻는 것이 아니라 생활양식을 구입함으로써 개인적인 만족감과 경건함에 도달하는 것이 되었다. 이런 사회에 살고 있는 대부분의 사람들은 신자든 아니든 간에 기독교라는 종교의 도상학을 알고 있다. 순결한 소비교는 (쇼핑센터라고 알려진) 소비라는 거대한 성당에서 조용히 무릎 꿇고 앉아 상품으로부터의 구원과 충만함을 갈구하는 작은 집단으로 출발했다. 2년 뒤 이 순결한 소비교는 자신들 고유의 논리를 가지고 영국의 가장 큰 점포 몇 군데를 점거하고 몸값을 요구했다.

2003년 초반 한 무리의 사람들이 냉동 닭 주위를 둘러싸고 모여 기도했다. "아스다*여, 이렇게 값싸고 또 값싼 가격에 이렇게 사랑스럽고, 또 사랑스러

---

* 영국의 슈퍼마켓 체인. 1999년 미국 〈월마트〉의 자회사가 되었다. 옮긴이

찬양이 치료로 승화되기를

출처: 〈레버렌드 빌리〉

우며, 신선하고, 새하얀 닭들을 주시다니 감사합니다." 열 명 정도의 사람들이 이것을 직접 목격했다. 이것은 시민불복종의 규모로는 아주 낮은 단계였지만, 하나의 이야기와 짧은 비디오로 퍼져 나갔다.

우리는 글래스고의 〈하우스 오브 프레이저House of Fraser〉▪ 매장과 런던의 〈브렌트 크로스 쇼핑 센터Brent Cross Shopping Centre〉에서 똑같은 행동을 했다. 하지만 이런 행동은 이듬해 런던에서 있었던 유럽 사회 포럼에서 "반란의 상상력 실험실Laboratory of Insurrectionary Imagination"의 (Lab of II) 이벤트 프로그램의 일환으로, "2004년 자율 공간 회의"가 진행된 이후에야 대중적으로 효과

▪ 영국의 대표적인 백화점 소매업체. 옮긴이

있는 행동으로 도약할 수 있었다. 이때까지 우리는 몇 번의 행사를 더 기획했고, 좀 더 많은 자신감을 갖게 되었다. 이때 목표물은 〈셀프리지Selfridges〉 매장으로, 옥스퍼드 스트리트의 꼭대기에 있는 보석상이었다. 50여 명의 사람들이 참가한 가운데 이날의 행동은 효과적으로(임의적이기는 했지만) 사람들이 쇼핑을 멈추도록 하는 것으로 전환되었다. 3~5명으로 구성된 작은 집단으로 나누어 움직였기 때문에 숭배자들은 적발되지 않고 쉽게 매장에 들어갈 수 있었다(많은 진압용 차량들과 사복 경찰들이 숭배 행위를 막기 위해 애썼는데도 말이다). 참여자들은 백화점 곳곳에 자리를 잡았다. 일부는 조용한 모퉁이에 자리를 잡았고, 일부는 발코니에 몸을 기대고서 다른 층에 있는 사람들이 자신들을 볼 수 있게 했다. 그날은 토요일 중에서도 사람이 제일 많은 시간이었다. 매장은 많은 쇼핑객들로 가득 차 있었다. 우리는 중앙 에스컬레이터 옆에 있는 발코니를 차지하게 된 것이 너무나도 운이 좋다고 생각했다. 매장의 중심 부분 전체를 내려다볼 수 있었기 때문이다. 갑작스런 큰 목소리와 함께 우리는 〈셀프리지〉의 정신에 사로잡히고 충만해지게 되었다. 얼마 후 약간은 멍청해 보이는 덩치 큰 경비들이 우리를 뒤에서 끌어내긴 했지만 말이다.

사람들은 각자의 방식대로, 어떤 사람은 시끄럽게, 어떤 사람은 조용히 기도했다. 경비가 사람들을 내쫓은 뒤에도 다른 출입구를 통해 다시 들어와서 기도를 이어갈 수 있었다. 매장에는 한 가지 선택밖에는 없었다. 모든 사람들을 안에 들이지 않는 것이다. 왜냐하면 누가 쇼핑객이고 누가 집회의 일원인지를 알 수 있는 방법이 없었기 때문이다. 여러 가지 소문들이 떠돌았지만, 누군가가 말하길 한 시간 정도 있다가 문이 다시 열렸다고 한다.

하지만 이것으로는 신도들의 성에 차지가 않았다. 다음 단계는 매주 〈셀프리지〉의 성공담을 되풀이하는 것이었다. 우리는 2005년 스코틀랜드에서 "G8 정상회담"이 열릴 때까지 9개 도시에 있는 "반란의 상상력 실험실" 여행에 참여하여 매번 경배드릴 만한 지역의 다국적 성당들을 향했다. 우리는 이런 식으로 지속적인 캠페인에서 다국적기업의 체인점들을 공격할 수 있었다. 행동은 매번 달랐고, 어떤 행동이 다른 행동보다 더 성공적이기도 했다. 하지만 매번의 집회에서 참가자들은 이런 공간들을 점거하여 자신의 요구를 주장할 수 있었을 뿐 아니라, 기술을 공유하고 서로를 지원하며, 편하게 행동할 수 있는 지점을 찾아 거기서 스스로를 단련시킬 수 있었다.

나이키 그라운드, 게릴라 마케팅 혹은 집단 환각

이것을 상상해 보자: 공간 다시 생각하기. 살고 있는 도시를 다시 디자인할 기회를 얻어, 아침에 일어나서 거리와 광장의 이름을 바꾸고 기묘하게 생긴 기념물이 들어서는 것을 상상해 보라. 그러면 바로 그 다음날 그 기념물들이 현실이 되어 있는 것을 볼 수 있을 것이다. 이것은 모든 시민들의 꿈이자, 나이키의 생각이다! 이 혁명적인 기획은 당신의 도시 공간을 변형하고 개선시키고 있다. 나이키는 그 전설적인 상표를 광장, 거리, 공원, 가로수 길에 도입하고 있다. 나이키 광장, 나이키 거리, 시장 나이키, 광장 나이키 혹은 나이키 길이 조만간 몇 년 안에 주요 수도에 등장하게 될 것이다.(www.nikeground.com)

이것을 상상해 보자. 보통 역사적으로 의미 있는 이름을 가지고 있는(트라팔가 전투의 이름을 딴 트라팔가 광장, 성자 안나의 이름을 딴 성 안나 광장, 유명한 유니온 행진에서 이름을 딴 유니온 광장) 주요 도시의 광장과 시장, 기념비와 대중 시위, 관광객이 많이 모여드는 것으로 유명한 공공의 장소들은 지역 주민들을 위해서 뿐만 아니라 전 지구적으로 이미지와 영상을 통해 역사와 집단적인 기억 속에 뒤덮여 있다. 하지만 공공장소에 대한 사유화가 점점 더 많이 진행되고 있는

비엔나 칼츠플라츠에 세우려고 했던 나이키 상징물

출처: www.0100101110101101.org

상황에서 공공장소의 이름이 기업의 중요성을 반영하기 시작해야 하는가? 이름을 바꾸려는 계획에 대해 신경을 쓸 필요는 없는 것인가? 예를 들어 스타벅스 광장이나 맥도날드 도로 같은 건 어떤가? 언제나 마케팅의 첨단에 있었던 〈나이키〉는 이미 우리의 물리적인 공간과 정신적인 공간에 대한 이러한 고의적인 파괴 행위를 진행했다. 오스트리아의 비엔나는 비엔나 지역 주민들과 나이키의 홍보 기계 간에 전투가 벌어진 현장이었다.

　〈나이키〉는 대중들과 단 한 번의 상의도 하지 않고 비엔나의 심장부에 위치한 역사적인 광장 칼츠플라츠Karlsplatz의 이름을 나이키플라츠Nikeplatz로 바꾸겠다고 선언했다. 〈나이키〉의 유명한 "부메랑 모양"의 로고가 〈나이키〉와 이 역사적인 사건의 거대한 기념물이 될 것이라고 했다. 또한 이번 일을 기념하는 의미에서 〈나이키〉는 칼츠플라츠에 전시 센터를 만들어 유명한 상품 브랜드를 도시 중심부의 초점으로 삼는 것이 가지는 장점을 홍보하겠다고 했다. 이러한 일을 진행하기 위한 한 개시 행사에서는 지역 사람들을 초대해서 〈나이키〉의 계획에 대해 배우도록 하고, 〈나이키〉 브랜드의 장점에 대해 각종 경품과 〈나이키〉 미녀들을 통해 홍보하고자 했다. 한 신참 교관이 나서서 광장의 재브랜드화를 찬미하려고 나서기까지 했다. 언론은 물론 이 사실을 전해 듣고 이 이야기를 담기 위해 모여들었다.

이 계획이 실현되었다면 활동가에게는 악몽과도 같았을 것이다. 하지만 "0100101110101101"이라고 알려진 2인조 이탈리아인들이 정말로 뛰어난 풍자극을 펼쳤다. 이들은 비엔나 당국으로부터 칼츠플라츠에 있는 길가에 전시물을 설치할 수 있는 허가를 받았다. 높이 솟은 〈나이키〉 "인포 박스Info Box"는 100퍼센트 진짜처럼 보였다. www.nikeground.com이라는 웹사이트와 일부 말재간 있는 언론 보도가 결합하면서 나이키가 그런 아이디어를 제안한 것에 대한 증오와 충격, 멸시, 아마 심지어는 사랑이라는 감정까지도 쏟아져 나오기 시작했다.

몇 달 후 언론에서는 나이키그라운드 캠페인이 이목을 끌기 위한 행사였다고 보도했다. 하지만 이미 〈나이키〉에 대한 타격이 커졌음을 모든 홍보 관계자들은 인정할 것이다. 비엔나 소비자들의 마음에서 〈나이키〉는 부정적인 지위를 얻게 되었고, 브랜드는 손상을 입게 되었으며, 아마 일부 애호가들을 잃기도 했을 것이다. 〈나이키〉의 광고 담당자들은 사실상 자신들이 예전에 선전했던 내용들을 부정하기 위해 갖은 노력을 했다. 이들은 책임을 전가하기 위해 풍자극을 벌인 사람들을 비난하며 법적 행동을 개시했다가 결국 고소를 취하했다. 이들이 "맥도날드 명예훼손 사건McLibel"에 필적할 만한 홍보 사건으로 이어질 것을 두려워했던 것은 아닌가 생각해 볼 수도 있을 것이다. 지금은 불명예스럽게 기억되는 두 영국 활동가와 〈맥도날드〉 사간의 법정 투쟁에서 이 거대한 패스트푸드 회사(맥도날드)는 자신에게 반대하는 시위자들을 침묵시키려 하면서 오히려 자신들의 가장 어두운 비밀을 드러내고 말았다.

이들의 행위를 성공으로 이끈 것은 높은 수준의 언론 보도였다. 하지만 이런 행위에 참가한 장난꾸러기들이 행한 모든 일은 〈나이키〉의 정체성과 논리를 그대로 차용한 것이었고, 이것을 그 다음 단계로 밀고 나간 것이었다. 이를 통해 '0100101110101101'은 기업 세계화의 진정한, 숨겨진 본질을 드러낸 것이다.

〈다우 케미컬스〉에 대한 벌

1984년 12월 2일 〈유니온 카바이드Union Carbide〉의 한 공장에서 화학물질이 유출되어 인도 보팔시 전역에 메틸 이소시아네이트 가스 27톤이 방출되었다. 그날 밤 이후로 2만 명이 죽고 12만 명이 직접적인 영향을 받아 심각한 질병에 걸리거나, 실명, 출산 문제를 겪으며 고통 받게 되었다. 보팔 사람들이 완벽한 정화 작업을 요구하며 지속적인 캠페인을 벌이고, 인도 정부가 수많은 사람들을 죽인 데 대한 책임을 묻기 위해 당시 〈유니온 카바이드〉의 책임자였던 워렌 앤더슨Warren Anderson을 송환할 수 있게 해 달라고 요구했지만 〈유니온 카바이드〉는 피해자들을 돌보기 위한 그 어떤 조치도 취하지 않았다. 지금은 〈다우 케미컬스Dow Chemicals〉가 된 〈유니온 카바이드〉는 공장에서의

■ 맥도널드의 "맥"과 명예훼손을 뜻하는 "라이벌"을 조합해 만든 말. 영국의 두 시민이 맥도날드에서 판매하는 음식들이 유해 식품이며, 맥도날드가 저임금 노동착취를 하고 있다는 전단지를 돌리며 반대 활동에 나서자 맥도날드 측에서 이것이 맥도날드에 대한 명예훼손이라며 이 사람들을 고소한 사건을 말한다. 재판 과정에서 1심은 물론 대법원까지 맥도널드가 승리했지만, 결국 유럽 인권 법원에서 이 두 시민의 주장에 설득력이 있다며 맥도날드에 패소 판결을 내렸다. 옮긴이

안전성 문제를 방치해서 큰 문제를 야기했음에도, 오늘날까지 이들은 정화 작업을 하거나 보상을 하기 위한 어떤 일도 하지 않았고 미국의 법집행 기관 또한 워렌 앤더슨을 인도 당국에 넘기기 위한 어떤 일도 하지 않았다.

사고가 발생한 지 거의 20년이 지난 2004년 11월, 〈다우 케미컬스〉사의 대표는 결국 BBC 세계 뉴스에 사과하기 위해 나타났다. 쥬드 피니스테라Jude Finisterra는 이렇게 오랫동안 아무 조치도 취하지 않은 것에 대해 미안하다고 말하면서 〈다우 케미컬스〉에서 피해자 보상과 사고 현장과 보팔의 수질 복구를 위해 1백2십억 달러를 지불하겠다고 밝혔는데, 이 액수는 〈다우 케미컬스〉가 〈유니온 카바이드〉를 사들일 때 지불한 것과 똑같은 액수였다. 또한 이들을 20년 전 억류되어 있다가 미국으로 도망친 워렌 앤더슨을 인도로 송환하기 위해 압력을 넣겠다고 말했다. 몇 분 만에 다우사의 정책 변화에 대한 소식이 화제의 뉴스가 되었다. 독일 주식시장에서는 〈다우 케미컬스〉의 주가가 폭락하여 20억 달러나 빠져 나갔다.

텔레비전 생방송 중인 예스맨
출처: 예스맨The Yes Men

연설자는 '예스맨'

〈다우 케미컬스〉의 공동 대표인 에라스투스 햄Erastus Hamm은 6개월 전 런던의 한 금융회의에서 연설을 했다. 햄은 발표 중간에 "수용 가능한 위험Acceptable Risk"이라고 알려진 다우 산업의 새로운 기준에 대한 이야기를 했다. 이것은 거대한 이윤을 추구하는 과정에서 얼마나 많은 사람이 죽을 수 있는지를 결정하는 통계학적인 평형 상태를 말한다. 이것은 기업들이 부끄러운 비밀을 숨기는 데 도움을 주기 위한 목적으로 고안된 것이었다. 햄은 회의에 참가한 사람들에게 수용소에 넣을 유태인, 게이, 장애인을 비롯한 여타 "소모 가능한" 사람들을 계산하는 용도로 만든 컴퓨터 시스템을 나치에게 팔아서 일확천금을 번 IBM만큼 운이 좋으리라고 생각할 수는 없다는 점을 상기시켜 주었다. 햄은 발표에서 목숨을 희생시켜 재정적인 이윤을 얻는다는 생각을 설명하는 데 도움을 주는 황금 해골을 공개하기도 했다. 수많은 은행가들은 이 새로운 방법을 사용할 수 있는 자격을 얻고자 서명에 참여했다.

지금쯤 짐작했을지도 모르지만, 수용 가능한 위험이라는 것과 BBC 방송에서의 사과 모두 피니스테라와 햄으로 변장한 예스맨의 작품임이 밝혀졌다. 당연하게도 〈다우 케미컬스〉는 일군의 장난꾸러기들이 자신들을 대신해서 연설을 했을 뿐만 아니라 주가를 극적으로 떨어뜨려 놓고, 사람들 죽여 가면서까지 이윤 추구에 집착하는 기업이라는 이미지로 만들어 놓았다는 것이 드러나자 아주 불쾌해했다. 예스맨은 특히 세계무역기구 대신 연설했던 장난에 관한 영화를 개봉한 뒤 일약 스타덤에 올랐다.

연차 총회에 참석한 예스맨

수용 가능한 위험 프로젝트를 감행한 지 1년이 지나서 〈다우 케미컬스〉 연차 총회가 있었다. 이목을 끄는 일련의 행동들을 집약하기에 연차 주주총회보다 더 좋은 기회가 있을까? 이 회의에 참석하려고 계획하는 행동가 집단이 예스맨만이 아니라는 사실이 드러나자 보안이 강화되었다. 모든 언론인들은 출입 금지되었고, 들어가는 모든 사람들은 감시를 당했으며, 일체의 녹화 장비는 압수당했다. 보안 경비들은 예스맨에게 자신들은 예스맨의 영화를 좋아한다고 말했는데, 이 영화가 이들에게 잠재적인 위협을 강조해서 보여 주었기 때문이었다. 하지만 예스맨도 〈다우 케미컬스〉의 주식 한 주를 가지고 있었기 때문에 경비원들은 이들의 입장을 허락할 수밖에 없었다. 경비들은 자신들이 최후의 승자가 되리라 굳은 결심을 하고서는 이들을 일단 들여보내 주기로 결정했다. 평범한 몇 차례의 연설과 몇 가지 질문이 있은 후 누군가 앤디(한 예스맨)를 쥬드 피니스테라라고 소개했다. BBC 인터뷰에서도 똑같이 사용했던 그 이름이었다.

안녕하셨소? 빌, 그리고 주주 여러분. 우리는 이번 분기에 13억 5천만 달러라는 믿을 수 없을 만큼 엄청난 액수의 돈을 벌었습니다. 정말 엄청난 액수죠. 근데, 있잖습니까, 우리들 대부분에게 이건 그냥 새로운 골프 클럽 세트를 의미할 수도 있는 일이죠. 근데 개인적으로 전 올해에는 다른 의미 있는 일을 해 보려고 골프 클럽을 포기할까 합니다. 보팔 공장 부지를 이제는 정화한다던가, 그곳의 새로운 진료소에 재정을 대는 것과 같은 일을 해 볼까 싶어요. 빌, 〈다우〉의 1사분기 수익을 보팔 정화 작업에 쓰는 게 어떻겠어요?

앤디의 마지막 질문은 **빠르게** 잘 처리되었다. 하지만 마이크(또 다른 예스맨)가 다음 질문을 바로 연결시켰다.

훌륭한 성과예요. 난 이제 당신이 그 돈을 다우의 훌륭한 이름에 먹칠하고 있는 일부 불한당들을 추적하는 데 썼으면 싶네요! 내가 살펴보니 질문 대부분은 〈다우〉를 싫어하고 있는 사람들이 하고 있군요. 이에 대해 뭔가 조치를 취해야 해요. 우린 좀 더 공격적일 필요가 있다구요! 물론 당신이 20연발 총으로 수녀들을 정확하게 쏴 죽인다거나 장애가 있는 아이들 머리통을 발로 찰 수는 없겠죠. 하지만 최소한 홀리건들을 처리할 수는 있는 거 아닙니까. 텔레비전에 나와서 〈다우〉사가 〈유니온 카바이드〉의 잘못을 청산하겠다고 발표했던 녀석 같은 놈을 말이에요. 그것 때문에 주가가 얼마나 심각하게 타격을 받았느냔 말이에요. 난 개인적으로 거의 정신을 잃었다니까요! 이 중 많은 사람들도 그럴 거라고 장담할 수 있어요! 그러니까 스타브로폴로스씨, 그 범죄자하고 어울려 돌아다니고 있는 건 아니죠? 그렇지 않다면, 그 이유는 뭐죠?

그 다음 반응은 어땠을까? "그 녀석이 누군지 우리에게 말해 주실 수 있다면 다음 질문을 이어 보시죠?" 같은 분위기가 되고 말았다.

일 년 동안 예스맨은 〈다우 케미컬스〉를 전 세계 언론에 완전히 새로운 방식으로 드러내는 데 성공했다. 이 과정에서 〈다우 케미컬스〉는 아마도 수백만 달러의 돈을 잃었고 미국에서는 보팔 문제가 언론의 의제로 다시 부상하게 되었다.

창의적인 저항의 효과

어떤 사람이 어떤 생각, 이데올로기 혹은 가능성을 당신에게 설명하거나 장려하려고 애쓰던 상황을 생각해 보자. 당신은 불교 신자인데 흑색 아나키스트가 재산권 침해를 옹호하려고 애쓰거나, 아니면 당신이 생태 테러리스트인

효과적인 개입을 하기 위한 5가지 조언

1. 당신이 하는 장난의 타이밍과 장소에 유의한다. 성공과 실패는 사람의 수에 따라 좌우될 수 있다.
2. 조사를 하고 목표물에 대한 지식을 공유한다.
3. 서로에 대해, 당신들의 강점과 약점, 한계에 대해 파악한다.
4. 공동의 메시지들에 대해 세밀한 결론을 만들어 본다. 사람들은 대부분 돋보기로 들여다보면 이 메시지들이 그다지 매력이 없다는 것을 알게 될 것이다.
5. 되도록 세밀하게 당신들의 행동을 기록한다. 전복적인 행위는 전염성이 있다.

데 석유왕인 당신의 삼촌과 대화한다고 상상해 보자. 이 경우 거의 대부분 서로 공감하지 못하고 해가 저물도록 서로의 확신을 바꾸지 못한 채 파국을 맞게 될 것이다. 우리가 정말로 열심히 경청하고 상대방이 말하는 것에 공감하는 순간은, 재미있는 이야기를 할 때나, 슬픈 순간, 아니면 매혹의 가능성이 있는 때다. 당신의 생활양식이 어떻게 잘못되었는가에 대한 강의가 펼쳐지는 것만큼 재미없는 일이 또 있을까? 내용이 전달되는 방식은 그 내용의 유효함을 유지하는 데 핵심이다. 장난과 창의적인 저항만이 유일한 수단이라는 뜻이 아니다. 때에 따라서는 A에서 B까지의 행진이 훨씬 큰 효과를 가질 수도 있다. 하지만 다른 때에 이것은 투표만큼이나 무료한 일이기도 하다. 때에 따라 전단지 한 장이 핵심적인 파문을 일으킬 수도 있지만, 어떤 때는 아무도 그

것을 읽으려 하지 않기도 한다. 때에 따라 경험 추적밖에 효과가 없을 때도 있지만, 이미 이루어진 일, 혹은 다른 사람들이 이전에 시도하고 점검했던 일에만 의존한다면 이 수단의 힘은 줄어들게 될 것이다. 자신 혹은 타인이 과거에 행한 일들을 범주화하거나, 간단히 치부하거나, 무시하는 것은 쉬운 일이다. 결국 딱딱하게 굳은 빵보다는 신선한 빵이 더 맛있는 법이다.

도서

Auslander, Philip(1994). *Presence and Resistance: Postmodernism and Cultural Politics in Contemporary American Performance*. Ann Arbor, MI: University of Michigan Press.

Bakhtin, Mikhail(1984). *Rabelais and His World*. Trans. Helene Iswolsky. Bloomington. IN: Indiana University Press.(『프랑수아 라블레의 작품과 중세 및 르네상스의 민중문화』, 이덕형 외 옮김, 아카넷, 2001)

Bernays, Edward(1928). *Propaganda*. New York: Liveright.

Boal, Augusto(2002). *Games for Actors and Non Actors*. London: Routledge.(『배우와 일반인을 위한 연기 훈련』, 이효원 옮김, 울력, 2003)

Capra, Fritjof(1997). *The Web of Life*. London: Flamingo.(『생명의 그물』, 김동광 외 옮김, 범양사, 1999)

Duncombe, Stephen(ed.)(2002). *Cultural Resistance: A Reader*. London: Verso.

Fo, Dario(1998). *The Tricks of The Trade, Independence*. Kentucky: Routledge.

Geertz, Clifford(1973). *The Interpretation of Culture*. New York: Basic Books.

Jasper, James M.(1998). *The Art of Moral Protest: Culture, Biography, and Creativity in Social Movements*. Chicago, IL: University of Chicago Press.

Kershaw, Baz(1992). *The Radical in Performance: Between Brecht and Baudrillard*. London: Routledge.

McGrath, John(1989). *A Good Night Out*. London: Methuen Drama.

Notes from Nowhere Collective(2004). *Carnival: Resistance is the Secret of Joy*. We Are Everywhere. London: Verso.

Petras, Kathryn and Ross Petras(eds)(1995). *The Whole World Book of Quotations: Wisdom from Women and Men Around the Globe through the Centuries*. Reading, MA: Addison-Wesley.

Ruby, K.(2000). *Wise Fool Basics: A Handbook of Core Techniques*. Wise Fool Puppet Interventions. Sante Fe: AK Press.

Schechter, Joel(1985). *Durov's Pig: Clowns, Politics, and Theatre*. New York: Theatre Communications Group.

Smith, Bradley(1968). *Mexico, A History in Art*. New York: Harper and Row.

Stallybrass, Pete and Allon White(1993). 'Bourgeois Hysteria and the Carnivalesque'. In *The Cultural Studies Reader*. Ed. Simon During. London: Routledge.

Talen, Bill(2003). *What Should I Do if Rev Billy is In my Store?* New York: New Press.

The Yes Men(2004). *The True Story of the End of the WTO*. New York: The Disinformation Company.

UNESCO(2001). Universal Declaration on Cultural Diversity. Adopted by the 31st session of the UNESCO General Conference, Paris, 2 November 2001,
http://unesdoc.unesco.org/images/001271/127160m.pdf

이야기 1~4

이야기 1. www.revbilly.com에서 이 교회에 대한 이야기를 볼 수 있다. 빌 탈렌Bill Talen은 『레버렌드 빌리가 우리 가게에 왔을 때 나는 어떻게 해야 하는가? *What Should I Do if Reverend Billy is In my*

Store₂라는 책을 쓰기도 했다(이것은 뉴욕 지역에 있는 스타벅스에 보낸 메모의 제목이었다).

이야기 2. 기도 비디오와 이 행동에 대한 더 많은 내용들을 얻고자 한다면 www.consume.org.uk를 방문하라.

이야기 3. 0100101110101101은 수많은 장난을 쳐 왔다. 글에서 밝힌 대로 이들은 최근 이완 맥그리거 Ewan McGregor와 페넬로페 크루즈Penelope Cruz가 출연하는 영화를 개봉한다. 아마 그럴 것이다. 더 많은 내용은 www.0100101110101101.org에 있다.

이야기 4. www.theyesmen.org에 있는 BBC 인터뷰를 보라(The True Story of the End of the WTO - The Yes Men).

웹사이트

잡지와 저널
애드버스터즈AdBusters www.adbusters.org
공동체 예술 네트워크Community Arts Network www.communityarts.net/readingroom
그린페퍼Greenpepper www.greenpepper.org
심미학과 저항 저널Journal of Aesthetics and Protest www.journalofaestheticsandprotest.org

공동체와 개인
숨쉬는 행성Breathing Planet www.breathingplanet.net/whirl
콩로모 미디어 네트워크Conglomo Media Network www.conglomco.org
전복적인 상상력 실험실Laboratory of Insurrectionary Imagination www.labofii.net
장난꾸러기들Mischief Makers www.mischiefmakers.org.uk
우리 아빠의 스트립 클럽My Dads Strip Club www.mydadstripclub.com
북부 예술 전략 공격Northern Arts Tactical Offensive www.nato.uk.net
지루하지 않음Not Bored www.notbored.org/the-scp.html
일인 전복자 싱크탱크One-man Subversive think-tank www.dedomenici.co.uk
광대 반란군Rebel Clown Army www.clownarmy.org
저항의 리듬Rhythms of Resistance www.rhythmsofresistance.co.uk
　RTMark www.rtmark.com
비행기 납치자들의 공간Space Hijackers www.spacehijackers.org
가게 물건 훔치기에 대한 스페인어 낙인Spanish brand for shoplifting www.yomango.net

게임, 극장, 즉석 연출, 만들기
카니발: 바흐친에 대한 소개Carnival: An Introduction to Bakhtin www.iep.utm.edu/b/bakhtin.htm
아주 큰 꼭두각시를 만드는 68가지 방법Puppet, 68 ways to Make Really Big Puppets
　www.gis.net/~puppetco/
　www.improvresourcecenter.com
　www.yesand.com(즉석 연출 극장과 코미디에 대한 사이트들)

문화 구성 요소
밈페스트Memefest www.memefest.org
스마트밈Smart Meme www.smartmeme.com

연극 집단과 포럼 연극

예술가네트워크Artist Network www.artistnetwork.org
빵과 꼭두각시 극장Bread and Puppet Theater www.theaterofmemory.com/art/bread/bread/html
카드보드 시티즌Cardboard Citizens www.cardboardcitizens.org.uk
변화를 위한 만델라 센터Mandala Center for Change www.mandalaforchange.com
탑랩Toplab www.toplab.org

자율 공간이 필요한 이유 **13**

이 글을 쓴 폴 채터톤Paul Chatterton과 스튜어트 호킨슨Stuart Hodkinson은 영국 리즈에 있는 〈커먼 플레이스〉 사회센터에 참여하고 있다. 〈커먼 플레이스〉 사회센터는 2005년 시작하여 도시 중심부에서 역동적이고 중요한 자율 조직적인 정치, 문화의 허브 역할을 해 왔다(www.thecommonplace.org.uk를 보라). 이 글에 대해서는 2006년 1월 자신의 역사와 관점에 대해 이야기해 준 영국 전역의 사회센터 운동 활동가들에게 많은 도움을 받았다.

    역사적으로 자본으로부터 획득한 제한된 민주적 제도와 권리, 복지조차 악의적인 맹공을 당하고, 되돌릴 수 없는 기후변화와 "석유 정점"이라는 유령이 훨씬 더 가깝게 다가온 상황에서, 우리가 평범한 시민으로서 어떤 식으로, 그리고 어떤 저항의 진지에서 대응할 것인가 하는 문제는 점점 더 긴급한 사안이 되고 있다. 공유지 강탈과 공동체 전반의 파괴, 혹은 권위주의적인 지배의 강제에 저항하는 대중 투쟁의 역사에서 배운 중요한 교훈은, 사람들을 새롭게 집단화하고 정치적으로 조직하는 진지를 만들어야 한다는 것, 그 지배와 착취 관계에서 자유로운, 스스로 관리되는 자신들만의 자율적인 공간을 만들기 위해 노력해야 한다는 것이었다. 이런 사상은 영국의 디거들과 브라질의 〈토지 없는 노동자 운동MST〉의 토지 운동, 유럽의 빈집 점거 운동, 아르헨티나의 공장 점유 운동과 이탈리아의 사회센터에 이르기까지 다양한 운동들 속에서 찾아볼 수 있다. 물론 "자율적인 공간"이라는 용어는 정치적인 용어다. "자율"이라는 것은 자본주의 안에서 존재하지 않으며, 자본주의 "밖에도" 없다. 자율적인 공간이라는 것은 가능성과 실험의 장소로서, 서로 동등하게 관계 맺으며 살아가고자 하는 사람들이 자본주의의 식민화와 탈인간화, 착취의 논리에 적극적으로 맞서는 곳이다. 이 장에서는 이런 자율적인 공간을 위한 투쟁이, 오늘날 전 지구적 자본주의에 저항하고 사적 이윤 제도에 대한 실행 가능한 대안을 발전시키는 데 어떤 중요한 역할을 수행할 수 있는가에 대해 논할 것이다. 이를 위해 우리는 인클로저*와 공유지 간의 역사적인 투쟁, 혹은 우리가 오늘날 사유화와 직접 민주주의 간의 선택이라고 부르는 것 속에 자율적인 공간이라는 개념을 위치시킴으로써 논의를 시작하고자 한다.

인클로저에 대한 저항

오늘날 겪고 있는 집합 권력의 위기, 자원에 대한 사유화, 권위주의적인 사회적 통제의 확장은 새로운 것이 아니다. "사유지로 삼기 위해 울타리로 에워싸고", "소유권을 박탈하고", "노예로 삼으려고 하는" 충동은 인간 사회의 오랜 특징이었다. 이것은 마야, 아스텍, 로마, 메소포타미아 일대의 초기 제국에서부터, 영국에서 엄청난 토지를 인클로저하기 시작하면서 선포된 1400년대 전 지구적 자본주의의 격심한 산고와, 유럽인들이 아프리카에서 추수하듯 노예를 쓸어 온 과정에서 확인되었고, 좀 더 나중에는 부유한 자치 도시와 귀족들이 각각 통제한 도시국가와 변두리 지역에서, 그리고 더 최근에는 원래 거

---

* 15쪽 용어 설명 참조. 옮긴이

주하던 아메리카 원주민들을 죽이고 유럽 정착민들을 위한 대규모 경작지를 만들기 위해 서부로 엄청나게 이동하는 과정에서도 드러났다.

인클로저는 지배와 착취, 권력을 유지하기 위한 계획적이며 필연적인 기제다. 수도원의 명령이나, 왕, 교전 중인 군주, 지주, 이후에는 봉건적인 장원 제도에 의해 시행된 15세기 이후 영국의 토지 인클로저는 경작 공동체들을 강제로 토지와 공유지에서 몰아내고, 새로운 소유자를 살찌우기 위해, 땅에 울타리를 치고 사유화하고 거대한 농업 지역으로 자본화하였다. 사람들에게서 토지를 강탈하여 이루어진 이 "원시축적" 때문에 자립 수단에 대한 공동체적인 통제가 막을 내리게 되었고, 사람들은 이런 자립 수단과 유리되었으며, 생계 수단으로서 오직 노동력만을 팔 수 있는 노동자 집단이 등장하게 되었다. 북유럽 전역에 자본주의가 확산되는 과정에서 초기 농업 자본주의의 필요와 그 이후 19세기 산업도시들의 값싼 공장 노동력에 대한 게걸스러운 요구를 충족시켜 준 것은 바로 이 토지 없는 노동계급이었다. 라틴아메리카, 아프리카, 아시아에서 동시에 전개된 유럽의 식민 체제들은 원주민들에게서 토지를 직접 강탈하였고, 목재, 물, 석유, 광물 같은 기본적인 자원을 수탈하였으며, 외세의 지배를 강제하고 유럽 사회를 살찌우기 위해 이들의 경제를 단순한 공급 연쇄로 발전시켰다.

하지만 이 인클로저 과정은 한 번의 수확에 만족하는 일회적인 활동이 아니라 내부적인 모순에 대응하기 위한 자본주의의 지속적인 특징이다. 1970년대 중반부터 전 지구적으로 전개된 신자유주의적인 전환 이후로 국제적 사업체와 정부에 있는 이들의 국가 파트너들, 그리고 국제금융기관들(IFIs)은 지구의 거의 모든 구석구석을 헤치고 다니며 토지와 생명에 대한 극적이며 전례가 없는 인클로저를 조정해 왔다. 이것이 보통 "신자유주의적 세계화"라고 부르는 것이다. 지구 남반구에서는 사유화 정책, 낮은 법인세, 공적 지출의 축소, 자유무역, 반노조주의(이것은 종종 미국이 지배하는 국제통화기금과 세계은행의 왕성한 활동 때문에 "워싱턴 컨센서스"라는 용어로 불린다)가 "식민주의"와 공식적인 독립을 "신식민주의"로 단순하게 대체하였다.

직접적인 군사적 지배는 부유한 북반구 국가들이 가난한 국가의 자연 자원과 부를 수탈할 수 있는 주요한 장치로서 조건부 부채 경감과 자유무역 지대에 길을 내주었다. 국민국가가 아니라 지배적인 정치 엘리트들과 연계된 다국적 지구적 기업들은 최저 가격으로 산업에 대한 통제력을 다시 획득하게 되었고, 다른 한편 자본이 자유롭게 날뛸 수 있게 허용되어 온 상황에서 탈규제는 노동과 환경에 대한 악습들로 이어졌다. 빚에 대한 담보로 토지를 저당 잡힌 막대한 규모의 새로운 노동력 부대는 세계경제 속으로 떠밀려 들어갔다. 이로 인해 이동성이 높은 이주 노동이 지배적인 형태가 되었고, 집단적인 조직과 장소에 근거를 둔 투쟁들이 타격을 입었으며, 임금이 하락하고, 노동자들의 상태가 취약하고 불안정해졌으며, 그래서 결국 더욱 순종적이게 되었다. 금융시장 자유화로 인해 막대한 양의 돈이 거의 순간적으로 이동하는 것이 가능해졌고, 이로 인해 경제가 급격히 저평가되고 파산하게 되었다. 태국, 러시아, 아르헨티나는 말 그대로 자신들의 주권과 자산, 자원과 산업에 대한 통제력을 불과 몇 년 만에 상실하고 말았다.[*] 우리가 주목하는 것은 기업이 야만적이고 가혹하게 소유권을 박탈하고 축적할 수 있었던, 19세기 양식에 더 가까운 원시적인 형태의 경제 정책에 근거한, 좀 더 거친 형태의 전 지구적 자본주의다.[**]

자본주의의 가장 불안정한 영향 중 한 가지는 주거지가 점점 더 불안해지는

---

[*] Stiglitz, 2002, Klein 2001을 보라.
[**] Harvey, 2005, Pilger 2002를 보라.

것이다. 〈국제 거주자 동맹International Alliance of Inhabitants〉에 따르면 전 세계 인구의 15퍼센트가 거주지에서 추방될 위기에 처해 있으며, 유엔은 1996년에 10억 명의 사람들이 부적합한 주거지에 살았다고 추정하고 있다.[*] 나아가 마이크 데이비스Mike Davis[**]는 『슬럼의 도시City of Slums』(2005)에서 2015년이면 아프리카에서는 슬럼 거주자가 3억 3천2백만 명이 될 것이라고 추정하고 있다. 돈이 조금 있는 사람들의 경우에도, 부채와 물가 인플레이션, 부동산 투기 때문에 토지를 찾는 것은 고사하고 자기 집을 사는 것이 사실상 불가능하다. 이러한 문제는 지난 10년간 대기업을 중심으로 오락, 소매업, 사무실, 아파트가 함께 갖춰져 있는 거대 프로젝트가 성장하면서 땅값이 치솟은 도시 지역에서 극심하다. 이제 인클로저는 기업들이 유서 깊은 지식과 의약품, 식물의 유전 코드에까지 특허를 매김으로써 법적 소유권을 주장하면서 빌딩 속의 삶에까지 퍼져 나가고 있다. 이것은 생물 해적질이라고 알려져 있기도 한데,[***] 전통 지식과 생물자원을 점유하고 독점함으로써 자원에 대한 통제력을 상실하게 만드는 것을 말한다. 최근 몇 년간 생물공학이 발달하고 TRIPs(지적 소유권의 무역 관련 측면들) 같은 지적 소유권에 대한 국제 협약들이 체결되면서 이런 착취 가능성이 증폭되었다.

이런 것들은 개발도상국에서만 벌어지는 현상이 아니다. 이와 유사한 정책들이 부유한 북반구 나라들에서도 자유롭게 활개를 치고 있다. 대도시의 중심지는 전 지구적 자본을 위한 허브이자 부유한 주민과 산업 엘리트들의 놀이터가 되었다. 이로 인해 중심은 극도로 부유하고 그 주변부는 가난한 지역이

[*] Corr, 1999, 4에서 인용.
[**] 국내에는 『슬럼, 도시를 뒤덮다』(돌베개, 김정아 옮김, 2006), 『엘니뇨와 제국주의로 본 빈곤의 역사』(이후, 정병선 옮김, 2008), 『조류독감』(돌베개, 정병선 옮김, 2008)이 출간되었다. 옮긴이
[***] Shiva, 1997를 보라.

둘러싸고 있는 도넛 효과가 발생하게 되었다. 동시에 과세 기준이 하락하고 있는 국가들은 병원, 학교, 놀이터나 공원, 탁아 시설과 도서관 같은 공적인 서비스 운영을 뒤흔들고 있다. 다른 한편 핵심 산업들은 자유롭게 이동하는 투자와 타지의 관광객과 산업 엘리트들을 끌어들이고 있다. 복지국가가 서서히 허물어져 가면서 수천 명의 사람들은 다른 곳으로 이동해 버린 세계경제와 뒤로 멀찌감치 물러나 앉은 국가로부터 버림받게 되었다. "사회적 공유재"의 붕괴에 이런 현상이 부가된 것이다. 토지와 공간에는 프리미엄이 붙게 되어 최고가의 입찰자에게 넘어간다. 그 결과 공동체의 중심지, 지역 상점, 우체국, 대중 접근성이 좋은 숲과 야외 공간, 노동계급의 클럽 같은 것들은 모두 팔려 버리고, 그 자리에는 민간 경비원이 지키고 있는 쇼핑몰, 배타적인 고급 아파트, 강변 아파트 혹은 에어컨 시설이 갖추어진 사무실들이 들어서게 되었다. 이러한 현상의 대부분은 "도심재 활성화gentrification"라는 용어로 요약할 수 있는데 이 과정에서 좀 더 상위의 서비스와 활동이 하위에 있는 전통적인 서비스와 활동들을 대체하게 된다. 이런 과정들은 마이크 데이비스의 『수정의 도시City of Quartz』(1990), 샤론 주킨Sharon Zukin의 『문화의 도시들The Culture of Cities』(1992) 같은 훌륭한 주해서에 기록되어 있다.

이런 관점에서 우리는 인클로저와 소유권 박탈이 어떻게 자연적인 공공재와 인간에 의한 공공재 모두를 포함하는 폭넓은 상품화 과정과 같은지를 이해할 수 있다. 석유, 공공 주택 같은 물리적 자산에서부터 복지와 보건 서비스 제공, 시민 광장 같은 개방된 공공장소, 전통적인 지식들과 의약품, 생명 그 자체의 유전 코드에 이르는 모든 것들이 이런 상품화의 대상에 포함된다. 세계적으로 돌이킬 수 없는 기후변화가 잠재되어 있고, 자원 전쟁이 점차 확대되고 있는 상황 속에, 돈 있고 권력 있는 자들로부터 공유재를 되찾아오고, 소유권 박탈과 인클로저에 저항하며, 연대와 복지, 보호와 피난의 구조를 만들 필요성이 바로 인간의 생존 문제 그 자체가 되었다.

인클로저와 소유권 박탈, 노예화라는 것이 역사상 지속적으로 존재해 왔다면, 저항하고 서로 동등한 인격으로서 토지, 노동, 자원을 관리하고 공유함으로써 삶을 다시 집단화하기 위한 방법을 모색하는 사람들의 역량과 의지 또한 꾸준히 있어 왔다. "자율성"에 대한 이런 민주적이며 평등주의적인 관점은 공유재에 대한 오래된 전통 속에 그 뿌리를 두고 있다. 이것은 지구와 그 자원들이 우리 모두에게 속해 있으며, 따라서 시장에서 사고팔거나 한 집단이 다른 집단에게 무력을 행사하여 소유권을 주장하거나 분할할 수 없다는 신념이다. 그러므로 이것은 자치와 비非위계, 상호부조의 관점이기도 하다. 대중 운동을 통해 사적으로 소유된 공간을 되찾아 자신들의 삶을 다시 집단화하고 토지, 노동, 생명에 대한 상품화에 맞서 싸운 역사는 길고도 풍요로우며, 고무적인 예들을 제시하기도 한다.

디거들

영국 시민전쟁 이후 토지에 대한 인클로저와 파괴 행위가 일어난 뒤, 지구는 모두를 위한 공동의 재산이라고 믿었던 급진적 설교자 제라드 윈스탠리Gerad Winstanley가 이끈 디거들(혹은 진정한 평등론자들)이 1649년 성 조지 언덕St. George's Hill에 농업 공동체를 세우고 가난한 사람들에게 의식주를 제공하고자 했다. 이 실험은 오래 이어지지 못했고 결국 지역 군주에게 추방당했다. 하지만 빈민들이 공동의 재산을 물려받을 수 있는 사회를 급진적으로 재구성하자고 주장했던 점에서 이들의 실험은 꾸준한 여운을 남겼다. 그 이후로 산업혁명의 난폭함에 대한 반작용과 생태적으로 지속 가능하게 토지에서 일할 수 있도록 석유 없는 사회를 건설하겠다는 전망 속에 수천 개의 의식적인 농업 공동체들이 건설되었다. 〈토지는 우리의 것The Land is Ours〉 집단은 윈스탠리의 감성을 이어받아 토지에서 지속 가능하게 살 수 있는 권리를 옹호하는 캠페인을 벌이고 있으며, 토지 불법 점유뿐만 아니라 그 위에서의 생활을 장려하고 있다.

유럽의 빈집 점거자들

유럽의 빈집 점거 활동은 1980년대에 전성기를 이룬 대중운동이었다. 당시에는 네덜란드에서 약 3천5백 개, 베를린에서 9천 개, 런던에서 3만 1천 개의 빈집들을 점거했다. 그 동기는 거주 기본권에서부터, 기업의 도시 점유에 대한 도전, 쇠락하는 복지국가로 인해 만들어진 틈새에서 사회 서비스들을 자급하기 위한 열망 등 다양했다. 하지만 도시의 빈집 점거 운동은 자본주의하에서의 생활, 노동, 정치학에 대한 훨씬 폭넓은 거부를 반영하는 것이기도 했다. 이 빈 공간 점유 운동은 오늘날에는 쇠락한 상태지만, 유럽에서는 일부 장소들이 살아남아 거의 자치적인 도시가 되었다. 예를 들면, 덴마크 국가로부터의 독립을 선언한 뒤 "자유 도시Freetown"라는 이름을 얻게 된 코펜하겐의 크리스티아니아Christiania가 있으며, 바르셀로나에도 행사를 공동으로 홍보하고 지원을 조정하는 빈 공간 점유 네트워크가 구성되어 있다.

이탈리아 사회센터

오늘날 스스로 관리하는 자율적인 공간들 중 일부는 1970년대 중반의 경제

위기와 극한의 사회적 불안이라는 상황 속에 등장한 이탈리아의 〈자율 운영 사회센터(Occupied Self-Managed Social Centres, CSOAs)〉에서 단서를 얻었다. 이것은 거주지와 서비스의 부족, 임시직 노동의 증가에 대해 도전하면서도, 국가 권력 일부를 나눠 가지기 위해 노동계급의 투쟁을 포기한 사회주의 정당들과 "자본주의적인 작업" 모두를 거부한 장외의 젊은 운동을 통해 그 기초가 형성되었다. 동시에 작업장, 학교, 대학이 문을 닫으면서 의례적인 정치적 모임 장소들이 모두 폐쇄되었다. 〈CSOAs〉로 들어가 보자. 이들은 사용하지 않거나 낙후한 건물을 인수하여 자율적인 문화적·정치적 집합 공간들의 네트워크를 만들었고, 이것은 그 이후로 음악, 잡지, 미술, 소형 해적 텔레비전과 라디오, 출판, 상호부조 복지 등 독립적인 문화 생산과 자치와 관련된 실험의 중심지가

영국 런던의 〈스퀘어 사회센터Square Social Centre〉

되었다. 초창기의 사회센터들은 주로 1977년 경제 침체를 겪으면서 사라져 버렸지만 1980년 중반에 새로운 물결을 타고 260여 개의 사회센터들이 나타났는데, 이 중 대다수는 밀라노, 튜린, 볼로냐, 로마에 있다. 2001년에 이르러 신자유주의적인 도시 성장으로 급격한 전환이 일어나면서 이 수는 절반으로 줄어들고, 남아 있는 사회센터들 중 많은 수는 주류에 편입되어 이탈리아 젊은 이들과 관광객들을 위한 야간 유흥 장소의 일부가 되었다.

여행자와 자유인들

유목적인 생활양식 때문에 오랫동안 이단자 집단이라며 범죄자 취급을 받아 온 여행자 공동체는 공간을 통제하는 사람이 중요하다는 점을 아주 잘 알고 있다. 주거권과 파티를 할 권리를 둘러싸고 빈번하게 경찰과 갈등이 벌어지고 폭력적인 추방도 적지 않게 벌어졌는데, 특히 1990년대 중반 영국에서 많이 발생했다. 이 시기 서구 사회를 휩쓴 열광적이고 자유로운 파티들은 오래된 창고와 시골의 들판을 점거하여 거대한 음악 축제를 자율적으로 운영하는 동시에 음악과 생활양식에 대한 기업의 통제에 도전하면서 핵심적인 역할을 했다. 하지만 1995년 형사사법Criminal Justice Act 같은 법안이 빠르게 입안되어 이런 움직임의 성장을 사멸시켰고, 이로 인해 많은 사람들은 남부 유럽에 있는 더 자유로운 공간을 찾아갔다. 부흥 활동에 참여한 로턴Loton의 〈엑소더스 공동체Exodus Collective〉처럼 또 다른 많은 이들은 남아서 투쟁했으며, 지역 주변을 변화시키기도 했다.

영국의 아나키즘, 펑크, 실업수당, 그리고 자율 센터

1980년대 영국은 펑크와 아나키즘, 극심한 실업의 상황이 격렬하게 뒤섞여 "자율 센터"라는 구조 속에 강력한 창의성과 실험의 시기를 맞게 되었다. 이런 클럽들은 실업수당 청구자들이 대처의 노동계급에 대한 공격과 노동당과 공식 노동조합들의 배신, 파시스트들의 활동 부상에 맞서 자신들의 삶에 대한 통제력을 회복하기 위해 노력하는 과정에서 영국의 대도시에 등장하게 되었다. 〈크라스Crass〉* 같은 집단의 펑크적 활약의 분노와 에너지에 고무되고 〈실업수당 청구자 노조Claimants' Unions〉를 통해 결집된 수십 개의 클럽들이 문을 열었는데, 여기에는 와핑Wapping의 〈자율 센터Autonomy Centre〉, 브라드포드 Bradford 의 〈12 속의 1클럽1 in 12 Club〉 같은 것들이 있다. 사람들은 함께 모여 연주회를 열고, 잡지와 음악을 만들었으며, 자선 자문을 조직하고, 반파시스트적 정치를 행하면서 서로를 알아 가게 되었다.

지구 남반구의 원주민 토지 점거 운동

토지 불법 점거 거주지, 혹은 파벨라,** 판자촌, 빌라스 미저리에스villas miseries***(명칭은 좋을 대로 정하면 된다)는 토지에 대한 접근이 생존의 문제인 지구 남반구의 원주민들에게 일상의 현실이 되었다. 이러한 빈민가 건물들은 오늘날 거대 도시의 변두리에서 수백만 명의 사람들이 살아가는 만성적으로

---

* 1977년 영국에서 결성되어 아나키즘, 정치적 이념, 생활양식, 저항운동 등을 활성화시킨 아나키스트 펑크 밴드. 옮긴이
** 브라질의 빈민가. 옮긴이
*** 부에노스아이레스 같은 대도시 외곽에 있는 슬럼가. 옮긴이

가난한 슬럼이 일상적으로 형성된 곳으로, 안전하지 못한 거주지가 증가하는 현상을 대변한다. 하지만 이 가운데 일부는 어떻게 사람들이 극단적인 환경 속에서도 자신들만의 공동체를 스스로 관리할 수 있는가에 관한 살아있는 모범이다. 1960년대에는 백만 개가 넘는 개별적인 토지 불법 점거 거주지들이 있었는데, 이 시기에는 니카라과의 산디니스타스Sandinistas 같은 혁명적인 운동들이 토지를 재분배하고 자율 관리하는 것을 우선 과제로 삼았다. 세계에서 토지 소유권 분배가 가장 제대로 이루어지지 않은 나라 중 하나인 브라질에서는 "토지 없는 노동자 운동"이 1984년부터 토지를 점거하여 15만 가구에 나눠 주었다.

저항 캠프와 시위를 위해 모여든 집중 현장

1980년대와 1990년대 북유럽에서는 도로와 고속도로, 공항, 군사기지, 핵무기의 확산과 확장을 중단시키는 데 확고하게 뜻을 모은 저항 캠프와 평화 캠프를 중심으로 폭넓은 직접행동 운동이 등장했다. 영국의 뉴베리Newbury와 트와이포드 다운 전투는 나무 위에 만든 집과 트레일러 트럭, 소형 캠프로 구성된 밀도 높은 저항 네트워크와 성장 기계에 대한 자율적이고 생태적이며 살아 있는 대안을 증진시킨 것으로 유명하다. 영국의 단일한 이산화탄소 배출원 중에서 가장 규모가 큰 드랙스 발전소Drax Power station 밖에서 펼쳐진 "2006년 기후 행동 캠프"는 기후변화에 대한 실행 가능한 해법을 강조했다. 그린햄 커먼Greenham Common과 멘위드 힐Menwith Hill 같은 곳에서 벌어진 평화 캠프는 문 앞에서 전쟁 기계와 대치하면서 평화 활동가 한 세대 전체가 핵미사일 프로그램에 평화적으로 저항하도록 자극했다. 더 최근에는 "그 누구도 불법일 수 없다"는 구호 아래 이민 경계지를 따라 "국경 없는 세상No

Border"캠프가 벌어졌다. G8, 국제통화기금, 세계은행 같은 전 지구적인 경제 엘리트들이 모이는 정상회담 기간 동안에는 "인터 갈락티카Inter-galactica", "호리존" 같은 이름으로 대규모 집중 센터들convergence centres과 활동가 마을들이 건설되었다.

아르헨티나의 자율 노동자 공장들

아르헨티나는 2001년 막대한 해외 부채에 대한 채무 불이행을 선언하고, 정부가 페소화의 가치를 대폭 삭감하였으며, 돈과 식량이 고갈되고, 부자들이 돈을 해외로 가지고 나가게 된 이후로 계속 위기 상황에 있었다. 이에 대한 대응으로 아르헨티나 노동자들은 5성 호텔과 빵 공장, 금속 작업장에 이르는 공장과 산업체에 대한 소유권을 다시 요구했다. 대부분은 의사 결정을 위해 의회와 수평 조직을 이용하여 조직했고 법적으로 인정받는 노동자 협동조합을 구성하거나 정부 징발을 통해 국유화를 모색하였다. 재점거된 많은 공장들은 60개 공장의 3천6백 명 노동자들로 구성된 〈전국 공장 회복 운동National Movement of Recovered Factories〉과 14개 공장의 1,447명의 노동자들로 구성된 〈전국 공장 회복 노동자 협동조합 연합National Federation of Workers' Cooperatives in Recovered Factories〉을 통해 조정되고 있다. 국민의 60퍼센트가 빈곤 선 이하에서 살고 있는 나라에서 공장이나 산업체의 소유권을 되찾고, 이것을 자율적이고 수평적으로 운영하며, 모든 사람들이 공정한 임금을 받도록 하는 것은 사람들에게 권력을 부여하는 필수적인 작업이다.

자율적인 공간의 역할

이런 일화들은 사람들이 함께 모이면 지금 상태에 도전할 수 있고, 돈 있고 힘 있는 자들에게서 삶에 대한 통제력을 되찾을 수 있다는 것을 보여 준다. 하지만 우리는 또한 자율적인 공간을 위한 투쟁과 토지, 거주지, 물, 심지어는 생명의 유전 코드 같은 공유재에 대한 공공의 소유권을 되찾기 위한 싸움은 결코 끝나지 않았다는 것을 알고 있다. 이탈리아 사회센터의 전성기는 이제 지나갔고, 아르헨티나의 공장 회복 운동은 노동자들을 버리고 공장을 되찾고자 하는 공장주의 지속적인 노력에 맞서야 하는 상황이며, 빈 공간을 점유할 수 있는 기회들은 특히 부유한 엘리트들이 도시를 거주, 노동, 유희의 공간으로 재발견하면서 거의 사라져 버렸다. 하지만 스스로 관리되는 자율적인 공간들을 만들고자 하는 노력은 또렷하게 이어지고 있다. 예를 들어, 1990년대 후반 이후로 영국에서는 특히 더 비싸고 사유화되어 있으며 기업들이 소유한 도시 중심가 지역에서 사회센터 개념과 폭넓게 연결된 자율적인 공간과 공동체의 네트워크가 성장해 왔다. 또한 칸쿤, 시애틀, 글렌이글스Gleneagles나 에비앙에서 있었던 전 세계 정치·사업체 지도자들의 정상회담이 펼쳐지는 장소 밖에서 벌어진 거대한 시민사회 집중 행사들에서는 토론과 행동, 대안의 실현을 위한 자율적인 임시 마을들을 세우는 작업에 대한 새로운 관심들이 나타났다. 앞으로는 자본주의에 대한 저항을 구축하는 데 있어서 자율적인 공간들이 행할 수 있는 핵심 역할을 몇 가지 밝히도록 하겠다.

자본의 논리에 직접 맞서다

스스로 운영되는 자율적인 공간들의 첫 번째 가장 중요한 역할은 사적 소유권을 반환할 것을 요구하고, 이것을 비영리·비상업적인 구역으로 대중들에게 다시 공개함으로써 자본주의의 상품화 논리와 인클로저 과정에 이데올로기적으로, 또한 동시에 실질적으로 직접 맞선다는 것이다. 창고, 공장, 주차장, 학교, 상점, 보건소, 술집 같은 버려진 빈 공간들을 인수하여 정치학, 회의, 오락을 위한 장소로 전환하면 기업에 대한 직접적인 사회적·물리적 장벽이 형성된다. 노동자들이 집단적으로 노조에 조직되면 자본이 어쩔 수 없이 경로를 바꾸고 임금과 노동조건에 대한 합의를 하는 것과 마찬가지로, 공공장소를 집단적으로 반환하라고 요구하게 되면 지역의 신자유주의적인 엘리트들은 사람들이 모여서 사교 활동을 벌일 수 있는 공짜 혹은 값싼 장소들을 기업형 오락장, 연쇄점, 호화 아파트로 대체함으로써 도시 지역을 재활성화 하는 그들의 전략을 재고할 수밖에 없게 된다. 예를 들어, 〈주거지를 위한 브이, 승리를 위한 브이V for Housing, V for Victory〉는 자율적인 공간들에 기반을 두고 활동하는 스페인 몇 개 도시의 운동으로 모든 사람들에게 주거권을 보장할 것을 요구하고 있다. 또한 2006년 9월에는 "존엄한 주거지를 위한 대중 회의Popular Assembly for a Dignified Place to Live"라는 기치 아래 1만 5천 명의 사람들이 부동산 투기와 도심 재활성화에 반대하는 힘을 보여 주기 위해 바르셀로나의 도로를 점거하기도 했다. 결국 자율적인 공간들은 우리가 살아가는 방식에 대한 새로운 요구를 구성하는 것이다. 즉 토지와 재산이 전 지구적 혹은 초지역적인 자본에 봉사하기 위해서가 아니라, 사회적 필요를 충족시키는 데 사용되어야 함을 요구하는 것이다.

자율적인 공간들은 이미 자본가 계급의 권리인 것처럼 상정된 공간 독점과 자본의 논리에 도전함으로써 공적 공간을 탄압하고 폐쇄하며 탈환하려는 노력에 필연적으로 맞서게 될 것이다. 하지만 인클로저를 직접 경험하게 되면 이것은 종종 여기에 관계된 모든 사람들이 급진화되고 자신의 것을 방어하기 위한 대항의 정치학을 창조하는 결과로 이어질 수 있다.

미국 동부 스타일의 사회센터 〈에이비시 노 리오〉

공공장소를 확보하기 위해 장기적으로 빈 공간을 점유하는 행위는 미국의 대부분 지역에서 주요 의제는 아니다. 하지만 뉴욕의 맨해튼 섬 동부Lower East Side에 있는 〈에이비시 노 리오ABC No Rio〉 같은 몇몇 예외도 있다. 이 단체의 기원은, 30명의 예술가들이 버려진 빌딩을 점거하고 뉴욕시의 주거·토지 사용 정책을 다루는 전시회를 열었던 1980년 1월 1일의 부동산 쇼Real Estate Show로 거슬러 올라간다. 하지만 경찰은 이 쇼를 긴급하게 폐쇄하고 전시물을 몰수했다. 뉴욕시는 어쩔 수 없이 이 예술가들과 협상을 해야 했고 결국 이들에게 리빙턴가 156번지에 있는 상점 앞 공간과 지하실을 내주게 되었다. 이 공간이 현재의 〈에이비시 노 리오〉가 된 것이다. 현재 이 공간은 집단적으로 운영되면서 전시 공간과 잡지 도서관, 암실, 실크스크린 스튜디오, 공공 컴퓨터실을 갖춘 예술 행동주의의 진원지로 알려져 있다.

자율 조직, 연대, 상호부조가 번성할 수 있는 공간

자본주의 사회라는 개별화된 경쟁 사회 속에서 스스로 운영되는 자율 공간들은 사람들이 진정으로 연대감과 상호 존중심을 가지고 서로 동등한 인격으로 관계 맺고 서로를 대할 수 있는 환경이 될 수 있다. 이 속에서 핵심은 "자율 관리self-management"를 실천하는 것으로, 이것은 다음과 같은 여러 가지 핵심 개념에 근거한다. 수평성(지도자가 없는 것을 말한다), 비정형성(집행하는 역할을 누군가에게 고정적으로 맡기지 않는다), 열린 토론(모든 사람들이 동등하게 말할 기회를 가질 수 있도록 한다), 노동의 공유(사상가와 실천가, 혹은 생산자와 소비자 간의 구분을 없앤다),

합의(협상을 통해 합의를 도출한다). 이런 개념들은 지역 국가가 후퇴한 상황에서 참가자들이 "사회적 공유재"를 창조하여 서비스와 복지를 제공할 수 있는 조건을 다시 구축할 수 있는 "DIY 정치학"을 만들어 낸다. 예를 들어, 자율적인 사회센터들은 공짜로 혹은 기부를 통해 회의 공간, 급진적인 서점이나 도서관, 저렴한 카페, 극장, 연주회장, 무료 상점, 인터넷 접속 시설 등을 제공한다. 어떤 곳은 컴퓨터 강좌, 자선 자문, 어학 수업, 자전거 워크숍, 탁아소 등을 열기도 할 것이다. 또한 어떤 곳은 집 없는 사람들과 국제 활동가, 가난한 망명자들에게 임시 거처를 마련해 주기도 한다. 하지만 이런 사회적 공유재들은 싼값에 전통적인 공공 서비스를 다시 만들어 내는 것이어서는 안 된다. 그보다는 이윤이 아닌 필요와 지구에 대한 존중심에 근거하여 자본주의에 필적할 만한 대안적인 경제 모델을 만드는 것에 가깝다.

자율적으로 관리되는 일상적인 공간 속에서 자율적인 운동의 수평적인 정치학을 실천에 옮기는 것은 다음과 같은 것들에 기초한 정치학을 개발하는 데 기여할 수 있다. 첫째는 우리에게 해야 할 일을 지시하는 국가의 간섭 없이 집단적이고 비위계적으로 우리 고유의 규칙을 만들 수 있는 자유다. 둘째는 연대와 상호부조에 기초한 대안적인 생활양식, 셋째, 차별과 지배를 거부함으로써 진정한 우리 자신이 될 수 있는 능력이다.

사회운동 규합, 행동주의 강화, 전략적 사고 공간

반자본주의를 조직하고 비위계적인 정치학을 구성하기 위한 공간이라고 명백하게 정의된 자율적인 공간들은 일련의 지역 캠페인과 지역 활동가들이 모임을 열고, 행동을 계획하고, 새로운 네트워크를 창조하며, 캠페인을 선전하고, 현수막을 만들고, 소책자의 글을 쓰고, 일을 진척시키는 데 핵심적인 자금을 모을 수 있는 허브로서 자연스럽게 움직인다. 사실 술집이나 공동체 센터, 교회에서 공짜 모임을 개최할 수 있는 가능성들이 줄어들면서, 이러한 목적을 충족시키기 위해 많은 것들이 의식적으로 설립되었다. 또한 그런 공간들이 상호 활동을 만들어 내고 경계를 허물며, 활동가와 비활동가의 구분을 넘나드는 연계와 공동체를 만들어 내고, 지역의 자율적인 활동들을 더 크고 응집력 있는 강력한 운동으로 만들기 위해, 다양한 자율 집단들에 속해 있으며 다양한 삶의 족적을 가진 사람들을 함께 규합함으로써 지역의 풀뿌리 운동을 강화하는 데 기여할 수 있기를 바라기도 한다. 따라서 자율적인 공간들은 "활동가 게토"를 넘어서서 지역 공동체를 지향하고, 주거지, 교육, 부동산 투기, 인종주의 같은 공동체 내에서의 여러 문제들에 대응하는 데 중요한 역할을 할 수 있다.

시간이 지나면서 "허브" 효과가 발생하여 기존 집단들 간의 장벽이 허물어지고 단일 사안처럼 보이던 것들 간에 명백한 연결고리가 만들어지며, 새로운 사람들도 낯설지 않은 방식으로 급진적인 정치학에 참여하게 된다. 따라서 자율적인 공간, 특히 사회센터들은 사회 투쟁의 다양한 실마리들을 대화와 동화, 좀 더 거대한 통일의 과정이 진행될 수 있는 한 장소에 모으게 된다. 중요한 것은 이런 공간들은 사람들이 자유롭게 이야기하고 정치적인 전술과 캠페인 전략에 대해 투쟁할 수 있는 환경이라는 점이다. 따라서 자율적인 공간들은 〈자유연합Free Association〉(2005)이 "안전한 장소"라고 부른 것을 만들어 낸다. 이곳은 사람들이 집중 캠페인이나 대규모 군중 집회 뒤에 돌아오는 곳으로, 여기서 사람들은 다양한 속도로 움직이고 다양한 방향성에서 출발한 사람들을 새로운 집단으로 묶고 실험하며 "함께 구성"할 수 있도록 한다. 스스로 관리되는 자율적인 공간들이 지역에서 풀뿌리 투쟁과 캠페인, 활동가들을 이어 주는 데 도움이 된다면, 도시와 마을, 공동체를 넘어, 국가의 경계를 넘어 서로를 연결하여 탈집중화된 저항의 전 지구적 네트워크를 창조할 수 있을 것이다. 여기서 핵심은 "투쟁의 전자적 직물electronic fabric of struggle" [*]이라고 불리는 것으로, 예를 들어 인터넷처럼 네트워크, 국제적 연대와 실천을 동원해 낼 수 있는 곳을 말한다.

사안, 문제, 도전

우리는 전 지구적 자본주의에 맞서는 투쟁에서 스스로 운영되는 자율 공간들이 어떻게 핵심적인 역할을 할 수 있는가에 대해 몇 가지 생각들을 정리해 보았다. 하지만 모든 정치적 집단이 그렇듯, 이런 공간들도 일상에서 수많은 도전과 긴장, 심지어는 갈등과 직면해야 하는 정치적 실험이다. 많은 것들이 자본주의 사회에 "반대함"과 동시에 "그 속에" 있으면서 자율적으로 운영되는 급진적인 정치학을 실천하는 현실과, 반권위주의, 수평성, 연대의 가치를 실천하는 어려움을 드러낸다.

빈 공간을 점유할 것인가, 말 것인가?

가장 거대하고 가장 의견이 분분한 사안은 "합법성" 즉 빈 공간을 불법으로 점유할 것인가, 말 것인가에 대한 문제였다. 비판적인 입장을 가진 사람들은 합법적인 자율 공간들을 유지하는 데 관련된 관료주의와 형식적인 문서 작업들 때문에 막대한 활동가의 에너지와 자원들을 풀뿌리 행동주의와 급진적 사회 변화에 쏟을 수 없게 된다고 제기한다. 모든 프로젝트 혹은 집단은 제도화

---

[*] Cleaver, 1998.

와 전문화 과정을 거치게 된다. 즉 활동가들은 "사회적 사업"의 관리자가 되거나 지역 선거에 나서게 되고, 이전의 빈 공간 점유 활동은 세상의 인정을 받고 조정된다. 많은 사람들이 보기에 급진적인 정치학은 법에 순응하는 것이 아니라 대립적으로 점거함으로써만 성장할 수 있다. 빈 공간 점유 활동은 가장 위험하고 단기적인 형태의 활동이기는 하지만, 이를 통해 사람들은 사유 재산의 지배에 복종해야 한다는 제약과 타협에서 명백히 해방될 수 있고, 부당 이득을 취하고 있는 지주들에게 지대를 지불하지 않을 수 있으며, 우리가 넘어서고자 하는 제도에 얽혀드는 것(인가 법안 등을 통해)을 막을 수 있다.

하지만 빈 공간 점유 활동에는 문제 또한 많다. 예전에 빈 공간 점유 활동을 했던 일부 활동가들은 꾸준히 이동해야 하고 빈 공간을 점유하는 활동 그 자체가 많은 대도시에서 점점 어려워진다는 점을 알게 되면서 지치고 좌절하고 열정이 식어 버렸다. 많은 활동가들은 어딘가에 정착해서 자신들의 정치학을 더 공개되고 접근 가능하며 규정할 수 있는 것으로 만들고 싶어 한다. 합법적인 공간은 더 많은 통제력을 제공하기도 한다. 급진적·자유주의적 정치학의 게토화를 막기 위한 반작용으로서 좀 더 "안정된 기지"를 만들고자 하는 희망은 사람들이 신자유주의적인 정책에 도전하는 데 참여할 수 있게 하고 대립적인 사회운동들을 강화하기 위해 좀 더 개방되고 접근 가능한 공간들을 만들고자 의식적으로 전략적인 이동을 하는 것과 서로 협력 관계에 있다. 개인이 소유한 건물을 구입하거나 빌리는 것은 이것을 전투적으로 점거하는 것보다는 훨씬 덜 적대적이지만, 이 또한 재집단화라는 똑같은 목표를 향해 나아가는 과정에서 재산권 제도와 전략적으로 타협한 것이라고 볼 수 있다. 어떤 경우든 모든 정치적 행위에는 어느 정도의 타협과 국가로부터의 수용이 필요하며, 이것은 빈 공간 점유 활동 또한 마찬가지다. 때로 불법 점유된 장소들과 합법적인 장소들은 연결되어 있으며, 자율적인 정치학을 위한 네트워크 속에서 서로에게 도움을 주기도 한다.

하지만 빈 공간 점거 활동은 여전히 태생적인 중요한 실천을 행하고 있다. 빈 공간 점거 활동은 몇몇 위험과 법적인 관계에도, 중요한 정치적 이유들이 있기 때문에 여전히 실천할 필요가 있다. 즉, 빈 공간 점거 활동을 통해 우리는 부동산 투기와 추방에 직접 맞설 수 있고, 지역 공동체 혹은 언론 상에 중요한 문제들을 빠르게 제기할 수 있기 때문이다. 불법성은 사안이 더 눈에 띄게 만들고 이에 대한 반응과 격렬한 감정을 촉발한다. 일례로 런던 시 중앙부 템즈 강가에 위치한 〈퓨어 지니어스Pure Genius〉 토지 점거 활동은 버려진 한 뙈기 땅이 어떻게 슈퍼마켓과 주차장으로 전환될 수 있는가와 관련된 문제를 제기하였고, 런던 해크니Hackney에 있던 〈토니 카페〉가 추방된 자리를 점거한 행위는 시의회의 어지러운 부패상을 보여 주기 위해 이루어진 것이었다. 빈 공간 점거 활동은 전 세계 도시에 빈집과 노숙자들이 동시에 존재하고 있는 모순적인 상황에 대한 생생한 대응이기도 하다. 빈 공간 점거 활동을 통해 사람들이 함께 배우고 투쟁하면서 지원과 연대의 네트워크가 형성될 수 있다.

자율 공간의 지속 가능성

자율적으로 운영되는 비영리 기획에서 나타나는 가장 큰 문제 중 하나는 소수의 사람들에게 책임이 전가된다는 점이다. 우리 모두는 자율 운영의 교훈을 제대로 이해할 필요가 있다. 우리들 스스로 일을 해내는 것은 함께 한다는 것을 의미하며, 지도자가 없는 상태에서는 더 많은 사람들이 역할을 맡아야 한다. 또한 재정이 매우 불안정하고, 국가의 지원금을 받지 않는 이런 기획들은 종종 월세와 청구서가 몇 달씩 밀리는 등의 문제를 가지고 있기도 하다. 자율 운영이라는 말이 폭넓게 쓰이기는 하지만, 그런 공간이 실제로 존재할 수 있게 만드는 과정에서 이것은 종종 위임받은 소수의 손에 넘어가고, 이로 인해 극도의 피로와 분노, 비효율성의 문제가 발생할 수 있다. 관련된 사람들이 자신들이 투입할 수 있는 역량과 다른 의무, 예를 들어 직업, 다른 형태의 행동주의, 가족과 친구 같은 것과 균형을 맞출 때 기획한 일들이 중단되는 경향이 있다는 것도 특히 약한 고리 중 하나다.

구조의 횡포와 무구조의 횡포

상대적으로 규제받지 않는 사회적 상호작용들이 살아 숨쉬는 생기 있는 공간으로서의 자율적인 공간들은 어떻게 구조와 참여를 통해 수평성을 실천할 것인가라는 도전에 일상적으로 직면하게 된다. 직접민주주의는 종종 "적자생존"에 적합한 기름진 토양을 제공한다. 공개된 대규모 회의를 통해 이러한 복잡한 조직을 운영하다 보면 자칫 무질서하고 소모적인 토론으로 이어질 수 있으며, 이런 상황은 이런 조직을 처음 접한 사람들이 보기에 썩 달갑지 않은 일이다. 모든 사람들이 모든 일에 책임을 지도록 만듦으로써 전문화와 역할 위계를 피하고자 하는 희망은 역설적이게도 궁극적으로는 모든 사람들이 아무 일도 책임지지 않는 상황을 야기하게 된다. 또한 핵심적인 일들이 이루어지지 않은 채 방치되어 있으면서 공간이 급격하게 분열되거나, 더 많은 자원을 가지고 있거나 더 열심히 하려는 사람들이 더 많은 일을 맡게 되기도 한다. 조 프리먼(Jo Freeman, 1972)은 "무구조의 횡포" 속에서 경험이나 지식이 더 많은 사람들을 중심으로 위계가 형성된다고 하였는데, 이것은 몇 가지 것들(바, 카페, 재정, 관리)에 대한 운영 책임을 맡는 집단을 만들어서 조금 완화시킬 수는 있지만, 역시 새로운 층의 관료주의가 만들어지기는 마찬가지다 (http://struggle.ws/pdfs/tyranny.pdf를 보라). 또한 그 공간 안에서 발생한 절도, 폭력, 성폭력 같은 사안을 해결하는 일은 시간도 많이 걸리고 복잡한 일이어서, 더 큰 집단과 함께 활동하면서 해법을 찾을 수 있는 방법을 요구하게 될 수도 있다. 다른 한편 자율적인 공간을 운영하기 위해 공동체를 건설하는 과정에서 함께 일했던 집단들은 빈번히 주변화되거나 무시되는 젠더 관계와 권력 문제를 이미 검토했던 것 또한 사실이다.

누구를, 그리고 무엇을 위한 자율 운영인가?

자율적으로 운영되는 기획에 참여하고 있는 많은 활동가들은 "활동가 게토에서 벗어나" 자신들의 정치학을 "보통 사람들"과 연결하고자 하며, 이를 통해 노동계급과 인종 공동체를 비롯한 다양한 공동체들에게 매력적이고 접근성이 높으며 환영받을 만한 공공의 공간을 만들고자 한다. 하지만 현실적으로 여러 계획들은 상당히 동일한 정체성들(중산계급, 백인, 하위 문화적)을 둘러싸고 게토화될 위험이 있다. 때로 자율 운영이라는 목표와 개념들을 대중들에게 충분히 설명하지 않는다거나 서로 사용하는 언어가 단절되는 일도 종종 일어난다. 나아가 자율적인 공간은 이윤 중심의 경제, 중앙화된 국가, 임금노동, 소비자 사회, 환경 파괴에 도전하기 위해 상품과 서비스, 복지를 이에 필적할 만큼 순환시키며 영감을 주는 역할을 제대로 하고 있는가? 지금 당면해 있는 중요한 문제에는 이런 기획들을 공식 경제로 들어가는 발판으로 삼는 것과, 주류 정치학으로 다시 태어나 그 속에 자리 잡는 것이 포함된다. 또한 우리가 자율 운영되는 모험들을 통해 제공하는 서비스들이 갖는 함의는 무엇인가? 국가가 퇴행하면서 비어 버린 국가의 예전 공간을 채우기 위해 기초 복지 서비스를 제공하여, 참여자들이 대도시의 점점 늘어가는 주변화된 사람들(노숙자, 난민, 이민자)에게 서비스를 제공하고 후원하기 위한 것인가? 그렇다면 이런 서비스 공급은 복지 서비스에 의존하는 문화를 단순히 재생산할 것이 아니라, 우리의 삶을 우리 힘으로 관리할 수 있도록 자극하기도 해야 한다.

열린 공간의 무한한 잠재력

이제까지 우리는 자율적으로 운영되는 공동체들의 현재진행형 이야기와, 인클로저와 소유권 박탈에 저항하고 공유재를 되찾는 데 이들이 하는 역할을 살펴보았다. 대규모 사회센터, 소규모 인포샵, 생태 마을, 저항 캠프 등과 같은 공간들은 지속적으로 사람들을 결집시키고 고무하여 자본주의로부터 자신들의 삶에 대한 통제력을 되찾아오는 일에 참여할 수 있도록 만든다. 하지만 자율적인 공간들이 폭넓은 사회 변화에 기여하는 바가 무엇인지는 명확하지 않다. 자율적인 공간들은 아직 상대적으로 약한 사회적 행위자이고, 서로 간에 잘 연결되어 있지 않으며 더 폭넓은 시민사회와도 대체로 단절되어 있기 때문이다. 일단은 동맹을 형성하여 복지 감축, 일자리 감소, 비정규직화, 주거지 사유화, 도심재 활성화, 병원 폐쇄 같은 "생계형" 문제들에 대한 투쟁을 진행하는 것이 중요하다. 이것은 상대적으로 폐쇄적인 "활동가 허브"로 존재하던 것이 신자유주의에 저항하는 폭넓고 대중적인 동맹이 등장하게 되면서 더 많은 전통적인 사회운동 행위자들을 포괄하는 열린 공간으로 발전해 가는 것을 의미한다. 우리는 이런 공간들을 통해 미래상을 단편적으로 엿볼 수밖에 없지만, 이 공간들은 자본의 논리에 직접 대항하고, 사람들 간의 연대가 확장될 수 있는 공간을 창조하며, 지역 행동주의를 강화하고, 많은 사람들을 급진 정치학으로 끌어들이며, 전 세계의 풀뿌리 투쟁을 결집시킬 수 있는 막대한 잠재력을 가지고 있다.

자율 운영되는 사회센터 만들기 **14**

이글을 쓴 마틸다 카발로Matilda Cavallo는 이탈리아와 영국 사이에 거주하면서 10여 년간 빈 공간 점유 활동과 사회센터 설립 활동에 참여해 왔다. 이 장의 내용들은 『빈 공간 점유자 안내서The Squatters Handbook』과 브라이톤에 있는 〈콜리 클럽 사회센터〉와 리즈에 있는 〈래디컬 루트 네트워크Radical Route Network〉가 제작한 지침서에 있는 정보에 근거한 것이기도 하다.

13장에서 "공유재"를 되찾는 것이 시급하고도 필수적인 과제라는 점을 설명했다. 그렇다면 이것을 어떻게 실행에 옮길 수 있을까? 우리 일상 속에서 어떻게 만나고 계획하고 사회적인 활동을 할 수 있는 공간을 만들고 공유재를 되찾을 수 있을까? 대부분의 도시를 잠깐만 둘러봐도, 정부를 등에 업지 않고, 혹은 우리의 경험을 상표로 도배하는 기업의 도움 없이, 혹은 지갑을 축내지 않고서 생활하고, 만나고, 생각하고, 먹거나 마실 수 있는 장소를 구하는 것이 정말로 어렵다는 것을 알 수 있다. 호화 콘도, 아파트, 에어컨 시설을 갖춘 사무실, 명품 상점은 도심의 표준이 되었으며, 끊임없이 성장하면서 고소득층을 끌어들이는 동시에 저소득층을 밀쳐서 낮은 사회계층으로 몰아내고 있다. 이 장에서는 회의 장소, 극장, 카페, 개방형 컴퓨터실 등의 수많은 활동들을 함께 모아 놓은 독립적인 사회센터를 설립한 경험에 초점을 맞추어 사소하나마 우리가 살아가는 장소들에 대한 통제력을 되찾을 수 있는 방법을 제시하고자 한다. 이런 방법들은 인포샵, 자료 센터, 공동체 카페, 대규모 공간을 점유한 공동체, 빈 토지 점거 등 다양한 자율 운영 프로젝트에 적용할 수도 있다. 이 계획들을 세우고 조직하는 것은 이런 공간 속에서 우리가 실제로 해야 할 일이기도 하지만 우리가 채택한 정치학을 학습하고 발전시키는 과정이기도 하다.

이 장에서는 자율적으로 관리되는 이런 형태의 공간들의 문을 열고 조직하며 유지하는 방법에 대한 구체적인 조언을 제시할 것이다. 여기에는 빈 공간을 무단 점거하거나 임대하거나 아니면 구입하고자 하는 사람들 모두를 위한 정보가 들어 있는데, 무단 점거와 임대, 구입은 중요한 정치적 선택이기도 하다. 이 장의 정보는 영국에서의 경험과 기존 지침서에 근거하고 있다. 대부분의 일반적인 개념들은 여러분들이 있는 곳에 관계없이 통용될 수 있기는 하지만, 특히 지역적인 차이가 큰 의미를 가질 수도 있는 기술적인 문제와 법적인 문제의 측면에 대해서는 지역이나 나라의 상황에 적합한 도움을 찾아야 할 수도 있다. 이 글은 이제 막 시작해 보려는 사람들에게 도움을 줄 수 있는 지침서용으로 작성한 것이다. 분명 이것은 청사진이나 "모든 상황에 들어맞는" 접근법은 아니다. 자율적인 공간 기획들은 풍요로운 전통을 가지고 있으며, 따라서 이 모든 기획들은 제각각의 교훈과 영감을 제공한다.

계획하기

큰 개념 잡기

가능성은 무한하며 한 가지 고정된 정형은 없다. 하지만 스스로 몇 가지 질문을 해 볼 필요가 있다. 무엇을 얻고자 하는가? 진정으로 필요한 것은 무엇인가? 이 이념에 대한 지원과 이것을 실행에 옮기기 위해 전념하는 사람들이 있는가? 해당 지역 안에 이 장소를 사용할 만한 집단들이 있는가? 빈 공간 무단 점거나 다른 단기 기획을 경험해 본 적이 있나? 그때는 어떻게 진행이 되었나? 공들일 만한 가치가 있는가?

무단 점거를 할 것인가, 말 것인가?

당신의 생각을 실천하는 과정에서 빈 공간 무단 점유가 가능하다면 주저하지 말라. 하지만 무단 점유의 법적인 결과에 대해 제대로 알아야 한다. 벌금을 물게 될 수도 있고, 경찰이나 이웃 주민 혹은 다른 무단 점유자들과 대치해야 할 수도 있으며, 범죄 기록이 남을 수도 있다. 무단 점거를 처음 해 보는 상황이라면 경험이 있는 사람들과 함께 참여하는 것이 아주 바람직하다. 빈 공간 점유 능력은 장소에 따라 다양한 형태를 띠게 된다. 네덜란드, 벨기에, 독일 같은 나라에서는 특히 거주권을 주장하고자 하는 경우에 성공적인 협상을 통해 종종 점거가 합법적으로 이루어진다. 반면 스코틀랜드와 아일랜드, 미국에서는 이것이 불법이다. 잉글랜드와 웨일즈에서 빈 공간을 점거하는 것은 범죄나 불법은 아니지만 사람들은 일반적으로 범죄라고 인식한다. 즉 법에 부합하는 것은 아니지만, 그렇다고 명백한 불법도 아니라는 것이다. 무단 점유에 대한 정확한 법률과 "무단 점유권"이 어떻게 구성되는지에 대해 궁금하다면 『빈 공간 점유자 안내서 *Squatters Handbook*』(Advisory Services for Squatters, 2005)를 참조하라. 요지는 다음과 같다.

빈 공간 점유의 핵심

- 지나치게 세련되게 보이지 않는 장소를 물색한다. 일반적으로 의회나 대학, 혹은 다른 대규모 공공 기관에서 소유하고 있는 장소들이 점거하기가 쉽다. 상업 지주와 부동산 회사는 기대할 여지가 없다.

- 손상을 입히지 않고 조용히 들어간다.

- 모든 출구를 점검하고 사용하는 출구의 열쇠를 바꾼다.

- 수도, 가스, 전기가 들어오는지, 혹은 들어오게 할 수 있는지 점검한다. 들어오지 않는다면 가스와 전기가 들어오도록 바로 신청한다.

- 최소한 집주인이나 의회 공무원이 나타나기 전까지는 특히 낮 시간에 항상 누군가가 집 안에 있도록 한다.

- 경찰이나 집주인, 의회 공무원이 등장하면 문을 열어 주지 말고 대신 우편함 같은 것을 통해 이제 이곳은 당신의 집이며 집주인이 당신을 내쫓을 수 있는 소유권 명령서를 가져오기 전까지는 나가지 않을 것이라는 의사를 전한다.

어떤 것들로 구성할 것인가?

생각해 볼 수 있는 다양한 모델들은 많다.

- 특정한 캠페인이나 집단이 모일 수 있는 집결지로서의 인포샵
- 급진적인 성향의 서점
- 자문 모임, 책과 안내서, 온라인 자료들을 제공하는 자료 센터
- 독립적인 공개 정보 미디어 센터와 핵랩 ▪
- 채식주의, 공정 무역, 지역 생산, 유기 농산물 같은 음식물의 정치학을 증진하는

카페나 바

■ 지역 예술가들이 공연을 펼칠 수 있는 적합한 장소

■ 다큐멘터리 영화를 상영하는 독립적인 영화관

■ 농촌 프로젝트, 빈 토지 점유, 생태 마을

■ 주거 공동체

■ 위의 많은 요소들을 모아 놓은 대규모 센터

또한 당신은 땅과 건물을 구입할 것인지(이렇게 되면 당신은 어마어마한 빚을 가지고 사업을 시작하여 여러 해 동안 여기에 매여 살게 될 것이다), 임대할 것인지(이렇게 되면 몇 개월 정도만 매여 살면 된다), 아니면 무단 점거할 것인지(쫓겨나기 전까지는 원하는 만큼 오래 지낼 수 있다) 자문해 보아야 한다.

건물 물색하기

그렇다면 당신은 어디서 지내고 싶은가? 지역 공동체 가운데? 아니면 주거 지역 안에? 아니면 번화한 거리나 도시 중심지에? 각각 장단점이 있다. 당신은 가난한 이웃들을 위해 봉사하고자 할 수도 있고, 캠페인을 보조할 수도 있으며, 접근성을 최대화하기 위해 중심지에 있고 싶을 수도 있다.

빈 공간을 점거하고자 하든, 구입하거나 임대하고자 하든 간에 건물을 물색하는 가장 효과적인 방법은 관심 있는 지역의 모든 도로를 걷거나 자전거를 타거나 차를 몰고 다녀 보는 것이다. 확신이 들지 않는 경우에는 주소를 기록한 다음 『영국 토지 대장*Land Registry*』을 통해 소유주를 검색해 볼 수 있다(14장

■ 핵랩hacklab에 대해서는 17쪽 용어 설명 참조. 옮긴이

마지막에 있는 자료를 참고하라).

그 건물의 상태는 어떠한가? 시간과 자원만 들이면 건물 청소는 쉽게 할 수 있다. 중요한 것은 그곳이 구조적으로 괜찮은지, 지붕과 마룻바닥, 벽의 상태 같은 것들이다.

무단 점거 대상지 찾기

대부분의 지역에는 빈 부동산들이 많이 있다. 가장 중요한 것은 쉽게 쫓겨나지 않을 수 있는 장소를 찾는 것이다. 무단 점거가 얼마나 오래 지속될 수 있을지는 말하기 어렵다. 한동안일 수도 있고 법정을 통해 두어 주 만에 쫓겨날 수도 있다. 건물주가 폭력적으로 사람들을 몰아낸 전력이 있는지 확인하는 것 또한 중요하다. 새로운 빈 공간을 점거하는 것은 언제나 일종의 도박과 같지만, 아는 것이 많을수록 더 좋은 상황을 만들 수 있다. 누가 살았거나 사용한 흔적이 있는지, 들어가는 것이 얼마나 쉬운지, 그 장소의 상태가 어떤지를 확인하도록 한다. 출입문의 맨 아랫부분에 작은 셀로판테이프를 가로로 붙여 놓거나, 초강력 접착제로 양 끝을 고정시켜 머리카락을 붙여 놓으면 누가 드나드는지 확인할 수 있다.

서류 작업 정리

임대나 구입

합법적인 경로를 따르고자 한다면 정리해야 할 서류 작업들이 많을 것이다.

■ 세부 사항 정리

어떤 건물을 사겠다는 제안서를 제출하고자 한다면 평가 보고서와 측량 보고서, 건축 계획, "공정표Schedule of Works", 전문적인 작업에 대한 건축 시세를 입수하여, 승인을 받아야 하는 의회의 건축물 담당 부서Building Control와 대출업자에게 이것을 제출해야 한다. 단순히 어떤 공간을 임대하려는 경우에는 이보다는 해야 할 일이 적겠지만, 중요한 건물 업무를 점검하거나 전문적으로 처리할 수 있는 준비를 갖춰 놓도록 한다.

임대 혹은 구입하고자 하는 건물을 찾았다면 원래 이 건물이 어떤 용도로 계획되었는가를 확인할 필요가 있다. 또한 당신이 원하는 일을 할 수 있기 위해서는 지방 정부로부터 "용도 변경 승인"을 받아야 할지도 모른다. 이것은 몇 주씩 걸릴 수도 있는 일이기 때문에 이런 것들이 제대로 정리되기 전까지는 대출 신청서에 서명을 하지 않도록 한다.

■ 체계 잡기

건물을 합법적으로 운영하기 위해서는 일종의 등록된 합법적 구조가 필요할 수도 있다. 이것은 어느 정도의 관료주의를 채택해야 한다는 것을 의미한다. 비서와 회계 담당을 정하고 은행 계좌를 열고 제출용 계산서를 훌륭하게 작성하고, 정기적인 회의에 참석하며 회원들에게 배당금이나 카드를 발행해야 할 수도 있다. 〈유니티Unity 은행〉, 〈트리오도스Triodos 은행〉, 〈에콜로지Ecology 은행〉, 〈협동 은행Co-operative Bank〉 같은 은행에 가면 공동체와 비영리 집단을 대상으로 한 은행 계좌를 발급받을 수 있다.

영국 회사 체계의 형태

자율 운영 공간에 체계를 잡기로 결정한 경우 많은 사람들이 협동조합형 회사를 택한다. 협동조합은 그 구성원들이 소유하고 통제하는 사업체이며, 이 구성원들은 이윤의 용도에 대해서도 집단적으로 결정한다. 외부자들은 그 운영에 대해 간여할 수 없고 유한회사로서 그 어떤 구성원도 협동조합의 자산과 부채에 대한 책임을 지지 않을 수 있다. 이것을 실행하는 데는 여러 가지 방법들이 있다.

- 기업등록소Companies House에 등록된 유한 책임 회사Limited Liability Company—가장 비용이 적게 들고 손쉬운 선택.
- 우애조합Friendly Society에 등록된 협동조합 회사.
- 공동체 이익 회사Community Interest Company—자산이 공동체에 속하게 된다.
- 공동체 토지 신탁Community Land Trust—좀 더 큰 토지 사업을 위해.

■ 사업 계획 세우기

사업 계획은 당신이 누구이며 무엇을 하고자 하는지, 그리고 어떻게 그것을 할 것인가에 대한 계획이다. 당신은 이것을 돈을 빌리고자 하는 은행과 사람에게 제출하게 될 것이므로 잘 검토해서 그럴듯하게 만들어야 한다. 이에 대한 모범 예시는 쉽게 구할 수 있을 것이며, 주로 다음과 같은 것들로 구성되어 있다.

—제안서의 기본 개요
—해당 건물과 그곳에서 앞으로 있게 될 일에 대한 설명

—참여하게 될 사람들과 이들을 조직하는 방식

—모든 이용 내역

—드나드는 모든 자금의 흐름

—빌리고자 하는 것

■ 주택 담보 대출과 융자

건물을 구매하고자 한다면 장기간 저리로 돈을 빌려 줄 수 있는 개인이나 윤리적인 대출 업자를 물색한다. 보통 사업 비용의 70퍼센트 정도는 주택 담보 대출로 빌릴 수 있을 것이다. 해당 장소에 대해 지불해야 하는 주택 담보 대출 말고도 부동산 양도 소속, 법률 비용, 건축 작업, 인지세, 대출 상환금 같은 다른 비용들을 지출하고 난 뒤에야 수입이 발생할 수 있음을 기억하라.

빈 공간 점유

건물을 무단 점유하는 행위의 장점은 위에 나와 있는 관련된 모든 관료적 업무들에 대한 걱정을 할 필요가 없다는 점이다. 다만 공적인 문서 작업은 많지 않지만, 돈을 모으고 은행에 맡기는 일, 사무 변호사, 집주인, 언론, 법집행관과의 문제를 처리하는 일, 수도, 가스, 전기등의 설비가 작동되게 하는 일들을 정돈해 두면 도움이 된다.

입주와 환경 정비

임대나 구입

이제 건물을 입수했다면 겨우 1단계를 통과한 것이다! 회원이나 대중들에게 개방하고 싶다면, 특히 술이나 여흥을 제공하고자 한다면 필요한 일이 더 있다.

■ 영업 허가 획득

규제를 받을 만한 오락을 제공하거나 합법적으로 술을 판매하고자 한다면 영업 허가를 받아야 한다. 회원 클럽 식으로 운영하고자 한다면 "클럽 영업 증명서Club Premises Certificate"를 받아야 한다. 이를 위해서는 돈이 많이 들고 많은 공문서 작업이 필요하며, 범죄와 무질서, 보건과 공중 안전, 환경적인 건강, 공적인 소란, 위해로부터 어린아이들을 보호하는 문제 등을 포괄하는 여러 가지 조건들의 목록을 충족시켜야 한다.

이외에도 공적 책임성과 건축 보험, 사업세(비영리 조직은 할인받을 수도 있다), 수도, 전기, 가스, 전화 서비스 연결(친환경적이거나 윤리적인 공급자를 택하는 것도 가능하다) 같은 것들을 고려해야 한다.

빈 공간 점유

■ 입주

빈 공간 점유에 있어서 가장 어려운 부분은 실제로 점유하는 행위다. 문제는 철문이나 방범창, 커다란 자물쇠 때문에 발생한다. 창문과 문을 손상시키거나 부수고 그 안에 들어가는 것은 불법이다. 아주 경미한 손상이라고 하더라도 그로 인해 체포될 수 있다. 쉽게 들어갈 수 있는 건물이 있으면 이런 법적 문제를 감수하는 위험이 줄어든다. 혼자서 빈 공간을 점유하는 것은 위험할 수 있다. 다른 사람들과 함께 하는 것이 더 안전하고 종종 더 재미있기도 하다. 적당한 낮 시간을 정한다. 대부분의 사람들은 밤에 수상한 소리를 들으면 좀 과민해지기 때문이다. 안에 들어가서는 그 장소가 사람이 살고 있는 곳처럼 보이도록 만든다.

열쇠 바꾸기

안에 들어간 뒤에 가장 먼저 해야 할 일은 앞문 열쇠를 바꾸고 모든 출입구를 점검하는 일이다. 누가 드나드는지를 통제하기 전까지는 제대로 점거했다고 볼 수 없으며, 집주인이나 경찰이 들이닥쳤을 때 바로 쫓겨날 수 있다. 한 사람이 열쇠를 다는 동안 다른 사람들은 창문과 다른 문들을 확인하고 커튼을 치며, 주전자를 올려놓고 당신이 살고 있다는 것을 보여 주기 위한 준비를 하는 것이 좋다. 도구가 있다면 나사를 풀어서 먼저 있던 예일 자물쇠(원통형 자물쇠)를 떼어 내고 오래된 실린더를 새 것으로 교체한 후 다시 자물쇠를 끼워 넣는다. 강도로 고발당할 수 있으므로 낡은 실린더는 안전한 장소에 보관한다. 모티스mortice 자물쇠(열쇠 없이 잠그는 붙박이형 자물쇠) 같은 더 튼튼한 자물쇠를 한 개 더 달아야 할 수도 있다.

■ 보안

앞 유리나 앞문에 법적 경고문*을 붙여 놓으면 경찰이나 집주인이 침입하는 것을 막을 수도 있기 때문에 도움이 될 수 있다. 하지만 보안을 위해서는 항상 그 장소에 누군가 있는 것이 가장 바람직하다. 법적 경고문만 가지고는

* Section 6 Notice라고 불리는 것으로, 빈 공간 점유자들을 위한 자문 서비스Advisory Service for Squatters에서 얻거나 이들의 웹사이트에서 다운받을 수 있다

당신이 쫓겨나는 것을 막을 수 없다. 경찰이 빨리 들이닥쳤을 때는 인쇄된 종이를 주면 말로 설명하는 수고를 덜 수 있다.

■ 경찰 대응

자물쇠를 바꾼 뒤에는 최대한 빠르게 물건을 들여놓는 것이 가장 좋다. 바로 이때가 경찰들이 들이닥치기 가장 쉽기 때문이다. 피할 수 있다면 경찰을 안에 들이지 않도록 한다. 하지만 경찰은 영장이 있으면 어떤 장소라도 들어갈 법적 권리를 갖게 된다. 이때는 경찰에게 이렇게 말하는 것이 좋다. "우리는 달리 있을 곳이 없어서 여기에 들어왔습니다. 들어올 때 아무것도 부수지 않았고 그 어떤 것에도 손대지 않았습니다. 이건 형사 사건이 아니라 우리와 집주인들 간의 민사 사건입니다. 우리가 떠나기를 바란다면 당신들은 점유 질서와 관련된 법정으로 우리를 데려가야 합니다."

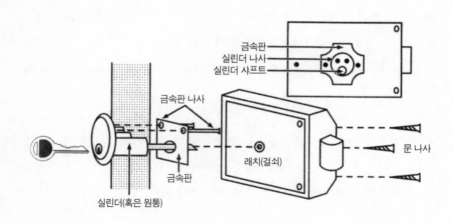

예일 자물쇠 끼우기

출처: 『빈 공간 점유자 안내서』(2005)

■ 기본 편의 시설 사용하기

가스와 전기는 치명적일 수 있다. 전기와 가스 공급 상황을 점검할 수 있는 사람이 있는지 확인한다. 확신이 들지 않는다면 도움을 구한다. 공급이 차단되어 있다면 아마 다시 연결하는 데 엄청난 노력이 필요할 것이다. 가스와 전기를 훔치는 것은 위법 행위므로, 불법 점거한 빈집에서 공급원을 다시 연결하고 비용을 지불할 수 있다면 그것은 해 볼 만한 가치가 있다.

공간과 활동 조직

시간과 돈뿐만 아니라 공간의 규모와 용적에 따라 가능성과 한계가 정해진다. 사회센터들은 일반적으로 아주 다양한 직접행동 집단들과 캠페인, 활동들을 위한 다리가 된다. 여기에 포함될 수 있는 것으로는 아나키스트, 반자본주의, 노동계급 정치학, 평화, 반소비주의 정치학, 망명자와 이주 문제, 퀴어 정치학, 협동조합 정치학, 환경 정치학, 언론, 창조적 저항, 국제적 연대 혹은 반사유화 투쟁 같은 것들이 있다. 빈 공간을 점유하든, 임대를 하거나 구입을 하든, 다음과 같은 방법을 활용하여 공간을 조직할 수 있다.

사람들의 참여 이끌기

아이디어가 부족해서 곤란을 겪을 수도 있지만, 무엇보다 모든 일이 열심히 일하는 몇 사람에게만 집중된다면 그것은 거의 악몽과도 같을 것이다. 새로운 자원 활동가와 적극적인 새 구성원들이 꾸준히 유입되어야 하며(사람들이 교체되기도 할 것이다), 센터를 운영하는 다양한 측면들을 책임지는 데 관심이 있는 사람들이 초기부터 충분히 있어야 한다. 사람들에게 열심히 하도록 강제하는

영국 사회센터들의 전단지들

출처: 마틸다 카발로

것만으로는 버틸 수 없지만, 최대한 참여가 쉽게 만들기 위해 다음과 같은 몇 가지 조치를 취할 수 있다.

- 회원 가입 신청서와 일반 전단에 참여 방법에 대한 정보를 적어 둔다.
- 곳곳에 공지를 띄운다.
- 사람들이 등록할 수 있는 윤번 제도를 만든다.
- 적극적으로 참여하고자 하는 모든 사람들을 환영하는 분위기를 만든다.
- "공개일"을 정해서 센터 운영에 도움을 주고자 하는 사람들이 센터 구조에 대한 토론을 진행하고 자원 활동에 대한 정보를 얻을 수 있도록 한다.
- 총회 홍보를 잘 한다.

어떻게 만날 것인가?

당신이 만든 공간의 지위가 어떠하든 간에, 의사 결정을 위한 회의를 개최할 필요가 있을 것이다. 지도자 없이 의사 결정을 하는 것에 뜻이 있다면, 이것을 반영하는 회의와 의사 결정 방식을 정하는 것이 좋다(4장을 보라). 대부분의 사회센터들은 정해진 시간에(매주, 격주, 혹은 매월) 모든 회원들이 모이는 공개 총회를 개최한다. 대규모 회의가 원활하게 진행되는 데는 훌륭한 촉진 활동이 필수적이다. 촉진이 제대로 이루어지지 않거나 분명한 파벌이 지배하게 되거나, 혹은 사람들이 자신들의 기여가 타당하지 않다고 느끼게 되면 회의는 곧 생기를 잃게 될 것이다. 활력 있는 자율 공간을 건설할 때 핵심은 개방성과 유연성을 유지하는 것이다.

연락하기

오늘날처럼 연결되어 있는 세상에서 이메일은 필수적인 조직 수단이다. 하지만 잠재적인 문제점들과 이를 해결하는 방법에 대해서도 염두에 두어야 한다. 예를 들어, 아직도 많은 사람들이 이메일을 갖고 있지 않으며, 따라서 의사 결정에 이것을 활용하지 못한다는 점을 기억해야 한다. 제안서나 의제 같은 중요한 이메일은 인쇄해서 게시판에 붙여 두도록 한다. 우리도 이메일에 너무 많은 것들이 쌓여 괴로움을 느낀다. 당신의 메일링 리스트에 과부하가 걸려 있으면 사람들이 접근할 수 있는 다양한 형태의 리스트를 만들어 볼 수 있다. 예를 들어, 조직하기, 발표, 정치적 토론이라는 식으로 구분할 수 있다. 또한 이메일에는 오해와 분노의 소지가 있을 수 있으므로 시작부터 분명한 사용자 가이드와 이것을 실행할 준비가 되어 있는 훌륭한 중재자를 두도록 한다. 일이 많을 수 있으므로 이 역할은 돌아가면서 맡도록 한다.

충분한 자료 수집

자원, 그중에서도 재정적인 자원은 항상 부족하다. 돈을 모을 수 있는 좋은 방법에는 회비, 공과금 대납, 자선 공연, 기부, 티셔츠, 공정 무역 커피, CD, DVD 등 같은 연대 상품을 판매하는 카페, 바, 서점 같은 것이 있다. 일부 사회센터들은 주거 협동조합이 들어갈 수 있을 정도로 큰 건물을 구입하기도 하는데, 이 주거 협동조합은 사회센터 운영비를 지불하는 데 도움이 된다. 하지만 핵심적인 자원은 여유 시간에 기꺼이 사업을 지원하는 넉넉한 사람들이다. 일반적으로 대부분의 사람들은 적은 규모의 자원 활동가들이 대다수의 활동을 하도록 내버려둔 채, 잠시만 시간을 내려고 한다. 사람들은 보통 보수를 받지 않는데, 이것은 평등이라는 감정을 만들어 가는 데 도움이 된다.

활동 벌이기

당신은 이미 사회센터의 다양한 측면들을 책임지는 데 관심이 있는 다양한 집단의 사람들을 보유하고 있을 수 있다. 총회에서 당신은 잠정적인 공간 사용에 대해 토론하고 공동체가 필요한 구역을 규명하게 된다. 이 모든 집단들을 위해 세부 연락처를 공지하고, 사람들이 새로운 활동을 제안하고 일을 진행할 때 지원받을 수 있는 방법을 마련하도록 한다. 사회센터는 사람들이 단순한 소비자라는 느낌을 갖지 않도록 돕는 역할을 하는 곳이다. 잠재적으로 함께 할 수 있는 공동체들의 목록을 열거해 보면 다음과 같다.

- 카페
- 바
- 연주회와 이벤트
- 서점
- 정원

- 기술 공유
- 극장
- 영화 클럽과 영화관
- 자전거 워크샵
- 예술 공간

- 관리와 청소
- 재정
- 어린이 클럽
- 공동체 봉사 활동
- 어학 수업

외부 세계와의 연계

당신의 목표 가운데 하나가 당신의 공간 밖에 있는 집단들과 연계하는 것일 수 있다. 여기에는 가까운 이웃(빈 공간을 점거하는 경우에는 매우 중요하다), 해당 건물의 잠재적인 자원 활동가들과 이용자들, 캠페인 집단, 망명자와 노숙자, 청년들, 복지 서비스가 필요한 사람들 등 어떤 필요가 있는 사람들이 포함될 수 있다. 다음은 도움이 될 만한 몇 가지 조언들이다.

- 해당 공간 안에 참여 방법을 알리는 분명한 선전 공간을 만든다.
- 건물 밖에 샌드위치맨 광고판이나 행사 게시판을 만들어 사용한다.
- 작업 공동체들이 분명히 연락 가능한지, 또한 정기적으로 공개 회의를 여는지 확인한다.
- 이메일을 통한 토론, 발표, 조직 명부 공람 등을 진행하고 이메일이 없는 사람들에게는 다른 방식으로 확실히 연락을 취한다.

독립적인 서점/도서관 - 무료 가게 - 여성 지원 집단 - 캠페인 집단들을 위한 사무실과 우편함 - 현수막/시위 물품 창고 - 재료들 - 식품 협동조합 - 저렴한 술집 - 예술 공간/인쇄 시설

직물/실크스크린 인쇄 - 난민을 위한 어학 수업 - 어린이 대상 행사 - 호신 수업 - 수감자 지원 - 뜨개질 - 소비자 신용 조합 - 프로그램실/공개된 단말기/인터넷 - 녹음실 - 암실 - 현수막 제작 - 목공/금속 작업 - 치료 공간 - 방문객을 위한 단기 숙박 시설 - 텃밭, 퍼머컬처 정원 - 연주회와 밴드 연습 공간

채식주의 카페/공동체 식사 - 정치적 회의/모임 공간 - 망명자, 주거와 실업수당 청구자 지원 - 자전거 임대/자전거 수리 강좌 - 기술 공유 워크샵 - 독립적인/공동체 영화관 - 전시회/벽화 공간 - 춤과 요가 수업 - 독서 모임/글쓰기 워크샵

영국 사회센터에서의 활동들

출처: 마틸다 카발로

- 주요 전화 연락처나 이메일 주소를 확보하여 정기적으로 점검하되 여러 사람이 돌아가면서 진행한다.
- 진행되는 모든 행사와 참여 방법, 기부 방법과 해당 장소를 찾는 방법을 홍보하는 월간 소식지나 쉽고 분명하게 이용할 수 있는 웹사이트를 마련한다.
- 망명자들, 세입자 집단, 장애인 등 새로운 사람들을 목표로 하여 지역 집단들과 공동 작업을 한다.
- 이 공간의 목적을 분명하게 설명하는 매혹적인 홍보지를 만들어 정기적으로 배포한다.
- 당신의 공간에 대한 정보를 자원 활동가 센터나 공동체 자원 목록 같은 관련 연락처 목록에 확실히 올린다.

사회센터를 구성하는 핵심 조직

회원 클럽

많은 사회센터들은 자신들을 회원 클럽이라고 규정하고 있다. 이것은 이 공간에 대한 접근이 회원과 손님으로 제한되며, 회원 규약, 행동, 목표 등의 문제를 아우르는 규칙들을 정해야 함을 의미한다. 사회센터는 보통 때는 대중들에게 공개되어 있다가 술을 판매하거나 규제 대상인 오락 행위가 진행될 때에는 회원들에게만 공개되는 형식을 띨 수 있다. 친구와 방문객들을 통해 천 명의 회원을 모으는 것은 그리 어렵지 않은 일이다. 총회에서 일련의 규칙들을 채택하여 회원 클럽을 만들 수도 있다.

재정

잘 조직된 재정 공동체를 만드는 것이 무엇보다 시급하다. 제때 요금을 지불하고 회계장부를 작성해야 하는 법적인 의무가 있는 경우에는 특히 그렇다.

카페

대중들에게 식품을 제공하기 위해서는 식품 위생 기준을 유지하는 식품 사업 등록을 받아야 한다. 카페 공동체는 적절한 개점 시간과 인력, 만들 수 있는 메뉴, 원재료 공급자, 위생에 대한 교육 조직하기, 가격 정하기, 모든 필요한 장비 갖추기 같은 문제들을 세세하게 살펴야 할 것이다.

행사 조직

다양한 용도로 사용되는 건물에는 이중 예약과 충돌이 발생할 수 있으며, 따라서 사용자와 행사에 대한 어느 정도의 조정이 필요하다. 이것은 총회에서 토론할 사안이기도 하다. 이 건물은 무슨 목적으로 사용되며, 어떻게 조정되어야 하나? 이를 위해 예약 조정 공동체를 두는 것도 좋은 방법이다.

책임

공개되어 있는 분주한 공간, 그것도 술을 파는 곳을 운영하게 되면 갈등이 발생할 수밖에 없을 것이다. 자원 활동가들이 지원을 제대로 받고 있는지, 고립되어 있거나 상처받은 채로 내팽개쳐져 있지는 않은지 확인하도록 한다. 갈등을 해결하는 데 도움을 주는 점강de-escalation 훈련을 시행하고 중재 집단을 만들 수도 있다. 회계나 폐쇄 같은 중요한 사안에 대해서는 미리 정해진 조정자들이 있어야 한다.

이주와 이사

자율적으로 운영되는 공간들은 다양한 이유로 폐쇄되거나 이동할 수 있다. 캠페인이 끝나서일 수도 있고, 집단의 에너지가 소진되어서일 수도 있으며 재정이 파산하거나 집주인이 임대계약을 취소해서일 수도 있다. 빈 공간을 점유한 경우에는 보통 쫓겨나게 된다.

진지하게 추방에 맞서 싸우려면 다음과 같은 핵심적인 일들을 해야 한다.

- 알고 있는 모든 사람들에게 많은 지원을 받는다. 사람은 많을수록 좋다.
- 순번제를 시행해서 사람들이 항상 그곳을 지키도록 한다.
- 경찰과 행정 집행관이 오는지 망을 보는 경비를 세우도록 한다. 행정 집행관들은 종종 물리력을 쓰기 때문에, 이에 대한 대비가 있어야 한다는 점을 기억하라.
- 시간 계획에 대해 미리 합의하도록 한다. 이를테면 얼마나 오래 머물 수 있고 얼마나 오래 싸울 수 있는가에 대해 미리 합의하도록 한다.
- 특정 기술이 있는 사람들을 모은다. 지붕에 올라가는 데는 등산가, 엄청난 소음을 내는 데는 삼바 밴드, 언론 보도 자료 쓸 사람, 지역 언론에 소식을 전할 사람 등이 필요할 것이다.
- 언론에 접촉하여 이들과 공동체를 당신 편으로 만든다(당신에게 호의적인 측면을 있는 대로 강조한다. 예를 들어, 이것은 개발 업자에 맞선 다윗과 골리앗의 싸움이라는 식의 비유를 쓸 수 있을 것이다). 그곳에서 지내는 동안 긍정적인 지역 활동을 많이 벌여서 사람들이 위기 상황이 닥쳤을 때 당신을 지원하도록 만드는 것도 중요하다.
- 비디오로 기록한다. 경찰과 행정 집행관들이 자행하는 불법 행위를 기록할 수 있으므로 이후에 유용한 증거 자료가 될 수도 있다. 어떤 일이 벌어지고 있는지 세상에 알릴 수 있는 큰 현수막을 몇 개 만든다.

- 모든 상황이 악화되면 긴급 대책을 세우고 옮길 다른 장소를 물색한다.
- 추방에 저항하기 위해 바리케이트 같은 물리적인 방어물을 만들 준비도 해 둔다. 창문과 문을 지키기 위해 안팎에 충분한 사람들이 있도록 한다.

빈 공간 점유자들에 대한 추방

그 안에 아무도 살지 않았기 때문에 소유주가 자신의 공간을 되찾기 어려운 경우, 법원에 소유권 명령을 신청해야 한다. 다른 방식은 어떤 것이든 아마 불법일 것이다. 불법적인 추방은 드물지만, 이런 불법을 저지르거나 시도하는 사람들이 있을 수도 있으므로 이에 저항하는 조치를 취할 수 있도록 항상 노력해야 한다. 영국에서 빈 공간 점유자들을 상대로 소유권 명령을 요구하는 일반적인 형태는 표준적인 "불법 침입trespass"이다. 하지만 괘씸하게도 잠정소유권명령(Interim, 혹은 temporary) Possession Order, IPO)을 신청하는 등 부가적인 선택을 할 가능성도 있다. 이것은 1994년에 제정된 형사사법과 공공질서법Criminal Justice and Public Order Act 안에 들어 있는 것으로 빈 공간 점유자들을 저지하기 위한 수단 중 하나다. 이것이 괘씸한 이유는 잠정 소유권 명령이 일반적으로 서한을 통해 당신과 점유된 빈 공간을 상대로 발표되면, 24시간 내에 그곳을 떠나야 하고, 그렇지 않을 경우 범법 행위가 되기 때문이다. 또한 경찰은 당신을 체포하고 고발할 수 있다. 그런 서한을 받았다고 절대 당황하지 말라! 이것은 단지 집주인이 당신이 거기에 있는 것을 알았다는 것을 의미할 뿐이다. 따라서 집주인들이 곧 들이닥쳐 당신을 법정에 끌고 갈 수 있다는 것은 아니다. 이것은 대개 집주인이 얼마나 급하게 그 공간을 원하는지, 이들이 얼마나 효율적으로 움직이는지, 그리고 당신이 얼마나 운이 좋은지에 달려 있다!

이 장에서는 자율적인 공간을 건설하는 데 필요 기본 개념들과 접촉 지점, 기술들에 대해 개괄적으로 살펴보았다. 이것은 고된 작업이며, 항상 문제가 따른다. 곤란한 사람들을 상대해야 하고, 돈과 여유 시간, 자원이 부족하며, 경찰과 행정 당국과도 마찰이 있다. 하지만 자율적으로 운영되는 집합적인 기획의 일부를 구성하면 막대한 보상이 따른다. 가서 이런 일을 해 보았던 다른 사람들과 이야기를 나눠 보라. 계획을 세우고, 이에 대해 생각하며 사람들을 흥분시켜라. 그리고 저물녘에는 이것을 실험하고 실행하라!

책과 지침서

Advisory Service for Squatters(2005). *The Squatters Handbook*. 12th edition. London: Advisory Service for Squatters.

Cleaver, Harry(1998). 'The Zapatistas and the Electronic Fabric of Struggle'. In *Zapatista! Reinventing Revolution in Mexico*. Eds John Hollway and Eloina Pelaez. London: Pluto Press, www.eco.utexas.edu/~hmcleave/zaps.html(『사빠띠스따』(서창현 외 옮김, 갈무리, 1998) 중 수록 "사빠띠스따들과 투쟁의 전자적 직조 구조")

Coates, Chris(2000). *Utopia Britannica. British Utopian Experiments 1325-1945*. London: Diggers and Dreamers Publications.

Corr, Anders(1999). *No Trespassing, Squatting, Rent Strikes and Land Struggles Worldwide*. Cambridge, Mass.: South End Press.

Davis, Mke(1990). *City of Quartz*. London: Pimlico.

Davis, Mke(2005). *City of Slums*. London: Verso.

Do or Die(2003). 'Space Invaders. Rants about Radical Space'. *Do or Die* 10: 185-8

Free Association(2005). *Event Horizon*. Leeds: Free Association, www.nadir.org.uk

Freeman, Jo(1972). *The Tyranny of Structurelessness*.(소집단 내에서의 비공식적 위계구조에 대한 팸플릿.) www.struggle.ws/anarchism/pdf/booklets/structurelessness/html

Hakim, Bey(1991). *The Temporary Autonomous Zone, Ontological Anarchy, Poetic Terrorism*. New York: Autonomedia.

Harvey, D.(2005). *The New Imperialism*. Oxford.(『신제국주의』, 최병두 옮김, 한울아카데미, 2005)

Klein, N.(2001). *No Logo*. London: Flamingo.(『No Logo』, 정현경 외 옮김, 중앙M&B, 2002)

Midnight Notes Collective(1990). 'The New Enclosures'. Midnight Notes 10.

Pilger, John(2002). *The New Rulers of the World*. London: Verso.

Radical Routes(1998). *How to set up a housing co-op*. Leeds: Cornerstone Recource Cetre.

Rogue Element(2003). *You Can't Rent Your Way Out of a Social Relationship*. Leeds: Rogue Element.

Shive, V.(1997). *Biopiracy. The Piunder of Nature and Knowledge*. Totnes, Devon: Green Books.(『자연과 지식의 약탈자들』, 한재각 외 옮김, 당대, 2000)

Stiglitz, J,(2002). *Globalisation and its Discontents*. London: Allen Lane.(『세계화와 그 불만』, 송철복 옮김, 세종연구원, 2002)

The Cowley Club with Radical Routes(2006). *How to Set Up a Social Centre*. Brighton: Radical Routes.

Ward, Colin(2002). *Cotters and Squatters. The Hidden History of Housing*. Nottingham: Five Leaves Publications.

Wates, N.(1980). *Squatting: The Real Story*. London: Bay Leaf Books.

Zukin, Sharon(1992). *The Culture of Cities*. Oxford: Blackwell.

웹사이트

일반

디거즈와 드리머즈 공동체적 삶에 대한 안내서Diggers and Dreamers Guide to Communal Living

www.diggersanddreamers.org.uk
국제 공동체들Intentional Communities http://en.wikipedia.org/wiki/Intentional_community
사회센터Social Centres http://en.wikipedia.org/wiki/Social_center
평민The Commoner www.commoner.org.uk/(다른 가치를 지향하는 웹저널)

빈 공간 무단 점유

빈 공간 점거자들을 위한 조언 서비스Advisory Service for Squatters www.squatter.org.uk
이탈리아 무단 점유Italian Squats http://tutto.squat.net
멜버른의 순수한 무단점유자들 안내서No Frills Melbourne Squatters Guide
  www.geocities.com/squattersguide
슈뉴스 무단 점유 안내서Schnews Squatting Guide www.schnews.org.uk/diyguide/squatting.htm
위키피디아의 정의Wikipedia Definition http://en.wikipedia.org/wiki/Squatting

네트워크

세계 인포샵 네트워크Global Infoshops Network www.eco-action.org/infoshops
이탈리아 사회센터Italian Social Centres www.ecn.org/presenze
영국 사회센터 네트워크UK Social Centres Network www.socialcentresnetwork.org.uk

협조적 자문/재정

카탈리스트 컬렉티브 유한주식회사Catalyst Collective Ltd www.eco-action.org/catalyst
협동 재정과 공동체 재정Co-operative and Community Finance www.icof.co.uk
영국 협동조합Co-operatives UK www.cooperatives-uk.coop
산업의 공동소유권 운동Industrial Common Ownership Movement www.icof.co.uk/icom
전국 공동체 발전 협회National Community Development Association www.ncdaonline.org
전국 주거 공동체 회의National Confederation of Co-operative Housing www.cch.org.uk
래디컬 루트Radical Routes www.radicalroutes.org.uk
사회센터 네트워크Social Centres Network www.socialcentresnetwork.org.uk
업스타트 서비스 유한주식회사Upstart Services Ltd www.upstart.coop
노동자클럽과 협회 조합Working Men's Clubs and Institutes Union www.wmciu.org.uk

영국 정부 사이트

기업 등록소Companies House www.companieshouse.gov.uk
재정 서비스국Financial Services Authority www.fsa.gov.uk
영국 토지 대장Land Registry www.landreg.gov.uk
영국 면허법 2003년UK Licensing Act 2003 www.opsi.gov.uk/acts/acts2003/20030017.htm

이메일리스트

인포샵 메일링 리스트를 활용하려면 "subscribe infoshops"라는 단어와 함께 lists@tao.ca로 메일을 보내
  면 된다.
런던 사회센터 네트워크London Social Centres Network londonscn@yahoo.co.uk
영국 사회센터 네트워크UK Social Centres Network
  http://lists.riseup.net/www.info/socialcentrenetwork

15 미디어를 되찾아야 하는 이유

이 글을 쓴 체홉 피니Chekov Feeney는 더블린에 살고 있는 정치 활동가 겸 언론인이다. 피니는 〈아일랜드 인디미디어 공동체〉(www.indymedia.ie)의 일원이며 주간으로 발생되는 『빌리지 매거진*Village Magazine*』(www.villagemagazine.ie)에 정기적으로 칼럼을 쓰고 있다.

"미디어"라는 말은 신문, 텔레비전, 잡지, 라디오, 그리고 우리의 신예 스타 인터넷처럼 많은 사람들에게 사상을 전달하기 위한 오늘날의 다양한 기술들을 일컫는다. 이 기술들은 대단히 유용한 도구다. 사람들은 이런 수단들을 통해 세상에서 어떤 일이 벌어지는지를 알 수 있고, 의견을 형성하며, 이방인에 대한 어느 정도 공통된 이해(혹은 오해)를 공유할 수 있다. 이 장에서는 대안 언론, 독립 언론 혹은 DIY 언론 등으로 다양하게 표현되는 것들 이면에 있는 사상들을 검토할 것이다. 이런 형태의 언론은 이것을 만드는 사람들의 관점뿐만 아니라(이런 언론은 전형적으로 훨씬 더 급진적인 내용을 담고 있기는 하지만) 더욱 중요하게는 이것이 작동되는 모델의 측면에서 주류 언론과 차별화된다. 여기서 말하는 모델은 정보 생산과 분배 과정을 민주화하는 것을 목표로 하는 모델이며, 피부색, 계급, 성, 권력 여부에 관계없이 누구든지 자신들의 이야기를 하고 이것을 폭넓은 청중들에게 배포할 수 있는 모델이다. 이런 운동의 바탕이 되는 사상을 설명하기 위해서는 먼저 다음 질문에 답을 해야 한다. 우리에게 왜 그런 언론이 필요한가? 사람들을 움직여 대안을 창조하는 데 시간과 에너지를 투여하게 만들고자 하는 사람의 관점에서 보았을 때, 기존 주류 언론의 문제는 무엇인가?

주류 언론의 문제

자유주의 편향

주류 언론에 대한 광범위한 비판은 도처에 널려 있으며, 모든 정치적 관점에서 이런 비판이 이루어지고 있다. 이 중 핵심적인 두 가지 비판은 "우익" 진영과 대안 언론 지지자들의 비판으로, 서로 상반된 입장에서 이루어지고 있다. 우익 논평가들은 주류 언론의 "자유주의적 편향"을 통렬하게 비판하곤 한다. 〈언론 연구 센터Medial Research Center〉는 스스로를 "미국의 언론 감시견 America's Media Watchdog"이라고 설명하는 조직으로, 연간 예산이 6백만 달러에 이르고 60명의 직원을 두고 있으며, 대부분 기업 후원금으로 재원을 마련한다. 이들은 자신의 사명을 "자유주의적인 언론의 편향을 기록, 폭로하여 중화시키는 것"이라고 설명한다. 이런 조직들의 비판은 일반적으로 우익 비평가들의 세계관에 부합하지 않는 보도를 하는 특정 언론인이나 특정 조직의 수준에서 이루어진다. 이들의 암묵적인 가정은 자유주의적인 언론은 문제가 있으며, 언론인 개인 혹은 이들의 조직이 가진 편향과 편견은 비난받아 마땅하다는 것이다. 이런 성향의 비평가들은 마음에 들지 않는 언론인들에 대한 신뢰를 떨어뜨리기 위한 캠페인 활동을 통해 자신들을 표현하는 경향이 있다. 예를 들어 영국『인디펜던트*Independent*』의 중동 통신원인 로버트 피스크 Robert Fisk는 그의 관점을 불쾌하게 여기는 인터넷 비평가들의 목표물이 되었고, 결국 "피스킹"이라는 용어가 평범한 인터넷 용어로 등장하여 "기사의 사소한 부분에 대해 시비 거는 행위"를 일컫는 말이 되는 지경에까지 이르렀다.

일반화된 언론 편향에 대한 이런 비판은 대중매체에 나타나는 관점의 폭을 좁히기 위한 시도로 이해할 수 있다. 이들은 종종 언론에 드러나는 의견에 대한 몇 가지 추정과 특정한 관점을 강요하기 위해, 요란스런 언론 부분이 주도하는 캠페인을 통해 자신을 드러낸다.

선동 모델

반면, 대안 언론 운동의 바탕에 깔려 있는 주류 언론에 대한 비판은 제도적인 수준에서 이루어진 오늘날의 언론에 대한 분석에 근거하고 있다. 이러한 분석은 정보가 개인보다는 대중에게 전달되는 방식에 영향을 미치는 막강한 힘에 초점을 맞추고 있다. 책이자 영화이기도 한 노암 촘스키Noam Chomsky의『여론 조작*Manufacturing Consent*』(1998)▪은 이러한 분석의 전형을 가장 잘 보여준다. 이 책에는, 촘스키의 표현을 빌자면 "선동 모델"에 따라 뉴스가 생산되고 배포되는 방식에 대한 아주 세부적인 비판이 담겨 있다. 이 선동 모델이라는 것은 일련의 정보 여과기로서 힘 있는 자들의 필요에 맞게 정보를 재단하는 역할을 한다. 하지만 여과기라고 표현하게 되면 어떤 정보는 저지하기도

▪『여론 조작』, 정경옥 옮김, 에코리브르, 2006. 옮긴이

한다는 것을 의미하게 되므로, 이러한 영향력을 여과기라고 표현하기보다는 특정한 방향에서 산업 전반에 표현되는 관점을 강제하는 경향을 가진 힘으로 묘사하는 것이 좀 더 정확하다. 이런 힘들은 결코 절대적이지 않으며, 개인들 혹은 개인의 표현물들은 이러한 힘을 무시하고 이에 저항하는 반작용을 할 수도 있다. 따라서 이 힘의 영향력은 언론을 총체적으로 바라볼 때만 분명해진다. 이런 힘은 과거에 공산당이 소련 중앙 기관지였던 『프라우다Pravda』에 무엇을 쓸지에 대한 지침을 내리던 식으로 칙령을 발표하여 작동되는 것은 아니지만, 전반적인 언론 발표 내용이 일정한 방향으로 쏠리게 하는 힘을 가지고 있다. 이러한 힘은 이것을 유지하는 데 어떤 음모적인 결탁 같은 것을 필요로 하지는 않는데, 이런 힘은 산업 구조의 내재적인 부분이기 때문이다. 또한 이런 힘의 작동은 특정 개인들에 의해 좌우되지 않는데, 특정한 편향에 대한 산업의 요구를 인식하고 이것을 제대로 주조할 수 있는 개인들이 없기 때문이다.

촘스키의 선동 모델은 주류 언론의 생산 내용을 결정하는 데 작동되는 다양한 힘들을 자세하게 설명하면서 그 결과를 설명하는 풍부한 경험적 증거들을 들고 있다. 언론 산업은 어마어마한 기업들이 지배하고 있고 대체로 세입 부분에 있어서 광고에 의존하고 있는데, 이 광고의 많은 부분은 또 다른 대기업들이 주는 것이다. 또한 정보의 많은 부분은 중요한 정치적 지위에 있는 사람들과 홍보 기관과 로비스트들에게 의존하고 있는데, 중요한 정치적 지위에 있는 사람들은 대기업들과 긴밀한 관계를 맺고 있고, 홍보 기관과 로비스트들은 똑같은 부류의 기업들의 선동문을 배포하면서 돈을 받는 등 모두 공생 관계에 있다. 결국 전체로서의 언론은 이러한 기업들, 더 정확하게는 기업을 소유하고 있는 이들(그리고 이들의 정치적 지원자들)에게 호의적인 세계관을 제시하는 쪽으로 엄청나게 편향된다.

미국에서의 언론 소유권 집중

"좋든 나쁘든 우리 회사(〈뉴스 코퍼레이션News Corporation〉)는 내 생각, 성격, 가치를 반영하고 있다."(루퍼트 머독Rupert Murdoch, 1999년 11월 8일 아시아 협회 오스트랄아시아 센터Asia Society AustralAsia Centre 연설)

미국의 언론 지분 90퍼센트 이상을 여섯 개의 초국적 기업(〈디즈니〉, 〈바이어컴 Viacom〉(CBS 포함), 〈타임워너Time Warner〉, 〈뉴스 코퍼레이션〉, 〈버틀즈맨Bertlesman〉, 〈제너럴 일렉트릭〉)이 소유하고 있으며 동시에 이들은 몇몇 다른 시장을 지배하고 있다. 2005년 이들 기업은 2,950억 달러의 수입을 거두었고 5,500억 달러의 가치를 가진 것으로 평가되었다.

이런 편향을 이행하고 감추는 데는 다양한 기술들이 사용된다. 정치 · 경제의 상류층에서 흘러나온 자료들은 자동적으로 타고난 가치가 있는 것으로 평가되는 반면, 권력자들과 대립하는 집단의 자료들은 전적으로 신뢰할 수 없는 것으로 표현된다. 이들은 중요한 사안에 대한 대중적인 토론을 기본적으로 권력자에게 편향된 입장을 가진 양 축 간의 논쟁으로 구조화하며 반대 입장을 가진 대부분의 의견은 고려할 가치가 없는 것으로 배제한다. 따라서 이를테면 이란에 대한 오늘날의 논쟁은 "우리"가 핵 개발에 대한 그들의 "양도할 수 없는 권리"를 포기하도록 강제할 것인가, 아니면 "우리"가 그들에 대한 잔혹한 제국적 살육을 감행함으로써 그렇게 해야 하는가에 초점을 맞추고 있다. 산업의 윤리를 규정하는 행위의 다양한 기준과 규범 그 자체가 권력자들의 지배를 받고 있으며, 그러한 편향을 단순하게 내면화시키는 균형과 객관성 개념을 생산하고 있는 것이다.

이런 관점에서 보았을 때 자유주의자와 보수주의자 간의 논쟁 또는 주류 언론의 좌파적 형태와 우파적 형태 간의 논쟁이라는 것은 환상이다. 자유주의적이든 보수주의적이든 사실상 모든 주류 언론은 광고와 소유권을 통해 대기업의 통제를 받고 있다. 언론이 반영하는 대중의 의견이라는 것은 그 양이 아주 적으며, 이러한 의견들마저도 권력자의 요구에 부합할 수 있는 관점을 가진 것에 국한된다. 이 속에서의 논쟁은 지배계급의 다양한 분파들 간의 전략적인 차이를 드러내는 것이며 대다수의 의견은 배제된다.

이런 여러 가지 이유에서 대안 언론 운동은 주류 언론의 "잘못된 견해를 가진 잘못된 인간들"이라는 식의 비판을 넘어서려는 시도를 해 왔다. 이것은 주류 언론에서 본질적으로 배제된 다양한 목소리를 포괄하는 언론을 창조하려는 시도이면서 동시에, 권력자를 지향하는 태생적인 불균형을 드러내지 않는 대안적인 구조와 대안적인 기관을 만들려는 시도다. 우리가 상당히 다양한 어떤 것을 "운동"이라고 부른다면, 이 운동이 그렇게 새로운 것만은 아니다.

대안 언론의 간단한 역사

역사상 대중매체에 대한 통제는 사회를 통제하는 핵심적인 수단이었다. 때때로 기술적 진보로 대중매체에 대한 접근이 급진적으로 민주화되었고, 이러한 민주화의 반향을 전 사회가 공유했다. 중세 유럽에서 교회는 주로 문서화된 매체를 독점함으로써 사회질서를 확고하게 장악할 수 있었다. 교회의 수도원과 사본 필사자들의 네트워크와 경쟁할 수 있는 기관은 없었다. 교회의 승인을 받은 작업만이 필사되고 널리 배포되었다. 결국 인쇄술의 발명으로 이러한 독점이 깨지게 되었고, 시간이 지나면서 폭넓은 사회계층이 인쇄술을 이용할 수 있게 되었다. 18세기 말 세계를 뒤흔든 혁명들은, 공화주의적 사상을 대중화하는 데 중요한 역할을 한 토마스 페인Thomas Paine의 『인간의 권리 *The Rights of Man*』(1971) 같은 인쇄된 소책자를 상대적으로 더 많은 대중들이 접할 수 있게 된 것에서 크게 기인한다. 19세기 전반과 20세기 초까지 노동자들의 인쇄물이 전 세계적으로 많이 만들어졌다. 상당히 최근까지도 급진적인 정치 집단들은 제일 먼저 인쇄기를 손에 넣고자 했다. 많은 나라에서 조직된 노동자 운동은 자본주의의 통제를 받는 언론과 거의 동등한 지위로 경쟁할 수 있었다. 예를 들어 1930년대 스페인에서는 무정부주의적 생디칼리즘 경향 anarcho-syndicalist의 〈CNT〉가 국내 베스트셀러를 포함하여 30개가 넘는 일간 신문을 발행했다. 하지만 20세기 후반에 접어들면서 한때 만개했던 노동자 신문들이 급격하게 쇠락하게 되었다. 한편으로는 러시아에서 권위주의적인 사회주의가 엄청난 희생을 대가로 승리하면서 반자본주의적인 성향의 언론이라고 해서 더 좋기만 한 것은 아니라는 완벽한 증거를 전 세계에 보여 주었다. "프라우다"는 대중 매체에 완전한 통제력을 행사하는 정치적 지배 계급을 일컫는 슬로건이 되었다. "자유 세계"에 살고 있는 노동자 신문들의 운명도 나쁘기는 마찬가지였다. 이것은 일정 정도 노동자 운동의 운명이 쇠락함을 나타내는 것이기도 하지만, 이런 쇠락은 언론 생산 방식의 경제학과 기술상에 변화가 일어난 결과이기도 했다.

기업의 승리

20세기에 도입된 텔레비전과 라디오 같은 새로운 언론 기술들은 더 많은 자본 투자가 필요했기 때문에 정부와 대기업의 통제 또한 훨씬 더 많이 받는 경향이 있었다. 급진 조직들은 자원 활동가들의 노동과 분배 네트워크를 통해 신문을 발행하는 데 필요한 자원들을 충당할 수 있었지만, 텔레비전 네트워크를 구축하는 데 드는 자본 투자는 이것을 훨씬 뛰어넘는 수준이었다. 언론 기업들의 규모가 점점 더 커지고 이들이 광고 수입에 점점 더 종속되면서 기업 친화적으로 훨씬 기울어지게 되었다. 힘 있는 자들의 관점에 반대하는 출판물들은 광고를 적게 실으려고 하기도 했지만, 광고주들이 뭉쳐 그런 출판물에 광고를 싣지 않는 보이콧을 조직하기도 했다. 『가디언』 편집장인 앨런 러스브리저Alan Rusbridger는 최근 수에즈 위기 50돌을 맞아 글을 쓰면서, 『옵저버Observer』가 영국과 프랑스 정부가 이집트 침략의 발판으로 삼기 위해 수에즈 위기를 어떤 식으로 만들어 냈는가에 대해 진실한 기사를 작성한 것에 대한 보복으로 광고 보이콧이 일어났고, 이로 인한 여파가 "오랫동안, 파괴적으로" 미쳤던 사실에 대해 묘사했다. 따라서 몇십 년 동안 이런 경향이 강화되면서, 1980년대에 이르자 예전에 번성했던 대안 언론의 대부분은 상업적인 압력에 꺾이거나 매각되고 혹은 포기한 경우도 있다. 언론의 미래는 훨씬 상업적이고 정치적인 요청들이 그 내용을 장악하는 훨씬 더 큰 복합체의 모습을 띠게 될 것처럼 보인다. 하지만 변두리에서 적은 자원을 가지고도 발행 부수를 적게 하고 주류에 대항하겠다는 자세를 버리면 대안적인 관점을 가진 집단들이 신문과 전단지, 팸플릿, 자립형 잡지DIY zines를 발행할 수 있다. 대중매체가 되겠다는 야망을 버리고 소수의 헌신적인 추종자들의 눈높이에 맞추면서 주류 속에서 간혹 공감하는 목소리를 이끌어 내겠다는 정도의 목표면 이것은 가능할 수도 있다.

인터넷과 대중 의사소통

하지만 20세기 초반의 기술적인 진보는 일정 정도 기업에게만 이익이 되는 진입 장벽을 만드는 데 기여했지만, 1980년대 이후의 기술 진보는 정반대 효과를 가져왔다. 값싼 개인용 컴퓨터와 언론 제작 소프트웨어, 디지털 사진 기술, 기록 장비들은 자본과의 경쟁을 꿈꾸는 것이 가능한 매체를 제작하는 데 드는 자본 투자의 양을 엄청나게 줄여 주었다. 무엇보다 가장 중요한 점은 인터넷 접속이 광범위하게 확산되면서 언론 배포 비용이 엄청나게 줄어들었다는 점이다. 1980년에는 어떤 사람이 단편 영화를 제작하고 편집해서 전 세계 관객들에게 배포하는 데 수백억 달러 정도의 장비 비용이 필요했지만, 오늘날은 값싼 디지털 비디오카메라와 저렴한 혹은 공짜 소프트웨어가 돌아가는 표준적인 수준의 인터넷 연결 컴퓨터만 있으면 된다.

인터넷은 재정적인 진입 장벽을 낮추고 그 본성상 초국가적인 성격을 띠며 지리적인 거리를 줄여 준다. 그리고 인터넷 발달의 가장 중요한 측면은 의사소통의 패러다임을 근본적으로 전환시켰다는 점이다. 전통적인 언론은 "소수 대 다수형 의사소통"을 촉진시켰다. 이것은 상대적으로 적은 수의 사람들이 정보를 생산하고, 많은 사람들이 그것을 소비하며, 이 둘 사이에 분명한 단절이 있음을 의미한다. 이런 모델은 정보를 생산하고 배포하는 데 상대적으로 높은 비용이 드는 경우 선호되는 것이다. 인터넷 사용 초창기에는 이것이 웹사이트의 지배적인 모델이었고, 따라서 사이트는 개인들이나 소집단들이 운영하고 관찰자들이 소극적으로 소비하는 형태였다.

하지만 신문이나 텔레비전 보도와는 다르게 새로운 정보를 인터넷에 추가하고 배포하는 데는 사실상 비용이 전혀 들지 않는다. 이러한 특징은 소비자와 생산자 간의 경계가 흐려진 참여적이고 자발적인 공동체가 만들어 내는 정보원, 즉 "다수 대 다수형" 모델의 발달을 촉진시켰다. 이런 형태의 공동체는 새로운 인터넷의 탄생에 다시 손을 뻗어, 유저넷 뉴스 그룹, 메일링 리스트, 게시판, 포럼, 공동체 기반 뉴스 사이트, 블로그 등 다양한 인터넷 소통 수단들을 가지고 이곳저곳을 넘나들었다.

아마도 가장 인상 깊은 인터넷의 산물은 무료 소프트웨어 운동일 것이다. 이것은 전 세계 컴퓨터 프로그래머들로 구성된 느슨하면서도 규모가 큰 공동체로, 이들은 자본주의보다는 순수한 공산주의의 형태에 훨씬 더 가까운 생산 모델을 사용하고 있다. 엄청난 양의 작업들이 자발적으로 이루어지고 생산물은 공짜로 주어진다. 이런 공동체는 인터넷 그 자체를 운영하는 많은 소프트웨어를 책임지고 있으며, 이들의 창작물은 소프트웨어보다는 정보를 생산하는 인터넷 공동체의 발전에 핵심적인 역할을 해 왔다. 협업을 진행하는 사람들로 이루어진 거대 집단들이 정보의 생산과 배포를 촉진하는 소프트웨어 도구를 개발하면서 점점 더 많은 공동체들이 엄청난 정보 저장소를 발달시켰다. 더 크고 다양하며, 정교한 공동체 조직들은 도구의 사용을 좀 더 정교하면서도 용이하게 만들기 위해 노력해 왔다.

인디미디어 모델

인터넷에서 정보를 생산하고 배포하는 대안 모델 중에는 흥미로운 예들이 많이 있지만, 이 장에서는 몇 가지 이유로 인디미디어 네트워크에 초점을 맞추고자 한다. 첫째, 나는 〈아일랜드 인디미디어〉 웹사이트의 편집자이자 오

▪ PHP와 MySQL로 개발된 공개 출판 컨텐츠 관리 시스템. 주로 독립 언론 네트워크 관련 사이트를 위해 개발된 것이지만, 공개 출판 모델을 구현하고자 하는 모든 사이트에도 적용이 가능하다. 옮긴이

스카일트oscailt[*] 컨텐츠 관리 시스템의 개발자 가운데 하나로 지난 5년간 인디미디어 네트워크에 참여했다. 둘째, 인디미디어는 주류 언론이 가지고 있는, 실패에 대한 급진적 분석을 바탕으로 한 기획이며, 주류 언론의 생산물을 왜곡시키는 다양한 힘들의 영향을 피하기 위해 대안적인 조직 모델을 만들고자 의식적으로 노력해 왔다. 셋째, 인디미디어 네트워크는 주류 언론의 지배에 대항하고자 하는 야망을 항상 갖고 있었고, 많은 인터넷 활동들과는 다르게 틈새 청중들에게 이야기하는 것에는 일반적으로 만족하지 못해 왔다.

인디미디어는 세계무역기구에 반대하는 유명한 시위가 있었던 1999년 11월 시애틀에서 탄생했고, 그 이후로 전 지구적인 정의 운동 속에 흐르고 있는 급진 자유주의 사상의 영향을 많이 받았다. 당시의 인디미디어는 물리적인 언론 센터와 웹사이트라는 두 가지 기본 요소들로 구성이 되었다. 물리적인 언론 센터는 세계무역기구에 반대하는 시위를 벌이는 사회정의 활동가들이

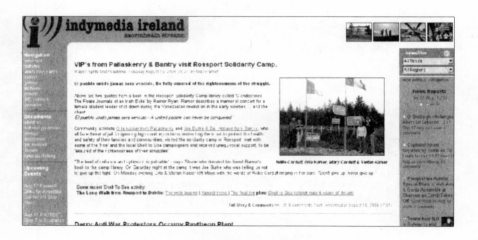

아일랜드의 인디미디어 웹사이트

출처: 〈아일랜드 인디미디어〉

함께 모여 정보를 공유할 수 있는 장소였고, 웹사이트는 누구든 자신의 이야기를 발표하고 비디오와 오디오 자료를 올릴 수 있으며, 다른 이야기와 비디오 자료들에 대한 논평도 할 수 있는 곳이었다. 이것은 짧았지만 성공적이었다는 평가를 받았다. 불과 며칠 만에 수백만 건의 조회수를 기록했고(1999년에는 이 정도면 아주 많은 것이었다) 사상은 들불처럼 번져 나갔다. "반세계화" 시위 운동이 전 세계로 확산되자 인디미디어 사이트들도 시위의 발자국을 쫓아갔다. 전 세계 집단들은 인디미디어 활동가 프로그래머들이 제작한 공짜로 배포된 공개 소스 컨텐츠 관리 체제를 기반으로 삼아 각자의 지역판 인디미디어 사이트를 만들기 위해 한데 모였다. 인디미디어 공동체들은 활동의 영역을 확장하여 라디오 방송국과 비디오 제작 집단, 뉴스레터를 비롯한 다양한 대안 언론 제공 수단들을 만들었다.

〈미디어를 되찾자Reclaim the media〉의 로고

출처: 〈인디미디어〉

　오늘날 인디미디어는 크게 확장하여 70개 이상의 나라에 있는 다양한 규모의 150여개 공동체들이 함께 하는 공개 발표형 뉴스 사이트들의 전 지구적 네트워크가 되었다. "공개 발표형open publishing"이라는 것은 뉴스를 만드는 것이 소집단의 일이 아니라 사이트의 모든 사용자들이 집단적으로 뉴스를 생산한다는 의미다. 각 집단의 구성원들은 기본적인 편집 지침을 이행하고 어떤 기사를 "주요 기사"로 강조할지 선택하는 데 함께 참여한다. 공동체들의 네트

워크는 결합 과정의 일부로서 기본적인 목표와 원칙들에 동의한다. 이렇게 네트워크 전반에 공유된 합의들은 기본적인 아나키스트적 조직 원리들과 거의 유사하게 민주주의, 평등, 신뢰, 개방성, 비위계적 조직을 강조하고 있다. 또한 주류 언론들과는 다르게 뉴스를 객관적으로 혹은 균형 잡힌 방식으로 제시하려는 의도가 없다는 사실을 강조한다. 인디미디어 네트워크의 기본적인 "우리에 대한 소개" 페이지에서는 인디미디어가 "진실에 대한 급진적이고 열정적인 진술"이어야 함을 선언하고 있다. 이런 생각은 객관성보다는 정확성을 증진하고, 모든 측면들에 대해 우리만의 사건에 대한 이야기를 할 수 있도록 하며, 이를 통해 더 풍부하고 미세한 강약이 들어간 그림이 전체 속에서 표현될 수 있도록 하기 위한 것이다. 하지만 집단들은 기본적인 합의에 대한 동의를 넘어서서 자율적이며 다양한 방식으로 지침들을 해석할 수 있는 융통성을 가진다.

인디미디어 공동체는 수백 개의 메일링 리스트, 인터넷 채팅 채널, 간간히 개최되는 오프라인 회의, 다양한 "신디케이트" 사이트를 포괄하는 집단적으로 운영되는 기술적 하부구조에 의해 집결된다. 여기서 신디케이트 사이트들은 이슈별 또는 지역별로 뉴스를 함께 모아 놓은 사이트를 말한다.

많은 사람들은 비위계, 공개 발표, 합의에 따른 의사 결정이라는 인디미디어의 원칙 그 자체가 주류 언론이 가지고 있는 많은 문제점들을 해결해 줄 것이라고 생각했지만, 이것은 순진한 낙관주의였다는 점이 드러났다. 대부분의 인디미디어 공동체들이 가장 즉각적으로 최초에 직면하는 문제는 "검열"이라는 곤란한 문제를 처리하는 일이었다. 경험이 별로 없는 많은 자원 활동가들은 뉴스 사이트가 사람들이 원하는 것은 무엇이든 아무런 검열 없이 발표할 수 있도록 열려 있으면 결국 더 조리 있고 이성적인 관점이 승리하게 될 것이라고 상상했다. 인디미디어 네트워크의 초기 몇 년 동안 절대적으로 자유로운 발언을 지지하는 사람들과 어느 정도 내용을 선별하고 제거하는 작업을 지지하는 사람들 간에 격렬한 논쟁이 있었다. 결국 논쟁은 주장이나 논리적인 추론이 아니라 현실을 통해 승패가 정해졌다. 인터넷에서 정보를 재생산하는 비용은 사실상 전혀 들지 않으며, 파괴적인 의도를 가진 어떤 사람이 분열을 일으킬 수 있는 내용을 가지고 공개된 의사소통 채널을 궁지에 몰아넣는 일은 손쉽게 일어날 수 있다. 자유 발언 절대주의 입장을 취한 사람들은 얼마 안 가서 우익 매춘부와 신나치, 스팸 메일, 반사회적 정신병자들에게 포위당했다는 것을 알아차리게 되었다. 이러한 악행을 저지르는 사람들을 저지하기보다는 이들과 토론하려고 했던 공동체들은 결국 에너지를 소진해 버렸다. 똑같은 전형적인 선동과 맞서 이들이 포기하게끔 하는 괴로운 일을 감당할 수 있는 것은 고작해야 몇 번이다.

따라서 성실한 이용자들이 쓰레기로 가득 찬 자유 발언 사이트의 뉴스 제공 서비스에서 떠나가고 공동체 회원들이 결국 지쳐서 나가떨어지게 되면서 내용을 어느 정도 여과해야 한다고 주장하는 사람들은 싸우지도 않고 승리하게 되었다. 하지만 뉴스 제공 서비스에서 어느 정도 내용을 여과할 필요가 일반적으로 받아들여지기는 했지만, 이런 여과 작용이 어떤 식으로 실행되어야 하는가에 대해서는 폭넓은 합의가 이루어지지 않았다. 인디미디어의 기획은 기본적으로 태생적인 편향이 없고, 대중들에게 자신들의 의제를 강요하는 개인들의 위계가 없는 상태에서 미디어 생산을 조직하려는 시도이기 때문에 정보를 여과하는 문제는 인디미디어 안에 논쟁적인 주제로 남아 있다. 일부 사이트들은 사용자들이 해당 사이트에 글을 올리기 전에 이용자 등록을 해야 하는 시스템을 채택했다. 또 어떤 사이트들은 본질적으로 우익적 입장을 가진 주장은 이미 확산시킬 수 있는 채널들이 널려 있다는 이유로 게시하는 것을 금지하는 결정을 내리기도 했다. 기술을 갖춘 편집 자원 활동가들이나 유급 직원들이 송고된 이야기들을 저명한 뉴스 제공 서비스에 발표하기 전에 진위 여부를 확인하는 식으로 "전문화"를 지향하는 사이트들도 있다. 또 어떤 사이트들은 해당 사이트에 글을 올리는 데 필요한 뉴스적 가치의 수준을 높여 엄격하게 유지하기도 했다. 대부분은 분열을 조장하는 내용이나 사적인 악평을 삭제하지만, 노골적인 인종주의, 성차별주의, 동성애 혐오증처럼 증오심을 가득 담은 발언만 아니면 모든 정치적 관점의 글을 수용하면서 이들 사이에 중간적인 위치를 점하고 있다.

인디미디어 네트워크가 싸워 왔던 또 다른 큰 문제는 집단적인 의사 결정이다. 인디미디어 네트워크가 초기에 급격하게 성장하고 합의에 의한 의사 결정을 확고하게 지향하면서 집단적인 결정이 불가능한 상황이 생겼다. 수십 개의 언어를 쓰는 수백 개의 공동체들이 특정 사안에 대해 만장일치로 합의할 수 있게 만드는 것은 기본적으로 불가능하다. 이로 인해 네트워크를 포괄하는 수준의 의사 결정을 할 수 없는 상황이 발생하게 되며, 많은 공동체들이 기술된 목표와 원칙을 피상적으로 흉내만 낸 상태에서 사실상 완전히 제각각인 상태에 놓이게 된다. 예를 들어, 수많은 인디미디어 자원 활동가들이 벨기에의 공동체가 스탈린—마오주의적인 벨기에 노동자들Stalinist-Maonist Belgian Workers의 통제를 받고 있다고 밝혀 왔고, 이것은 이들에게 설득력 있는 논박이 부족할 뿐 아니라 인디미디어 원칙을 따르지 않는다는 것을 의미함에도 불구하고, 〈벨기에 인디미디어〉 사이트를 전체 인디미디어 네트워크에서 제외시키려는 움직임은 2005년 다시 한 번 저지되었다.

또한 공동체 구조와 네트워크 전반의 태생적인 느슨함 때문에 일부 사이트들은 전 지구적 반자본주의 저항 운동 속에서 상대적으로 활동이 침체되는 현상을 어쩌지 못하고 있기도 하다. 많은 사이트들은 이들을 지지하는 영구적인 구조가 없는 상태에서 이들을 지탱하는 소수 자원 활동가들의 에너지가 소진되면 소멸되어 버린다. 하지만 상황이 그렇게 처참한 것만은 아니다. 상당한 수의 인디미디어 사이트들, 특히 남유럽과 남아메리카 지역의 사이트들은 한때 핵심 주제였던 정상회담 반대 투쟁이 상대적으로 쇠락한 상황에서도 꾸준히 성장하면서 이용자들을 확장시켜 왔다.

나아가, 인디미디어의 진화 과정에서 많은 교훈들을 얻을 수 있다. 일단 우리는 인디미디어의 엄청난 성공을 무시해서는 안 된다. 이들은 아무런 자원도 없이 무에서 시작했고 자원 활동가들의 노동에 전적으로 의지하면서도 엄청난 규모로 전 세계에 대안적인 관점을 확산시키고 유포시켰다. 하지만 문제점들 또한 무시해서는 안 된다. 조직의 상대적인 느슨함과 여과되지 않은 개방적인 뉴스 서비스의 가치가 높다는 순진한 믿음 때문에 끔찍할 만큼 많은 시간과 에너지와 열정이 허비되었다. 다양한 수준에서 민주적이고 신뢰할 만하며 객관적으로 적용될 수 있는 편집 기준을 가지고 공동체들 간의 조정을 더 짜임새 있게 하면, 인디미디어 네트워크는 부분의 합보다 커질 수 있을 것이다. 그리고 이것이 성공한다면 기업형 언론들은 진짜 적수를 상대하게 될 것이다.

인디미디어에 대한 다양한 접근

다양한 나라에 있는 여러 인디미디어 사이트들은 여러 해 동안 서로 상당히 다른 길을 걸어왔다. 예를 들어, 〈영국 인디미디어〉와 〈아일랜드 인디미디어〉는 가까운 거리에 있지만 몇 가지 중요한 차이가 있다.

- 조직: 〈영국 인디미디어〉는 영국 전역에 퍼져 있는 지역 공동체들의 네트워크로

조직되었다. 각 지역 공동체들은 지역의 페이지와 지역의 공동체에 영향을 미치는 의사 결정은 지역적으로 만나서 내린다. 네트워크 전반을 아우르는 사안은 메일링 리스트를 이용하거나 가끔 있는 지역 회의에서 결정한다. 반면 〈아일랜드 인디미디어〉는 메일링 리스트로 거의 모든 의사 결정을 하는 단일 공동체다.

- **사설:** 〈영국 인디미디어〉는 일반적으로 다른 사이트에 올린 글을 자신의 사이트에 올리는 것도 허용하지만, 〈아일랜드 인디미디어〉는 직접 작성한 내용만 허용한다. 〈영국 인디미디어〉는 명백히 위계적인 집단들이 글을 올리는 것을 허용하지 않지만 〈아일랜드 인디미디어〉는 우익 정당을 포함한 모든 정치적 입장을 허용한다. 정치적 내용에 대한 유일한 제약은 차별적이거나 증오심이 담긴 내용물에 대한 것이다.

- **논평과 댓글 편집:** 〈영국 인디미디어〉에서는 이용 규정에 어긋나는 논평과 기사는 숨겨진 페이지로 옮기는 반면, 〈아일랜드 인디미디어〉 사이트에서는 모두 지워지고, 이것은 모든 편집 행위를 기록한 특정 메일링 리스트에 등록하면 볼 수 있게 되어 있다.

장애물 넘기

또한 앞으로 인디미디어 네트워크가 마주치게 될 수많은 장애물들이 있다. 어떤 운동이든 항상 처음에는 지체되고 편안한 장소에 안주하려는 위험이 있다. 자원 활동가들의 노동에 의존하는 대안적인 언론 기획은 항상 사람들이 시간과 에너지가 소진되어 도망가 버리는 상황을 감내해야 한다. 인디미디어 공동체는 새로운 구성원을 끌어 모으고 새로운 이용자들을 발굴하는 것이 아주 중요하다. 동전의 다른 면에는 항상 급진적인 성격을 잃고 다시 주류 제도에 편입될 위험이 있다. 예를 들어, 예전에 급진적인 성격을 지녔던 많은 공동체 라디오 방송국들은 시간이 지나면서 점점 정부와 상업적인 자금 또는 비정부기구의 자금 지원에 의존하게 되었고, 이로 인해 결국 어쩔 수 없이 그들의 특징이었던 급진적 성격을 상실하게 되었다. 열린 접근에 대한 열망에서 전문화로 전환하는 것 또한 위험이 따른다. 이 계획은 해당 집단 구성원들의 관점을 전달하는 수단으로 전락할 수 있다. 이들의 관점이 급진적일 수도 있지만, 급진적으로 다양한 정보 생산 모델은 희석된다.

또 다른 잠재적인 장애물은 억압에 대한 문제다. 전 세계에서 사회운동에 참여하고 있는 많은 활동가와 사람들이 활동이나 행사를 보도하기 위해 가장 먼저 들르는 장소는 인디미디어다. 사람들 스스로 기사를 발표할 수 있고 24시간 동안 접근 가능하며, 신문에서 접할 수 없는 기사를 볼 수 있고, 기사와 사건에 대한 논평을 할 수 있다는 사실은 인디미디어가 핵심적이고 중요한 도구가 되었다는 것을 의미한다. 하지만 성공한 자에게는 멸시가 따르기 마련이라, 관계 당국에서 인디미디어 사이트와 센터, 언론인들을 고의적으로 공격의 대상으로 삼고 공격하는 예가 많다. 2004년 10월 7일 FBI는 미국을 기반으로 한 회사에서 운영하는 인디미디어 서버 일부를 압류했다. 문제가 된 서버는 영국에 있었고, 그 회사의 영국 지부에서 운영하는 것이었지만, 주로 유럽 사이트인 20개 정도의 인디미디어 웹사이트들과 몇몇 관련 없는 사이트들까지 이로 인한 영향을 받았다(리눅스 배포용 웹사이트를 포함해서). FBI는 처음에는 압류에 대해 어떤 사유도 제시하지 않았다. 2005년 6월 〈브리스톨 인디미디어〉 회원 가운데 한 명이 스코틀랜드에서 있었던 "G8 정상회담" 준비 과정에서 경찰에 체포되어 형사상의 피해를 선동했다고 고소당했다. 익명의 어떤 사람이 재산권 피해와 관련된 행동에 대한 소식을 공개적으로 전한 뒤에 일어난 일이었다. 〈브리스톨 인디미디어〉의 편집자들은 해당 페이지를 재빨리 숨겠다. 변호사들이 그런 행동의 위법성에 대해 알려 주었지만, 경찰은 그래도 서버 연산자에서 접근 기록을 찾아내기 위해 서버를 압류했다. 몇 달 뒤 경찰이 아무런 기소도 하지 못한 상태로 이 사건은 막을 내렸고, 장비들도 주인을 되찾아 갔다. 인디미디어 언론인들과 인디미디어 센터에 대한 공격은 과거에도 발생한 적이 있었다. 가장 야만적인 공격은 2001년 제노바에서 있었던 G8 정상회담에 저항하는 시위에서 일어났는데 이때 경찰은 인디미디어 센터로 사용되고 있던 DIAZ 학교를 밤중에 급습했다. 사람들이 숨겨 놓고 기록했던 비디오 증거물을 보면 경찰이 자고 있는 사람들을 야만적으로 때리는 장면도 나온다. 이 때문에 29명의 이탈리아 경찰관이 가혹한 육체적 상해를 입히고, 증거를 은닉했으며, 불법적인 체포를 한 것 때문에 기소되었고, 48명의 다른 경찰관들은 이 급습에서 체포된 활동가와 언론인들을 고문한 것 때문에 기소되었다. 법정 소송은 지금도 진행 중이다. 2005년 미국의 군수품 제조 업체인 〈EDO-MBM〉은 일련의 기사들이 〈EDO-MBM〉(영국) 회사가 이스라엘과 미군에 무기를 팔았다는 이유로 이들을 "전쟁광"이라고 부르자 여러 가지 모략으로 인디미디어를 위협했다. 이 회사는 인디미디어의 활동이 어떻게 돌아가는지를 절대 이해하지 못했다. 인디미디어는 강력한 네트워크와 지원을 통해 자신에게 적대적인 억압 사건들을 대체로 잘 기록, 보도하고 이에 맞서게 된다. 하지만 인디미디어가 성공적으로 성장하고 크게 인정을 받는 신뢰할 만한 정보원이 되면서 법적 사건에 맞서고 더 많은 서버를 압류당해야 하는 가능성도 함께 증가했다.

새로운 언론을 향하여

이 장에서는 주로 인디미디어에 초점을 맞추었지만, 인디미디어의 목적과 네트워크 형태와 많이 유사한 다른 기획들이 다른 분야에도 많이 있다. 예를 들어 공동체 라디오 방송국, 급진적인 비디오 제작 집단, 대안적인 인쇄 뉴스 발행처, 공공이 접근할 수 있는 텔레비전 방송국 등이 전 세계에 흩어져 있고, 이 모든 것들은 미디어에 대한 민주적 접근을 가능하게 하는 것을 목표로 한다. 몇 가지 간단한 예를 들자면, 〈3CR〉은 오스트레일리아 멜버른에 있는 공동체 라디오 방송국으로 완전히 청취자의 지원으로 운영되며 대안적이고 급진적인 폭넓은 목소리를 낼 수 있는 공간을 제공한다. 또한 〈언더커런트〉(Undercurrent, 저류라는 뜻)는 영국에 기반을 두고 있는 급진적인 영화 제작·배급 집단으로 사회정의 문제와 급진적인 저항운동을 강조하는 다큐멘터리를 생산하는 데 중점을 두고 있다. 그리고 『슈뉴스Schnews』는 영국 브라이튼에서 발행하는 무료 직접행동 주간지로, 주로 발행하는 주간지 외에도 많은 찬사를 받은 도서와 소책자, 영화를 제작하기도 했다. 이런 예들은 여러 곳에서 벌어지고 있는 대안 언론 기획의 극히 일부일 뿐이지만, 모두 10여 년간 살아남아서 나름의 결실을 맺고, 폭넓은 독자와 청중들과 접촉하며, 급진적인 정치학을 유지해 왔다는 점에서 차별점을 가진다.

이런 기획들은 사람들이 함께 모여 생각을 실행에 옮겼을 때 무엇이 가능한지를 보여 준다. 접근성이 높아진 오늘날 같은 시대에 우리만의 미디어를 창조하고, 우리만의 목소리로 외치며, 우리만의 이야기를 할 수 있는 가능성은 실현될 수 있다. 세계에 대해 말해 주는 실력자들에게만 의존할 필요가 없다. 우리는 우리 이웃에게서, 전 세계에서 벌어지고 있는 투쟁에 참여하는 다른 사람들에게서, 우리의 이야기를 들을 수 있다. 우리에게는 세상을 있는 그대로 묘사할 수 있는 힘이 있으며, 권력이 우리 눈 위에 덮어 놓은 이데올로기적인 가림막을 제거할 능력이 있다. 우리는 미디어를 증오할 필요가 없다. 우리가 미디어가 될 수 있기 때문이다.

16 텔레비전을 넘어 소통하는 방법

 이 글을 쓴 믹 퍼즈Mick Fuzz는 맨체스터에 본부를 두고 있는 미디어 활동가로 공동체와 국제적인 수준에서 비디오와 멀티미디어 프로젝트와 관련된 폭넓은 활동들을 해 왔다. 비디오 다큐멘터리 프로젝트인 〈텔레비전을 넘어서Beyond TV〉와 웹 기반 비디오 공유 프로젝트인 〈클리어러 채널Clearer Channel〉의 공동 설립자다.

공동체를 건설하는 미디어 행동주의

우리는 엄청나게 많은 매체를 통해 중계를 받는 시대에 살고 있다. 우리는 잘 편집된 매력적인 텍스트와 이미지에 길들여져 성장해 왔다. 인쇄물이든, 라디오나 비디오든, 미디어는 타인을 설득할 목적으로 재단된 기술이다. 미디어를 통하면 현실을 바꾸는 것이 쉬워진다. 우리가 우리 자신의 이야기를 하지 않으면 다른 사람들이 우리의 진짜 이야기와 상충되는 버전을 만들어 이것만 유통되는 위험을 감수해야 한다. 우리만의 미디어를 만드는 일은 오늘날의 기술을 통해 갈수록 쉬워지고 있다. 리눅스Linux와 모질라Mozilla 같은 무료 소프트웨어는 상호부조를 구체화하기 위한 것으로 이해할 수 있고, 위키WIKI와 개방형 포스팅 웹사이트들은 의사소통의 위계를 무너뜨렸으며, 인디미디어는 모든 사람들이 자신의 뉴스를 만드는 것을 가능하게 해 주었다. 또한 블로그(웹 블로그)는 세계 속에 위치한 각자의 삶의 공간을 반영하고 자유로운 표현을 할 수 있는 기회를 자극하고 있다. 공동 제작 방식의 미디어 프로젝트 또한 단일한 목적하에 함께 일하고 신뢰를 형성할 수 있는 훌륭한 방식이며, 그 자체로 의미 있는 실천이다. 이 장에서는 사람들이 자신만의 미디어를 창조하기 위해 일상적으로 사용하는 몇 가지 다른 수단들을 살펴보도록 하겠다.

공동체 뉴스레터 만드는 방법

지역 뉴스레터를 시작하면 수많은 사람들을 함께 모아 집합적인 일을 진행하고 함께 지역 현안에 대해 학습할 수 있게 된다. 뉴스레터를 만들 때 필요한 지침들은, 영국 워싱Worthing에 본부를 두고 있는 성공적인 급진 뉴스레터 『포크볼터PorkBolter』의 내용을 다시 정리한 것이다.

회의 조직

당신은 몇몇 친구들과 술집에서 이 문제를 놓고 토론한 적이 있다. 당신과 당신 친구들 모두가 이것이 훌륭한 아이디어라고 생각한다. 그러면 이제 일을 시작해 보자. 날짜, 시간, 장소를 정하고, 다른 가능성에 대해 문호를 넓게 개방한다. 처음에 계획을 정할 때 모든 사람들이 한 번씩은 말할 수 있는 기회를 갖게 하는 것이 중요하다.

필요한 준비

이름, 주소 같은 몇 가지 사항에 대해 동의했는지 분명히 확인한다. 이것들이 정해지면 당신들의 뉴스레터 이름으로 은행 계좌를 만들 수 있다. 중요한 것은 뉴스레터의 이름에 지역에 대한 언급이 있어야 하며, 너무 정치적인 느낌을 줘서는 안 된다는 것이다. 일반적으로는 보통 사람들을 대상으로 하기 때문이다.

세부 사항

또한 크기, 빈도, 발행 부수 등등의 재미없는 세부 사항들에 대해서도 생각해야 한다. 종이 양면에 얼마나 많은 내용을 담을 수 있는지를 알게 되면 아마 깜짝 놀랄 것이다. 빈도와 관련해서는 많은 경우 한 달에 한 번이 적절하다. 양은 전적으로 자금에 달려 있다. 일단 시작할 때는 5백 부를 찍고 배포가 잘 되면 1천 부로 늘리는 방식을 고려해 보도록 한다.

인쇄

값싼 복사나 인쇄 방법을 마련하는 것은 쉽지 않지만, 이것이 한번 확보되면 아주 유용하다. 가장 가까운 곳에 있는 시내 인쇄소로 곧장 뛰어가지 않도록 한다. 지역의 학생회나 대학 인쇄소, 지역 자원 센터 같은 곳을 알아 본다. 이런 여러 곳들 모두를 사용할 수가 없는 상황이라면 독자들에게 그런 곳이 있는지 알려 달라고 요청한다.

비용

아마 이 역할을 스스로 만족시키고 있는 상황인지도 모르겠다. 하지만 집단 구성원들에게는 이것이 그렇게 만족할 만한 상황이 아니라고 선전하도록 한다. 술집 대신에 누군가의 집에서 회의를 하면 다음 호 발행을 위한 돈을 충분히 아낄 수 있을 것이다. 다른 비용들은 기부, 모금 행사, 구독료 등을 통해 충당하도록 하는 것이 좋다.

배포

뉴스레터가 무료라면 배포는 쉽다. 이런 경우에는 뉴스레터를 지역 곳곳에 갖다 놓기만 하면 된다. 시내 중심가에 서서 사람들 손에 일일이 쥐어 주거나 도서관과 시청, 상점과 술집 같은 곳에 묶음으로 갖다 놓으면 배포가 가능하다. 또 사람들이 우편료 정도의 적은 비용을 부담하고 정기구독을 신청할 수 있도록 한다.

내용

이 엄청난 물건에 어떤 내용을 실을 것인가? 먼저 지역의 모든 주류 신문을 읽어 보도록 한다. 그러고 나면 지역 의회가 손대고 있는 모든 내용들에 대해 아주 분노하게 될 것이다. 관련 기사들을 오려 다음 뉴스레터 회의에 가져간다. 누군가 훌륭한 기사를 쓰면 내용이 잡히기 시작할 것이다. 여러분들 고유의 작은 캠페인(GM 반대, CCTV 반대, 부정적인 태도 반대 캠페인 등)과 지역의 의미 있는 집단들에 대한 작은 토막 기사를 곁들이면 뉴스레터가 완성된다.

지역 캠페인

사람들에게 전 지구적 자본주의는 아마존 열대우림을 파괴하기 때문에 나쁜 것이라고 설득한다면 이것은 시간 낭비일 뿐이다. 하지만 사람들에게 돈독이 오른 부동산 개발 업자들이 당신 마을 주변에 있는 녹지 공간에 건설 허가를 어떻게 받았는가에 대한 이야기를 하면, 독자들은 왜 당신이 탐욕과 돈에 의한 인간의 지배를 종식시켜야 한다고 주장하는지 이해하게 될 것이다. 뉴스레터에서 당신의 관점은 분명 상식으로 이해될 수 있다. 당신은 정상적인 사람이며, 의회나 부동산 개발 업자, 혹은 정부가 비정상적인 사람들이다. 이것은 관례적으로 급진적인 관점을 바라보는 시각을 뒤집는 것이다.

즐기기

재치 있게 접근하면 사람들은 더 많이 당신의 뉴스레터를 읽게 되고 급진적인 정치적 주도권에 대한 잘못된 전형들이 사라지게 된다. 어쩌다가 당신들의 집단이 유머 감각 없는 좌익 인사들로만 구성된다면 이것이 문제가 될 수도 있다.

준법

개인에 대해 어떤 주장을 할 때는 명예훼손죄에 걸리게 될 수도 있다는 것을 기억하도록 한다. 따라서 주위에 익살스런 함정들을 많이 파 두고 풍자와 비유를 많이 사용하도록 한다(마이클 무어Michael Moore의 〈분노의 총성Private Eye〉을 생각해 보라). 의회의 활동에 대한 비판은 명예훼손죄에 걸리지 않는다는 점은 기억해 둘 만하다. 그러니까 의회에 가서 적극적인 활동을 해 보자!

출판 절차

일에는 기복이 있을 것이다. 새로운 사람들이 당신들의 작업 과정에 참여할 수도 있고, 다른 사람들이 떠나게 될 수도 있다. 아무도 당신의 일에 관심을 갖지 않는 것처럼 보일 수도 있다. 하지만 당신의 메시지는 당신이 속한 공동체의 구조 속으로 침투하게 될 것이다. 이것은 해 볼 만한 가치가 있는 일이다.

패러디 신문

1997년 4월, 런던의 『이브닝 스탠다드Evening Standard』를 패러디한 『이베이딩 스탠다드Evading Standard』 2만 부가 리버풀 항만 노동자들을 지지하는 의미의 행진을 위해 발행된 이후로, 패러디로 웃음을 주겠다는 생각이 전 세계로 퍼져 나갔다. 경찰은 『이베이딩 스탠다드』의 원본을 대량으로 압류했고, 소란을 선동했다는 이유로 세 사람을 기소했다. 하지만 패러디 논객들은 불법 체포에 대해 시 경찰을 고소했고 결국 다섯 자리 수의 금액으로 보상 받았다. 이 돈은 다음 판 발행 자금으로 사용되었고, 『이베이딩 스탠다드』는 런던시에서 있었던 시위에 배포됨으로써 이에 대한 답례를 했다. 대안 신문을 발행하는 것은 주류 언론을 넘어서서 인지도가 높은 유명 신문의 형식과 지면 배정 방식을 모방하여 자신들의 메시지를 직접 전달하려는 시도다. 최근에 만들어진 또다른 패러디 신문에는 『쉬티 라이프*Shitty Life*』, 『뉴캐슬 이브닝 크로닉*Newcastle Evening Chronic*』, 『파이낸셜 크라임즈*Financial Crimes*』 같은 것들이 있다.

이 개념이 대서양을 넘어서면서 이 놀이도 함께 이동해 갔다. 세계무역기구에 반대하는 시위자들은 『시애틀 포스트─인텔리젠서*Seattle Post-Intelligencer*』라는 우스꽝스런 이름의 신문을 감쪽같이 모방한 복사본을 만들어 냈다. 이른 아침 신문 배달을 하는 한 무리의 소년 소녀들이 25센트로 손쉽게 길거리 신문 상자를 열어, 원래 놓인 신문의 겉장 네 면을 교체한 뒤 다시 신문 상자에 넣어 두었다. 다음 날 분노에 가득 찬 사설에서 이들의 행동은 비난을 받았다. 『샌프란시스코 코미컬*San Francisco Chomical*』 또한 똑같은 기법을 사용해서 흑인 활동가이자 작가인 무미아 아부 자말*Mumia Abu-Jamal*을 사형수 감방에 투옥한 사실을 부각시켰다.

2005년 영국에서 유통되었던 이런 패러디 신문 중에는 『헤이트 메일*Hate Mail*』이 있다. 이 신문은 영국 우익 신문이 난민과 망명자들에 대해 종종 잘못된 보도를 하는 것을 패러디해서 희화화했다.

브리스톨의 지역 월간 잡지
『브리스틀Bristle』

『헤이트 메일』

『헤이트 메일』은 〈맨체스터 노 보더즈 그룹Manchester No Borders Group〉이 만든 것이다. 이 프로젝트를 진행하는 우리의 목표는 접근이 용이한 형태로 이민법에 대한 우리의 관점을 담고 있는 매체를 만드는 것이었다. 우리는 보호 시설에 있는 사람들에 대한 적대적인 폭력과 비인간적 처우에 대해 일반 대중들에게 알릴 수 있는 무언가를 원했다. 또한 이민 문제에 대한 받아들여질 만한 논쟁의 스펙트럼을 넓히고 싶었다. 결국 동정심을 근거로 정주 허가를 얻어 내기 위한 캠페인을 하는 것은 급진적인 입장이라고 볼 수 없다.

이와 함께 우리는 우리가 소통하고 싶은 개념들을 끄집어내서 철저하게 토론하고 이것을 분해했다. 집단 차원에서 이 개념들에 대해 전체적으로 만족하게 되면 각 기사에 단어 제약을 두었고 한 장소에 틀어박혀 이것을 완성시켰다. 대부분의 주요 기사들은 마음속에 있는 일종의 이미지를 가지고 작성되었다. 도판 제작과 지면 배치, 최종 편집은 전문화된 역할이므로 한두 명이 책임졌다. 타블로이드판 신문은 일정한 부수 이상 발행하면 인쇄 부수당 가격이 상대적으로 저렴하다. 따라서 수만 명의 사람들에게 전하고자 하는 메시지가 있을 때는 타블로이드 판형이 적당하다. 밖에 나가서 신문을 배포할 준비가 되어 있는 자원 활동가들의 네트워크도 필요하다. 이 경우 우리는 자율적인 사회센터, 자원 센터, 주거 조합 회원들에게 접촉하여 인쇄가 끝나기 전에 몇백 명이 배포에 참여할 수 있는지 확인했다.

망명자와 난민에 관련된 일부 사안들을 타블로이드 신문에 담는 것은 너무 지나친 일이라서 이것을 패러디하는 것이 상당히 어려운 적도 있었다. 이런 이유로 우리는 충격을 줄 수 있는 어두운 풍자형 유머를 포함시키기로 결정했다. 그 결과 1면 머리기사는 "망명자들이 내 햄스터를 먹었어요"가 되었다. 또한 우리는 첫 네 페이지는 재미있게 만들고 그 뒤에 우리의 진짜 메시지인 사설, "당신이 도울 수 있는 방법"이라는 자료 페이지, "사람들은 당신에게 망명자에 대해 거짓말을 하고 있어요"라는 제목의 신화 무너뜨리기 섹션을 통해 급소를 찌르기로 결정했다. 『헤이트 메일』의 사설은 다른 타블로이드판 신문의 사설들처럼 극단적이면서도 간소했다. 예를 들면 다음과 같다.

우리는 이 섬이 공동체 관계에 대해 끔찍하면서도 지속적인 영향을 미치는 무책임한 언론 보도 때문에 시들어 가고 있음을 알고 있다. (…) 우리는 이 지구상에 살고 있는 모든 사람들에게 이동의 자유가 있음을 믿는다. 우리는 모든 인간이 누구와 사랑에 빠질지, 어디에 살고 싶은지 결정할 권리가 있음을 믿는다.

패러디 신문 만들기 체크 리스트

■ 의사소통의 목적을 정한다. 주제와 메시지는 무엇인가?
■ 목표로 삼는 청중이 누구인지를 분명히 한다. 아이들에게 내용을 전달하려면 사용하는 언어와 주장이 아이들이 이해할 만한 수준이어야 한다.
■ 형식을 결정한다. 잡지로 할 것인가, 신문이나 홍보지 형식으로 할 것인가? 접근하고자 하는 목표 대상과 비용에 근거해서 결정을 내린다.
■ 시각적 표현: 당신에게는 절대적으로 시각적 표현이 중요하지 않을 수 있지만, 광고에 이목을 집중시키는 데 도움이 될 것이다. 연구에 따르면 70 퍼센트의 사람들이 광고에 있는 시각 자료들만 보는 반면, 단지 30퍼센트 만 머리기사를 읽는다.
■ 머리기사: 머리기사는 짧고 강렬해야 하며 이것을 읽는 사람들을 사로잡아야 한다. 독자들을 웃기거나 분노하게 하거나 궁금하게 만들거나 생각할 수 있게 만들어서 감성적으로 영향을 줄 수 있어야 한다. 이 네 가지 중 한 가지라도 할 수 있는 머리기사가 떠오르지 않으면 계속해서 생각하도록 한다.
■ 배포: 배포 경로에 대해 결정하고 준비가 되었는지 확인한다. 과거에는 경찰들이 패러디 신문들을 압류했음을 기억할 것. 다양한 지역에 신문을 나눠서 배포하는 것도 해 볼 만한 일이다.

Hate Mail

IMMIGRATION PRE-ELECTION SPECIAL   www.makebordershistory.org   National Edition

THE NASTIER THE BETTER!
Bidding war on asylum escalates

In the past we've brought you many unbelievable stories about foreigners assaulting the British way of life - today is no exception.

ASYLUM SEEKER ATE MY HAMSTER

By Felix Morass

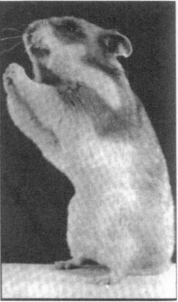

A terrified 'at risk' rodent pleads for its life, yesterday

Reports have come in that send the level of asylum lunacy to new heights of ear-bursting irritation. Our sources have revealed that ever-hungry border-hoppers have been eating hamsters.
Animal lovers and medical experts are equally outraged. The British hamster is rightly renowned as one of the finest examples of pedigree rodents world-

Have generations of endearingly eccentric English pet lovers created a truly pedigree species only for it to be scoffed by benefit cheats?
These gorgeous mini thoroughbreds, sum up what it is to be a proud member of the Royal Realm. But now, the loveable creatures are at risk from the human vermin who, day-by-day, gnaw away at the skirting boards of decency
Full story and editorial - page 5...

INSIDE: You Are Being Lied To 6, Hate Apathy 4, Hate Opinion 5, Hate Life 9, Hate TV 10, Hate Yourself

패러디 신문인 『헤이트 메일』

여러분은 미리 준비한 촬영 계획을 가지고 내게 와서 "오늘 뭐하세요? 당신을 촬영하고 싶은데"라고 말합니다. 나는 내가 말한 것들이 나중에 어떤 식으로 구성될지를 모르기 때문에 걱정하기 시작하죠. 나는 내 언어로 말하지만, 여러분은 여러분의 언어로 글을 쓰고 여러분의 언어로 영화를 만들기 때문입니다. 여러분들이 만든 영화를 보면, 나는 내가 말했던 건 절대 그런 의미가 아니었다고 느낄 겁니다. 여러분들은 사람들이 언론을 소유하고 통제할 기회를 가지고 있다고 교육했죠. 여러분들은 분사기, 살충제, 치약, 비료 같은 것들의 광고를 만듭니다. 여러분들이 무엇을 만들든지 간에, 원한다면 여러분에게는 그것을 드러낼 권리가 있습니다. 열심히 노력하는 우리들은 우리만의 미디어를 원하지만, 여러분은 우리가 우리만의 미디어를 가질 수 없다고 말합니다. 우리는 또한 우리의 현안과 문제점들을 보여 주고 싶습니다. 여러분들 중 일부는 우리에 대해 생각하기 시작해야 하고, 우리에게 우리만의 미디어에 대한 권리를 줘야 합니다.(인도 안드라 쁘라데쉬Andra Pradesh 파스타뿌르Pastapur 마을에 사는 달릿* 여성 치나 나르삼마Chinna Narsamma, 그녀와 그녀가 속한 집단이 지금 자신들만의 영상을 제작하는 이유를 설명하면서)

참여 영상(Participatory video, PV)은 1960년대에 파울로 프레리의 대중 교육이라는 개념과 함께 만들어진 용어다. 참여 영상의 핵심은 항상 목소리가 제대로 드러나지 않는 사람들에게 목소리를 낼 수 있는 기회를 주자는 것이다. 참여 영상은 풀뿌리 집단의 주도로 대본 없이 영상을 만드는 과정이라고 정의

---

* 인도의 최하층민으로 일반적으로 불가촉천민(untouchable, 만질 수 없을 정도로 천한 사람들)이라 불리지만 일부는 의식적으로 스스로를 '부서진 사람들Broken People'을 의미하는 "달릿Dalit"이라고 부른다. 옮긴이.

할 수 있다. 참여 영상의 목적은 참가자들이 진정으로 소통하고 싶은 것을 소통할 수 있게 하는 영상 서사를 만들어 내는 것이다. 한 사안에 대한 다큐멘터리를 만든다기보다는 그 상황에 직접 관련된 사람들이 그들 자신에 대한 영상을 처음부터 끝까지 만들어 간다. 참여 영상은 주변화된 사람들과 그 목소리가 드러나지 않는 사람들이 효과적으로 목소리를 내기 위한 목적으로 사용되었다.

참여 영상은 다음과 같은 특징을 갖는다.

- 참여자들은 게임과 연습을 통해 영상 장비를 사용하는 방법을 빠르게 배운다.
- 촉진자들은 해당 집단이 공동체 안에 있는 중요한 현안들을 밝혀내고 분석하는 것을 돕는다.
- 참여자들은 단편 영상과 메시지를 연출하고 영화화한다.
- 짧은 영상 기록물은 상영회를 통해 더 큰 공동체와 공유한다.
- 참여 영상은 공적인 자문과 지지, 정책 회담을 진행하는 데 훌륭한 도구이며, 갈등과 개발 사업, 프로그램들을 진행하는 데 중재 역할을 해 준다.
- 프로젝트 진행의 모든 단계에서(계획, 모니터링, 평가) 모든 종류의 참여형 평가와 과정의 결과물을 소통하는 데 사용할 수 있다.
- 지역 공동체 간의 소통을 위해서는 수평적으로, 풀뿌리 민중들이 정책 결정자, 후원자, 정부 당국과 소통하는 데 있어서는 수직적으로 적용될 수 있다.
- 해설식 번역의 도움을 받아 다양한 언어를 넘나들며 소통할 수 있다.
- 지역 텔레비전이 있는 곳에서는 참여 영상이 지역의 계획 과정을 확장시키거나 더 넓은 사람들에게 자문을 구하는 데 사용될 수 있다.

참여적인 상호작용은 영상을 제작하는 데 있어서 몇 가지 핵심적인 목표를 가지고 있다. 사람들에게 영상 카메라를 사용법과 영상 기술을 가르치며, 카메라 앞과 촬영 장면 뒤에서 자신감을 쌓는 방법을 보여 주고 집단의 역동성을 고양하며, 다양한 사안들을 탐구하고 이야기를 전하는 방법을 학습시키는 것이다. 〈인사이트 비디오Insight Video〉에서 진행하고 있는 아래의 게임은 참여 영상 훈련 과정의 일부로 사용해 볼 수 있다.

사라지기 게임

목적: 즐기기, 집단 형성, 녹화와 중단 방법 학습

참여자 수: 3명 이상

진행 시간: 10~20분

준비물: 비디오카메라, TV 모니터, 카메라 고정용 삼각대, AV(오디오-비디오) 선

진행 단계

—참가자 전체가 함께 모여 마치 사진을 찍을 때처럼 포즈를 취하고 선다.

—사람 A는 영상을 찍으면서 다른 사람들에게 동상처럼 서서 침묵하라고 요청한다. 웃기는 포즈로 서 있거나 해서 웃기는 상황이 되도록 노력한다.

—사람 A는 버튼을 누르고 셋까지 센다(3초 동안 녹화한다). 카메라나 삼발이가 아주 조금이라도 움직이면 이 게임을 망칠 수도 있다.

—사람 A가 누군가에게 전체 무리에서 빠지라고 요구한다. 이때 다른 사람들은 움직여서는 안 된다.

—빠져나온 사람이 녹화 버튼을 누른다.

—마지막 사람까지 모두 녹화하고 난 뒤에는 5초 동안 빈 공간을 촬영한다.

—촬영한 것을 바로 틀어 본다. 마치 마술처럼 사람들이 나타났다 사라지는 것처럼 보일 것이다.

<hr>

스토리보드 게임

스토리보드는 영상에 담기게 될 내용을 정하는 방법이다. 스토리보드를 시작하기 전에 주요 주제나 이야기에 대해 합의하는 것이 유용하다.

목적: 참여자들의 자신감과 과정 전반에 대한 장악력을 증진시킨다. 집단 활동 기술을 만들고, 역할을 공유하며, 이미지에 맞는 이야기를 전달하는 방법을 배운다.

참여자 수: 3명 이상

진행 시간: 1~3시간

준비물: 위에 뭔가를 적을 수 있는 것, 비디오카메라, 삼각대, 마이크, TV, AV 선

진행 단계

— 참여자들과 이야기를 나눈다. 참여자들이 전하고자 하는 이야기가 무엇인지를 알아내도록 한다. 필요하면 아이디어를 자극할 수 있는 창의적인 활동들을 사용할 수 있다. 무엇에 대한 단편영화를 만들고자 하는지를 물어본다. 자신감을 가질 수 있도록 이들의 아이디어에 용기를 북돋워 주고 칭찬을 해 준다.

—4~6개의 상자를 그린다.

—"어떤 식으로 이야기를 소개할 것인가?" 물어보고 첫 번째 박스에 밑그림을 그린다. 간단한 이미지(예를 들어, 머리는 원으로, 몸은 직선으로 표현한 사람 그림 같은)를 그리면 된다.

—이야기의 줄거리를 빠르게 진행시킨다. 참가자들이 스스로 상자 안에 그림을

그리도록 유도한다. 모든 사람들이 참여하도록 한다.

—마지막까지 채운 뒤 다시 처음으로 돌아가서 모든 상자 안에 세부 사항을 추가한다. "여기서 말하고 있는 건 누구죠?", "이 장면은 누가 찍고 있는 거죠?", "당신은 이걸 어디서 찍을 거죠?"

—사람들에게 잘했다고 축하해 준다.

—이제 사람들은 스토리보드에 적은 순서대로 영상을 찍으러 가면 된다.

공동체 영화 상영

영화 상영은 한 가지 공통된 목적으로 똑같은 방에 사람들을 불러 모을 수 있는 좋은 방법이다. 사람들이 공개 토론을 할 수 있는 장소를 마련하는 데는 여러 가지 이유가 있다.

■ 진행 중인 캠페인과 사업들을 알리고 더 많은 사람들이 참여하게 하기 위해
■ 우려 사항을 공론화시키고 공동체에 영향을 미치는 사안들에 대한 토론을 진행하기 위해
■ 비공식적인 중재와 갈등 예방을 위해
■ 영감을 고취하고 긍정적인 창의력이 형성되는 분위기를 만들기 위해

텔레비전 뛰어넘기

영상은 이상적으로는 관객과 청중들을 끌어들일 수 있는 한 가지 매개여야 한다. 실시간 인터뷰, 연설, 청중의 논평, 음악, 청원, 야유와 수정, 발표와 진심 어린 행동 촉구는 진정으로 영화 상영이 이루어지는 밤을 살찌우는 내용들

이며, 당신이 영화를 보여 주고 있다는 사실만으로도 이런 것들을 촉진하는데 도움이 된다. 당신은 상영회가 아무리 작더라도 이것을 쇼처럼 활용할 수 있다. 만일 당신이 영화 상영회 홍보지를 만들어서 사람들에게 이 상영회가 사회 변화에 대한 것이라고 전하려 한다면, 당신은 이 상영회를 즐겁고 지적인 것으로 만들고, 이를 통해 사람들이 적극성을 띨 수 있도록 해야 하는 의무를 진다. 이것은 영화가 소개되는 방식이나 사람들에게 짧은 발표를 해 달라고 요청하는 방식 속에서 이루어질 수도 있다. 사람들은 일이 진행되는 분위기를 감지하고 당신이 진심으로 신경을 쓰는지 아닌지를 감지하기 때문이다. 때로 이것은 영화의 내용 그 자체보다 더 큰 영향력을 발휘할 수도 있다.

상영회에서는 주류 텔레비전에 담기지 않는 것을 보여 주고 말할 수 있다. 다음 몇 가지는 텔레비전은 못 하지만 공공 상영회는 할 수 있는 것들이다.

■ 사람들이 일방적인 행동을 멈추고 서로의 감정과 반응적인 활동들을 나눌 수 있게 해 주며, 응답을 구성하는 원료로 영상을 유연하게 사용한다.
■ 상영회가 진행되는 중간에 시청자들에게 앞으로 있을 행사를 안내한다.
■ 사람들이 캠페인과 실천 활동에 적극적으로 참여하도록 감정을 고취시킨다.
■ 일반적으로는 논쟁이 잘 벌어지지 않는 상황에서 논쟁을 촉발할 수 있다.

성공적인 상영 방법

관객들과 함께할 장소를 마음속으로 정한다. 다음과 같은 공간들이 가능할 것이다.

■ **예술 공간:** 훌륭한 기술적 지원이 되는 곳이 많으며, 음질이 뛰어나다는 장점이 있다.

- **클럽이나 댄스파티장**: 때로 이런 형태의 장소에서 사회정의와 관련된 영화를 상영하게 되면 무질서한 난장판이 될 수 있다. 하지만 전하고자 하는 메시지를 명확히 하고 잘 상영하면, 그리고 흥겨운 코미디와 음악을 곁들인 영화라면, 이런 장소에서 상영하는 하는 것이 오히려 좋은 분위기를 북돋울 수 있다.

- **술집, 바, 사회 클럽**: 어떤 영상들은 아주 강렬해서 주위의 소음에 크게 영향을 받지 않기 때문에 술집이나 바에서 상영할 수 있을 만하기도 하다. 하지만 술집에서 사람들이 놀랄 정도로 큰 소음을 낼 수도 있으므로 마이크와 아주 훌륭한 확성 장치를 갖추고 있는 것이 좋다.

- **공동체 센터, 교회**: 이런 장소들은 약간 추울 수도 있다. 어떻게든 따뜻한 분위기를 만들 수 있도록 노력한다.

- **해적 텔레비전**: 이탈리아의 해적 텔레비전 방송국은 인터넷에서 방송 프로그램들을 다운받아 방송 전파로 이것들을 다시 전송한다. 이들은 더 많은 시청자들을 모으기 위한 한 가지 전략으로 길거리 텔레비전 방송국이 시청료를 내야 볼 수 있는 미식축구 경기를 공짜로 재전송할 것이라고 알리는 전단지를 이웃들에게 나누어 준다. 그러고 난 뒤 경기 중간 휴식 시간에 급진적인 내용을 삽입한다. 훌륭하지 않은가!

- **무단 점거한 공간**: 때로 점거한 공간들이 이상적인 상영 환경을 제공하는 유연성을 갖고 있기도 하다. 사람들은 종종 이런 공간을 소유하는 것에 대해 좋은 느낌을 가지기 때문에 점거한 빈 공간에서 영화를 상영하는 것은 사람들이 사회 변화 영화에 진심으로 반응하도록 하는 데 도움이 된다.

- **영화관**: 가끔 독립영화관 시설을 이용할 기회가 주어지기도 하고 기존의 축제와 어떤 것을 연계해 볼 수도 있을 것이다.

전략적인 연주회와 공연 섞기

공연, 생음악, 흥겹게 즐기기 등을 통해 우리는 메시지를 훌륭하게 전달할 수 있다. 새로운 것을 시작해 보자. 그리고 흥겨운 분위기가 꾸준히 이어지도록 해 보자. 지역의 유명한 음악가나 DJ, VJ, 시인이나 MC를 초청해 보자. 전단지를 배포하기에 적당한 행사가 상영회 전에 있는지 확인한다. 보통 좋은 뜻으로 놀 사람들은 찾기 쉽다. DJ와 음악가들을 초청할 때는 행사 분위기에 적합한 사람들을 고르도록 한다. 다른 행사들과 함께 하면서 다른 인기인과 종목들과 관계를 맺을 수 있도록 노력한다.

좀 더 고무적이고 상호작용적이며 부드러운 상영회를 진행하기 위한 기법

- 영화를 중단시키고 피드백을 한다.
- 다음에 볼 영화를 선택할 수 있도록 한다.
- 관련된 사람이 영화에 대한 소개를 한다.
- 관련된 사람과 질의 응답 시간을 갖도록 한다.
- 논쟁을 촉발할 만한 사람을 청중 속에 심어 놓는다.
- 영상에서 발췌한 것을 이용하여 "이 다음에 무슨 일이 일어날까?"를 주제로 한 역할극을 진행한다.

영화를 관람할 사람들을 다양하게 끌어 모으면 토론이 영화 시간만큼이나 길게 이어질 수 있다. 촉진 기술을 가진 사람이 있는지를 확인하는 것도 좋은 방법이다.

관객들과 함께 영화 고르기

특정 집단에게 메시지를 전달하기 위해 영화를 이용하는 것도 좋은 방법이다. 특정 대상을 위해 제작된 전단지, 메일링 리스트로 메일 보내기, 개인적인 접촉을 통해서나 행사 때 공지하면 효과가 있다. 적절한 사회 변화 메시지를 담은 영상을 선택하기 위해 집단과 함께 작업하는 것도 가능하다. 함께 작업하는 집단이 상영회에서 홍보할 만한 적절한 활동이나 기획이 있으면 좋다.

영화 프로그래밍

상영회가 있는 밤 일정의 일부로 사용해 볼 수 있는 다양한 영상들이 많이 있다.

- 실천 활동을 담은 짧은 영상.
- 편집되지 않은 자투리 영상(해설해 줄 수 있는 사람이 있으면 좋다).
- 긴 영상의 일부.
- 긴 영상, 훌륭한 기교가 들어간 영상.

비디오 출처 명시하는 방법

상영회를 개최하고자 할 때 종종 특정한 한 가지 사안(사유화, 기후변화, 빈 공간 점거 활동)에 대해서 30분짜리 영상으로 접근해 달라는 요청을 받을 수 있다. 이 경우 영상 자료를 풍부하게 보유하고 있으면 훨씬 쉽게 작업할 수 있다. 이를 위해 DVD와 CD, VHS 테이프가 갖추어진 도서관의 형태를 취하는 것이 가능하다. 또는 인터넷이나 일대일 네트워크에서 다운받은 디지털 영상들을 모아 놓은 하드드라이브를 갖추는 형식일 수도 있다. 자료를 얻을 수 있는 장소는 많이 있다.

오프라인 콘텐츠

■ 전통적으로 상영회에 적합한 좋은 내용을 얻을 수 있는 가장 좋은 방법은 메일 주문용 카탈로그에서 VHS 테이프와 DVD를 주문하거나 영화 인쇄물을 배송 받고 지역 영화관을 빌려 이용하는 것이다(www.cultureshop.org를 보라).

■ 요즘에는 영화 상영자들이 DVD등의 상영, 판매 작품들과 함께 지역을 순회하기도 한다. 이들은 개인적으로 방문할 수 없지만 순회를 통해 이들의 영화에 대해 알게 된 지역 상영자들에게 복사본을 보내 주기도 한다.

■ 일대일 디지털 배포 때문에 행동주의 상영회에 적합한 영상들을 네트워크하는 것이 훨씬 더 빨라졌다. 영화 상영자들이 활동가 모임 쉬는 시간에 미친 듯이 디지털 비디오 파일과 DVD를 교환하는 일도 아주 흔해졌다.

■ 〈러프컷Ruff Cuts〉과 〈유러피언 뉴스리얼European Newsreal〉은 양질의 실천 기반 단편 영상들을 제공하는 프로젝트다. 이 프로젝트들은 40여 개의 급진 비디오 콘텐츠 시디를 생산했다. 이 영상들은 모두 "카피레프트 라이센스Copy-left license" 하에 배포되고 있는데, 이것은 이 영상들이 자유롭게 복제되고 유통될 수 있음을 의미한다.

온라인 콘텐츠

풍부한 온라인 콘텐츠를 얻고자 한다면, 이 장 마지막에 있는 자료들을 참조하라.

훌륭한 배급을 위한 몇 가지 조언들

다른 상영 장소들과 날짜를 조정하고, 공동 발표회를 하고, 사본을 미리 보고, 독립영화 제작자에게 돈을 내고, 공감이 가는 영상물 가게에서 필요한 영상물을 얻어 보면서 관심 있는 주제의 영상 상영자 네트워크를 만드는 데 일조할 수 있다.

독립 미디어에 담긴 힘

인터넷이 등장하고 오디오와 비디오 장비 비용이 내려가면서 자기만의 미디어를 생산하는 것이 상당히 쉬워졌다. 이 장에서 언급한 모든 아이디어들은 자유와 협동, 상호부조와 정의, 그리고 연대에 기초한 미디어 활동을 촉진한다는 점에서 공통점이 있다. 공동체와 이웃 캠페인에서부터 직접행동과 풀뿌리 동원, 우리가 살고 있는 세상에 대한 비판적인 분석에 이르기까지, 대안적이고 독립적인 미디어를 구축하는 것은 우리의 독자적인 목소리를 만들어가는 일이다. 우리의 생각과 영감, 뉴스와 창의성을 생산하고 배포하는 것은 공동체 의식을 구축하고 새롭게 하는 데 있어서 엄청난 잠재력을 가진 역할을 한다. 이 장에 담겨 있는 몇 가지 생각들을 가지고 여러분들은 무언가 시작해 볼 수 있을 것이며, 다음에 소개한 자료들은 여러분들의 생각을 현실로 바꾸는 데 도움을 줄 것이다.

도서

Chomsky, N.(1997). Media Control. *The Spectacular Achievements of Propaganda*. New York: Seven Stories Press.(『노암 촘스키의 미디어컨트롤』, 박수철 옮김, 모색, 2003)

Chomsky, N.(1998). *Manufacturing Consent: The Political Economy of the Mass Media*. New York: Pantheon Books.(『여론 조작』, 정경옥 옮김, 에코리브르, 2006)

Edwards, David and David Cromwell(2005). *Guardians of Power: The Myth of the Liberal Media*. London: Pluto Press.

Gregory, S.(2005). *Video for Change. A Guide for Advocacy and Activism*. London.

Harding, Thomas(2001). *The Video Activists Handbook*. London: Pluto Press.

Lewis, Jeff(2005). *Language Wars*. London: Pluto Press.

Lloyd, John(2003). *What the Media are Doing to Our Politics*. London: Constable.

McChesney, Robert W.(1997). *Corporate Media and the Threat to Democracy*. Open Media Pamphlet Series. New York: Seven Stories Press.

McChesney, Robert W., Russell Newman and Ben Scott(eds)(2005). *The Future of Media: Resistance and Reform in the 21st Century*. New York: Seven Stories Press.

Monbiot, George(2001). *An Activists Guide to Exploiting the Media*. London: Bookmark.

Nichols, John and Robert W. McChesney(2002). *Our Media. Not Theirs*. New York: Open Media.

Project Censored(ed.)(1999). *The Progressive Guide to Alternative Media and Activist*. Open Media Pamphlet Series 8. New York: Seven Stories Press.

Sakolsky, Ron and S. Dunifer(2001). *Seizing the Airwaves: A Free Radio Handbook*. Oakland, CA: AK Press.

웹사이트

지역 뉴스레터
브리스틀Bristle www.bristle.org.uk
해린지 뉴스레터Haringey Newsletter www.haringey.org.uk
러프뮤직Rough Music www.roughmusic.org.uk
포크볼터The Pork Bolter www.eco-action.org/porkbolter
왈쌈스토우 언더독Walthamstow Underdog www.libcom.org/hosted/wag

참여 영상
기후 거래 감시Carbon Trade Watch www.carbontradewatch.org/
인사이트Insight www.insightshare.org
레이즈드 보이스Raised Voices www.raised-voices.org.uk

영상 자료와 미디어 자료
텔레비전을 넘어서Beyond TV www.beyondtv.org
클리어러 채널Clearer Channel http://clearerchannel.org

온라인 비디오 만들기Creating Online Video http://en.wikibooks.org/wiki/Video
컬쳐샵Culture Shop www.cultureshop.org
디지털 비디오 보관소Digital Video Archive www.ngvision.org
미디어에 참여하라 - 호주Engage Media - Australia http://engagemedia.org
국제 금융기관을 감시하는 눈Eyes on IFI www.ifiwatchnet.org/eyes
인디미디어 번역 프로젝트Indymedia Translation Project http://translations.indymedia.org
온라인뉴스 보관소Online News Archive www.chomskytorrents.org
온라인비디오 생산자들Online Video Producers www.transmission.cc
공개 자료 인터넷 티비Open Source Internet TV www.getdemocracy.com
언더커런트 비디오 공동체Undercurrents Video Collective www.undercurrents.org
비디오 인디미디어Video Indymedia http://video.indymeia.org
비디오 신디케이션 네트워크Video Syndication Network http://v2v.cc
비디오/이미지/텍스트 보관소Video/Image/Text archive www.archive.org

독립 미디어와 뉴스
대안 언론 색인Alternative Press Index www.altpress.org
세계 인디미디어 네트워크Global Indymedia Network www.indymedia.org
인디미디어 기록 프로젝트Indymedia Documentation Project docs.indymedia.org
립컴LibCom www.libcom.org
멜버른에 있는 공동체 라디오 방송국Melbourne Based Community Radio Station www.3cr.org.au
『슈뉴스』 직접행동 뉴스Schnews Direct Action Newssheet www.schnews.org.uk
영국에 있는 주류 언론의 집단적 왜곡에 대한 주시UK Based Spotlight on Corporate Distortions of Mainstream Media www.medialens.org
미국에 있는 대안 언론 색인US Based Alternative Press Index www.altpress.org
미국에 있는 미디어와 민주주의 센터US Based Centre for Media and Democracy www.prwatch.org
제트넷Znet www.zmag.org(급진적 뉴스와 분석 글들을 보유한 방대한 자료실)

공개 자료와 출판물
창조적인 공유재 저작권Creative Commons Licenses www.creativecommons.org
설명이 달려 있는 공개 발표물Open Publishing Explained www.cat.org.au/maffew/cat/openpub.html

직접행동이 필요한 이유 **17**

이 글을 쓴 앨리스 커틀러와 킴 브라이언은 유전자 조작 식품, 기후변화, 도로 건설 반대 운동, 반자본주의 네트워크와 이주자 연대 형성 같은 주제와 관련된 직접행동과 캠페인에 참여해 온 활동적인 운동가다. 『프롤 포지션 앤 와일드캣*Prol position and Wildcat*』을 비롯한 수많은 출판물을 저술한 정치 활동가이자 작가이며, 스페인 에스칸다 공동체에 거점을 두고 있는 〈레이디 스타더스트Lady Stardust〉와 기후변화의 근본 원인에 대항하는 행동에 초점을 두고 있는 캠페인 집단인 〈런던 라이징 타이드London Rising Tide〉에서 일하는 마크 브라운Mark Brown도 이 장에 많은 도움을 주었다. 고맙게도 〈해린지 솔리더리티 그룹 Haringey Solidarity Group〉, 〈런던 라이징 타이드〉, 브라이턴에 본부를 두고 있는 〈스매쉬 에도 캠페인Smash EDO Campaign〉에서도 여러 정보를 제공해 주었다. 이 장은 일일이 이름을 나열하기 어려운 많은 사람들이 진행한 대화와 숙고, 수천 건의 실천을 토대로 한 것이다.

직접행동은 정치적 행동주의의 중요한 일부다. 하지만 직접행동에 대한 정확한 정의는 상당히 어려우며, 일반적으로는 중요한 사안을 해결하기 위해 직접 행동하는 것을 의미한다. 이것은 선출된 대표자들에게 우리를 위해 해법을 제시하라고 요구하는 간접 행동이나 정치 행동과 상반된다. 이 책에서 폭넓게 다루고 있는 다양한 이야기들은 넓은 의미에서 "직접행동"이라고 볼 수 있다. 즉, 직접행동은 우리가 건강과 교육을 조직하는 방식, 혹은 우리가 스스로를 조직하고 소통하는 방식에 영향을 미치는 삶의 철학일 수 있다. 그러면 이 장을 특별히 구성한 이유는 무엇인가? 여기서 우리는 변화를 목적으로 진행하는 캠페인들을 살펴볼 것이다. 직접행동은 사회정의를 위한 투쟁에서 중요한 촉진제 역할을 해 왔다. 사람들은 그냥 앉아서 관계 당국에 요청을 하는 것이 아니라 자신의 신체와 자유에 권한을 부여함으로써 직접행동을 실천하고 있다. 사람들이 선거에 의한 변화를 마냥 기다리지 않을 때, 예를 들어, 정치적 망명자들을 강제 출국하는 비행기에 앉아 있기를 거부할 때, 억류된 사람들이 석방과 비인간적인 처우 개선을 요구하며 단식투쟁을 할 때, 단순히 전쟁에 반대하는 행진을 하는 것이 아니라 석유 회사의 본사를 점거할 때, 혹은 핵폐기물을 수송하는 열차의 이동을 봉쇄할 때, 바로 이런 순간들이 직접행동의 순간이다. 직접 행동한다는 것은 자신의 개인적인 능력과 권력, 책임을 기존의 구조에 맡기는 것이 아니라 스스로 실천하는 것을 의미한다.

중요한 것은 직접행동이 감정에 좌우되고 논쟁의 여지가 있는 주제이며, 정의하기가 어렵다는 사실에 주의해야 한다는 것이다. 예를 들어, 이것은 본질적으로 전술이기 때문에 다양한 집단들이(정치적 좌파든 우파든, 극단주의자든 평화주의자든) 다양한 방식으로(봉쇄, 파업, 조직화) 다양한 목적을 위해(작업장의 변화, 공동체 권한 부여, 봉기) 사용할 수 있다. 하지만 이 장에서는 주로 영국의 자율 집단들이 사용하는 직접행동을 집중적으로 소개하려고 한다. 이들은 주로 수평적이며 집단적으로, 지도자가 없는 상태에서 조직된 이들로, 우리는 이들이 국가권력을 갖기를 원하지 않으며, 자신들의 목적을 달성하기 위해 개인에게 폭력을 휘두르지 않을 것이라고 생각한다. 이런 맥락에서 우리는 왜 우리가 직접행동을 해야 하는지를 살펴보면서 몇 가지 성공 사례와 가능성들을 검토하고, 또한 한계와 비판 지점들 또한 다루려고 한다. 이 장에서는 "적합한" 직접행동과 "적합하지 않은" 직접행동이 무엇인가를 정의할 의도는 없다. 단지 이들을 둘러싼 논쟁들과 현실에서 사용되는 전략들을 검토하려고 한다.

시민불복종인가, 직접행동인가?

이 두 가지 용어는 종종 혼용되고 있지만 몇 가지 의미 있는 차이점이 있다. 시민불복종은 정부나 지배 권력의 어떤 법률이나 요청, 명령에 따르는 것을 적극적으로 거부하는 것이다. 이것은 영국 식민주의에 맞섰던 인도의 비폭력 저항 투쟁이나 인종차별에 맞섰던 남아프리카공화국의 투쟁, 혹은 인종차별 정책과 무력화 정책에 맞섰던 미국의 시민권 운동과 영국의 인두세 반대 운동에서 두드러지게 나타났다. 직접행동은 항상은 아니지만 가끔씩 시민불복종의 형태를 띤다. 직접행동의 모든 형태가 법을 어기는 형태는 아니며, 직접행동이 항상 공개적이거나 대중적이지는 않다.

왜 직접행동을 하는가?

투표를 통해 바뀌는 것이 있다면, 그들은 투표를 불법으로 만들 것이다.

(엠마 골드만Emma Goldman)

역사적으로 법적인 수단에만 의존했던 정치적 운동들은 아주 극소수였고, 대부분은 목적을 달성하기 위해 "직접"행동과 "정치적" 행동을 함께 사용했다. 법과 정부를 개혁하는 것은 엄청난 변화를 가져올 수 있지만 진정한 체제 변화와 행동은 역사적으로 아래로부터의 투쟁 속에서 등장했다. 오늘날 서구 민주주의 사회에서 시민들이 가지고 있는 많은 권리들은(예를 들어 여성들의 투표권과 하루 8시간 노동, 노동 연령 제한, 봉건제도의 종식) 평민들의 대규모 봉기와 저항을 통해 무력으로 획득한 것이다. "행동의 선동propaganda of the deed"이라는 말은 19세기의 아나키스트들과 자유주의자들에게서 유래한 것으로, 이들에게 이 말은 세상을 바꾸고 다른 사람들이 실천하도록 고무하는 직접행동을 하는 것을 의미했다.

직접행동을 선택하는 것은 종종 대의 민주주의를 통해 변화를 도모하는 것이 궁극적으로 무익하다는 신념과 결합되어 있다. 많은 아나키스트들과 사회 변화 활동가들은 선출된 정부가 우익이든 좌익이든 간에 이들은 권력과 영향력을 가진 요새와 같은 입지로 고착된 체제 안에 존재한다고 믿는다. 지주, 법 제도, 경찰 권력, 교육 기관, 군대, 생산과 자연 자원을 통제하는 회사에는 기존의 질서가 존재하며, 이것은 역사적인 불평등에 기초하고 있다. 따라서 어떤 변화를 도모하기 위해 정부를 대상으로 로비 활동을 하는 것은 기본적으로 얻을 수 있는 것에 한계가 있다. 왜냐하면 기존 권력은 민주적 선택 너머에 존재하기 때문이다. 게다가 많은 이들이 자신들이 통제력을 행사해야 하는 투표함에는 선택지가 너무 적다고 느낀다. 야당이었을 때 개혁을 약속했다가 막상 권력을 잡았을 때 이를 이행하지 않은 수많은 좌익 정부들의 사례는 의회 민주주의에 대한 이러한 거부감을 강화시키고 있다. 단기 집권하는 정부는 그 해법이 "대중적이지 않다"고 인식되는 기후변화 같은 장기 과제를 다루는 데 있어서 한계가 드러나 민주주의의 결함이라는 개념을 더욱 악화시킬 뿐이다. 위로부터의 권력 즉, 국가 정부들이 기꺼이 함께 파트너로 활약하는 G8과 세계무역기구 같은 국제 기구들의 권력은 전 지구적인 신자유주의 시장 정책들을 야만적으로 촉진하고 있다. 이것은 더 나아가 담대한 변화를 이끌 수 있는 정책이 등장할 가능성을 축소하고 있다. 진보적인 변화에 반하는 이러한 정책들의 예에는 개발도상국에 자유화와 사유화 정책을 강제로 추진하게 하는 구조 조정 프로그램이 포함되며, 최근에 등장한 영국의 민간 자금 주도(Private Finance Initiatives, PFI)도 여기에 포함될 수 있다. 민간 자금 주도에서는 학교와 병원처럼 이전에는 중요하게 여겼던 국가의 공적 자산에 대한 접근을 국제무역기구가 정해 놓은 입법안을 통해 자유화하고 있다.

여성참정권 투쟁

영국에서 〈여성 사회 정치 연합(Women's Social and Political Union, WSPU)〉 혹은 좀 더 대중적인 표현으로 여성 참정권 운동가들이 "말이 아닌 실천을Deeds Not Words"이라는 구호 아래 투표권과 여성 평등을 위해 투쟁했다. 출범한 1903년부터 투쟁적인 조직이었던 이들은 교회 방화, 옥스퍼드 거리의 상점 유리창 부수기, 세금 납부 거부 등의 행동을 감행하였고, 한번은 의회를 향해 욕을 퍼부으며 배를 타고 템즈 강을 거슬러 올라가기도 했다. 표면적으로 여성참정권 운동은 1928년 남성들과 동등한 조건으로 참정권을 마침내 얻어 냈다는 점에서 직접행동의 승리였다. 하지만 제1차 세계대전이 진행되는 동안 남성들이 전투에 징집되어야 했기 때문에 여성들은 공장에 가서 일하라는 종용을 받았고, 이때 참정권 운동 집단은 갈라지게 되었다. 〈여성 사회 정치 연합〉은 전쟁 지속을 위해 "캠페인을 중단"할 것을 요청한 반면, 〈여성참정권 연합Women's Suffrage Federation〉은 전쟁에 반대하면서 투쟁을 지속한 것이다. 여성참정권을 위한 정치적인 운동은 1919년에 본격적으로 시작되었고, 여성들에게 투표권을 주는 것이 기존 권력 구조에 전혀 위협적인 일이 아니라는 점이 명백해지자 개혁이 승인되었다.

볼리비아의 〈물과 생명 수호 동맹〉

볼리비아의 코차밤바Cochabamba 시는 전 지구적 자본주의에 저항하여 승리한 민중 투쟁의 핵심적인 상징이 되었다. 압도적인 다수가 미국의 초국적 기업인 〈벡텔 Bechtel〉이 이들의 물 공급을 사유화하는 것에 반대했는데, 벡텔이 물을 사유화하면 서 물 값이 네 배까지 상승했기 때문이다. 노동자, 소작농, 농민을 비롯한 여러 계 층들의 폭넓은 운동을 통해 〈물과 생명 수호 동맹(La Coordinadora de Defensa del Agua y de la Vida, 줄여서 La Coordinadora)〉이 만들어졌고, 지역의 물 공급 체계를 "탈사유화" 하고자 했다. 수십만 명의 볼리비아 인들이 정부와 대치하며 코차밤바까지 행진했 고, 운송 파업을 비롯한 총파업으로 도시는 완전히 마비되었다. 경찰이 난폭하게 대응했지만, 결국 2000년 4월 10일 아구아스 델 뚜나리Aguas del Tunari와 〈벡텔〉은 핵심적인 개인 파일과 문서, 컴퓨터를 들고 볼리비아를 떠났다. 파산한 회사에는 상당한 빚만이 남았다. 정부는 대중적인 압력 때문에 물 사유화 법안을 취소했다. 지방정부는 지지했던 프로젝트가 실패한 것을 대단히 원통해하면서도 결국 지방 의 물 서비스인 〈세마파SEMAPA〉의 운영권을 빚과 함께 시위대와 〈물과 생명 수호 동맹〉에게 넘겨주었다. 사람들은 이 제안을 받아들여 물 회사의 새로운 운영진을 선출하고 엄격한 원칙에 근거한 새로운 운영안을 만드는 데 착수했다. 회사는 효 율적이어야 하고, 부정이 없어야 하며, 노동자들에게 공정해야 한다. (물을 공급받지 못하는 사람들에게 우선적으로 물을 공급하는 등) 사회정의의 원칙에 입각해야 하며, 일반 대중들이 더 많이 참여할 수 있도록 조직하는 촉매제의 역할을 해야 한다.

출처: 『블루 골드』, 발로우. 2001 *

---

* 『블루골드』, 이창신 옮김, 개마고원, 2002. 옮긴이

직접행동 전술은 반대 목소리를 증폭시키거나, 어떤 일이 일어나지 못하게 저지하거나, 정책상의 변화를 강제하는 등 다양한 목적으로 사용할 수 있다. 다양한 목적을 가진 행동들은 형태 또한 다양하다. 가장 눈에 잘 띄는 행동 중에는 〈그린피스〉 같은 대규모 비정부기구에서 벌이는 것들이 있는데, 〈그린피스〉의 경우 포경을 중단시키기 위해 배를 타고 활동하거나 런던 석유 거래소London Petroleum Exchange의 거래를 중단시키는 등 다양한 환경 캠페인에 훈련된 활동가들을 투입한다. 이러한 활동들은 대체로 막대한 홍보비를 사용하여 언론을 통해 보도되는 활동들이다. 이들은 "사진이 없으면 그 일은 일어났다고 볼 수도 없다"고 주장한다. 다른 집단들은 언론 보도에 대한 관심이 이들보다는 적은 대신 여우 사냥을 고의적으로 방해하거나 반파시스트 대회와 행진을 중단시키는 예에서 나타나는 것처럼 어떤 일이 발생하는 것을 실질적으로 막는 것을 목적으로 한다. 또한 은밀한 방해 공작 같은 것들은 완벽하게 비밀리에 진행되고 공개적으로 알려지지는 않지만 "야간 경작"(유전자 조작 작물 파헤쳐 놓기)같은 특정한 목표물을 대상으로 작업을 진행한다.

대다수는 뒤에 제시한 것들 사이 어딘가에 위치한다. 높은 곳에서 현수막을 늘어뜨리고 물리적인 저지를 하는 일부 행동들은 좀 더 상징적인 행위로서 분란을 일으킬 수는 있지만 해당 사안에 대한 인식을 높이고 토론을 일으킬 수 있는 주요한 방법이다. 거리 파티는 자동차가 적어지면 세상이 얼마나 더욱 지속 가능해질 수 있는지를 강조하기 위해 벌어지지만, 사람들을 불러 모으고 공동체 의식을 형성하기도 한다. 게릴라식 정원 만들기 혹은 "녹색 블록" 실천은 그냥 방치되어 있는 땅에 정원을 만들어서 지역 사회에 긍정적인 영향을 주는 것을 목적으로 한다. 어떤 주어진 직접행동에서 가장 오래가는 영향 중 한 가지는 다른 사람들이 스스로 직업행동에 나서고 사고할 수 있도록 고무하고 분위기를 고취시키는 그 능력에 있다.

공동체 조직, 주민이 접수한다

공동체 조직과 주민 집단들의 이미지는 종종 개똥이나 깨진 가로등, 쓰레기 불법 투기 같은 것들에 대해 불평하는 사람들로 이어진다. 이들이 대체 세상을 바꾸는 것과 무슨 관련이 있단 말인가?' 충분히 이런 질문이 나올 수 있다. 하지만 상호 협동이라는 개념을 자기가 속한 작은 동아리를 넘어서 널리 전파하고 새로운 사회를 건설하는 씨앗은 바로 이러한 소규모, 공동체 주도적 토론과 상호 교환과 실천들이다. 주민 집단에 관련된 사람들에 대해 내가 좋아하는 점은 당신이 이들에게 "우리는 독립심을 가져야 하고 공동체 정신을 형성해야 하며, 서로를 지원하고 협력해야 한다. 우리 모두는 동등하며, 우리 지역에 대한 모든 결정은 우리 공동체의 진정한 필요에 근거하여 공동으로 결정해야 한다"고 말한다면 거의 모든 사람들이 동의할 것이라는 점이다. 이건 정말 상식이기 때문이다! 그런 상식적인 개념은 실제로 진정한 대안 권력과 새로운 사회를 위한 대안적인 정치학의 급진적인 기초가 된다. 사람들이 이런 상식적인 개념을 인정하고 이를 기초로 삼기만 하면 말이다. 주민 집단을 통해 사람들은 직접 도전하고 영향을 미칠 수 있게 되며, 결국 자신과 자신의 공동체에 영향을 미치는 모든 의사 결정을 스스로 할 수 있게 된다. 예를 들면 반사회적인 개발 계획이나 지역 서비스 감축에 저항할 수 있게 되는 것이다. 튼튼하고 협력적이며 힘 있는 공동체는 만들어지는 것이며, 사람들은 서로 협력과 연대에 기초하여 활동하고 있다.

출처: 데이브 모리스Dave Morris, 〈해린지 솔리더리티 캠페인Haringey Solidarity Campaign〉 (www.haringey.org.uk)

일반적으로 캠페인들은 공론화, 구제 활동, 로비 활동을 포함한 폭넓은 전술들을 사용하지만, 직접행동은 간접적인 실천보다 훨씬 더 빠르고 효과적으로 작동되어 왔다. 유전자 조작(GM) 식품에 반대하는 영국의 캠페인은 변화를 위한 폭넓은 사회 운동의 촉매제로 직접행동이 사용되었던 한 예라고 볼 수 있다. 공개적으로든 비공개적으로든 작물들을 뽑아내고 유전자 조작으로 오염된 땅을 무단으로 침입하기 시작한 일군이 사람들은 오염원을 제거하면서 동시에 많은 언론을 타게 되었다. 이는 대중들의 의식을 고양시켰고 사람들은 광범위한 캠페인 전술들을 통해 결국 영국 정부와 유럽연합이 1998년 유전자 조작 작물에 대한 5년간의 모라토리움을 선언하도록 강제하는 압력을 행사했다.

　직접행동은 물론 아나키스트나 좌파, 자유주의자들의 전유물이 아니다. 사실 1900년대 미국의 노동운동에서 "직접행동"이라는 말을 만들어 낸 아나코 생디칼리스트들은 사업주들이 자신들에게 적대적으로 직장 폐쇄나 카르텔 같은 직접행동 전술들을 사용한다고 생각했고, 이에 대한 대응으로 작업장에서 파업을 하거나 공장 설비들을 파괴했다. 정치학의 핵심 기반이 과거보다 꾸준히 유지되기 어려운 상황이 되면서 모든 정치적 집단들이 스펙트럼에 관계없이 자신들의 권력을 보여 주고 국가를 협상 테이블에 끌어내기 위해 직접행동을 사용하고 있다. 이런 최근 예로는 2004년 여유 사냥 금지에 반대하는 〈컨트리사이드 동맹Countryside Alliance〉 시위가 있는데, 이 시위에서는 1만 명의 사람들이 영국 국회 밖에서 경찰과 충돌하는 동시에, 4명의 사람들이 보안을 뚫고 하원에 진입하는 데 성공했다. 또한 면허에 대해 새로운 요금을 부과한 것에 반대하며 1992년 국토 전역을 꼼짝 못 하게 만든 프랑스의 트럭 운전사와 연료 가격 인상에 반대하며 똑같은 일을 감행한 영국의 운전사들, 아이들에게 접근할 수 있는 권리에 대한 요구를 강조하기 위해 만화책에 등장하는 슈퍼영웅들처럼 옷을 입고 런던 버킹검 궁전을 기어오른 〈정의의 아버지들 Fathers 4 Justice〉도 같은 예다.

변화를 이루기 위한 운동들

이제부터 주로 자유주의적인 성향을 가진 수평적인 정치 집단들이 직접행동을 사용해 왔던 세 영역인 도로 반대 운동, 작업장 행동, 반전운동을 살펴볼 것이다. 이런 예들은 전 세계에서 진행되고 있는 방대한 저항운동 중 극히 일부일 뿐이다. 강제 추방에 반대하고 이동의 자유를 위해 싸우는 〈노 보더즈 네트워크〉, 반자본주의자들, 여성주의, 동물 해방, 반인종주의, 퀴어 집단 등 우리가 살펴볼 수 있는 다른 운동들도 많이 있다. 우리가 아래에서 살펴보게 될 것들은 서로 다른 성격을 가지고 있지만, 이들로부터 얻을 수 있는 교훈은 서로 얽혀 있다. 다양한 저항의 폭과 범위를 맛보기 위해 이런 것들이 포함된 것이며, 각각은 이 운동에 참여한 사람들이 작성한 것이다.

〈쉘〉 반대 시위, 2006년

출처: 〈런던 라이징 타이드〉

도로 반대 운동

영국에서 마가렛 대처가 집권했던 1980년대와 1990년대 초에 230억 파운드 규모의 집약적인 도로 건설 계획이 도입되면서, 1990년대에 환경주의자들이 모여 이들 도로 계획에 반대하는 캠페인을 벌이고 자동차 사용과 오염 문제에 대한 경각심을 일깨우기 위해 직접행동 전술을 사용하기 시작했다. 도로 건설 반대 운동 진영은 부분적으로는 미국에서 기원한 "지구 먼저!Earth First!" 운동에서 영감을 얻었는데, "지구 먼저!"는 "지구와 그 거주민들의 파괴에 대한 책임이 있는 폭력에 대적하고 이를 중단시키며 궁극적으로는 전복하기 위해" 직접행동을 사용하고 비위계적인 조직 체계를 갖는 것을 원칙으로하는 느슨한 네트워크다. 최초의 영국 도로 반대 캠프는 1991년 햄프셔 트와이포드 다운에서 M3 도로 연장 계획에 반대하여 건설되었고, 뒤이어 몇 개만 열거하자면 뉴베리, 동런던East London, 스탠워스 밸리Stanworth Valley, 폴락 파크Pollock Park, 버밍험Birmingham에서도 도로 반대 운동이 시작되었다.

저항 캠프는 어떤 공사가 시작되기 전에 그 진행을 막기 위한 목적으로 만들어지는 것이다. 캠프는 굴착기 밀어 떨어뜨리기부터 하청 업자 사무실 점거하기에 이르는 행동 기지의 역할을 한다. 캠프에서 먹고 자는 사람들은 꾸준히 다른 사람들이 관련 사안과 저항에 대해 상기할 수 있는 시각적 자료들을 제공하면서 사람들이 해당 지역에서 행동에 참여하고 자신감을 가질 수 있도록 고양시킨다.

영국 전역에서 사람들이 도로와 활주로 건설에 반대하는 캠프와 시위에 참여하고, 이로 인해 정부 정책에 강하게 영향을 미치고 대중들의 의견에 관심을 기울인 일련의 사건들이 활성화되면서 "생태 전사들"이라거나 "나무를 끌어안는 사람들"이라는 표현들이 등장하게 되었다. 나무에서 끌려내려오는 사람들의 모습이 텔레비전에 방영되면서 이들의 생각이 확산되는 데 도움이 되었고, 비슷한 캠프가 폴란드, 아일랜드, 네덜란드 같은 나라들에서도 나타나기 시작했다.

> 이른바 진보의 이름으로 기업과 정부가 어머니 지구를 강간하고 죽이는 것을 막기 위해 수천 명의 사람들이 직접행동을 취하도록 고무하고 동원하는 운동의 씨앗이 뿌려졌다. (도로 반대 캠페인 진행자 믹Mik, 저자와의 인터뷰에서)

1990년대가 저물어 가면서 정부가 변화하고 도로 반대 운동이 성공하게 되었는데, 즉 도로 건설 계획이 일시적으로 중단되었고 110개의 계획들이 무기한 연기된 것이었다. "생태적 행동"에 관련된 많은 사람들은 자신들이 보기에 문제의 근원이 되는 것을 해결하고자 했다. 1990년대 말 사람들이 점점 도로 건설과 지속 불가능한 발전을 좀 더 포괄적인 경제 체제와 동일시하게 되면서 반자본주의 저항이 생태적인 직접행동을 대체하기 시작한 것이다. 도로 건설 반대 운동에서 태동한 집단인 "거리를 되찾자Reclaim the Streets"의 경우 거리 파티를 조직하고 도시의 자동차 문화와 싸우려는 시도를 했다. 이들이 벌인 행사 중 최대 규모는 1999년 6월 18일에 벌어진 "런던 시 자본주의 반대 축제 Carnival Against Capitalism in the City of London" 였는데, 이 행사에는 약 5천 명의 사람들이 참가했고, 이 행사 때문에 런던 시가 거의 마비되다시피 했다. 이와 동시에 셀 수 없는 다양한 행사들이 43개 나라에서 벌어졌다. 저항 캠프는 지금도 어떤 개발 계획에 대한 핵심적이며 결정적인 저항 형태다. 오늘날에는 도로, 슈퍼마켓 확장, 가스관 건설, 핵잠수함 기지 같은 문제와 관련된 생태, 평화 저항 캠프들이 많이 있다. 도로 반대 운동에서 얻은 것은 많은 사람들이 자신의 지역에서 벌어지는 지속 불가능한 개발에 대한 저항에 참여할 수 있도록 고취시켰다는 것이다.

작업장 직접행동

일과 임금노동이 존재하는 동안에는 작업장 직접행동이 꾸준히 있어 왔다. 전 세계적으로 산업 발전 이후에 노동자들의 투쟁의 물결이 이어졌고, 이를 통해 임금 상승 압력이 가해지며 자본이 이윤을 얻을 수 있는 새로운 영역을 찾아나서는 결과가 나타났다. 예를 들어, 1920년대 미국 미시건 주 플린트Flint 에서 자동차 산업이 처음 부흥한 이후, 파업과 점거가 발생하여 모든 생산과 정이 중단되었다. 2006년 인도 델리 부근의 한창 성장하던 산업 지역에서는 혼다 공장과 공급 업체에서 파업이 일어나 계약 노동자들의 임금이 1년 만에 거의 50퍼센트까지 상승했다.

작업장은 자본가가 노동자들에게서 이윤을 착취하는 장소다. 하지만 이곳 은 이러한 이윤(착취 과정)이 공격받기 좋은 곳이기도 하다. 작업장 직접행동은 더 나은 삶을 위한 투쟁의 선두에 서 있기도 하지만, 경제 체제 전반을 종식시 키기 위한 투쟁의 중요한 현장이기도 하다. 예전에 1960년대와 1970년대에는 포드주의적인 대공장들이 노동자 협력과 동원의 거점이었다. 포드주의 시대 이후에 등장한 좀 더 복잡한 공급 체인과 적기 생산just-in-time 방식은 이것을 뒤흔들기 위한 시도에서 이루어진 것이지만, 노동자의 협력과 투쟁은 지속되 고 있다. 예를 들어, 1995년과 1998년 사이에 벌어진 리버풀 항만 노동자들의 파업에서는 지역 차원에서 엄청난 지원이 이루어졌을 뿐 아니라, 다른 항만 노조에서 국제적인 연대를 하고 전 세계적인 행동의 날이 벌어지기도 했다.

노동자들은 사장과 노동자의 역할에 도전하면서 스스로를 조직할 수 있다. 아르헨티나의 공장 점거 사례는 이런 점에서 많은 영감을 준다. 2001년 경제

위기 전후로 공장과 사업체들이 수십 개씩 문을 닫게 되었고 이로 인해 수백만 명의 실업자가 발생했다. 전 지구적 경제의 가혹한 종말을 경험해 본 적이 있었던 수많은 아르헨티나 노동자들은 5성 호텔과 패스트리 공장에서부터 금속 작업장에 이르기까지 다양한 공장과 사업체의 소유권을 주장하게 되었다. 각각의 공장 혹은 사업체들에는 고유한 사연들이 있지만, 공통점은 대부분 의사 결정을 할 때는 의회와 수평적인 구조를 이용한다는 점이다. 60퍼센트의 사람들이 빈곤 선 이하에서 살고 있는 나라에서 공장과 사업체의 소유권을 주장하고, 이것을 자율적이며 수평적으로 운영하며, 모든 사람들이 공정한 임금을 받도록 하는 것은 삶의 질을 향상시키고 힘을 북돋는 활동이다. 재점유된 공장들 중 많은 것들이 〈전국 공장 회복 운동National Movement of Recovered Factories〉과 〈전국 공장 회복 노동자 협동 연맹National Federation of Workers' Cooperatives in Recovered Factories〉이라는 두 조직을 통해 조정되고 있다. 〈전국 공장 회복 운동〉은 60개 공장에 포진한 3,600명의 노동자를, 〈전국 공장 회복 노동자 협동 연맹〉은 14개 공장에 포진한 1,447명의 노동자를 보유하고 있다. 가장 고무적인 예 중에는 예전에 부에노스아이레스 중앙에 위치한 5성 호텔이었던 〈바우엔Bauen 호텔〉과 네우껜Neuquen 지역의 〈브루크만Brukman 섬유 공장〉, 〈싸논Zanon 세라믹〉 등이 있다.

작업장에서의 집단적인 직접행동은 노조, 노동 평의회, 좌파 정당, 비정당 기구 등의 다양한 중재 기구에 호소하는 것과는 다르다. 이들은 민주주의에 대한 환상을 가지고 있으며, 이들의 주요 관심사는 자신들의 이미지와 생존에 있다. 또한 이들은 합법적인 투쟁에 제한된 활동을 한다. 법은 전혀 중립적이지 않으며, 노동자들의 집단적인 권력을 약하게 만들기 위해 신중히 기교를 부려 만들어진 것이다. 예를 들어, 영국의 간접 피케팅 반대 법안은 시위 확산을 막기 위한 것이고, 최근 미국의 국토안전법Homelands Security Act은 반테러리즘 법안이라는 미명하에 공공 부문에서의 파업을 금지하고 있다. 직접행동은 다른 행동보다 훨씬 더 효과적이고 더 많은 힘을 실어 주는 경우가 많다. 노조가 파업 전술을 승인하지 않거나 관련 노동자들이 노조에 가입되어 있지 않아서 노동자들이 노조의 승인을 받지 않고 파업하기로 결정했을 때 하게 되는 무허가 혹은 비공식 파업은 예측 불가능한 것이며, 따라서 사업주가 요구안을 수용하도록 강제할 수 있다. 힐링던hillingdon 노동자들은 1995년과 2000년 사이에 파업을 진행하면서 투쟁에서 자신들의 노조와 이전 고용주들에게 끝까지 저항하였고, 그 결과 똑같은 수당을 받으며 최근 사유화된 병원 일자리를 되찾을 수 있게 되었다. 파업 참가자들은 억수 같은 모욕과 비바람을 견디면서 날이면 날마다 피켓을 들었고, 그래서 결국 영국 역사에서 가장 긴 파업을 기록했다.

파견 업체와 외주 용역이 노동시장을 지배하게 되면서 우리를 분열시키고 혼란에 빠뜨릴 수도 있다. 또한 이로 인해 우리는 우리의 노동력을 판매할 때 불안정하고 취약해질 수 있다. 하지만 미국의 건물 관리인들은 공식적으로는 다른 업체를 통해 일을 했지만, 임금 인상을 위해 함께 활동했다. 작업장에서

아르헨티나 〈싸논〉의 점거 공장에서 이루어지고 있는 노동자 모임

출처: 폴 채터톤

직접행동을 집단적으로 할 때 우리는 우리의 일상생활을 향상시킬 수 있으며 동시에 우리의 힘과 스스로 협력하고 조직하는 방법을 배우게 되며, 자본주의가 사라진 삶이 어떠할 것인가 살짝 엿보게 된다.

반전운동

이 전쟁을 종식시킬 사람은 노조 지도자나 신문 발행자, "조직가"가 아니라 직접행동을 하는 평범하지만 분노한, 적극적인 사람들이다. 우리, 당신, 당신의 이웃과 친구들 같은 사람들 말이다. 분주한 출퇴근 시간에 번화가를 점거하라. 정부·군사 시설물을 점거하라. 경찰이 우리에게 명령하는 대로 움직이지 말고 행진 중에 연좌시위를 하라. (『슈뉴스』, 2002년 9월 27일, 3호)

미국과 영국이 이끄는 연합 폭격이 이라크를 대상으로 시작되면서 몇 달 동안 행진, 시위, 미래에 대한 절망이 고조하였고, 이 과정에서 전 세계 수천 명의 사람들이 직접행동에 나섰다. 전쟁에 대한 적대적인 좌절감이 점점 증폭되면서 많은 사람들은 이것이 석유를 두고 벌어지는 싸움이며, 석유 회사와 미 행정부를 즐겁게 해 주기 위해 무고한 사람들이 피 흘리고 있다는 좀 더 급진적인 분석을 하게 되었다. 비범한 상황에서는 평범한 사람들이 비범한 일을 한다.

수천 명의 사람들이 파업에 들어가고, 아이들이 수업을 거부하고 학교 밖으로 나와 전쟁 기계를 무장해제시키는 곳으로 가는 등 전쟁을 중단시키고 분노를 표출하며, "나는 이 전쟁에 동의하지 않는다"는 점을 분명히 밝히기 위한 다양한 형태의 실천들이 시도되었다. 이런 저항들이 전쟁을 중단시키지는 못했지만, 이것은 중요한 역할을 했다. 한 학생은 이와 관련하여 다음과 같이 표

현했다. "우리는 전쟁을 중단시키지 못했지만 세대 전체가 정부와 미디어의 거짓말을 꿰뚫어보았다." *

영국 브라이톤에서는 2003년 이라크에 대한 폭격이 시작되던 날 5천 명의 사람들이 주요 쇼핑 거리에서 벌어진 불복종 대중 행동에 참여했다. 사람들은 시청을 점거하였고 경찰의 해산 명령을 무시했다. 브라이톤 반전 행동에서 뻗어 나온 한 가지 캠페인은 무기 제조 업자인 〈EDO-MBM〉을 상대로 한 것이었다. 활동가들은 연구를 통해 이 회사가 바그다드의 연합군 폭격인 "충격과 공포 작전"과 "팔레스타인의 점령지"에서 사용되는 경로 시스템의 부품들을 만들고 있다는 사실을 밝혔다. 브라이톤의 〈EDO〉 회사 반대 운동 〈스매쉬 에도〉는 미사일 부품을 만드는 공장을 대상으로 꾸준한 활동을 벌였다. 이런 활동에는 거리 노점, 야간 정보 공유의 장, 다양한 캠페인 활동과 함께 정기적인 소음 시위, 도로 봉쇄, 무기 사찰, 지붕 점거 같은 것들이 있다. 또한 이들은 시위를 범죄화하는 것에 대해서도 맞서 싸워 왔다. 공공 질서를 저해한다고 기소되었던 이 사람들은 2006년 3월 대법원에서 승소하여 무죄를 인정받았다. 이들의 방어 논리는 〈EDO-MBM〉이 전쟁 범죄의 하수인 노릇을 해 왔다는 것이었다. 이들이 승리하면서 지역 경찰과 기업단의 공모 관계가 드러나게 된 한편, "감히 일어나서 무기 거래상들이 간여하고 있는 전쟁범죄와 무기 산업에 대한 진실을 말했다는 이유로" 반전 시위자들이 어떻게 말도 안되는 궤변의 먹잇감이 될 수 있는가를 여실히 보여 주었다. 이들의 승리는 20개의 관련 소송 중 최초의 승리였고, 법원의 강제 명령을 뒤집었다는 점에서 의미가 크다.

반전 캠페인에 참여했던 많은 사람들은 "국제 연대 운동International Solidarity

---

* School Students Against the War, 2006.

Movement"의 일환으로 팔레스타인을 방문하기도 했다. 국제 연대 운동은 비폭력을 사용하여 팔레스타인 땅을 점거하고 있는 이스라엘에 저항하는 팔레스타인 주도 운동이다. 이들의 목적은 팔레스타인 사람들을 국제적으로 보호하고 압도적으로·우세한 군사적 점령군에 비폭력적으로 저항하는 목소리를 낼 수 있도록 함으로써 대중 운동을 지원하고 강화하는 것이다. 미사일의 영향에 대해 증언하고 피해자들과 함께 직접행동을 감행하면서 전쟁을 통해 배불리고 있는 기업들을 자국에서 몰아내는 캠페인을 해야겠다는 활동가들의 확신이 강해졌다.

　더 나쁜 범죄가 발생하지 않도록 하기 위해서 법을 어기는 것은 도덕적으로나 법적으로 정당화될 수 있는 경우가 종종 있다. 따라서 반전 평화운동에서 채택하는 전술들이 항상 합법적이지만은 않을 수 있지만 시위대들은 이것이 정당하다고 생각한다. 2003년 2월 프라우쉐어Ploughshares의 행동에서 5명의 사람들이 샤논Shannon 공항에 침입하여 이라크로 떠나는 전투기의 장비를 떼

분리 장벽 건설에 반대하는 팔레스타인 빌린Billin의 시위

출처: 케런 메이너Keren Manor, 〈액티브 스틸스〉

어낸 적이 있었다. 3년간 미국과 아일랜드 정부에서 동시에 기소하라는 압력을 받고 법적 공방을 벌인 끝에 이 5명은 결국 무죄 판결을 받았고 열 가지 혐의 전부에서 완전히 벗어나게 되었다. 프라우쉐어 운동은 평화와 무장해제를 위해 헌신적으로 활동하는 사람들로 구성된 것으로 전쟁 기계나 시스템이 사람들을 해칠 수 없도록 비폭력적이고, 안전하게, 공개적이고, 책임 있게 무력화시키고자 한다. 2006년 8월에는 이스라엘이 레바논 침공에서 사용할 미국 "벙커 버스터" 폭탄을 이송하기 위해 스코틀랜드 프레스트윅Prestwick 공항을 이용하는 것에 분노한 반전 평화 활동가들이 시민 무기 사찰을 시행하기 위해 공항에 공개적으로 무단 침입했다. 이 행위가 직접적인 결과로 이후 모든 관련 비행은 잉글랜드의 다른 곳에 있는 군사기지로 향하게 되었고, 다른 한편 북아일랜드 데리Derry의 활동가들은 패트리어트, 토마호크, 크루즈, 사이드윈더 미사일 제조 업체인 〈레이시온Raytheon〉의 컴퓨터들을 망가뜨렸다.

전 세계 반전 행진에 참가한 수백만 명의 사람들이 직접행동을 감행한다고 상상해 보자. 사람들이 무기 공장과 공군 기지를 점거하고, 영국에서 최근 두 명의 기차 기관사가 그랬던 것처럼 자신이 운반하는 화물에 이라크에서 사용될 폭탄이 포함된 것을 알고 무기 운반을 거부한다면, 혹은 전쟁이 불법적이고 부도덕하다는 이유로 이라크에서 복무하는 것을 의식적으로 거부한다면 어떻게 될까? 전쟁에 참가하고 있는 정부들은 이런 흐름에 어떻게 대처할까? 이런 직접행동들은 정부의 정치적 과정들을 옥죄고 거대한 통치성 위기를 불러올 것이다. 그런 상황에서도 여전히 전쟁이 가능할까?

효율성 측정

직접행동의 결과를 측정하고 정량화하는 것은 아주 어려운 일이다. 처음에는 대성공인 것처럼 보이던 것이 일시적인 현상으로 드러나 곧 사라져 버릴 수도 있고, 처음에는 느리고 불확실하게 진행되던 것이 엄청난 것을 쌓아 올려 성취하게 될 수도 있다. 어떤 전술이 효과적일까에 대해서 완벽하게 판단할 수 있는 사람은 없다. 하지만 캠페인들이 다양한 수위에서 진행될 때 단기, 중기, 장기적으로 간격을 두고 실천 활동과 캠페인에 대한 성패를 평가하는 것은 유용하다. 예를 들어 G8, 세계무역기구, 국제통화기금, 세계은행 등을 붕괴시키고자 하는 반자본주의자들의 행동에 대한 한 가지 비판은 이런 목적이 비현실적이며 성취 불가능한 일이라는 점이다. 하지만 이런 비판은 활동가들이 더 큰 목적을 달성하기 위해 좀 더 작은 중간 단계의 일을 하고 있다는 점을 간과한 것일 수 있다. 예를 들어, 정상회담을 저지하기 위한 대규모 거리 시위는 실제로 일시적으로 효과가 있다(예를 들어 세계무역기구에 반대하는 1999년 시애틀 시위, 국제통화기금과 세계은행에 반대하는 2000년 프라하 시위에서는 정상회담이 심각한 타격을 받았다). 이런 세계기구 가운데 많은 것들이 최근 들어 전 지구적 시민사회의 지속적인 저항에 직면하여 정당성을 복구시키기 위해 분투하고 있다. 성공을 창조해 내는 것은 종종 반복적인 실천과 공공연한 저항, 선동, 세력 확장을 통한 꾸준한 압력이다. 이런 동원은 사람들을 결집시키고, 연대의 네트워크를 견고하게 다지며, 사람들이 경험과 생각을 교환할 수 있는 기회를 주고 함께 행동에 참여할 수 있게 해 주었다. 또한 역사적으로 전례가 없었던 전 지구적 "운동의 운동"[*]이라는 것을 형성하는 결과로 이어지기도 했다. 운동의 운동이라는 것은 맑스 레닌주의 집단의 교조와 위계를 피하면서 전 지구적 정의를 위해 활동하는 집단들의 느슨한 네트워크다.

직접행동은 언제 정당화되는가?

직접행동의 도덕성과 정당성에 대해 논하는 것은 중요한 일이다. 자살 폭탄 테러, 납치, 소이탄 투하도 모두 직접행동의 형태이며, 불매 운동, 연좌시위, 점거, 공동체 조직 또한 직접행동이 될 수 있다. 사람들은 폭넓은 윤리적 입장에 서서 투쟁에 임하기 때문에 직접행동의 전술에 대한 토론은 종종 도덕적 문제에 대한 철학적 논쟁으로 끝나곤 한다. 어떤 사람은 자신들이 도덕적으로 방어할 만한 행동이라고 생각하는 것에 대한 열정과 분노로 행동이 동기화되지만 어떤 사람은 극단주의나 자경주의라는 비판을 피하기 위해 더 넓은 사회적 의제를 설정하고자 할 수 있기 때문이다. 어떤 형태의 직접행동에는 분명 행위자 자신과 타인에 대한 다양한 형태의 폭력이 개입된다. 어떤 사람은 어떤 경우에는 우리가 방임적인 경제 · 정치 체제로 인해 매일 직면하는 폭력들을 생각해 보면 이런 폭력은 정당화된다고 느낄 수 있다. 하지만 어떤 형태로든 직접적으로 생명의 손실로 이어질 수 있는 직접행동은 정당화될 수 없는 것이 자명하다.

『변화에 대한 열망*Desire for Change*』(PGA Women, 2001)이라는 책에서 저자들은 다음과 같이 말하고 있다. "우리는 비폭력을 특정 정치적 · 문화적 상황에 상대적인, 방향상의 원칙으로 이해해야 한다. 어떤 상황에서 완벽하게 정당한

■ 14쪽 용어 설명 참조. 옮긴이

행동이 다른 상황에서는 쓸데없이 폭력적일 수(야만적인 사회적 관계에 기여할 수) 있다." 이들은 나아가 비폭력은 인도(인도에서 비폭력은 생명에 대한 존중을 의미한 다)와 서구(서구에서는 사적 소유권에 대한 존중 또한 의미한다)에서 아주 다른 의미를 지닌다고 주장한다. 많은 자유민주주의 사회에서는 비평가들과 언론들이 종 종 대중적인 적대적 행위들을 모든 활동가가 개념 없이 폭력적이라고 뒤집어 씌우는 기회로 이용한다. 또한 이를 통해 사람들이 문제가 된 현안에 대한 관심을 적게 가지도록 유도한다. 특별히 비폭력만을 고집하게 되면 이용 가능한 다양한 전술들을 포기하거나 심지어 운동의 일부를 범죄화하는 데 기여하는 것으로 이해될 수 있다. 예를 들어, 비폭력만 고집하는 입장에서는 라틴아메리카에서 이어져 온 방대한 저항의 역사를 거부하게 될 수도 있다. 폭력과 비폭력 논쟁은 사람들을 꾸준히 분열시키고 있다. 캠페인에 대한 의문은 그 행동의 전략적 가치에 기초하여 토론을 통해 결정되어야 한다.

탄압

정부는 사람들이 사회정의를 옹호하고 이에 반하는 모든 것에 저항하는 직접행동을 시작하면, 권력 구조의 정당성 그 자체가 위협받게 된다는 것을 지나칠 정도로 예민하게 감지하고 있다. 직접행동 집단의 가장 큰 강점은 융통성이지만 정권 또한 직접행동의 전술과 이에 대응하는 방법에 대해 학습한다. 정치 상황이 변하면서 장점과 약점이 함께 변하고, 국가는 새로운 법안을 마련하며, 정권은 새로운 전술을 학습하기 때문에 운동도 진화하는 것이 중요하다. 전술은 꾸준히 재검토되면서 다양한 상황에 맞게 적용될 필요가 있다.

9·11과 대테러 전쟁 이후로 시민의 자유에 대한 포괄적인 탄압이 있었다. 어렵사리 얻은 공정한 재판권, 언론의 자유, 사법권의 독립권 같은 권리들과

고문에 대한 국제적인 금지는 "게임의 법칙"이 현저하게 변화하면서 도전에 직면하고 있다. 이런 변화 때문에 넬슨 만델라나 여성참정권론자 같은 역사적인 인물들과 연대하며 활동하는 사람들이 테러를 찬미한다는 혐의를 뒤집어쓰게 될 수도 있다. 웨스트민스터 주변 1.6킬로미터를 비롯한 여러 장소를 시위 금지 구역으로 만든 "중조직 범죄 경찰법Serious Organised Crime and Police Act"이 이와 관련된 영국의 사례로 꼽힐 수 있다.

이런 것들은 캠페인과 직접행동이 맞서 싸우는 도전들 중 몇 가지일 뿐이다. 개인에 대한 영향과 정서적인 건강에 미치는 영향에 대해서도 고려해야 하는데, 이것은 18장에서 살펴볼 것이다. 이런 것들에 대한 답변과 대응은 개인과 조직, 관련된 네트워크의 구조와 원칙에 따라 달라진다. 이런 몇 가지 도전들에 대한 대응을 공식화하고 이에 대한 답변을 찾아내는 것은 평가, 논쟁, 토론, 그리고 아이디어에 쉽게 접근할 수 있게 해 주는 새롭고도 혁신적인 방법들을 찾아냄으로써 완성할 수 있다.

작은 물결에서 큰 물결로

그러면 우리는 이제 어디에 서 있는가? 회의주의자들은 작은 공장 하나를 폐쇄시키거나 도로 하나의 건설을 중단시키는 것이 무슨 의미를 갖느냐고 물어올 수도 있다. 그 회사는 다른 곳으로 옮겨 가면 그만이고, 도로 또한 다른 곳에 다시 입지할 수 있기 때문이다. 기후변화에 반대하는 시위를 하면서 주유소를 폐쇄시킨다면 어떤 변화가 일어날 수 있을까? 극소수의 사람들이 이 사건에 대한 소식을 들을 수도 있지만 결국 이 주유소는 내일이면 다시 문을 열게 될 것이다. 하지만 한 공동체가 자신의 목소리를 내고 사람들에게 그 존재를 알리며, 똑바로 일어서서 부정의에 맞서는 것이 가능하다는 것을 보여 주는 것은 바로 함께 모여 저항하는 실천을 통해서 가능하다. 우리가 실천과 저항을 조직함으로써 만들 수 있는 물결은 크기를 가늠할 수 없다. 물결은 점점 세가 불어 바다와 국경을 넘고, 세대를 가로지르고 대양을 넘나들며 넘실댈 수도 있다. 직접행동은 많은 이들에게 영감을 주었고, 자기 나름의 방식대로 더 관대하고 정의로운 사회를 건설하는 데 기여했다. 직접행동을 하는 것은 위험과 자발성, 가능성과 창조성 쪽으로 한발 내딛는 것이며, 이를 위해서는 기꺼이 관찰하고 탐험하며 실험하는 자세가 필요하다. 개인적인 자유과 안전에는 잠재적인 위험이 있음을 인식하는 것이 중요하지만, 역사는 평범한 사람들이 떨쳐 일어나 신념을 위해 함께 행동할 때 변화를 창조하는 능력이 생긴다는 사실을 우리에게 알려 준다. 사람들은 함께 모였을 때, 이윤과 권력과는 다른 원칙에 근거하여 서로를 지원하고 세상을 변화시키는 방법이 있음을 느끼기 시작한다. 공공 수영장을 부수고 호화 아파트를 짓겠다는 결정에 도전하는 것이든, 채소를 기를 땅을 점거하는 것이든, 전 세계적 지도자들이 모이는 정상회담을 봉쇄하는 것이든, 작업장에서의 불공정한 대우에 저항하는 파업을 벌이는 것이든, 직접행동을 하면 불평등과 부패, 부정의한 법에 도전할 수 있는 권리를 옹호하고 우리 삶을 직접 통제하는 데 한 발짝 더 가까이 다가가게 된다.

활기찬 캠페인 조직하기 **18**

이 글을 쓴 킴 브라이언과 폴 채터튼은 유전자 조작 식품, 기후변화, 도로와 고속도로 건설 반대운동, 반사유화 투쟁, 반자본주의 네트워크 건설 같은 사안과 관련된 직접 행동에 참여해 온 연륜 있는 활동가다. 추가 자료는 〈해린지 솔리더리티 그룹 Haringey Solidarity Group〉의 데이브 모리스Dave Morris, 〈그라운드웰 Groundwell〉, 〈변화를 위한 씨앗〉, 〈흐름 바꾸기Turning the Tide〉, 〈루커스 협회 Ruckus Society〉, 〈초보자를 위한 봉쇄 활동Blockading for Beginners〉, 〈생명 굽기 단Biotic Baking Brigade〉, 〈도로를 되찾자〉에서 얻었다. 이들 모두에게 감사드린다.

이 장에서는 역량 강화, 자주 관리, 상호부조, 즉 우리의 삶에 필요한 것을 스스로 알아서 책임지는 것과 관련된 실천과 캠페인을 진행하는 것에 초점을 두었다. 대부분의 캠페인들이 자발성, 창의성, 그리고 운에 엄청나게 좌우되지만, 여기서 제시하는 지침은 효과적인 캠페인을 만들고 진행하는 데 고려해야 하는 핵심적인 측면들 몇 가지를 탐구하는 것을 목적으로 한다. 이 장을 구성하는 소재들은 다양한 자료에서 가져온 것이며, 효과적인 저항을 구축해 온 다양한 캠페인들에 근거하고 있다.

열정을 가진 이유

사람들이 캠페인을 시작하고 싶어 하는 원인에는 격분, 분노, 야망, 변화가 일어나는 것을 보고 싶은 욕망 외에도 많은 것들이 있다. 부정한 전쟁이 시작되고, 정부가 사람들이 싫어하는 정책을 도입하며, 기업이 지역 공원을 파괴하고, 대형 슈퍼마켓이 지역 가게들로 가득 찬 거리에 세워지고, 학교를 다니는 아이들이 도로를 안전하게 건널 수 있는 장소가 없고, 노동조건이 공정하지 않은 상황에서, 사람들은 각자 다른 방식으로 동기화될 수 있다.

목적과 대상을 정의하는 것은 캠페인에 대해 소통하고 이에 대한 확신을 가지는 데 대단히 중요하며, 사안에 따라서 캠페인을 전개하는 데 고려해야 하는 지점들이 달라질 수 있다. 〈루커스 협회Ruckus Society〉(2003)는 이와 관련된 몇 가지 선택 사항들을 제시하고 있다.

- **발표**: 어떤 추문이나 충격적인 사건을 조명할 때.
- **강화**: 사람들이 어떤 것에 대해 알고 있을 때, 강화는 이미 알고 있는 어떤 것을 상기시킨다.
- **강조**: 기억할 필요가 있는 사건이 있거나, 혹은 사람들에게 아직 그 사안이 끝나지 않았을 상기시키고자 할 때.
- **단계적 확대**: 점점 긴박해지고 있는 사안에 대한 이해관계를 증대해야 할 때.
- **사기 진작**: 해당 집단이 침체되어 있어 실천 활동을 진행하는 동안 자신감을 고양시킬 필요가 있을 때.

100가지 저항 방법

집회 해산 거부. 연좌시위. 몸으로 감정 표현하기. 몸으로 장애물 만들기. 불법 침입. 공중 침투. 점거. 체포나 구속 유발. 앉아서 자리 차지하기. 서서 자리 차지하기. 자전거 타고 자리 차지하기. 기도하면서 자리 차지하기. 쓰레기 생산물 반품하기. 야유하기. 게릴라 극장. 저항의 스트립쇼. 그래피티. 광고 패러디. 협력 거부. 정부의 재정 지원이나 관직 거절. 선거 보이콧. 단식투쟁. 유령 놀이. 개인 활동 발표. 사회적 보이콧. 추방. 사회적·성적 관계 거부. 제명. 회의, 행사, 강의 보이콧. 집단 침묵. 동맹 파업. 피케팅. 사회적 금기 깨기. 도망자 숨겨 주기. 은신처 제공. 민중의 공공 청문회와 공공 법정. 소비자의 보이콧. 월세 납부 늦추기. 납세 거부. 빚이나 벌금 지불 거부. 예금 인출. 공급 업자들의 상품 보이콧. 노동자들의 원재료 보이콧. 시위 파업. 태업. 규정에 맞춰 일하기. 대규모 파업. 노조의 승인을 받지 않는 파업이나 가벼운 파업. 고정 파업 혹은 농성 파업. 후퇴용 파업. 개인적인 파업. 일반적인 파업. 편의 시설이나 서비스 과도 이용. 행정 시스템 과도 이용. 매장을 고객들로 가득 채워 꼼짝 못 하게 만들기. 도덕적으로 잘못된 법 어기기. 기밀 내용 공개하기. 기밀 정체 폭로하기. 추적하기. 문서 위조. 공식적인 봉쇄 깨뜨리기. 지명된 공직자 승인 거부하기. 경찰에게 협조하지 않기. 거리 표지판 없애기. 문에 달린 번호판 없애기. 도로 봉쇄. 기관에 스파이 침투시키기. 전자 피케팅. 상품에 대한 정보 미리 흘리기 혹은 상품 더럽히기. 동물 풀어 주기. 정보 넘겨주지 않기. 고의적인 비효율성. 산업 방해 행위. 보복하지 않기(무대응). 위장 취업. 대안 라디오나 대안 신문. 대안 학교. 선택적인 후원. 대안 경제. 선택적인 참가 거부. 독립 자주 정부가 있는 대안 공동체.

목적이 무엇인가?

대상으로 삼을 청중을 염두에 두고 메시지, 구호, 광고, 캠페인 접근법을 이에 맞게 계획하는 것이 중요하다. 어떤 행동이나 캠페인을 할 때 몇 가지 구체적인 요구 사항에 중점을 두고 어떻게 하면 이것들을 성취할 수 있을지 생각해야 한다. 어떤 집단들은 자신감을 얻기 위해 성취할 수 있는 작은 목표부터 시작하는 반면, 어떤 집단들은 성공 가능성은 낮지만 좀 더 급진적이고 궁극적인 목표에 가까운 더 큰 목표물부터 시작하기도 한다. 뭔가 새로운 것을 시작하려고 한다면 긍정적인 것, 사람들의 장점을 살려 주고 사람들의 도덕성을 훼손할 위험이 적은 것에 집중하도록 한다. 집단 내에 신뢰가 형성되면 진행하는 데 오랜 시간이 걸리는 어려운 것을 시도해 볼 수 있다. 목표를 잘 성취하는 방법을 찾아내는 것이 가장 어려운 일일 수 있다.

목적 비교하기

〈트라이던트 플라우쉐어즈Trident Ploughshares〉는 영국 트라이던트에 있는, 핵무기 체제를 비폭력적이고 개방적이며 평화롭고 전적으로 신뢰할 수 있는 방법으로 무장해제시키는 캠페인으로, 이를 위해 트라이던트 시스템과 관련된 설치물들과 장비들을 대상으로 직접행동을 한다. "우리는 이 설치물들에 중대한 손실과 붕괴를 초래하고자 하며, 체포되었을 때는 우리 행동에 전적으로 책임진다. 법정에서 우리의 방어 논리는 일반적으로 국제법 우선 원칙에 근거한다. 우리는 우리의 행동과 당국의 대응을 공개하기 위해 할 수 있는 모든 것을 한다. 이로써 용인할 수 없는 영국 핵무기 정책에 대한 대중들의 인식을 배가하고 더 많은 사람들이 무장해제 활동가들을 알게 되거나 다양한 방식으로 이 운동을 적극적으로 지원할 수 있게 하고자 한다." (〈트라이던트 플라우쉐어즈〉, www.tridentploushares.org, 2006년 5월)

공동체 캠페인을 기반으로 활동하는 경우 다음과 같은 목적들이 있을 수 있다.

- 우리 마을에 튼튼하고 생기 넘치는 지역 공동체 만들기
- 지역민의 자율 활동과 공동체의 일에 대한 관심과 참여를 증대하면서 지역 연대와 상호부조 강화하기
- 거주 지역의 모든 거리까지 안전하고, 즐거우며 생태 친화적인 지역 환경 만들기
- 공개적으로 신뢰할 수 있는 폭넓은 공동체 편의 시설 만들기
- 모두에게 표준적인 수준의, 비싸지 않은 주거지 제공하기
- 사람들이 자신과 자신이 속한 공동체에 영향을 미치는 모든 결정들에 도전하고 영향을 미치며 궁극적으로는 직접 결정에 참여할 수 있는 상황 만들기

캠페인에 필요한 자원을 어떻게 마련할 것인가?

캠페인을 진행시키거나 실천 활동을 하는 데 엄청난 비용이 드는 것은 아니다. 하지만 몇 가지 자원과 기술이 필요한 것은 사실이다. 다음 몇 가지는 염두에 두면 유용하다.

- **자금 모금**: 리플릿, 복사, 이동, 석유, 음식, 배너 만들기 등 많은 것들에 돈이 들어갈 것이다. 어느 정도의 돈을 빨리 만드는 방법은 자선 공연을 하는 것이다. 저렴한 공동체 센터나 사회센터 혹은 술집의 뒷방을 예약하고 연주를 해줄 수 있는 밴드나 DJ를 섭외한다. 그리고 음식을 준비하고 문가에서 몇 파운드씩 내도록 하거나 모금을 요청한다(더 많은 아이디어를 원한다면 자료 부분을 보라).
- **사람들**: 효과적인 캠페인에는 효과적으로 함께 일하고 연대감을 표현할 사람들이 필요하다. 집단적인 잠재력을 과소평가하지 않도록 한다.

- **광고**: 광고는 꼭 필요한 것이며, 수많은 창의적인 방식으로 할 수 있다. 때에 따라서는 광고가 핵심적인 자원이 될 수도 있다.
- **언론 접촉**: 언론을 이용하기로 했다면 공감하는 언론인들과 신뢰를 쌓고 이들에게 정기적인 정보를 보낸다. 보도 자료 목록을 만들되, 그렇다고 해서 사람들에게 무더기로 쏟아붓지 않도록 한다. 보낼 내용을 명료하게 쓰도록 한다.

이슈 파악하기

스스로 문제가 되는 사안에 대해 깊이 있게 이해하고 다른 사람들도 이해할 수 있도록 하기 위해서는 어느 정도 연구를 할 필요가 있다. 연구를 하기 위해서는 웹사이트, 캠페인 집단을 이용하거나 정보 공유 회의를 진행하거나 다른 집단들과의 토론을 벌이는 등 여러 가지 방법이 가능하다. 이런 정보는 언론 보도, 리플릿, 웹사이트, 관련 서류, 뉴스레터, 라디오쇼, 이메일 등 다양한 소재를 이용하여 발표할 수 있으며, 길거리나 모임에서 사람들에게 이야기할 때 적합한 정보를 들고 나가는 것을 잊지 않도록 한다.

계획하는 일의 법적인 의미가 어떤지에 대해서도 알아보도록 한다. 물론 이 과정에서 실제 사안에 초점을 맞추지 못하게 되지 않도록 해야 한다. 때에 따라서는 어떤 일이 공식적으로 "불법"이라고 하더라도 요구 사항을 성취하는 데 가장 효과적인 최고의 행동 경로일 수도 있다. 예를 들어, 도로를 점거하는 것은 불법이지만, 결국 그날이 저물어 갈 때쯤에는 승리를 보장받고 적은 벌금이나 일시적인 경미한 기소에 그칠 수도 있다. 갈등이나 분쟁에 대해서는 이후에 활용할 수 있도록 꾸준히 기록하도록 한다.

계획 단계에서는 다음의 체크리스트가 유용할 수 있다.

- 행동에 가장 적합한 날은 언제인가?

- 동시에 진행하거나 혹은 피해야 하는 방문이나 행사가 있는가?

- 하루 중 언제가 가장 적합한가?

- 이전 활동이 있었는가? 있었다면 어떤 일이 있었나?

- 대중들의 의견은 어떤가? 사람들의 생각에 우리의 메시지를 어떻게 연결할 수 있을까, 혹은 어떻게 도전할 것인가?

소통하고 설득하기

〈흐름 바꾸기〉는 활동가와 캠페인 진행자들에게 캠페인에 대한 지원을 하는 조직으로, 다음과 같은 고려 사항들을 제안했다.

- **소통**: 어떤 정보나 메시지를 누구와 소통해야 하는가?(예를 들어, 난민들을 위해 일하는 경우라면 전달하고자 하는 주된 메시지는 "이들은 우리와 똑같은 사람들이다"가 될 것이다.) 어떤 소통 수단을 가지고 있는가?

- **설득**: 원하는 변화를 이끌기 위해 반대편에 있는 사람들에게 뭐라고 설득할 것인가? 이들이 누구의 말에 귀를 기울이고 심각하게 여길 것인가? 이들과 직간접적으로 소통하기 위해 어떤 수단을 사용할 수 있는가?

- **강압**: 만일 반대자들이 설득되지 않는다면, 어떤 식의 압력, 비협력 혹은 행동을 해야 이들이 변하게 될까? 이것을 어떻게 성취할 것인가? 직접행동을 해야 할 필요가 있는가?

참여 조직하기

사람들이 참여하게 만드는 방법은 셀 수 없이 많다. 이 중에서 작은 일부터 시작해서 하나하나 쌓아올리는 것이 가장 좋다. 일단 집이나 술집에서 몇몇 사람들과 회의를 하면서 몇 가지 아이디어를 굴려 본다. 여기서 핵심은 사람들이 해당 사안에 대해 탐구하고 토론할 수 있는 시간을 충분히 주되 늘어지지 않도록 균형을 잘 잡는 것이다. 회의 시간은 2시간으로 제한하고 식사와 음료를 곁들이도록 한다. 다음에 몇 가지 예가 있다.

조직하기와 사람들 참여시키기

조직하기

- 목적과 대상을 분명히 정한다.
- 은행 계좌, 웹페이지, 우편물을 받을 주소가 필요한가?
- 전화, 후원 서약, 메일링 리스트를 가지고 네트워크를 조직하여 상호 교류한다.
- 회의 이후 결정 사항과 할 일의 책임자, 다음 행동과 회의 날짜를 확인하는 시간을 잠시 갖는다.
- 〈변화를 위한 씨앗〉에서 진행하는 "캠페인 계획: 목적, 전략, 그리고 전술" 같은 교육 프로그램을 조직한다.
- 돈, 언론, 결정 사항 등을 꾸준히 기록한다.
- 역할을 분배한다. 작업 집단을 만든다.

사람들이 인식하고 참여하게 만드는 방법

- 영화 상영회, 콘서트
- 공지 게시판에 포스터 붙이기
- 전단지, 스티커
- 리플릿 배포
- 거리, 창 밖에 현수막 걸기
- 공동체 행사
- 자선 연주회
- 공공회의
- 교육용 워크샵과 토론회
- 웹사이트
- 광고용 묘기
- 길거리 좌판

계획은 무엇인가?

참여할 수 있는 행동과 캠페인의 범위는 거의 제한이 없다. 창의적으로 생각하되 지나간 일에서 교훈을 얻도록 한다. 연계할 집단이 있는가? 인터넷에서 이용할 수 있는, 혹은 지침으로 이용할 수 있는 자료를 누가 만들었나? 기본적으로 선택할 것들이 아주 많이 있다. 다음은 몇 가지 고려할 만한 주제들이다.

■ 지속성 캠페인을 계획하는가, 일회성 캠페인을 계획하는가?

- 공개적인 것이 좋은가, 비밀리에 진행되는 것이 좋은가? 대규모인 것이 좋은가, 소규모인 것이 좋은가? 한 장소에서 진행하는 것이 좋은가, 여러 장소에서 진행하는 것이 좋은가?
- 그곳에 언론이 필요한가?
- 집단에 참여한 사람 중에서 체포를 감수할 수 있는 사람은 누구인가? 한계와 가이드라인은 어디까지인가?

다음은 캠페인에 유용하게 사용될 수 있는 실천 활동의 몇 가지 예다.

현수막 걸기

현수막을 거는 것은 많은 사람들에게 메시지를 전달할 수 있는 훌륭한 방법일 수 있다. 또한 주차장이나 공동체, 혹은 학교 미술 공간에서 현수막 만들기 시간을 조직하는 것은 사람들을 모으는 좋은 방법이 될 수 있다. 현수막을 만들 때는 침대보나 다른 여러 재료가 많이 필요할 것이다. "우리 군대를 돌보자. 군대를 우리나라로 데려오자"나 "황무지에 주차 금지" 같은 단순하면서도 의미심장한 구호를 시도해 본다. 그리고 재미있는 구호를 시도하거나 지역 사안과 연결시켜 본다. 짧고 단순한 구호에 대한 아이디어를 모은다. 이런 구호들은 폭넓은 청중들에게 영감을 줄 것이다. 구호가 정해지면 페인트로 글씨를 쓰기 전에 먼저 글씨를 대략 스케치한다. 항상 수성 페인트를 쓰도록 한다. 네 귀퉁이에 적당한 구멍을 내고 금속 고리로 단단하게 박는다. 그리고 바람이 통할 수 있도록 군데군데 구멍을 내 준다. 많은 사람들이 현수막을 볼 수 있으면서 또한 경찰이나 호기심 많은 지역 사람들이 철거하기 어려운 안전한 장소를 정한다. 현수막을 거는 데 가장 좋은 시간은 아침 출근 시간에 맞출 수 있는 이른 아침이다. 현수막이 제대로 걸리고 나면 사진을 찍고 보고서를 작성하여 인디미디어에 글을 올리거나 보도 자료를 보낸다.

작업장 직접행동

■ **파업**: 모든 사람들이 작업을 멈추고 "연좌 농성"을 진행하거나 중요한 사안에 대해 토론하기 위해 작업장을 떠나 사장 사무실로 갈 때처럼 전략적이고 때를 잘 맞춘 파업이 가장 효과적일 수 있다. 장기 파업이 성공을 거두기 위해서는 다른 곳에서도 작업이 이루어지지 않도록 하는 것이 중요하다. 작업장을 봉쇄하고, 대체 노동 임시 고용소 앞에서 전단지를 뿌리며, 같은 일터에 있는 다른 부서 사람들과 연계하여 이들이 우편물을 분류하거나 전화를 받을 때 이쪽에서 어떤 일이 벌어지고 있는지를 파악하고 있도록 하는 것이 파업의 성공에 핵심적이다. 모두가 똑같은 날 병결을 하는 것도 유용하다.

■ **규정에 맞춰 일하기**: 지침을 글자 그대로 따르게 되면 작업장이 혼란에 빠지게 되고 관리자가 이를 빌미로 징계를 내릴 수도 없다. 그냥 아주 천천히, 세심하게 일을 하기만 하면 된다. 도구가 안전하지 않으면 사용하지 않고, 이름표도 달지 않고, 새롭게 배열된 자리에 앉지 않고, 상관이 뭐라고 하건 계약서에 할당된 대로 휴식을 취하는 등의 방식으로 직접행동을 할 수도 있다.

■ **착한 일을 하는 파업**: 사장의 희생을 대가로 더 나은 혹은 더 싼 서비스를 제공하게 되면 우리의 투쟁이 대중적이 될 수 있다. 예를 들어, 프랑스

머시 병원Mercy Hospital 노동자들은 약, 실습용 테스트, 치료 요법에 대한 청구서 용지 관리를 거부했다. 이 과정에서 환자들은 더 나은 관리를 받았지만 병원의 수입이 절반으로 줄었고, 결국 공황 상태에 빠진 행정 직원들은 3일 만에 노동자들의 모든 요구에 굴복하게 되었다(http://libcom.-org/organise/goods-work-strike). 1968년 리스본의 버스와 트럭 노동자들은 임금 인상 거부에 대한 항의의 의미로 모든 승객들을 공짜로 태워 주었다. 뉴욕시에서는 식당 노동자들이 파업에서 패배한 뒤 "닦지 않은 쟁반을 쌓아 놓고 한 끼분 식사를 두 배씩 제공하며, 낮은 가격으로 계산하는 등의 방식으로" 요구 사항 일부를 얻어 냈다.

파이 던지기

나는 커스타드 파이에 익숙해졌다. 심지어 그 맛이 좋아지기 시작했다.

(보노Bono, 『인디펜던트Independent』, 2006년 5월 16일자)

많은 사람들을 짜증나게 한 일에 대한 책임이 있는 사람의 얼굴에 크고 신선한 파이를 던지는 것은 직접행동을 취하는 쉽고도 효과적이며 종종 유쾌한 일이기도 하다. 부유하고 유명하며 책잡힐 일을 한 사람을 선정한다. 국제적 개발 정책에 대해 클레어 쇼트Clare Short에게 책임을 물을 수 있고, 〈쉘〉의 전 사장으로서 여러 가지 재앙을 몰고 온 것에 대해 마크 무디 스튜어트Mark Moody Stuart에게 책임을 물을 수도 있을 것이며, 자유시장 경제를 옹호한 것에 대해 밀턴 프리드먼Milton Friedman에게 책임을 물을 수도 있을 것이다. 이제 과일과 크림이 풍부하게 들어 있는 맛 좋고 촉촉한 파이를 고른다. 그리고 호텔에 갈 때처럼 옷을 갖춰 입는다. 이때 갈색 종이가방이나 옷가방 속에 파이를 감출 수도 있다. 인파 속에 섞여 즐겁고 교양 있게 행동한다. 파이를 던지면서 동시에 이 행동을 기록하는 것은 어려운 일이므로 함께 일할 다른 사람을 구해서 사진을 찍거나 비디오 촬영을 하도록 한다. 팀을 이뤄 일하는 파이 자객들도 있고 단독으로 행동하는 것을 좋아하는 사람들도 있다. 크림이 칠해져 있는 패스트리를 적의 얼굴에 던질 때 재치 있는 말을 빠르게 쏘아붙여 주면 행동이 더욱 강조될 수 있다. 그러고 난 다음 충격과 혼란이 일어나는 것을 기대하며 그곳에서 빨리 빠져나온다. 체포나 구류를 당할 수 있음을 인지할 것.

봉쇄

봉쇄는 어떤 물건이나 사람이 들어오거나 나가는 것을 하지 못하도록 몸이나 물건으로 막는 것을 뜻한다. 농민들이 트랙터를 몰고 길을 막는 것에서부터 도로를 점거한 결연한 사람들에 이르기까지 봉쇄라는 방식은 인기 있는 선택이었으며, 이것을 실행하는 데는 여러 가지 방식이 있다.

- **팔짱 끼기**: 혼자서는 얼마 지속되지 않을 수 있지만 몇 명이 함께 하면 더 오래 버틸 수 있다. 끌려나오게 될 때 기억해야 할 것은 완전히 몸의 긴장을 풀고 늘어져 있으면 죽은 사람처럼 몸이 무거워져서 끌어낼 때 더 많은 사람이 필요하게 된다는 점이다.
- **팔에 끼는 튜브**: 옷 소매 정도의 직경에 플라스틱이나 금속 파이프로 만든 튜브는 다용도 도구가 될 수 있다. 이 튜브는 팔 두 개 정도의 길이에 이상적으로는 중간에 단단한 금속 핀을 끼워 넣는 것이 좋다. 이 튜브 속에 팔을 넣고 두 팔을 연결하도록 한다. 이때 수갑이나 단단한 끈으로 된 고리, 물체에 채울 수 있는 캐러비너(금속 고리)가 달린 등산용 고리를 이용한다. 수갑이 채워져 있으면 혼자서는 풀 수 없다는 점에 주의하라. 팔에 끼는 튜브는 출입구나 도로 심지어는 공항 활주

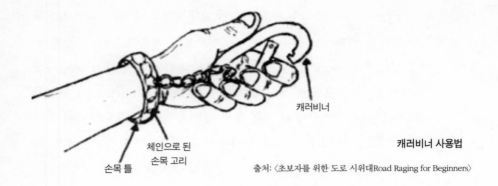

캐러비너 사용법

출처: 〈초보자를 위한 도로 시위대Road Raging for Beginners〉

캐러비너

체인으로 된
손목 고리

손목 틀

로를 봉쇄하는 데 사용되어 왔다. 이것을 사용하는 사람을 들어내기 위해서는 쇠톱이나 앵글 그라인더를 사용해서 튜브를 절단해야 한다.

■ **자전거의 D자형 자물쇠**: 이 자물쇠들은 기계, 문, 때에 따라서는 목에 두르기에 적당하다. 자물쇠를 채우려고 할 때는 짝을 이뤄 작업하는 것이 좋다. 기계에 자물쇠를 연결할 때는 기계를 작동시키는 사람에게 누군가가 이것을 알려야 한다.

트라이포드

출처: 폴 채터톤

자물쇠를 무엇에 연결하든 제거하거나 풀어낼 수 없다는 점이 중요하다.

■ **수갑**: 사람의 몸을 연결할 물건이 웬만해서는 움직여지지 않을 만큼 무거운 것이라면 수갑은 특히 기계 아래 있을 때 유용하다. 단단한 끈이나 테이프로 된 고리는 수갑보다 값이 싸면서도 수갑만큼 효과적일 수 있다.

■ **트라이포드**Tripod: 쉽게 만들 수 있고 이동이 편리한 트라이포드는 길을 막을 때 유용하게 사용되어 왔다. 이 트라이포드는 건축 현장에서 구할 수 있는 골조나 곧게 뻗은 나무 가지처럼 쉽게 구할 수 있는 물건들을 가지고 만들면 된다.

길거리 파티

■ 비슷한 성향의 사람들을 모으고 행동 계획을 세운다. 여러 가지 역할과 할 일, 시간 범위를 정리하고 상상한다. 무엇이 가능할까?

■ 날짜를 정한다. 충분한 준비 시간을 갖도록 한다. 하지만 여유 시간이 너무 길지는 않도록 하되 ("마감 기한" 때문에 동기화가 잘 되기도 하기 때문이다)준비물, 구성 등 실제적인 문제들을 정리할 수 있는 충분한 시간이면 된다. 돈도 필요할 것이다.

■ 장소를 정한다. 익숙한 길거리, 도심지, 분주한 길이나 로터리, 고속도로도 가능하다! 독립된 회의 장소도 좋다. 사람들은 미스터리를 좋아하기 때문에 미끼로 사용할 수도 있다.

■ 공개화한다! 리플릿과 포스터, 이메일과 전서구(메시지 전달용 비둘기) 등 사용할 수 있는 모든 수단을 활용한다. 물론 입으로도 전한다. 모든 사람들이 만날 시간과 장소를 확실히 알 수 있도록 한다. 풀칠을 한 포스터를 벽, 광고 게시판, 전화 부스에 붙인다. 가게, 클럽, 술집 등 모든 곳에서 전단지를 돌린다. 모든 사람들에게, 여러분들의 엄마에게도.

- 음향 시스템을 정비한다. 파티에는 음악이 필요하다. 자전거 동력을 이용한 음향 시스템, 고함, 전자음악, 어쿠스틱, 요들 등 다양할수록 좋다. 저글러와 광대, 시인과 예언가, 모든 종류의 공연자들을 섭외한다. 캠페인 집단들에게 와서 도로 중간에 가판을 설치해 달라고 요청한다.

- 주어진 공간을 어떻게 바꿀 것인가? 원하는 메시지를 써 넣은 커다란 현수막과 색색의 벽화, 화려한 성, 모래 1톤, 아이들을 위한 간이 수영장, 양탄자, 안락의자 등 다양한 것들을 이용할 수 있다. 처음부터 재료와 돈을 마련해 두면 여기서 유용하게 사용할 수 있다. 당일 참가자들과 행인들에게 나눠 줄 이 "집단적인 백일몽"에 대한 설명 자료를 인쇄한다.

- 거리 파티를 시작할 때, 차량에 도로를 다시 열어 주면서 파티를 중단시킬 때도, 리본과 가위만으로는 부족하다. 꼭대기에 한 사람이 매달려 있는 거대한 골조 트라이포트 구조물이 그간 유용하게 사용되었다. 동네 공원에서 연습해 본다. 자동차나 분해할 수 있는 다른 바리케이트로 도로를 막는다.

- 거리 파티를 시작한다! 깨끗한 공기와 예쁘게 장식한 주변 환경, 대화와 공동체를 만끽한다. 공짜 음식을 들고 나와 춤추고 웃고 소화전을 분출시킨다. 음울한 꼬마 몇 명이 화를 낼 수도 있다. 분명한 설명으로 이들을 진정시킨다.

언론 이용하기

언론과 소통을 할지 여부는 행하는 실천 형태에 달려 있다. 이들이 기사로 작성하거나 보도하는 내용을 통제할 수는 없지만 메시지가 전달되고 인식을 고양하며 더 많은 사람들의 참여를 유도하는 데는 언론이 도움이 될 수 있다.

언론과 이야기하는 것은 아주 겁나는 일일 수도 있다. 사람들이 언론과 접촉할 때 자신감을 가질 수 있도록 돕는다. 자주하는 질문 목록을 만들고 대답하는 역할극을 진행하며, 다른 사람들의 인터뷰를 관찰하며 잘 살핀다. 이 모든 것이 실제로 진행되는 언론 훈련들이다. 언론인을 대하는 방법과 온라인에 등록될 정도로 훌륭한 인터뷰를 하는 방법에 대해서는 훌륭한 자료처가 몇 군데 있다. 〈미디어 툴박스Media Toolbox〉는 보도 자료 작성하는 법과 인터뷰 대응법에 대해 간략하게 설명해 놓고 있다(www.gdrc.org/ngo/media/index.html).

당일 조직

하루짜리 행동을 계획하고 있다면 이것을 원활하기 진행할 수 있는 준비를 확실히 해 놓아야 한다는 점을 잊지 않도록 한다. 생각해 두어야 할 핵심 사항들은 다음과 같다.

- **법적 지원**: 어떤 법률을 위반하는 행동을 하려고 하는 경우 이에 대한 준비를 해야 한다. 충분한 정보를 가지고 다른 사람들에게도 위험에 대해 알린다. 체포 상황과 경찰에 대응하는 방법에 대해 준비하고 체포된 사람들에 대한 지원책을 마련한다.
- **간사**: 차량, 언론, 경찰 접촉, 기타 곤란하거나 위급한 상황과 관련된 일을 도와주는 사람이 필요할 수도 있다.
- **음식과 물**: 사람들에게 음식을 충분히 공급하고 탈수 상태가 되지 않도록 한다.
- **소통**: 집단의 규모가 큰 경우에는 무전기나 이동전화를 사용하는 것이 좋다. 집단의 지도자를 깃발이나 꽃으로 식별하거나 대표단들 사이에 뛰어다니는 사람들 두는 등 다른 기법들을 사용하는 것도 가능하다.

■ **이동:** 사람들이 어떤 방식으로 거기까지 가게 될까? 몇몇은 먼 거리를 이동해야 할 수도 있다.

캠페인을 지속하다 보면 집단 간의 갈등과 반목을 야기할 수 있는, 조심해야 할 공통된 문제들이 많이 발생한다. 가치 있으면서도 적극적인 캠페인은 때로 아주 어려운 일이다.

사회 변화를 지향하는 수평적인 기획 안에는 어쩔 수 없는 경험의 위계가 있어서, 이로 인해 처음 발 들인 사람들이 불편함을 느끼고 결국 참여를 꺼리게 될 수 있다. 이런 위계는 전적으로 의도와 무관하게 발달한 것이지만 집단 내 불균형과 쓰라린 비극을 초래할 수 있다. 수평적으로 활동하는 모든 집단은 집단에 속한 개인들의 역동성을 기반으로 움직이는 시간을 가져야 하며, 남근주의자나 통제 행위는 결국 집단에게 이익이 되는 학습 경험으로 삼을 수 있는 긍정적인 방법으로 처리해야 한다. 캠페인은 육체적 · 정신적으로 큰 노력을 요하는 일일 수 있고, 위법 행위의 함의에 대한 공포는 직접행동에 더 큰 장애물이 될 수 있다. 교육, 기술 공유, 정보 교류의 밤 같은 행사들은 이러한 어려움들을 극복하고 사람들 서로 간에 자신감을 발전시킬 수 있는 훌륭한 방법이다.

직접행동을 할 때 분비되는 아드레날린은 중독성을 띨 수 있기 때문에 많은 사람들이 자신이 행동을 중단하면 캠페인이나 캠프, 동원 행사 전체가 무너질 수도 있다는 피할 수 없는 공포를 느끼게 된다. 이런 상황에서 과로로 모든 정력을 소진시키는 것은 심각한 심신의 문제로 이어진다. 많은 사람들이 자신을 돌보지 않은 결과로 발생한 스트레스를 치유하기 위해 여러 해 동안 일선에서 물러나 있어야 했다. 오랜 시간 동안 캠페인을 하며 싸우다 보면 시야가 협소해질 수밖에 없으며 이렇게 협소해진 시야 때문에 사람들이 "정상적인 생활"과 멀어지게 될 수도 있다. 전문화가 진행되다 보면 원인과 직접 관련되지 않은 일상들과는 관계를 맺지 않고 객관성을 상실하게 될 수 있다. 그러면서 점점 활동가들은 감정적인 문제를 훨씬 더 심각하게 여기게 되었고, 활동이 감정적인 지원과 실제적인 지원 두 가지 모두를 든든하게 받으며 이루어지고 있는지 확인하는 풍토가 조성되고 있다.

위에서 언급된 사안들은 모두 캠페인의 활력에 영향을 미친다. 당신이 양질의 지원을 받고 있는지, 목표가 분명하며, 개방적인 태도를 취하고 있는지 점검하라. 또한 정기적으로 기술 공유 행사가 진행되고 있는지, 역할이 분명하게 정해져 있는지, 재정은 투명한지, 그리고 심각한 일을 하면서 동시에 서로 즐기며 긴장을 풀 수 있는 시간을 가지고 있는지 확인하도록 한다.

언론 보도 자료 작성하기

훌륭한 보도 자료는 캠페인의 유용한 도구다. 단, 뉴스 데스크에는 하루에도 수백 통의 보도 자료가 쌓이기 때문에 이들의 이목을 끌어야 한다는 점을 기억하라.

- 상단에 "뉴스 보도 자료"라고 분명하게 명기한다. 캠페인 이름과 전화번호, 로고 등을 추가한다.
- 그 다음에는 발행일을 적고 행동 당일까지 보도 통제하려는 경우가 아니라면 "신속 보도 요청"이라고 명기한다. 보도 제한을 해야 하는 경우에는 특정 기한

전에 이 이야기를 발설하거나 인쇄하지 말아 달라고 보도 자료 상단에 적어 놓는다. 하지만 언론인들이 이것을 지킬 것이라고 절대 믿어서는 안 된다. 행사를 공개할 때는 보도 자료가 미리 여유 있게 나오도록 한다.

- 톡톡 튀는 머리기사를 사용한다. 이런 식의 머리기사는 독자들의 이목을 사로잡을 것이다. 단어를 여덟 단어로 제한한다.
- 이목을 끄는 머리기사를 만들 때 다음과 같은 요령을 사용할 수 있다.

  —두운법을 사용한다.(분석 아나키스트들이 아헌[■]에게 질의하다Analytical Anarchists Answer Ahern)

  —콜론을 사용한다(메이데이: 소요라기보다는 서커스에 더 가까운 행사)

  —비법을 알려 준다.(기후변화로 인한 최악의 사태를 막을 수 있는 101가지 방법)

- 첫 단락에 무슨 일이, 어디서, 왜, 언제, 누구에 의해 일어나고 있는지 요약해 준다. 편집자의 관심을 바로 낚아채지 못하면 당신이 보낸 보도 자료는 쓰레기통으로 들어가게 될 것이다.
- 보도 자료는 간결하고 사실에 입각해야 하며, 짜임새 있게 작성되어야 한다. 주관적인 주장이 과도하게 실린 호언장담과 은어는 사용하지 않도록 한다.
- 단락은 짧게, 문장은 간결하게 쓰도록 한다. 페이지 수는 한 장 정도로 하고, 많아도 두 장을 넘기지 않는다.
- 당신의 이야기를 하기 위해 인용을 할 때는 그 사람의 신분을 밝히도록 한다. 필자가 신문에 자신의 이름을 밝히고 싶지 않을 때는 필명을 사용한다.
- 보도 자료 맨 마지막 부분에는 "끝"이라고 쓰고, 신뢰할 만한 전화번호를 꼭 넣도록 한다. 경우에 따라 현장에 있는 사람의 이동전화번호를 남길 수도 있다. 세부 연락처가 신문에 실리기를 원한다면 본문의 본론 부분에 연락처가 들어가도

■ 아일랜드 총리. 옮긴이

록 한다.

- 보도 자료가 어떤 행사나 기자회견, 사진 촬영 행사에 대한 것인 경우 지도나 지시 사항을 첨부한다.
- 본문의 본론 부분에 사안에 대한 자세한 정보를 담고 싶지는 않지만 이것이 중요하다고 생각하는 경우, 보도 자료 마지막에 편집자 란을 만들어 간단한 메모를 남긴다.
- 보도 자료를 보낸 뒤 전화를 걸어 보도 자료가 잘 도착했는지 확인한다.

한 발 더 전진하게 위해

캠페인이 용두사미로 끝나거나 한 번의 실천 이후에 계기를 놓치거나 해서는 안 된다. 평가 모임이나 보고회를 가지면 경험을 통해 배우고, 성공 지점과 약점을 인식하며 함께 전진할 수 있는 좋은 기회가 된다. 심정적으로는 동조하지만 촉진하는 데는 참여하지 않았던 사람을 부르는 것도 때에 따라 좋은 방식이다.

항상 빠르게 혹은 즉각적으로 일의 흐름을 바꿀 수 있는 것은 아니다. 이 장에서 사용된 캠페인 조직 기법들은 영감이 풍부한 수많은 집단과 네트워크에서 모은 것으로, 이들은 현 상태를 바꾸기 위해 한계가 있는 자원과 함께 이를 보완하기 위해 자신들의 장점을 활용한다. 이들의 행동은 논란이 많고 자극적인 논쟁을 촉발해 왔고, 사람들을 고무시켰으며, 정의롭고 더 공정하며 평등한 사회를 건설하는 전 지구적 네트워크의 일부를 구성해 왔다.

도서

Abbey, E.(1985). *The Monkey Wrench Gang*. Salt Lake City: Dream Garden Press.

Bari, J.(1994). *Timber Wars*. California: Common Courage Press.

Barlow, Maude(2001). *Blue Gold: The Global Water Crisis and the Commodification of the World's Water Supply*. Rev. end. Ottawa: Council of Canadians, IFG Committee on the Globalization of Water. (『블루골드』, 이창신 옮김, 개마고원, 2002)

Cockburn, A. and J.St Clair(2000). *Five Days That Shook the World: The Battle for Seattle and Beyond*. London: Verso Books.

Daniels, J.(1989). *Breaking Free. The Adventures of Tin Tin*. London: Attack International.

de Cleyre, V.(undated). Direct Action,
http://dwardmac.pitzer.edu/Anarchist_Archives/bright/cleyreCW.html

Do or Die(2004). *Voices from the Ecological Resistance*. Vol. 10, Brighton: Do or Die, www.eco-action.org/dod

Evans, Kate(1998). *Copse*. Biddestone, Wiltshire: Orange Dog Productions.

Hindle, Jim(2006). *Nine Miles. Two Years of Anti-roads Protest*. Brighton: Underhill Books.

Katsiaficas, G. and E. Yung (2001). *Battle of Seattle: Debating Corporate Globalization and the WTO*. New York: Soft and Skull Press.

Makay, George(1999). *DIY Culture. Party and Politics in 90s Britain*. London: Verso.

Notes from Nowhere(eds)(2003). *We Are Everywhere: The Irresistible Rise of Global Anti-capitalism*. London: Verso.

Oliver, Oscar(2004). *Cochabamba! Water War in Bolivia*. New York: South End Press.

PGA Women(2001). *Desire for Change: Women on the Frontline of Global Resistance*. London Action Resource Centre, www.nadir.org/nadir/initiativ/agp/gender/desire/desireforchange.pdf

Solnit, D.(2004). *Globalise Liberation. How to Uproot the System and Build a Better World*. San Francisco: City Lights Books.

Sparrow, R..(2001). 'Anarchist Politics and Direct Action'. In *Vaarin ajateltua: anarckistisia puheenvuoroja herruudettmmasta yhteiskunnasta(Kampus Kustanmus, Kopijyvä, Jyväskykä)*. Eds T. Ahonen, M. Termonen, T. Tirkkonen, and U. Vehaluoto. 163-75.(핀란드어)

The Land is Ours(1999). *Beating the Developers. An Activist Guide to the Planning System*. Oxford: The Land is Ours, www.tlio.org.uk/pubs/agp2.html

The Ruckus Society(2003). *Action Planning Training Manual*. Oakland, CA: The Ruckus Society. www.rukus.org

Wall, D.(1999). *Earth First! And the Anti-roads Movement: Radical Environmentalism and Comparative Social Movements*. London: Routledge.

웹사이트

캠페인 자료와 네트워크

흑십자 아나키스트Anarchist Black Cross www.abc.org

장벽에 저항하는 아나키스트Anarchists Against the Wall www.squat.net/antiwall

영국 기업 감시Corporate Watch UK www.corporatewatch.org.uk

미국 기업 감시Corporate Watch USA www.corpwatch.org

델리아 스미스의 기초 봉쇄Delia Smith's Basic Blockading www.talk.to/delia

반대한다!Dissent! www.dissnet.co.uk

영국 지구 먼저!Earth First! UK www.earthfirst.org.uk

미국 지구 먼저!Earth First! IST www.earthfirst.org

제네틱스 스노우볼Genetix Snowball www.fraw.org.uk/gs

실천, 저항, 모임에 대한 전 지구 달력Global Calendar of Actions, Protest and Gatherings
    www.protest.net

국제 노동자 연합International Workers Association www.iwa-ait.org

세계의 국제 노동자들International Workers of the World www.iww.org

정의를 지키는 사람들Janitors for Justice www.seiu.org/property/janitors

법적 대응과 모니터링 집단Legal Defence and Monitoring Group www.ldmg.org.uk

국제 민중 행동Peoples Global Action www.agp.org

강령Platform www.platformlondon.org

라이징 타이드Rising Tide www.risingtide.co.uk

초보자를 위한 도로 시위Road Raging for Beginners www.eco-action.org/rr

도로 봉쇄Roadblock www.roadblock.org.uk

전쟁에 반대하는 학생들School Students Against the War www.ssaw.co.uk

변화의 씨앗http://seedforchange.org.uk/free/resources(모금, 캠페인 언론, 법률, 교육, 광고에 대한 자
    료들)

쉘을 바다로Shell to Sea http:www.corribsos.com

스매쉬 에도Smash Edo www.smashedo.org.uk

광고 전복Subvertising www.adbusters.org

토지는 우리 것The Land is Ours www.tlio.org.uk

트라이덴트 플라우쉐어Trident Ploughshares www.tridentploughshares.org

흐름 바꾸기Turning the Tide www.turing-the-tide.org/

검은 옷의 여인들Women in Black www.womeninblack.net

맺는글　　우리는 세상을 바꿀 수 있다

이 책을 만드는 데 기여한 많은 사람들은, 정부와 권력자, 지도자가 없는 상태에서 집단적으로, 삶에 필요한 것들을 우리 스스로 해결하고, 우리 삶을 운영하는 방법에 대한 다양한 사례와 경험들을 생생하게 보여 주었다. 어쩌면 이런 예들은 답보다 질문들을 더 많이 제기했을지도 모르겠다. 그러면 우리는 이 모든 것들을 어떤 식으로 종합하여 무엇에 더해 주어야 하는가?

미래와의 대화

이 책 안에 있는 각 장들이 여러분들의 삶 속에 있는 사람이라고 상상해 보라. 우리는 이들과 미래에 대한 대화를 해 온 것이다. 이 미래는 우리가 언젠가 도달할 수도 있고 그렇지 않을 수도 있는 그런 미래가 아니라, 이들이 현재 바로 여기서 실행하려고 하는 미래다. 이들은 우리에게 우리가 다르게 행동할 수 있는 방법에 대한 일련의 선택 사항들을 제시해 주었다. 이런 행동을 하기 위해서 우리는 도약해야 한다. 이것은 우리에게 세상을 바꿀 능력이 있다는 것을 믿는 것이고, 우리가 살고 있는 세상이 현재로서는 지속 가능하지 않다는 것을 직시하는 것이며, 시장이나 정부에게는 우리가 직면하고 있는 문제들을 해결할 능력이나 열정이 없음을 깨닫는 것이기도 하다. 현실에 대한 이런 처방전을 받아들이는 것은 쉬운 일이 아니지만, 우리가 정의롭고 지속 가능한 삶을 원한다면 이것 이외의 대안이 없는 듯하다.

그러면 이 책을 구성하는 내용들의 핵심은 무엇인가? 앤디 골드링은 지속 가능성에 대해 이야기하고 논평했다. "어디서 출발하는지는 전혀 중요하지 않다. 호기심과 열정을 따르라. 실천적인 행동과 꾸준한 학습을 통해 그것을 삶의 일부로 만들어라." 브라이스 길로리 스콧은 "우리가 직면하고 있는 거대한 변화 속에서 기본적인 먹을거리와 보금자리, 난방의 수요를 충족시킬 수 있는 방법"에 대한 문제를 제기했다. 이를 위해 스콧은 우리 삶의 에너지 효율성을 높이고 지속 가능성을 증진시킬 수 있는 다양한 실천적인 방법들을 보여 주었다(태양열 샤워기, 재래식 화장실, 정수 여과 시설).

〈변화를 위한 씨앗 공동체〉는 "통제와 명령, 혹은 무엇을 하라는 지시를 바라기보다는 서로 협동할 수 있는 방법에 대해 생각해 보라"고 요구하면서 합의에 의한 의사 결정이 우리 세상을, 그리고 우리가 다른 사람들과 맺는 관계를 바꾸는 데 기초가 될 수 있음을 보여 주었다. 타쉬 고든과 벡스 그리피스는 "어째서 우리의 건강을 증진시키기 위해 우리 사회를 바꿔야 하는지"에 대해서와 자조 집단과 자연 치유법을 통해 건강에 대해 더 많은 통제력을 가질 수 있는 방법에 대해 설명했다. 〈트래피스 컬렉티브〉는 "우리가 직면하고 있는 위기를 해결하기 위해 협동과 책임성을 재학습할 수 있는 교육의 필요성"에 대해 논하고, 사람들에게 권한을 부여하고 변화의 영감을 일깨우는 기법들을 제시하였는데, 여기에는 자기 고유의 역사에 대한 학습과 적극적인 학습 전략과 행동 계획이 포함된다. 앨리스 커틀러와 킴 브라이언은 콘트리트 아래에 있는 땅을 되찾아야 한다고 주장했다. "우리는" 기후변화 문제를 해결하고 "자본주의의 통제로부터 한 발짝 벗어나기" 위해 식품 생산을 극대화하는 도시와 농촌 공간을 다시 디자인할 필요가 있다. 제니퍼 버손은 실천을 통해서 "우리는 혁명에 대한 단순한 예행연습을 하는 것이 아니라 매일 혁명을 실천에 옮기고 있다"고 이야기했으며, 〈진공청소기〉는 세계 최대 규모의 기업(〈스타벅스〉, 〈나이키〉, 〈유니온 카바이드〉)을 상대로 놀라운 기행을 펼친 전복적인 난장패들의 이야기를 전해 주었다.

폴 채터톤과 스튜어트 호킨슨은 "사람들이 자신들의 공간을 집단적으로 운영함으로써, 자신이 살아가는 장소와 방식을 결정하고자 하는 강한 열망과 능력을 항상 보여 주었음"을 고찰했다. 눈에 띄는 예는 자율적으로 운영되는 사회센터를 건설하는 것인데, 마틸다 카발로가 이야기한 것처럼 이를 위해서는 많은 노력이 필요하지만 변화를 위한 운동을 구축하는 데 필요한 것들이다. 체홉 피니는 사람들이 어떻게 하면 "거대 미디어에 의존할 필요가 없는지"를 설명했다. 우리 모두는 독립적인 미디어를 구축함으로써 "세상을 묘사할 힘"을 가지고 있다는 것이다. 믹 퍼즈는 공동체 네트워크와 참여 비디오, 가짜 신문, 급진적인 영화 상영회를 통해 우리가 어떻게 사람들에게 정보를 제공하고 사람들을 고무시킬 수 있는지 보여 주었다. 마지막으로 우리는 오랜 시간 동안 "신념을 위해 떨쳐 일어나 함께 움직이고 직접행동을 하는 평범한 사람들"이 변화의 기초였다는 점에 대해 이야기하고, 작업장이나 공동체 안에서 혹은 회사, 정부 혹은 정책에 맞서 캠페인을 벌이는 방법을 소개했다.

이 책에 참여한 사람들이 몇 가지 견실한 사례들을 제시하기는 했지만 어쩔 수 없이 의심이나 비판, 오해 같은 것들이 남을 것이다. 따라서 여기서 이 가운데 몇 가지를 다루도록 하겠다. 사람들은 종종 "그럭저럭 살아가는 데 필요한 것들을 모두(집, 자동차, 휴가, 옷, 음식)를 갖추기만 하면 만사형통"이라고 말한다. 안락한 삶을 영위하고 있다면 급진적인 변화에 대한 요구와 위기에 대한 논의가 남의 일처럼 보일 수 있다. 하지만 이것이 미래에도 지속 가능할까? 우리가 이런 삶을 살면서 다른 누군가에게 해를 끼치고 있는 것은 아닐까? 우리는 종종 전 세계에서 우리를 위해 일하고 있는 다른 사람들의 곤경을 인식하지 못하기도 한다. 볼리비아의 주석 광산 노동자, 태국의 재봉사, 중국의 극소칩 생산자 같은 사람들의 처지를 말이다. 우리가 누리는 특권들은 어떤 방식으로 다른 사람들의 고통에 근거하고 있는가? 우리가 선택한 생활양식이 지구상에 어떤 장기적인 영향을 미치는가? 우리는 세상의 자원이 무한하며 우리 모두가 높은 소비 수준에 도달할 수 있다는 21세기 최대의 환상과 싸워야 한다. 이 책에 제시되었던 혼란스런 기후변화와 석유 정점 시나리오를 고려했을 때 우리 모두는 현재 누리는 안락함과 소비적인 생활양식에 대한 의존을 일부 포기할 필요가 있다. 현재 우리의 삶에 기초가 되는 민주주의는, 우리에게 우리가 스스로 감당할 수 있다면 무엇이든 제약 없이 소비할 권리가 있다는 전제와 함께 일련의 사적 권리에 기초하여 건설되었다. 이것은 특히 지구의 자원 중에서 불균형하게 많은 양을 소비하는 부유한 서구 사회에서 그러하며, 급속하게 산업화되고 있는 국가에서 또한 마찬가지다. 우리는 식량을 배급하고 중앙화된 통제를 하며, 더 큰 이익을 위해 모든 희생을 감수해야 하는 공산주의 시대로 되돌아가자고 주장하는 것이 아니다. 하지만 이 책에서 제시한 변화는 꼭 이루어져야 하는 것들이며 우리 모두가 함께 진행한다면, 그리고 이를 통해 우리의 산업화된 소비사회가 다른 사람들에게 어떤 식으로 막대한 영향을 미치는지를 감안하여 권리에 대한 더 집단적인 개념을 진전시키게 되면 이것을 달성하는 것은 훨씬 더 쉬워질 것이다.

더 핵심적인 의문 중에는 "우리가 정말로 우리만의 공동체를 운영하면서, 충분한 먹을거리를 생산하고, 물을 정화하며, 집을 만들고, 우리만의 언론을 개발하고, 우리 아이들을 교육시킬 수 있을까?"와 관련된 것도 있을 것이다. 이것은 어려운 일처럼 보이지만 사실 우리는 이 가운데 많은 일들을 이미 하고 있다. 우리 주위에는 이미 많은 기술들이 존재한다. 가르치는 기술, 우리 건강을 돌보는 기술, 어떤 것을 세우고 만드는 기술, 먹을거리를 재배하는 기술 같은 것들 말이다. 이 책을 만드는 작업에 참여한 사람들이 기술 공유 작업을 통해 새로운 능력을 손쉽게 획득할 수 있는 방법에 대해서도 이미 알려 주었다. 우리 모두는 자신의 삶을 직접 관리할 능력이 있고 필요한 일을 하는 데 있어서 전문가가 될 수 있다. 이를 위해서는 이를테면 소득 상한선을 정한다거나 판에 박힌 업무를 줄이고, 오늘날 우리의 경제를 지배하는 분별없고(콜센터 업무처럼), 지각 없는(광고, 과도한 회계와 컨설팅, 행정 업무처럼) 일들에 대해 재고함으로써 시간과 자원을 해방시킬 필요가 있다. 그러고 나면 우리는 사람들의 삶에 진정한 변화를 가져올 수 있는 것들, 그러니까 가족과 친구들을 위한 더 많은 여유 시간, 좋은 음식, 깨끗하고 안전한 환경 같은 것들에 초점을 맞출 수 있게 된다.

"이것은 새로운 지도성을 구축하는 계획인가?" 이 책은 새로운 지도자 집단이 통제해야 한다는 제안이 아니라, 자유롭게 이용할 수 있는 대안과 문제에 대한 해법들을 집단적으로 개발하고 공유하는 활동을 지원하고 촉진하는 문화인 공개 자료 윤리open-source ethic에 근거한 것이다. 공유와 집단적인 지도성은 위계 구조와 새로운 지도성 혹은 전위가 등장하는 것을 직접적으로 막을 수 있는 수단이다.

"그러면 이 책은 내 아이를 키우는 것과, 내 일, 내 빚 같은 나의 일상적인 문제들과 어떻게 관계를 맺고 있는가?" 많은 사람들은 일상생활의 단조로움 때문에 열패감을 느끼고 사기가 꺾여 이 책 안에 있는 메시지가 남 일처럼 느껴지거나 너무 학술적인 이야기처럼 들릴 수도 있다. 하지만 절대로 그렇지 않다. 책 안에 있는 메시지들은 일, 돈, 사회적 문제들과 관련된 문제들의 근원적인 원인을 해결하려고 한다. 사람들이 개방적으로 소통하고 서로 지원하는 강한 공동체들은 우리의 일상적인 문제들을 진정으로 해결할 수 있다. 육아 모임, 텃밭 수업, 비용 분담과 자원 공유, 환자 지원, 공동체 미디어와 공간 만들기 같은 것들은 우리가 직면하고 있는 일상적인 문제들 중 일부에 대한 해답을 제시할 수 있다. 사람들이 진정으로 자신의 삶에 필요한 것들을 스스로 해결하기 위해서는 충분한 시간이 있어야 한다. 대부분의 사람들이 빚을 감당하느라 녹초가 되도록 일을 해야 하는 세상에서 이것은 중요한 문제다. 우리는 수십억 파운드짜리 광고 공격에 저항하는 방법과 최신 유행이 우리를 행복하게 해 줄 것이라는 생각에서 해방되는 방법을 배워야 한다. 우리는 여가와 노동에 대해 천천히 다시 정의해야 할 것이며, 자원의 방향을 다시 설정하는 방법을 살펴야 한다. 동시에 값싸게 살아가는 방법을 찾고, 중간상인들이 앉은 자리에서 이윤을 취하지 못하게 하며, 풍부한 자원을 가지고 대담하게 생활양식을 결정해야 한다. 얼마 되지도 않는 여유 시간과 여윳돈을 더 많은 옷과 더 많은 물건을 사는 데 쓸 필요가 정말 있을까?

"통제를 담당하는 집단이 필요하다. 그렇지 않으면 사회는 붕괴할 것이다." 어떤 사람들은 사회가 아주 잘 돌아가고 있으며 특히 점점 더 세계화되고 복잡해지는 사회에서는 경찰과 정부가 필요하다고 느낄 수도 있다. 만일 우리가 정부를 없애면 사회는 테러리스트들에게 점령되어 자원을 서로 가지려고 다투는 폭력적이고 경쟁적인 갱들에게 넘어갈 수도 있다는 것은 그럴듯한 공포다. 모든 사회나 공동체는 스스로를 조직하고 재생산하기 위한 기제를 필요로 한다. 하지만 이런 것들은 자발적인 연합과 협동, 탈중심화된 합의에 의한 결정 방식을 토대로 이루어질 수 있다. 자원이 지금보다 평등하게 분배된다면 자원 경쟁도 줄어들 것이다. 언제나 지배자는 있겠지만, 우리 대다수는 서로 평화롭게 공조한다. 1장에서 스타호크는 뉴올리언즈 지역에 허리케인 카트리나가 휩쓸고 지나간 뒤, 지역 공동체 활동가들이 본능적으로 서로 협력하고 도움을 주었던 구호 활동의 사례를 제시했다. 〈커먼 그라운드〉라는 집단이 만들어져서 근린을 보호하기 위해 쓰레기를 수거하고 구호물자를 나눠 주었으며, 무료 진료소를 운영했던 것이다. 〈커먼 그라운드〉 공동체는 이후에도 꾸준히 그 지역에 지속 가능한 공동체를 재건하는 데 필요한 많은 도움과 지원을 제공하고 있다.

"심하게 분열되어 있는 집단들이 쉽게 협동 작업을 시작할 수 있을까?" 이 책이 단순하게 이기심과 인종주의, 적개심에 의해 조종되는 사람은 없다는 식의 순진한 주장을 하고 있는 것은 아니다. 이런 문제들은 공포의 문화(이웃이나 혹은 다른 사람들을 믿지 못하는 것 같은)를 만들어 내고 있으며, 이것은 우리의 개인주의적인 사회 속에서 더욱 악화되고 있다. 사람들과 집단 간에는 항상 차이가 있게 마련이며 논쟁과 토론은 그 차이를 탐구하고 이해하며 해결하는 데 중요한 출발점이 된다. 공동체를 건설하고 편견의 개념들에 도전하는 데는 여러 가지 방법들이 있다. 사람들을 동등한 수준에서 맺어 주고 협동을 배우도록 하는 한 가지 방법은 대중 교육이다. 〈변화를 위한 씨앗 공동체〉가 3장과 4장에서 이야기한 것처럼, 핵심은 전문가나 지도자에 의존하지 않고 함께 의사결정하는 방법을 다시 배우는 것, 우리의 관점을 다른 사람들에게 강요하지 않고 합의를 모색하는 것이다. 13장에서는 사람들이 만나서 일하고 조직하며 서로 즐기며 놀 수 있는, 모두에게 열려 있는 사회적 공간을 만드는 일의 중요성에 대해 살펴보았다. 10장에서는 공동체 발전을 위한 또 다른 잠재적 촉매제로서 공동체 정원을 가꿀 것을 제안했다. 최근 들어 이런 프로젝트에 대한 겉핥기 식 소개가 많이 있기는 하지만, 이것들이 모든 거리와 마을에 퍼져 나가면 엄청난 잠재력을 발휘하게 된다. 이솝 우화에 나오는 말처럼, "뭉치면 살고 흩어지면 죽는다."

"자율 관리라는 것을 실현시키기 위해서는 엄청난 시간과 노동이 필요하지 않을까?" 자율적으로 운영되는, 수평적인 정치학을 실현하기 위해서는 다양한 관점들의 합의점을 도출하기 위해 회의와 시간이 더 필요하게 된다. 결정 사항에 대한 정보를 공유하고 갈등을 해결하기 위해서는 헌신이 필요하지만, 이해와 신뢰가 깊어지면 회의에 소요되는 시간에 따라 그만한 성과가 나타나기 시작한다. 여기에 들어가는 시간은, 예를 들어서 통근 거리가 줄어들고 쇼핑이나 비슷한 일들이 줄어들면서 발생한 시간의 양에 비하면 아무것도 아니다. 변화는 느리게 진행될 것이며, 모든 사람들이 참여할 시간을 갖기 위해서 반드시 느려야 한다. 현실적으로 보았을 때 대규모 전환은 여전히 아주 먼 일이다. 하지만 이 책은 그 가능성을 준비하면서, 기초를 다지고, 함께 학습하며, 연대를 구축하고, 우리만의 해법을 발달시키고자 하는 일환이다. 우리가 직면한 문제들에 대해 예민하게 반응하면서 이것들을 해결할 가능성들을 인식하게 되면 더 이상 후퇴는 없다. 이것은 우리가 도전하고 있는 시스템의 본질, 곧 그것이 어떻게 작동하며 여기에 필적하는 대안을 구축하기 위해서는 어떤 전략이 필요한지에 대해 배우는 것이다.

대안을 만드는 힘

이 책에서 펼쳐 놓은 이야기와 관련해서는 몇 가지 아주 놀랄 만한 가능성과 개연성들이 있다. 우리가 이 책을 쓰는 동안 중동 지역의 갈등과 전쟁이 나날이 고조되고 있다. 사이클론과 고온 현상이 더욱 빈번해지면서 전 지구적인 기후변화를 체감하고 있으며, 서구 정부의 민주적 결함과 공공연한 위선은, 평화와 변화, 공적 서비스 같은 대의를 위해 대중들의 요구를 무시할 줄 아는 지도자가 줄어들고 투표율이 낮아지는 현상을 통해 확인된다. 우리의 창조력과 자신감은, 대안을 만들어 내는 우리의 능력과 열망이 그런 것처럼 짓눌리고 저평가되고 있다. 하지만 선택지와 해법들은 전 세계에 퍼져 있고, 최악의 시나리오도 존재하지만 지구적 네트워크의 희망과 낙관주의를 강조하고 대변하는 운동과 사람들 또한 많다.

> 우리의 전략은 단순히 제국에 대항하는 것만이 아니라 제국을 포위하는 것이어야 합니다. 제국의 생명을 유지해 주던 산소마스크를 떼어 버리고, 제국을 욕보이며 조롱하는 것이어야 합니다. 예술과 음악, 문학과 강인함, 즐거움과 명석함, 완전한 집요함, 그리고 우리만의 고유한 이야기를 할 수 있는 능력을 가지고 말입니다. 이 이야기는 우리가 그동안 믿으라고 세뇌당해 오던 것과는 다른 이야기입니다. (…) 또 다른 세계는 가능합니다. 또 다른 세계는 조용히 오고 있습니다. 나는 또 다른 세계가 숨쉬는 소리를 들을 수 있습니다.
>
> (아룬다티 로이Arundhati Roy, 2003년 포르투 알레그레에서 있었던 "세계 사회 포럼"에서)

공동체가 자립할 수 있는 힘을 부여함으로써 급진적이고 의미 있는 사회 변화를 만드는 과정에서 발생하는 문제들은 처음에는 어마어마해 보일 수도 있지만, 대중운동의 성공과 실패를 통해 많은 것을 배우고 공유할 수 있다. 투쟁과 저항은 식민주의에 대항하는 것이든, 노예제, 봉건제, 가부장제, 전 지구적 기관들과 엘리트에 반대하는 것이든, 늘 집단적인 인간 역사의 일부였다. 이런 투쟁은 고립된 상태에서 일어나는 것이 아니라 시간적 연속체의 일부로 나타나며, 집단적인 저항은 압제에 도전할 때 승리할 수 있다는 것을 보여 준다.

이 책에 있는 생각과 예들은 거대한 문제를 해결하는 데 사소한 기여밖에 하지 못하는 것처럼 보일 수도 있다. 하지만 이런 논의를 하면서 여기에 기초한 행동을 하다 보면 우리는 미래에 대한 논쟁에, 21세기가 어떻게 펼쳐질까에 대한 논의에 참여하게 된다. 이런 생각들을 요리법이라고 생각하고, 우리만의 용어로, 우리만의 공동체 안에서 다양한 실험을 해 볼 수 있는 것이다. 이것은 청사진이 아니라 출발점이기 때문이다. 이것을 생활 속에서 실천해야만, 그리고 살아가면서 이것을 꾸준히 논의하고 생각해야만 해답이 나타나게 될 것이다. 사람들에게 삶을 조직하는 특별한 방식의 가치에 대한 확신을 심어 주는 것은 특정한 사람이 아니다. 누구나 시간과 인내심, 기술만 주어지면 스스로 해답을 찾을 수 있다. 사람들은 삶의 질을 진정으로 향상시키는 대안들이 실행 가능하다는 것을 알게 되면, 또한 오늘날 사회를 조직하는 방식 때문에 생겨난 문제점들이 극에 달하게 되면, 우리가 주장하는 바를 향해 다가올 것이다. 우리 자신의 삶과 공동체를 스스로 관리하는 일에 참여하는 것은 부담되는 일이 아니다. 책임은 따르겠지만 창의성과 자유, 즐거움 또한 있다.

불확실성에 대해 생각하다 보면 불안하거나 미진한 느낌이 들 수밖에 없다. 실행 가능하면서도 비교해 볼 만한 예들이 많이 있으며, 이런 예들의 잠재력을 믿는 것은 신뢰의 수준이 한 단계 도약하는 것을 의미한다. 하지만 이 모든 고역을 계속하고, 잠재력은 충족되지 않으며, 무의미한 일들을 이어 가고, 엄청난 양의 상품들이 지속 불가능한 이동을 하며, 공동체는 척박해지고, 주거지는 열악하고, 생태 위기가 극에 달하고, 인권이 남용되며 의미 있는 민주주의가 부재한 상태에서 현재를 영속하는 것은, 이 체제를 계획하여 여기서 이득을 얻는 소수 엘리트에게만 대안일 뿐이다. 이 책에 기여한 사람들이 제기한 핵심적인 문제들은 쉽게 이룰 수 있는 것이 아니다. 여기에 긴밀하게 대응할 수 있는 것은 바로 우리다. 선거를 통해 선출된 지도자, 기업, 시장 메커니즘은 본질적으로 그렇게 할 수가 없다.

이런 논의에는 끝이 없다. 토론과 실천, 공동의 실험을 통해 해답이 도출되기 때문이다. 또한 동시에 이 책에는 정해진 결론도 없다. 우리가 여러분들을 초대한 것은 각 장의 내용들을 가져다가 사람들과 생각을 나누고 향상, 발전시키며, 표절하고 재작성하고 남용하라는 의미에서다. 이 내용들을 사용하는 그때부터 그것은 여러분들의 것이 된다.

끝으로 우리 친구인 클레어 퍼셋Claire Fauset의 이야기로 마무리하고자 한다.

> 우리는 여러분들에게 새로운 것을 이야기해 줄 능력이 없습니다.
> 인류가 수천 년 동안 살아 왔던 것을 생각해 보면
> 생각해 낼 수 있는 새로운 생각이라는 것은 아주 적을 수밖에 없겠죠.
> 그러면 우리는 이것을 희소한 상품처럼 다뤄야 하나요?
> 아니면 다시 사용하고 재활용해야 하나요?
> 여러 가지 생각들이 공유될 수 있도록 공공장소에 상상을 넘어설 정도로 높이 쌓아 올립시다.
> 혁명이 표절되어 번져 나갈 것입니다!
> 생각이 집합을 이루지 않으면 혁명은 일어나지 않을 것입니다.
> 그러니까 이 책을 읽고 잘 사용하세요.
> 당신만의 결론과 목표를 가지고.

SELF

이것은 나와 내 친구들의 이야기다 옮긴이의 글

자급자족적인 삶이 중요한 반/비자본주의 운동 전략일 수 있다는 생각을 처음으로 하게 된 건 『스콧 니어링 자서전』(실천문학사, 2000)을 읽으면서였다. 학생 시절 환경 운동에 참여하면서 공동체 운동이나 귀농을 주장하는 사람들에게 '자족적'인 운동이라며 비판을 서슴지 않았던 내게는 의미심장한 전환의 계기가 아닐 수 없었다. 그 후로 '자급자족'은 내게 큰 화두였다. 대형 건설사의 도로 공사에 반대하면서 한편으로는 그 회사의 다른 계열사에서 만든 핸드폰을 쓸 수밖에 없고, 또 다른 거대 기업의 폐수 무단 방류 압력에 못 이겨 유서를 써 놓고 자살한 양심적인 노동자의 죽음에 항의하는 집회에 참여하면서도 무심결에 그 거대 기업의 유통 체인점에서 물건을 사게 되는 현실이 이율배반이라는 생각이 갈수록 커져만 갔다. 당장에 체제를 바꿀 수 없다면 적어도 이 자본주의 세상을 살아가는 동안만이라도 최소한 의식주에 대해서만큼은 저들에게 의지하지 않을 수 있는 방법이 없을까? 혹은, 이런 노력 자체가 일종의 작은 해방구를 만들어 가는 과정은 아닐까? 이런 작은 해방구들이 작은 개천을 이루고 강으로 만나면 언젠가 바다에도 도달할 수 있는 것은 아닐까?

이런 고민의 연장선상에서 잠시 2년여간 인구 20만의 지방 소도시에서 살 기회를 마련했다. 서울이라는 초대형 도시에서 평생을 살았던 내가 정말로 자본주의적 문명에서 벗어나 살 수 있을까 시험해 보는 기회기도 했다. 생애 최초의 '시골' 생활이었지만 그럭저럭 견딜 만했다. 아니, 오히려 도시에서는 느낄 수 없었던 충만함에 만족스런 하루하루를 보냈다. 무엇보다 나에게 큰 감동을 주었던 것은 내가 고민하던 '자급자족'을 좀 더 실천적으로 현실화시키기 위해 전 방위적으로 노력하는 사람들이었다. 직접민주주의를 실천하기 위해 '제비뽑기'로 대표자를 선출하고, 생명과 평화를 짓밟는 거대 권력 앞에 몸 사리지 않고 맞서 싸우며, 농촌 공동체의 지혜를 되살려 새롭게 승화하려는 이들은 도시에 갇혀 자급자족을 그저 몽상의 수준에서만 되풀이하던 내게 큰 스승이요, 동지로 각인되었다. 여차저차 다시 서울에 떠밀려 올라와 살게 되었지만, 나의 스승이자 동지인 이들이 꾸준히 투쟁하고, 학습하고, 춤추고, 노래하고 있으며, 좀 더 적극적으로 공동체의 꿈을 실현하기 위해 발돋움하고자 한다는 소식을 간간이 접하면서 새록새록 척박하기만 한 서울 생활에서 자그마한 위안을 삼기도 했다.

그리고 이 책을 번역하는 동안 그들을, 그리고 내가 알지 못하는 어딘가에서 투쟁하고, 노래하고, 춤추고, 실천할 스승과 동지들에 대해 생각했다. '아니, 이건 내 친구들 이야기인데' 싶은 곳들도 많았다. '이런 건 친구들에게 알려 주면 좋겠다'는 생각이 드는 곳들도 있었다. 하필이면 한 계절을 뜨겁게 달구었던 촛불 시위가 계속된 그 날들에 이 책을 마주하면서 '저들이 우리에게 해 줄 수 있는 것이 얼마나 될까?' 절망에 빠지기도 했다. 큰 틀의 구조와 사회 권력을 바꾸는 일은 당연히 필요한 일이었지만, 너무나도 상식적인 요구 앞에 꿈쩍하기는커녕 오히려 더 큰 폭력으로 사방팔방을 짓밟는 저들의 비상식적 행동에 무력감을 느끼기도 했다. 그래서 어쩌면 그렇게 거창하지는 않지만 삶의 곳곳에서 반짝거리는 아이디어로 작은 촛불 같은 대안들을 들고 선 이 책의 인물들에 더 애정이 갔는지도 모르겠다.

사실 좀 우스운 구석도 있었다. 혹은 위험하다 싶은 구석도 있었다. 다른 한편에서는 이들의 발랄 명랑함이 '잘사는 나라' 출신이기 때문인 건 아닐까 괜한 트집을 잡고 싶기도 했다. 하지만 어떤 텍스트건 간에 그것이 속한 맥락을 파악하고, 큰 틀의 취지를 파악해야지, 지엽적인 부분에 연연하다 보면 쓸데없는 논쟁에 소중한 자원과 시간만 낭비하게 될 뿐이다. 빈집 점거나 시위 방식들에 대한 기술적인 설명은 그런 맥락에서 이해했으면 한다. 새로운 사회를 바라는 사람들이 어떤 변화를 만들기 위해 현재의 사회적 규범으로서의 법제도에 대해 어떤 태도를 취해야 할 것인가에 대한 진지한 고민이라면 모를까, 현상적인 '불법성'만을 놓고 트집 잡는 입장에 대해서는 그다지 신경 쓰고 싶지 않다는 의미다. 그리고 우리에게 새로운 시위 문화에서 확인되는 문화적 차이를 서구 문화와의 본질적인 차이로 이해하고 그저 남의 나라 이야기 정도로만 치부하지 않았으면 한다. 경험적으로 보았을 때 한국의 시위 문화도 최소한 10여 년 동안 상당한 변화를 보였고, 굳이 한 가지 흐름으로 수렴될 필요는 없다 하더라도 저들의 유쾌한 풍토를 곁눈질하다 보면 우리의 암담함을 웃으며 극복할 수 있는 지혜를 찾을 수 있을지 모르는 일이니.

이 책을 우리말로 옮기면서 내게 전해진 이 책의 에너지와 슬기, 낙천성이 독자들께도 올곧게 전해지기만을 바랄 뿐이다.

2009년 4월
황성원

혁명을 표절하라

지은이 ┃ 트래피즈 컬렉티브
옮긴이 ┃ 황성원
펴낸이 ┃ 이명회
펴낸곳 ┃ 도서출판 이후
편집 ┃ 김은주, 신원제
마케팅 ┃ 김우정
편집 도움 ┃ 천승희
표지 · 본문 디자인 ┃ Studio Bemine

첫 번째 찍은 날 ┃ 2009년 4월 9일

등록 ┃ 1998. 2. 18(제13-828호)
주소 ┃ 121-754 서울시 마포구 동교동 165-8 엘지팰리스 827호
전화 ┃ 대표 02-3141-9640 편집 02-3141-9643 팩스 02-3141-9641
홈페이지 ┃ www.e-who.co.kr
ISBN ┃ 978-89-6157-024-4 03300

이 도서의 국립중앙도서관 출판시도서목록(CIP)은 e-CIP 홈페이지
(http://www.ni.go.kr/cip.php)에서 이용하실 수 있습니다.
(CIP 제어번호: CIP 2009001001)